教育部首批虚拟教研室建设试点"社会认识论人才培养模式改革虚拟教研室"建设成果

欧阳康文集

社会科学研究方法
（第二版）

Research Methods of Social Science

欧阳康　张明仓／著

华中科技大学出版社
http://press.hust.edu.cn
中国·武汉

　　1953年生，四川资阳人。哲学博士。华中科技大学原党委副书记，华中科技大学国家治理研究院院长、哲学研究所所长，华中科技大学社会认识论人才培养模式改革虚拟教研室带头人（主任），国家治理湖北省协同创新中心主任，湖北地方治理研究院院长，"华中学者"领军岗教授，哲学学院二级教授、博士生导师。1992年起享受国务院特殊津贴，1996年被评为湖北省"有突出贡献中青年专家"，1999年入选教育部"跨世纪优秀人才"、人事部"百千万人才工程"，2019年入选中组部国家"万人计划"教学名师、湖北省首届"最美社科人"，2020年入选教育部"长江学者奖励计划"特岗学者。国务院学位委员会第六、七届马克思主义理论学科评议组成员，教育部社会科学委员会委员，中国辩证唯物主义研究会副会长、社会认识论专业委员会会长，湖北省人民政府咨询委员会委员等。在《中国社会科学》《哲学研究》等发表中英文学术论文400余篇，获国家、教育部和湖北省哲学社会科学优秀成果奖20余次，主持国家、省部级和国际合作科研项目20余项，多次出国出境从事学术交流与合作研究。主持完成教育部哲学社会科学研究重大课题攻关项目"马克思主义与建设中华民族共有精神家园研究"和"推进国家治理体系和治理能力现代化若干重大理论问题研究"，中宣部马克思主义理论研究和建设工程特别委托项目、国家社会科学基金特别委托项目"重大突发疫情对社会心态和思想舆论的影响研究"等，目前为国家社会科学基金重大项目"大数据驱动地方治理现代化综合研究"首席专家。

内容提要

本书从社会科学方法论入手,回顾了社会科学的发展历史和社会科学方法论的演进过程,论述了社会科学的对象、性质及在当代大科学体系中的地位等,重点分析了社会科学研究程序与研究设计,并对社会科学研究方法,如怀疑方法、观测方法、定性方法、定量方法、信息方法、黑箱方法、系统方法、过程方法、评价方法、理解方法、预测方法等十几种具体方法进行了详细的阐释,旨在帮助当代大学生全面理解和掌握社会科学的特殊研究方法。

本书可以作为大学生文化素质教育的教材,也可以作为社会各界掌握社会科学研究方法的指南。

图书在版编目(CIP)数据

社会科学研究方法:第二版/欧阳康,张明仓著. —武汉:华中科技大学出版社,2023.1
(欧阳康文集)
ISBN 978-7-5680-8809-1

Ⅰ.①社… Ⅱ.①欧… ②张… Ⅲ.①社会科学-研究方法 Ⅳ.①C3

中国版本图书馆 CIP 数据核字(2022)第 222115 号

社会科学研究方法(第二版)
Shehui Kexue Yanjiu Fangfa(Di-er Ban)

欧阳康 张明仓 著

策划编辑:周晓方 杨 玲
责任编辑:庹北麟
责任校对:张汇娟
封面设计:原色设计
责任监印:周治超

出版发行:华中科技大学出版社(中国·武汉) 电话:(027)81321913
　　　　　武汉市东湖新技术开发区华工科技园 邮编:430223
录　　排:华中科技大学惠友文印中心
印　　刷:湖北新华印务有限公司
开　　本:710mm×1000mm　1/16
印　　张:25　插页:2
字　　数:398 千字
版　　次:2023 年 1 月第 1 版第 1 次印刷
定　　价:99.00 元

本书若有印装质量问题,请向出版社营销中心调换
全国免费服务热线:400-6679-118　竭诚为您服务
版权所有　侵权必究

总　序

值此《欧阳康文集》出版之际，就个人的生命与学术历程做些回顾，以此感谢社会各方面长期以来的热情关心和大力支持！

用生命来体验和感悟哲学

回看已经过去的生命历程，似乎有一种趋向于哲学的生命运动和精神自觉。

1953年6月，我出生于四川省资阳县沱江边的一个文化家庭。父母早年都曾参加革命，后都从事教育工作，家庭教育严格、正统又规范。我在姊妹十人中排行老幺，除了父母的深刻影响，也受到哥哥姐姐们的特别呵护，是家中唯一有幸在幼儿园度过童年的孩子，并选入当时全县唯一一个五年制的小学试验班，由此比同龄人早一年进入资阳中学，成为初中1968级学生，进而体验到"老三届"的全部经历。

"文化大革命"中断了正规的课堂学习，却使我有机会较早投身社会实践的人生大课堂。16岁后，我随着当时上山下乡的知青洪流，去资阳县丰玉区迎接公社七大队二小队插队落户，在交白山下两度春秋的独立生活和与大自然的艰苦较量中体验到了真实的人生艰辛，也习得了全面的基本生活技能。1971年，有幸被招到铁道部建厂工程局一处做油漆工，从制造我国首个内燃机车的车辆工厂开启职业生涯，先后辗转于四川、河南、北京、陕西多处铁路建筑工地。基于"人定胜天"的朴素情感以及"干什么就要像什么"的执着信念，先后做过油漆工、电工，担任过共青团干部，曾获得局级"工业学大庆先进个人"称号。这一时期，我接触到了马克思主义理论，并成为工人理论宣讲员，进而从电工岗位被破格提拔到当时位于陕西咸阳的建厂工程局宣传部理论处，成为一名"以工代干"的宣传干部，从事《建厂通讯》的报纸编辑等工作。正是在宣传部门的工作中，我首次接触到艾思奇主编的《辩证唯物主义和历史唯物主义》，如饥似渴，彻夜畅读，产生了对于马克思主义哲学的浓厚兴趣。

1977年我国恢复高考，我鼓足勇气，在陕西报名参加考试，被陕西师范大学政教系首批录入。陕西师范大学的哲学教学和研究力量在西北地区堪称顶级，厚重的汉唐文化与雄浑的"西北风"交汇，使得这里的哲学文化厚重博大，也使我的"哲学梦"在这里如愿启航。在这段日子里，我如饥似渴，潜心学习，用心钻研，在同学中首批加入党组织，担任了政教系团总支书记，参与组织了不少校系活动。学士学位论文《试论矛盾的同一性和斗争性都是绝对与相对的辩证统一》，有幸被选入学校的《社会科学论文集》。本科毕业后，我考上哲学硕士研究生，跟随刘修水教授攻读认识论，秉承"宁可精写一篇，不必泛写十篇"的信条，努力拓展知识范围，锻炼哲学思维，强化写作水平与创新意识。硕士学位论文《论主体能力》发表于1985年第7期的《哲学研究》上，并为《中国哲学年鉴》《新华文摘》等刊物选介与转载，获陕西省第三届社会科学优秀成果奖。1985年3月，我考入中国人民大学哲学系，先后在李秀林教授、夏甄陶教授的悉心指导下，攻读认识论研究方向的博士学位。在校期间，有幸应邀参加多项重要科研项目，发表学术论文近30篇，还曾作为中国人民大学学生哲学研究会负责人之一主编《青年哲学论坛》，先后邀请30多位著名哲学家为青年学子寄语，从中深受教育。1988年1月16日，在哲学系顺利通过论文答辩，获哲学博士学位。博士学位论文《社会认识论导论》全文37万余字，由中国社会科学出版社收入胡绳先生主编的"中国社会科学博士论文文库"，于1990年11月出版，多家报刊先后发表书评书讯予以充分肯定。该文获1992年陕西省优秀哲学成果奖和1995年国家教委首届人文社会科学优秀成果二等奖。

1988年2月起，我在陕西师大政教系任教，担任系副主任，5月破格晋升为副教授，成为硕士研究生导师，协同创办中外文化研究交流中心并任副主任，开展跨文化国际学术活动。1992年2月破格晋升为教授，担任政教系主任。

由于当时陕西师范大学还没有哲学博士学位点，为了更好地从事哲学研究，应武汉大学邀请，我于1993年3月调武汉大学哲学系工作，被增列为博士研究生导师，1994年起在全国率先招收社会认识论研究方向的博士生。1995年6月任武汉大学哲学系主任，积极筹建我国首家大学哲学学院。1996年12月，武汉大学哲学学院挂牌，我有幸担任首任院长兼哲学系主任。1999年,学校进行院系调整,将哲学学院、文学院、历史文化学院合并为人文科学学院,我被聘为人文科学学院院长兼哲学学院院长。

应华中科技大学邀请,2000年10月,我到华中科技大学任校长助理,协管文科建设,先后担任哲学研究所所长、国家大学生文化素质教育基地主任、《华中科技大学学报(社会科学版)》主编等,2005年4月任校党委常委、副书记,先后分管学生、宣传、统战、工会等工作。2013年8月,因年龄原因不再担任校党委副书记、常委。党的十八届三中全会首次提出推进国家治理体系和治理能力现代化,2014年2月,华中科技大学在全国高校中成立首家国家治理研究院,我被聘为院长,将更多精力投入国家治理研究和倡导善治之旅上。

回顾我的成长经历,最深刻的感悟,是应当用生命来体验和感悟哲学。正如我在哲学课导言中总会感叹的:"在我们的一生中,我们总会自觉地或不自觉地遇到很多与哲学相关的问题。"回想起来,我自己在生命的各个阶段都遇到了与哲学相关的思想困惑。在孩童年代,因为游泳险些被淹死而产生过对死亡的恐惧;在当知青的时期,一次因病注射青霉素引起休克,也让我产生了对人死亡以后永远不能复生的"永远"到底有多久的困惑;在当工人时期,曾产生过战天斗地其乐无穷的天人感悟;在做共青团干部时期,曾因时代所限产生过对于马克思主义理论的误读,并进而寻求正解。10年哲学求学之旅、30多年讲授哲学和在高校教育管理工作中运用哲学的经历,使我加深了对于哲学的理解与应用。耳顺以来,我离开学校党政领导工作岗位,担任华中科技大学国家治理研究院院长,将30多年前开启的社会认识论运用于国家和社会治理的理论研究与实践探索,在新的思想高度和实践指向上关注世界、中国与人生。

在这个过程中,党和国家不断给予各种形式的鼓励,我1992年起享受国务院特殊津贴,1996年被评为湖北省"有突出贡献中青年专家",1999年入选教育部"跨世纪优秀人才"、原人事部等七部委实施的"百千万人才工程",2019年入选中组部国家"万人计划"教学名师、湖北省首届"最美社科人",2020年入选教育部"长江学者奖励计划"特岗学者等。要特别感谢各级组织的关心和厚爱!感谢时代赋予的机会和挑战!

探索一条个性化的哲学研究道路

在大学从事哲学学习和大学教育教学已经30多年,一直致力于探索一条个性化的哲学研究道路。

在数十年的哲学之旅中,不断地有人问我当时为什么会选择哲学。我的回答,一是为了解读自己的生命困惑,一是因为时代主题的造就。我在成长中秉持着"虚一而静"的人生信念和"执着素朴"的处世原则,这既影响了我的人生道路,也融会到我的哲学体验中。中国古人云,仁者乐山,智者乐水,我则喜山乐水,主张德业双修、仁智双彰。在我看来,哲学作为人类对于最高智慧的追寻,具有爱智性、致极性、超越性和问题性等特征,体现着人类立足有限、追寻无限、超越极限的美好追求,既帮助人们寻根究底、追根溯源,也帮助人们解疑答惑,反思自我。如果要形象一点说,哲学有点像雅典王子提修斯手中的那一条线,帮助人们去走出思想的迷宫;又有点像星空中的北斗七星,帮助我们去找出人类发展的方向;同时它也像洞悉一切的魔镜,帮助我们更好地认识自我,确立未来发展的方向。哲学的真谛在于爱智、求真、向善、致美、崇圣,它们共同激励和彰显着人生价值,指引着人类文明的发展方向,既表现在人们的终极性关怀与不懈追问中,也灌注在生命的每一个场所和瞬间。带着这份浓浓哲学味的人生信念和处世原则,我在数十年的人生经历中未敢有过懈怠,总是努力前行,处处感悟着这种致极性和超越性的哲学魅力。

对哲学学术的思考,需要深厚的历史感,要善于从哲学的历史发展中把握人类哲学思想的演进逻辑,尤其要关注马克思主义哲学和思想史上的变革及其后续影响,还要善于寻找马克思主义与中国哲学和文化的交汇点,探寻其中国化的基础和途径。而每个哲学家的研究实际上是高度个性化的,需要在中西马哲学的结合中构建起自己对于哲学和哲学观的独特理解,探析把握时代性哲学问题的自觉意识和方法论原则。正是基于这样的认识,我主张探索一条个性化的哲学研究道路,从对元哲学问题的探讨开始自己的哲学之旅,尤其关注哲学研究的方法论。在1986年中国辩证唯物主义研究会于西安举办的全国"马克思主义哲学与三论"学术研讨会上,我与孙晓文一道提交了《马克思主义哲学的发展与现代科学方法论》和《关于哲学形态学的思考》两篇论文,首次提出了哲学形态学的研究思路和方法,主张探索马克思主义哲学的当代形态,进而关注哲学思维的致极性特征,探索哲学研究方法论,并由此出发梳理哲学史,探讨当代哲学问题。《哲学研究方法论》60多万字,被纳入"武汉大学学术丛书"出版,先后获得教育部和湖北省的社会科学优秀成果奖。我较早提出应当重视马克思主义哲学的实践唯物主义本性,拓展和深化对于马克思主义哲学本质的认识,与博士时期的导师夏甄陶教授就此合写了近10篇相关论文,提出了以实践唯物主义为指导、以人与世界关系为对象的马克思主义哲学新体系。马克思主义认识论问题研究,由真理标准问题大讨论率先激发,成为改革开放以后马克思主义哲学研究的突出领域,也是我长期关注的领域。我先后开展了关于认识本质、认识过程、认识中介与认识方法论等问题的系列研究,所著《马克思主义认识论研究》被纳入袁贵仁和杨耕教授主编的"马克思主义哲学基础理论研究丛书",由北京师范大学出版社出版。

社会认识论是我用力最深和最有独到见解的研究领域。在我看来,社会认识即人们对社会的对象性认识和人类社会总体的自我认识的统一,社会认识论探讨人们认识社会的特殊本质、特点、过程和方法,致力于揭示人类社会的自我认识之谜。多年来,我带领团队成员将社会认识论研究逐步拓展到社会认识方法论、人文社会科学哲学、实践哲学、社会信息学等,进而拓展到对国家治理的多维思考。中国辩证唯物主义研究会为此专门成立了社会认识论专业委员会,聘请我担任会长。通过评审,该专业委员会组建起了由来自50多个高校的70多位成员组成的理事会,极大拓展了社会认识论的研究视域和研究队伍。

马克思曾经指出:"哲学家们只是用不同的方式解释世界,而问题在于改变世界。"在我看来,这段话被恩格斯和共产国际刻写到马克思的墓碑上,成为其墓志铭,就是要彰显马克思主义哲学的科学性和实践性的双重品格,帮助人们更加科学地认识世界和更加合理地改变世界。为此,我历来倡导理论与实践的统一,践行中华文化的"知行合一",并将其贯穿在工作和学术研究中。

我们主张哲学研究不仅要深入社会实践和人的日常生活,也要进入人的精神家园。我先后协助杨叔子院士主持完成教育部重大课题攻关项目"培养和弘扬中华民族精神研究",进而作为首席专家主持完成了教育部重大课题攻关项目"马克思主义与建设中华民族共有精神家园研究",出版了系列丛书,主编了覆盖小学、中学、大学和面向社会的《中华民族精神》系列教材,主编的《民族精神——精神家园的内核》被评为全国优秀社会科学普及作品。

以多种方式服务于社会文明进步

将哲学理念运用到各种工作领域,以多种方式服务于社会文明进步,也是哲学工作者的重要职责。

在担任华中科技大学党委副书记期间,我将热情与智慧投向全校学生和学生工作队伍,每年给新生做"大学与人生"学术讲座,鼓励学工战线教师干部做"有思想的实践者"和"会实践的思想者",极大激发了学工战线同仁们的创新创造热情,先后开创了"党旗领航""烈士寻亲""红色寻访""衣援西部""公德长征""医援西部""心灵之约"等学生工作品牌;积极推进大学生文化素质教育,形成了《大学·文化·人生》学术著作;倡导大学生文化素质教育的实践导向,主张在"全员育人"的同时推动"全员自育",先后获得了湖北省高等学校优秀教学成果一等奖和全国教育科学研究优秀成果奖。

我作为国务院学位委员会第六届和第七届马克思主义理论学科评议组成员,自2005年起全程参与了我国马克思主义被设立为一级学科的学科和学术建设,参加全国相应博士、硕士学位授权点的评审工作,尽心竭力开展调研,提出意见和建议,也拓展和深化了对于马克思主义的研究。作为教育部社会科学委员会委员、马克思主义学部委员、学风建设委员会副主任,积极参与高校人文社会学科学术建设,参与有关政策规章制定和实践运作,推进中国人文社会科学话语体系建设和学风建设。作为教育部高等学校哲学类专业教学指导委员会首届秘书长和后续的副主任委员,积极参与组织高校哲学院系和哲学学科学术活动,推进哲学的学科建设。作为教育部第三届高等学校文化素质教育指导委员会秘书长,努力协助主任委员杨叔子院士,积极推进全国大学生文化素质教育,同时积极参加大学生命教育,提升教育者和受教育者的生命意识。作为湖北省第十一届政协委员,积极参与社会调研,就协商民主政治建设、绿色发展、文化遗产保护发掘等先后提出十余项政协提案,多项提案被列为重点提案,由省委、省政府、省政协主要领导亲自督办,发挥了应有作用。作为中共湖北省委决策支持顾问、湖北省人民政府咨询委员会委员等,积极关心湖北经济社会发展,及时建言献策,多项成果被主要领导批示,获得采用。

在担任国家治理研究院院长后,更是聚焦于国家治理问题研究,确立"聚焦重大问题、服务国家战略"宗旨,制定了"全球治理、国家治理、省域治理、县域治理、基层乡村治理"的研究版图,每年主办国家治理高峰论坛和全球治理东湖论坛,持续推进重大理论和实践问题研究。作为首席专家主持教育部重大课题攻关项目"推进国家治理体系和治理能力现代化若干重大问题研究"等,完成中宣部、教育部和湖北省的重要委托科研项目,深入开展国家治理的理论和实践研究,推出系列研究成果,获得多项重要奖励。国家治理研究院先后被评为湖北省高等学校人文社会科学重点研究基地、湖北省"十大改革智库"、"湖北省十大新型智库",成为国家治理湖北省协同创新中心,入选中国智库索引(CTTI)和中国智库综合评价 AMI 中国核心智库;2018 年 1 月进入中国大学智库机构百强榜,位居第 18 位;2018 年 12 月进入"中国大学智库百强榜"高校 A 类智库。

重视对于科技前沿的成果及其哲学和方法论意义的探讨,关注复杂性问题、合理性追求、大数据等带来的深刻社会变革和对人文社会科学研究创新的方法论启示,开启人文社会科学哲学研究。与团队成员运用大数据的理论与方法开展中国绿色 GDP 绩效评估,在国内外首次用 GDP 总量、人均 GDP、绿色 GDP、人均绿色 GDP 和绿色发展指数五个指标综合评估湖北省和全国经济发展的绿色状态,先后发布了《中国绿色 GDP 绩效评估报告》2016 年、2017 年湖北卷和 2017 年、2018 年全国卷,勾画出了中国绿色发展地图,引起了高度关注,获得教育部高等学校科学研究优秀成果奖(人文社会科学)二等奖等。

目前,我们正在自觉将大数据运用到国家治理问题研究,创建大数据、智能决策与国家治理现代化工作坊,作为首席专家主持的国家社会科学基金重大项目"大数据驱动地方治理现代化综合研究"取得初步成果,经过中期评审,有幸获得国家社科规划办的滚动支持。

走向世界开展国际对话

哲学是世界的哲学,应当影响和造就哲学的世界。

基于这种认识,我的学术研究中有非常鲜明的世界意识和国际化特征。先后去到数十个国家和地区参加数十次国际学术会议,从事重大国际问题专题研究,做学术讲座,开展国际交流与学术合作,先后主办十余个高端国际学术会议。

对于国际学术交往的特别关注,既源于对哲学的人类性和世界性品格的理解，也得益于对于"文化围城"的特殊感悟。1995年9月到1996年9月，应英国文化委员会邀请和资助，我到英国伦敦大学学院哲学系从事博士后研究。我当时已经是教授、博士生导师和武汉大学哲学系主任，也被对方看作高级访问学者，受邀参加了一些重要活动，发现了各种形式的文化误解与文化隔阂，产生出对"文化围城"的特殊感悟。1996年1月，我应邀在牛津大学现代中国研究中心就此做了专题讲座，借用钱钟书先生讲婚姻、家庭和爱情的《围城》，来探讨中西方之间的"文化围城"现象。所谓"文化围城"，就是一些东方人向往西方，不惜全盘西化，同时也有西方人批判西方，并寄希望于东方。超越"文化围城"需要观念的变革，也需要有效的桥梁。依托于这种认识和熟练应用的英语，我努力身体力行，搭建桥梁，探寻对于"文化围城"的超越之路。

首先，借助于各种机会和海外资源走向海外学术论坛，彰显中国学术。自1991年首次出境参加国际学术会议以来，先后应邀并获资助去到数十个国家，参加各种重要学术会议，做会议发言或讲座，承接国际合作项目，开展合作研究，介绍中国的学术和社会发展情况，产生了很好的学术反响。先后担任亚太学生事务协会主席、国际信息科学研究会创会主席、世界政治学会发展与政策分会副主席、国际哲学家协会常务理事、国际价值与哲学研究会理事等，在世界政治学大会、世界哲学大会、国际学生事务会议、国际信息科学研究会议、国际价值与哲学研究会等重要的学术论坛上传播中国声音。

其次，积极开展重要国际问题的专题研究。先后获十余项国际国内学术奖励或合作基金，就加拿大多元文化主义、德国统一与新种族主义、英国保守主义、欧洲一体化、亚洲价值观、美国价值观、科技进步与人文精神、过程哲学与生态文明建设、国际学生事务等开展研究。还深入一些国家访问并开展国别哲学与文化研究，先后就古巴哲学与文化、越南哲学与文化、日本文化与中日关系、俄罗斯民族精神、印度哲学与文化、韩国文化与现代化、非洲哲学与文化等开展研究。先后十余次应邀去台湾、香港和澳门地区参加学术会议，探讨中华传统文化现代转型和大学生命教育等。

再次，邀请国际学者为中国撰写哲学专著和学术论文。在英国研修期间，成功邀请42位顶级英美哲学家为当代中国撰写专题哲学和个人学术自述，主编了《当代英美哲学地图》和《当代英美著名哲学家学术自述》，其与本人学术专著《对话与反思——当代英美哲学与其他》于

2005年由人民出版社出版。

又次,结合所在单位和工作,以中国为中心设置主题主办国际学术会议。1989年4月在陕西师范大学主办"长安·东亚·环太平洋文化国际学术研讨会",开启国际学术交往之旅。作为党委副书记分管学生工作期间,首次将国际学生事务引入大陆高校,在华中科技大学召开了亚太学术事务协会2007年年会。自担任国家治理研究院院长以来,每年主办全球治理东湖论坛国际学术会议,已经先后举办了七次重要国际会议,分别探讨了全球治理与国家责任、绿色发展、国际组织、人类命运共同体、"一带一路"、大国关系和地缘政治等的关系问题等,取得了很好的学术进展。同时积极开展多种形式的国际学术对话,促进国际合作。

主编的《民族精神——人民的精神家园》和合著的《在观念激荡和现实变革之间——马克思实践观的当代阐释》先后被译为英文、俄文、土耳其文、吉尔吉斯斯坦文出版。在抗击新冠肺炎疫情中,应邀参加"金砖国家治国理政研讨会暨人文交流论坛"等多种国际学术会,向国际朋友介绍中国抗疫情况和经验,加强了国际友谊与合作。

教书育人与英才共舞

教书育人是教师的天职,与英才共舞是教师最为快乐的事情。

自1984年12月硕士毕业后,我便在陕西师大任教。1988年1月从中国人民大学哲学系毕业后,一直在大学教书,为本科生、硕士生、博士生上课,既有基础课、专业课,也有公共课、研讨课。授课重视从问题出发,澄清基本概念、基本命题和基础理论,力求逻辑严密、表述准确,同时又努力做到旁征博引、生动活泼、视野广阔,争取知识性和思想性统一、互动性和启发性共舞,受到学生喜欢。

从1989年起成为硕士生导师,1993年起成为博士生导师迄今,已经指导了120多位硕士生和博士生。我努力把社会认识论研究与高端人才培养内在结合起来,鼓励研究生将社会认识论的前沿问题设为博士学位论文选题,共同推进社会认识论研究。大家先后撰写了60多篇社会认识论系列博士学位论文和博士后出站报告,已经毕业的有:《社会本体论》《社会理解论》《社会理想论》《社会评价论》《社会认识进化论》《实践意志论》《社会记忆论》《实践合理性》《实践规范论》《社会心态论》《实践批判论》《实践生存论》《社会风险论》《村治的逻辑》《国民素质论》《社会阶层论》《虚拟自我论》《技术生存论》《社会活力论》《社会信仰论》《社会时间论》《认知公正论》《社会认同论》《社会空间论》《文化交往论》《社会开放论》《文化自觉论》《精神家园论》《社会资本论》《民族认同论》《社会道德论》《社会真理论》《技术规律论》《社会幸福论》《信息复杂性》《虚拟空间论》《社会想象论》《生命价值论》《社会制度论》《社会共识论》《生态社会论》《认知极限论》《社会有机论》《城市正义论》《社会信用论》《社会预警论》《社会形象论》《生态权益论》等;正在研究的有:《民粹主义论》《道德底线论》《社会安全论》《传播正义论》《模糊认识论》《社会性格论》《社会危机论》《社会速度论》《社会情境论》《社会节奏论》等。要特别感谢同学们的积极参与和奉献!此举把学术开拓、学科建设与高端人才培养内在结合起来,在博士生培养上形成了独特体系、丰硕成果和鲜明特色。

随着新媒体发展,网络课程以其传播广泛迅捷而引起重视,我也较早开展网络课程。我所主讲的本科生课程"人文社会科学哲学"入选教育部2009年度"国家级精品课程";主讲的中国大学视频公开课"哲学导论"2015年入选教育部"第二批国家级精品视频公开课";主讲的"人文社会科学哲学"视频课2016年入选教育部首批"国家级精品资源共享课";主讲的中国大学慕课"哲学、文化与人生智慧"2020年入选教育部"首批国家级一流本科课程(线上课程类)"。"哲学、文化与人生智慧"已经播出六轮,数万人听取,产生了很好的学术影响。由我牵头的"社会认识论人才培养模式研究虚拟教研室",获批国家教育部首批虚拟教研室试点单位,开启了社会认识论研究、教育教学和人才培养的全新天地。

教师的授课不仅在大学的课堂,也在各种形式的学术报告、理论宣讲、干部培训课程中。影响有影响力的人,是教师的责任。多年来,我应邀参加各种形式的重要宣讲,先后给省委省政府、高校、企业和社会组织等做各种专题讲座,受到普遍好评。主讲的课程"价值多元化进程中的中华文化建设与民族伟大复兴"被中组部评选为"全国干部教育培训好课程"。

开展以学生为中心的教育,与英才共舞,帮助学生健康成长,是教师的最高价值。我在教学中坚持理论与实践相结合的原则,尊重学生权益,重视与学生的方法论沟通,启迪独立思考,鼓励大家由敢于"胡说八道"到"能说会道",由敢于"胡思乱想"到"能思会想",关心大家的学业和生活,尤其重视心灵的沟通,建立了深厚的师友情谊。作为教师,最为快乐的事情是看到自己指导的很多学生都在各自岗位得到了很好的发展,展示出人生价值。仅就在高校任教的而言,不少人成长为大学教授、硕士生导师和博士生导师,担任各种行政职务,数位成为教育部长江学者特聘教授、国务院学位委员会学科评议组成员等。

"以智战疫"彰显社会责任

学术研究既要随时关注常态性的重大问题,也要能够积极应对非常态的社会事件。

2020年初,新冠肺炎疫情汹涌袭来,我以高度的敏锐性和强烈的责任感自觉冲到抗疫对策研究一线,积极组织跨学科团队全力开展抗疫对策研究,以"智"战"疫",彰显智库和学者社会责任,取得显著成就。2020年1月23日,武汉暂时关闭离汉通道。我于1月28日主动通过朋友圈等向国内外发出《关于协同开展"新冠肺炎防治与公共卫生治理现代化综合研究"的邀请函》,为国家治理研究院启动该重大项目,并提出首批十个重要课题。在学校和各界支持下,组织起50多人的跨学科团队开展对策研究,密切跟踪疫情发展和阻击战需要提出对策建议。从1月31日起共计提出120多份对策建议案,刊发在我主编的《国家治理参考》(抗击新冠肺炎疫情专辑)中,提交给湖北省新冠肺炎疫情防控指挥部和中央有关部门,涉及国家全局的宏观层面的建议案则通过多种渠道以内参等方式上报中央或公开发表,很多建议变成政策。

我于2月25日被湖北省新冠肺炎疫情防控指挥部聘请为湖北省新冠肺炎疫情防控综合专家组成员,担任应急管理和城市安全运行专家组组长,深感责任重大,提出了第二批十个重要课题,积极开展抗疫对策研究。在疫情中主持完成中宣部特别委托项目"重大突发疫情对社会心态和思想舆论的影响研究",取得重要研究成果。还有幸被中国工程院聘为课题专家组成员,参与重大课题咨询。我们和胡瑞敏教授团队共同提出的武汉城市分区分级解封的仿真实验和建议案被武汉市新冠肺炎疫情防控指挥部采用,并收到对方发来的感谢信。关于高校差异化复学复研的仿真实验和工作建议被湖北省和教育部采纳,发挥了积极作用。

在疫情期间,我应邀于2020年3月22日为清华大学和华中科技大学2.5万学生党员"同上一门党课",讲授视频党课"新时代公共卫生安全与国家治理现代化——新冠肺炎阻击战与中华民族伟大复兴",受到广泛好评,被评为中宣部2020年"优秀理论宣讲报告"。我还应邀在《光明日报》《中国改革》《国家治理周刊》等发表多篇文章,应邀为湖北电视台抗击新冠肺炎疫情系列"云课堂"做"公共卫生安全与国家治理现代化"专题讲座,为一些高校和企业做视频讲座,彰显抗疫精神,受到普遍欢迎。

此外,我先后成功主办了"新冠肺炎疫情与全球体系演变"视频对话会,邀请国际学者在《光明日报》智库对话整版探讨"新冠疫情加剧世界百年未有之大变局",举办"建构强大的公共卫生体系与国家治理现代化"高峰论坛,产生重大影响。把人才培养与抗击新冠肺炎疫情结合起来,带领研究院同仁和同学们推出一批重要研究成果,以应对重大疫情为契机,展示了教书育人和服务社会的热情与智慧。

正是依托于以上的学术和生命历程,我形成了一些初步的学术成果,可以作为文集来出版。它们都是特定时期的产物,记载着当时的所感和所思,有着时代的印记和局限,刻写着个人的学术历程。要特别感谢我的生命历程中来自各方面的关心、指导和帮助!感谢华中科技大学哲学学院、华中科技大学出版社的策划和指导!感谢杨玲博士的悉心操持!当前世界百年未有之大变局和中华民族伟大复兴战略全局都在演进历程中,很多问题的探讨还在进行中,希望也欢迎来自各方面的批评指教!谢谢大家!

2022年6月

社会科学研究方法

再版说明

《社会科学研究方法》初版于2001年，系教育部高等教育司组织编写的"大学生文化素质教育书系"之一，意在为新世纪的大学生提供有益于文化素质提升的优秀读物。本书以社会科学研究方法为主题，首先对社会科学作为独立范畴的合理性做了深入阐释，随后以社会科学研究方法论为切入口，详细介绍了当代社会科学研究中的怀疑方法、观测方法、定性方法、定量方法、信息方法、黑箱方法等十余种具体方法，有利于提升大学生对现实社会的探索和变革能力，也为我国新世纪以来社会科学的发展和社会实践的变革提供了理论动力。

研究方法在一门学科中占据着重要的地位，深刻反映着这门学科的本质特征，从而也在一定程度上反映着这门学科的成熟程度。社会科学研究方法是认识和把握社会的方法，社会科学的发展离不开社会科学研究方法的进步。在此意义上可以说，本书对社会科学研究方法的论述，是与欧阳康教授开创的社会认识论一脉相承的，是对社会认识论的进一步深化和发展，体现了社会认识论立足现实、深入社会的底色。

本书初版至今已逾二十春秋，社会科学已取得突飞猛进的发展，社会科学研究方法也日趋完善和精密，但本书对社会科学研究方法的本质特征、理论基础和应用价值的论述仍有其时代价值。自本书出版以来，欧阳康教授仍一直密切关注社会认识论和社会科学研究方法论问题。他将丰厚的创新性学术研究成果运用于学科建设和人才培养，自担任研究生导师以来，先后培养了120多位博士生和硕士生，并牵头成立了教育部首批虚拟教研室建设试点单位"社会认识论人才培养模式改革虚拟教研室"。为汇集欧阳康教授的学术成果，促进优秀学术研究成果的推广应用，并为华中科技大学社会认识论人才培养模式改革虚拟教研室提供更多更好的参考书目，我们推出了"欧阳康文集"，并将《社会科学研究方法》纳入其中。鉴于《社会科学研究方法》初版时间较早，我们进行了比较系统的修订，以使这部谈论如何认识和把握社会的重要著作在保留初版的时代风貌的同时,尽可能减少讹误。

本次修订充分尊重本书的时代价值,没有对篇章作出改动,以忠实记录我国社会科学在特定时代留下的探索印记,保留欧阳康教授以哲学观照时代的哲思原貌,同时充分核查相关表述的科学性和引文出处的准确性。为了便于读者理解,本次修订为各章内容补充了章导读,对每章内容的思想主题进行简要提炼。

这次修订得到了作者的鼓励和支持,得到了华中科技大学哲学学院、哲学研究所领导和研究人员的关心和指导,得到了中国辩证唯物主义研究会社会认识论专业委员会和有关高校相关专家学者的关心和支持,得到了教育部首批虚拟教研室建设试点单位"社会认识论人才培养模式改革虚拟教研室"教研团队的指导和帮助,得到了华中科技大学出版社领导和编辑部、出版科、营销中心同事们的全力支持和配合。来自读者的意见、建议也对本书修订发挥了十分重要的作用。限于篇幅,恕不在此一一列明,我们谨向他们表示衷心的感谢!希望本书能够引起更多人关注教育的发展,关注人生的境界,关注思想的生长。

华中科技大学出版社
《社会科学研究方法》编辑部
2022 年 12 月

初版总序

加强大学生文化素质教育工作到现在已经进行四年了。1995年,加强大学生文化素质教育工作作为高等教育教学改革的一个重要探索,首先在52所高等学校进行试点,试点工作得到高等学校的普遍认同和积极响应。通过近三年的实践,试点工作取得了显著成效。在试点工作取得一定经验的基础上,教育部又相继出台了几项重要措施:制定下发了《关于加强大学生文化素质教育的若干意见》,成立了高等学校文化素质教育指导委员会,在全国普通高校建立了32个"国家大学生文化素质教育基地"等,加强文化素质教育工作从此由试点逐步向全国高校推开。

在实践的过程中,我们认识到,要使加强文化素质教育向纵深发展,就必须实现"三提高":提高大学生的文化素质,提高全体教师的文化素养,提高大学的文化品位与格调。实现"三提高"应是高等学校文化素质教育工作更高的境界,也将把文化素质教育工作推向一个新的阶段。

从我国和世界社会、经济、科技的发展要求,以及21世纪对人才的需求出发,我国原有的高等教育人才培养体系确有许多不相适应的地方,人文教育薄弱就是较为突出的一点。实践证明,加强大学生文化素质教育,对于推动教育思想和观念的改革,推动高等教育人才培养模式的改革,推动高等学校培养适应21世纪需要的高质量、高素质的人才,具有重要意义。无疑,加强文化素质教育已经成为深化高等教育改革特别是人才培养模式改革的切入点,切中了我国高等教育人才培养的时弊,符合我国高等教育改革的实际,而且也顺应世界高等教育改革和发展的潮流。

党中央、国务院召开了改革开放以来的第三次全国教育工作会议,颁布了《关于深化教育改革 全面推进素质教育的决定》。这一文件以及江泽民总书记等中央领导同志的讲话,无疑为我们进一步开展加强文化素质教育工作指明了方向,更加坚定了我们做好这项工作的信心。

我们强调加强文化素质教育,主要是通过加强学生的文学、历史、哲学、艺术等人文社会科学和自然科学方面的教育,以提高全体大学生的文化品位、审美情趣、人文素养和科学素质。我们也强调作为一种新的教育思想观念,加强文化素质教育必须贯穿于人才培养的全过程,必须课内外相结合。为此,作为推动文化素质教育工作的一项重要措施,我们组织国内有关学科的著名专家、学者,编写了这套《大学生文化素质教育书系》。它既可以作为教材,也可以作为课外读物,其主要目的是向大学生介绍中华民族的优良传统文化,介绍人类优秀文化成果,使学生从中汲取营养,不断提高自身的综合素质和文化品位,提升自身的精神境界。

从古今中外杰出人才的成长过程来看,他们除了接受老师的教导和课堂的传授外,也从前人留下的文化精品中得到启发,受到熏陶。我们组织编写这套书系的初衷就是弘扬中华民族的优秀传统文化,体现时代精神,使它在提高大学生的人文素养和科学素质方面发挥作用,对大学生的成长产生积极的影响。我们深信,由著名专家学者精心编撰的这套书系,一定能够成为大学生成长过程中的良师益友,伴随他们走上成才之路。

21世纪即将到来,知识经济已见端倪,从高等教育改革和发展的趋势看,21世纪是更加尊重知识、更加注重人才的世纪,就这一意义而言,我们现在所开展的加强文化素质教育仅仅是个开始,还有许多工作等待着我们共同去完成,我们相信会有更多的学校和教师参与到这项工作中来,我们也希望更多的专家、学者参与书系的编写,为全面推进文化素质教育工作提供更加丰富的、高质量的、高品位的文化精品,为加强文化素质教育工作做出自己的贡献。

周远清
1999 年 8 月于北京

初版自序

教育部和有关高校领导高度重视对于当代大学生的文化素质教育，领衔组编"大学生文化素质教育书系"，特约为其撰写《社会科学研究方法》，盛情难却，故有此书。

对社会科学及其研究方法进行专门研究探讨，本书并不是第一部。但作为大学生文化素质教育书系中的一种，我们便意识到它所应有的某种特殊使命，即不仅要帮助当代大学生在自然科学、人文科学和社会科学的内在相关性中理解当代大科学体系，还要在当代大科学的背景下了解社会科学的性质、特点和功能等，也要帮助他们理解和掌握社会科学的特殊研究方法。

当代大学生应当关注当代科学的发展趋势，了解当代科学既深度分化又高度综合的特点，明确树立起一种大科学的观念和意识。在相当长的时间里，在不少人的心目中，科学就是自然科学的代名词，一旦谈到科学，人们往往想当然地就认为是自然科学。这种理解在今天看来显然有片面性，但历史地看应该说也有一定的客观缘由。因为在人类认识的科学化历程中，对自然的认识率先成为科学，自然科学最早成为一门相对独立的学科，在理论上取得了极为巨大的成就，并通过技术而在人类的生产和生活中发挥出巨大的作用。正是自然科学的发展为科学赢得了声誉，使科学登上了人类知识之阶的王位，也极大地改变了人类的生活和生产。在这种意义上，尊重科学尤其是自然科学无疑是非常必要的。然而，仅仅在自然科学的意义上理解科学也是不够的。应当看到，自然科学与相关技术的发展和运用，促进了社会文化的进步，也为人们更加深入地认识社会问题提供了方法论借鉴，社会科学作为一门相对独立的学科也在此基础上迅速发展起来，不仅成为像自然科学那样的硬科学，而且走到了当代科学的前沿，甚至如美国著名科学哲学家丹尼尔·贝尔所言,已经或正在成为"公众最注意和最寄予希望的科学"①。社会科学的发展不仅使传统的人文学科呈现出某种科学化、规范化的发展趋势,也从一个新的角度促进了自然科学的发展,使自然科学的人性化、社会化方面得以彰显,这就相应地造就了一种自然科学、社会科学和人文科学(学科)等不同分支学科并存、共生和互动的大科学体系。在这个大科学体系中,每一门具体学科都有自己相对独立的研究对象、学科性质和研究方法,从而相互区别、各有分工;但各门学科又都作为大科学体系中的内在组成部分而与其他学科彼此相通,相互补充、相互协作;所有学科都既在一定程度上受制于整个科学体系,并作为其中的一个分支而发挥其功能,又为大科学体系增辉添彩,使其展现出多样化和全面化发展的积极态势。当代大科学体系的形成,既是当代科学高度综合的积极结果,又以特殊的方式加速了当代科学的深度分化。所谓深度分化,是指科学研究向着更加专门化、精细化、微观化的方向发展,不仅形成了自然科学、社会科学、人文科学这三大主导科学群,而且这三大科学群内部又进一步分化,形成了各种子层次和亚层次的分支学科,造就了多方面、多层次、多功能的庞大有序的现代科学体系。所谓高度综合,则是指在深度分化的同时,各种具体学科之间在对象、规范和方法等方面相互交叉、渗透、借鉴、移植,产生出许多交叉学科、边缘学科、横断学科。它们以各种方式把人、社会与自然更加紧密地联系起来,把对人、对社会和对自然的认识更加内在地沟通起来,把人文科学、社会科学和自然科学更加有机地结合为一体,形成跨领域、跨学科的当代大科学体系。现代系统科学,包括信息论、系统论、控制论、耗散结论理论、协同学、突变论、超循环理论等作为一种具有明显的横断性、跨域性、多科性和方法性的学科,更是集中体现着当代科学研究的综合性。我们认为,从性质上看,当代科学的分化与综合是相互关联、相辅相成的;从内容上看,分化的深度与综合的高度在层次和水平上也是互为条件、内在相关的。正是在深度分化与高度综合的一体化加速运动中,当代大科学体系展示着自己的巨大生命力,并发挥出自己的社会功能和价值。

---

① 丹尼尔·贝尔.当代西方社会科学[M].范岱年,裘辉,彭家礼,等译.北京:社会科学文献出版社,1988:2.

立足于当代大科学背景,我们可以更好地了解社会科学及其性质、特点和功能。什么是社会科学?应当看到,在不同的国家和地区对其有不同的理解。在包括美国和中国在内的国家,社会科学与自然科学、人文科学之间有比较明确的划分。自然科学以自然现象包括人的自然存在为对象,力求通过观察、描述、说明等方法来尽可能客观地揭示其自在的存在形式和运动规律,物理学、化学、天文学、生命科学、信息科学等是其典型形式。人文科学主要是关于人类思想、文化、价值和精神表现的学科,包括文学、历史学、语言学、哲学、宗教学、考古学、艺术学等。社会科学则指对人类关系的学习和研究领域,包括经济学、政治学、社会学、法学、人类学、管理学、心理学、人口学等。对各种不同具体学科的实际归属,人们也存在不同的看法。在英国,尽管有 humanities(人文科学)这个词,却基本上没有将其作为一个独立的学科,而是将其归为社会科学。在德国,则不用社会科学,而是以精神科学(或译为人文科学)将其统摄和概括。在我们看来,这里的分歧,从根本上说根源于人类知识在其发展过程中既深度分化又高度综合的复杂情况,也从一个侧面反映了自然——人文——社会现象的复杂性以及科学研究的多样性与综合性。严格说来,自然科学与人文科学、社会科学之间的区别自不待言,人文科学和社会科学之间在研究重点和研究方式等方面也是各有侧重、存在一定区别的,尤其是某些古老而又传统的人文学科,如文学、艺术等是很难用现代意义上的科学标准来加以度量的,而且各学科之间的分化与综合也许正是当代大科学进一步深度分化和高度综合的重要领域和可能方向。但是,从社会认识论的眼界来看,正如人与社会内在一体,人对社会的认识和社会总体的自我认识互为条件一样,人文科学和社会科学之间具有更多的内在相关性和共通性,它们之间的区别相对于各自与自然科学的区别而言又属次级的、次要的和不那么显著的。人类社会生活的内在统一性决定了我们可以舍弃人文科学与社会科学之间的区别与差异,而侧重关注其共性和统一性方面,以便在与自然科学的比较和对照中探讨其现代特点及其发展趋势。正是立足于这种理解,本文所述的社会科学,在很大程度上包含了人文科学,尤其是人文科学中比较接近于社会科学的那些方面和分支,是一种比较广义的社会科学。社会科学是关于人文社会现象及其运动规律的科学,它以人类社会的各种现象和活动方式为研究对象,其目的在于揭示人文社会现象的本质、特点、结构、功能、运动和规律等,揭示其对于人的生命存在、社会生活和发展趋势的价值和意义。

明确了社会科学的性质可以帮助我们更好地把握社会科学的研究方法。常言道,工欲善其事,必先利其器。对于人们的科学研究活动来说,所谓的"器"就是指研究工具或方法。方法是主体依据于对客体发展规律的认识为自己规定的活动方式和行为准则,是人们实现特定活动目的的手段或途径,是对于客观规律的主观运用,是主体接近、把握以至改造客体的工具或桥梁。在科学的探索活动中,研究方法作为研究目的和研究任务的具体化,常以规范、章程、条例、准则、程序等相对确定的形式表现出来,并作为某种带有约束性以至强制性的规定,告诉人们应该做什么,不应该做什么;先做什么,后做什么;怎样才能事半功倍,多快好省,取得最高的效率和最大的效益等。通过这些具体的途径,研究方法制约着研究者的眼界和视野,规定着科学家的思维行程和活动程序,最终影响甚至决定着主体对于客体把握的广度、深度和正确程度。研究方法的制定,一方面受制于研究对象的发展模式和运动规律,反映着研究主体对于研究客体的基本性质和发展趋势等的认识水平,另一方面又受制于研究主体的认识能力和价值追求,反映着研究主体对自身需要和自身能力等的认识水平。科学合理的研究方法,通过对研究主体的思维、行为和活动等在方向、方式、节奏、强度、顺序和速度等方面的支配、调节和控制,使主体的自觉活动模式和客体的自发运动形式相吻合,使主体的主观活动逻辑与客观发展逻辑相接近,为科学研究的顺利有效进展提供方法论条件。

科学研究是人们认识世界的一种自觉、能动的创造性活动,它不仅仅是科学家们在实验室里进行的观测和实验活动,也不仅仅是学者在书斋中皓首穷经的读书与写作工作,而是人们发现问题、分析问题、解答问题、验证结论的全过程。受人们的求知欲望所驱使,只要发现了令人迷惑不解的现象,人们就会提出问题,对其进行探索;而为了从根本上解疑释惑,人们就需要进行科学研究。在一般认识活动中,人们可以运用各种求知方式来对对象做出说明和解释。而科学研究则要求科学家遵循一定的理论原则和方法论的指导,运用系统的经验观察、逻辑推理或超逻辑的各种方法,通过建立科学理论模型等来解释具体现象,并力图说明对象的运演规律,理解其对于人类社会发展的意义。研究方法的多寡优劣及其应用水平,直接地影响着科学研究的效果、效率、效能。正是在这种意义上,不少科学家都非常重视对于研究方法的科学探讨,甚至认为,一切理论探讨都可以归结为对其研究方法的科学探讨,特定学科之研究方法的完善程度在某种意义上表征着该学科的完善程度;一切理论变革又首先依赖于其研究方法的变革,只有方法论上的科学更新才能带来该学科的重大突破。巴甫洛夫就曾明确指出:科学是随着研究法所获得的成就而前进的。研究法每前进一步,我们就向上一步,随之在我们前面也就开拓了一个充满种种新鲜事物的更辽阔的远景。

  社会科学研究以人文社会现象为对象。人文社会现象的复杂性决定了社会科学研究的困难度,也凸现出研究方法在社会科学研究中的特殊地位和作用。应当看到,对于社会科学是否应当和能够拥有自己的特殊研究方法,在当代科学方法论研究中存在着自然主义与反自然主义的激烈争论。自然主义(又叫科学主义)认为,对人文社会现象的科学研究应当也能够采用与自然科学研究自然现象一样的方式和方法来进行。某些自然主义者尽管也承认人类行为比自然现象更复杂,因而探索社会科学规律比探索自然科学规律更困难,但他们否认这种差别是本质性的、根本的。他们认为,人文社会现象与自然现象尽管在形式上有所不同,但在本质上却都是客观的、因果性的、有规律的,因而是可以观察、试验和概括的;社会科学与自然科学之间除了研究的具体内容不同外,在研究逻辑和研究方法上并没有什么大的区别,自然科学方法在社会问题研究中具有同等的有效性;社会科学的研究结果与自然科学知识一样具有客观性和普遍性,并成为社会科学知识累积性增长的内在组成部分。反自然主义(又叫人文主义)则根本否认在人文社会科学研究中运用自然科学方法的必要性和可能性。在他们看来,人文社会现象与自然现象是根本不同的,自然现象具有确定性、普遍性和可量化性,可以对其加以客观的、实证的解析与说明,而人文社会现象,尤其是人的思维、情感、意志和行为等则具有非确定性、个别性和非量化性,它们本质上属于意义世界、价值世界,不可能被客观地加以解析和说明,而只能通过理解来把握。因此,人文社会科学不可能运用自然科学的方法,而必须有自己的独特方法,这就是理解。自然主义与反自然主义的争论源远流长。自然主义可以上溯到孔德开创的实证主义社学,反自然主义则可以上溯到德国宗教哲学大师施莱尔马赫的解释学。二者均在一定程度上得到了经验材料的支持。目前,自然主义在人文社会科学哲学中的影响正在减小,但远未消失。

我们认为,自然主义与反自然主义之间既存在着某些共同基础,又在许多重要问题上存在根本分歧,它们都既有若干我们可以借鉴的地方,也有各自的片面性。通过吸收自然主义与反自然主义各自的合理性,扬弃其片面性,我们有可能在它们的张力中合理建构社会科学的研究方法。从研究对象的本体存在方式来看,人类社会现象既有与自然现象相同的自然基础和运动规律,又有其特殊的性质和价值特点;从学科性质和研究目的来看,社会科学既有与自然科学在性质和任务方面相通的一面,有对于客观性和科学性的共同追求,也有其在研究目标和任务方面的独特的一面,特别是对于人文社会价值意义的阐释和探索。在这种意义上,社会科学研究既应当也可以借鉴自然科学方法中的相关方面,也要依据人文社会现象的特点和自身研究目的的要求而创制自己的独特研究方法。社会科学的研究方法是一个由与自然科学相同的方法到人文社会科学的独特方法不断过渡的方法论系列,是一个由较多体现客观性的方法到较多体现主观性方法的发展过程,是包含着从最为普遍、最具共通性的观察方法到最为特殊、最具个体性的释义方法、评价方法等的方法论体系与群落。

从整体上看,社会科学的研究对象与研究任务的层次性和复杂性,决定了社会科学的研究方法也必然具有层次性和多样性。概而言之,社会科学研究方法的体系结构由以下三个层次构成:一是社会科学方法论;二是社会科学研究的具体过程和技术;三是社会科学研究的具体方式和方法。这三个层次是相互联系、相互影响的。一般说来,社会科学方法论提供了社会科学研究的基本指导思想,它影响着研究者对研究方式的选择,而一定的研究方式又规定了一套与之相适应的具体方法和技术。对于从事社会科学研究的人来说,了解各种可供选择的方法论和研究方法是很必要的,这不仅有助于在实际研究中有效地应用某种特定的方法,而且能明晰各种方法的特点、局限性和互补性。以上三个层次也相应地构成了本书的三编,它们分别对社会科学研究方法体系的这三个层次做出探讨。

应该说明的是,我们对于社会科学研究方法的关注,在很大的程度上是以我们多年来对于社会认识论、社会认识方法论和人文社会科学哲学的特别关注和专门研究为基础的。在本书的撰写过程中,我们不仅将我们过去的部分相关研究成果以一定方式纳入本书之中,而且广泛地参考了国内外的有关成果。对于来自各方面的学术文献,我们除了尽量在书中以引注的方式加以标明外,还列出了一份参考文献列表,以便读者进一步研究阅读。即便如此,本书仍难免有疏漏,敬请谅解和补正。书中的不妥之处敬请方家批评指教。教育部高教司和高等教育出版社领导对本丛书的出版给予了极大关心,组稿编辑马俊华、马雷和责任编辑曾敬为此书出版付出了很多心血。特此一并表示衷心感谢。

作者

2000 年 9 月 10 日

目录

第一编　社会科学方法论

第一章　社会科学发展历史回顾 / 3
一、古代社会科学 / 4
二、中世纪社会科学 / 6
三、近代社会科学 / 9
四、现代社会科学 / 12
五、当代社会科学 / 15

第二章　社会科学的对象与性质 / 19
一、社会科学的研究对象 / 20
二、社会科学的性质 / 28

第三章　社会科学在当代大科学体系中的地位 / 43
一、科学与非科学 / 44
二、社会科学与人文科学 / 51
三、社会科学与自然科学 / 57
四、社会科学的独特地位 / 59

第四章　社会科学方法论的演进 / 61
一、社会科学方法论的历史演变 / 62

二、社会科学方法论与自然科学方法论比较／67

第五章　唯物史观对于社会科学研究的方法论意义／71
　　一、先进的社会认识方法论／72
　　二、科学的逻辑前提／74
　　三、有效的认识方法／76

第二编　社会科学研究程序与研究设计

第六章　社会科学研究程序／85
　　一、科学从问题开始／86
　　二、社会科学的解题模式／97

第七章　社会科学研究设计／103
　　一、全面论证研究课题和研究目的／104
　　二、恰当选择研究类型和研究方法／107
　　三、科学确定分析单位和研究指标／110
　　四、合理规划研究时间和空间／116
　　五、妥善安排研究经费和物质手段／118

第三编　社会科学研究的具体方法

第八章　怀疑方法／123
　　一、冲破偏见：使怀疑方法走出怀疑主义的阴影／124
　　二、怀疑方法：一种创造性思维方法／132
　　三、怀疑方法的条件和建构方式／140
　　四、怀疑方法的运作机制／145

第九章　观测方法／148
　　一、关于社会观测方法的诘难与辩护／149
　　二、社会观测系统的基本结构及其特征／157
　　三、观测方法在社会科学研究中的运用／164

第十章　定性方法／171
　　一、社会科学定性研究及其实质／172
　　二、社会科学定性研究的基本方面／177
　　三、定性方法在社会科学研究中的运用／178

第十一章　定量方法／183
一、社会科学定量研究的可能性和必要性／184
二、社会科学定量研究的基本方面／191
三、社会科学研究中定性、定量、定时方法的统一／195

第十二章　统计方法／200
一、统计方法及其演变／201
二、统计方法的应用程序／202
三、统计方法的特点和作用／205

第十三章　信息方法／209
一、信息概念和信息方法／210
二、信息方法在社会科学研究中的运用／214
三、信息方法的作用／217

第十四章　黑箱方法／221
一、黑箱概念和黑箱方法／222
二、黑箱方法在社会科学研究中的运用／224
三、黑箱方法的作用／226

第十五章　系统方法／229
一、系统概念和系统方法／230
二、系统方法在社会科学研究中的运用／235
三、系统方法的作用／250

第十六章　过程方法／253
一、进化是社会机体存在和运动的本质特征之一／254
二、关于社会机体的稳态研究及其方法／256
三、关于社会机体的动态研究及其方法／258
四、关于社会机体的进化研究及其方法／266

第十七章　评价方法／275
一、社会评价及其本质、特点／276
二、社会评价的主要方法／284
三、评价方法在社会科学研究中的运用／286
四、社会评价的客观性和合理性／288

第十八章　理解方法 / 298
　一、运用理解方法进行社会科学研究的根据 / 299
　二、社会理解方法及其功能 / 313
　三、理解方法在社会科学研究中的运用 / 323
　四、社会理解的客观性和合理性 / 333

第十九章　预测方法 / 338
　一、运用预测方法进行社会科学研究的理由 / 339
　二、社会预测方法的主要方面及其特点 / 346
　三、预测方法在社会科学研究中的运用 / 353
　四、社会预测的信度和效度 / 357

主要参考文献 / 360

CONTENTS

Part I Methodology of Social Science

Chapter 1 The Historical Review of Social Science/ 3
- The Social Science in Ancient Times/ 4
- The Social Science in Medieval Ages/ 6
- The Social Science in Early Modern Times/ 9
- The Social Science in Modern Times/ 12
- The Social Science in Contemporary Times/ 15

Chapter 2 The Objectives and Properties of Social Science/ 19
- The Objectives of Social Science/ 20
- The Properties of Social Science/ 28

Chapter 3 The Status of Social Science in Contemporary Big-Science System/ 43
- Science and Non-Science/ 44
- Social Science and Humanity/ 51
- Social Science and Natural Science/ 57
- The Special Status of Social Science/ 59

Chapter 4 The Development of the Methodology of Social Science/ 61
- The History of the Methodology of Social Science/ 62

— The Comparison of Methodology in Social Science and Natural Science/ 67

Chapter 5　Historical Materialism's Value for the Methodology of Social Science/ 71

— The Advanced Methodology of Social Understanding/ 72

— The Logical Premise of Science/ 74

— The Effective Method of Understanding/ 76

Part Ⅱ　The Investigation Procedure and Program of Social Science

Chapter 6　The Investigation Procedure of Social Science/ 85

— Puzzles as the First Stage Towards Science/ 86

— The Patterns to Solve Social Science's Puzzles/ 97

Chapter 7　The Investigation Program of Social Science/ 103

— The Comprehensive Argumentation about Puzzles and Aims of the Research/ 104

— The Reasonable Choice about the Patterns and Methods of the Research/ 107

— The Reasonable Choice about the Units and Norms of the Research/ 110

— The Legitimate Classification of the Units and Norms of the Research/ 116

— The Proper Arrangements for Financial Support and Material Assistance/ 118

Part Ⅲ　The Specific Investigation Method of Social Science

Chapter 8　The Method of Doubt/ 123

— Out of Skepticism's Shadows/ 124

— A Creative Thinking Method/ 132

— The Premise and Structure of Sceptical Method/ 140

− The Function System of Sceptical Method/ 145

Chapter 9 The Method of Observation/ 148

  − The Challenges and Defense for the Method of Social Observation/ 149

  − The Structure and Properties of Social Observation System/ 157

  − The Application of Observational Method in Social Science Research/ 164

Chapter 10 The Qualitative Method/ 171

  − The Qualitative Research of Social Science and Its Essence/ 172

  − The Structure of Qualitative Research of Social Science/ 177

  − The Application of Qualitative Method in Social Science Research/ 178

Chapter 11 The Quantitative Method/ 183

  − The Possibility and Necessity of Quantitative Method/ 184

  − The Structure of Quantitative Research of Social Science/ 191

  − The Integration of Quality, Quantity and Time in Social Science Research/ 195

Chapter 12 The Statistical Method/ 200

  − The History of Statistical Method/ 201

  − The Application Process of Statistical Method/ 202

  − The Characteristics and Effects of Statistical Method/ 205

Chapter 13 The Information Method/ 209

  − Information and Information Method/ 210

  − The Application of Information Method in Social Science Research/ 214

  − The Effects of Information Method/ 217

Chapter 14 The Blackbox Method/ 221

  − Blackbox and Blackbox Method/ 222

  − The Application of Blackbox Method in Social Science Research/ 224

  − The Effects of Blackbox Method/ 226

Chapter 15 The Systematical Method/ 229

  − System and Systematical Method/ 230

── The Application of Systematical Method in Social Science Research/ 235

── The Effects of Systematical Method/ 250

Chapter 16　The Process Method/ 253

── Evolution is an Essential Feature of Social Organism/ 254

── The Static Study of Social Organism/ 256

── The Dynamic Study of Social Organism/ 258

── The Evolutional Study of Social Organism/ 266

Chapter 17　The Method of Evaluation/ 275

── The Essence and Features of Social Evaluation/ 276

── The Main Method of Social Evaluation/ 284

── The Application of Evalutive Method in Social Science Research/ 286

── The Objectivity and Legitimacy of Evalutive Method/ 288

Chapter 18　The Method of Comprehension/ 298

── The Basis to Apply Comprehension Method to Social Science Research/ 299

── The Functions of Comprehension Method/ 313

── The Application of Comprehension Method in Social Science Research/ 323

── The Objectivity and Legitimacy of Comprehension Method/ 333

Chapter 19　The Method of Prediction/ 338

── The Basis to Apply Predictive Method to Social Science Research/ 339

── The Functions of Predictive Method/ 346

── The Application of Predictive Method in Social Science Research/ 353

── The Objectivity and Legitimacy of Predictive Method/ 357

Reference/360

第一编 社会科学方法论

社会科学方法论是对社会科学认识活动的一种方法论反思,它对于社会科学研究具有根本的指导意义。美国学者贝利认为:"所谓'方法论',我们意之为研究过程的哲学。这包括假设和作为研究的基础的价值,以及研究人员用作解释资料和获得结论的标准或尺度。一个研究人员的方法论决定于这样一些因素:他如何写假设?证据要达到什么程度才能决定肯定或否定一个假设?"[①]他特别指出:"关于自然科学与社会科学之间的区别的争论,中心是围绕方法论(methodology),而不是围绕方法(method)。"[②]不言而喻,社会科学方法论作为一种方法论之所以成立,首要的条件就是揭示社会科学在性质、对象、方法、功能等方面区别于自然科学的独特性,其余的研究和理论都是以此为基础展开的。在本编,我们通过对社会科学发展历史的简略回顾,进而分析社会科学研究对象的特殊性及其对社会科学的影响,阐明社会科学的性质及其在当代大科学体系中的地位,揭示社会科学方法论的结构、演进,论证唯物史观对于社会科学研究的方法论意义。

---

① 肯尼思·D.贝利.现代社会研究方法[M].许真,译.上海:上海译文出版社,1986:45.
② 肯尼思·D.贝利.现代社会研究方法[M].许真,译.上海:上海译文出版社,1986:44.

第一章 社会科学发展历史回顾

社会科学发展史是展示社会科学研究方法的生动教材，本章将社会科学发展史划分为五个阶段，分别是古代社会科学、中世纪社会科学、近代社会科学、现代社会科学、当代社会科学。古代社会科学一般只是笼统的概括和浅显的分析，描述较多、论证较少，各学科分类不明显。中世纪社会科学在不同地区发展出了不同的特色。这一时期，中国的社会科学出现了三次大的高潮，形成了马鞍形的发展局面；阿拉伯国家在东西方社会科学的交流和融合过程中发挥了重要的中介作用；欧洲的社会科学只能在教会允许的范围内，以扭曲的形式缓慢地向前发展，但仍为社会科学在近代的复兴准备了条件。近代的社会科学从神学和哲学中分化出来，要求关注现实、重视理性和自我。现代社会科学是随着无产阶级登上历史舞台作为起点的，阶级性和实践性特别明显，出现了很多新的研究领域。这一时期，社会科学成为人类科学整体中真正与自然科学并驾齐驱的一个独立门类。当代社会科学则与自然科学、哲学、数学等相互渗透，呈现出整体化的发展趋势，专业化研究与综合性研究相互结合，定量化研究方法不断完善，应用性研究持续增长。

社会科学研究方法是人类社会研究活动的全部历史经验的理论总结,它与社会科学知识的发展具有内在相关性,是社会科学发展的一个重要的内在因素。要了解和掌握社会科学研究方法,就应当重视历史上社会科学家进行科学探索的经验与教训。从历史的追溯中,可以透析社会科学家是如何取得科学成就的,其方法是什么,他们的研究工作有什么长处或不足,应当如何改进社会科学研究的方法。可以说,社会科学史本身就是学习社会科学方法、掌握社会科学研究艺术的生动教材。因此,回顾社会科学发展的历史,有助于理解对社会科学方法论的探讨。

纵观整个社会科学史,社会科学作为人类科学认识整体的重要组成部分,它的发展经历了一个漫长的历史过程。因此,全面回顾、总结悠久而又纷繁复杂的社会科学史并揭示其发展演化的规律,是非常困难的。不过,近年来,我国一些学者对此已经做了颇有成就的探索,其中,研究较为系统、影响较大的是由许志峰等人主编的《社会科学史》①。通过吸收我国学术界的已有研究成果,遵循理论与实践相统一等原则,我们把社会科学史简略地划分为如下几个阶段。

一、古代社会科学

从远古时代世界五大文明发祥地分别出现社会思想萌芽开始(约为公元前3000年),人类关于社会的认识就不断地发展变化着。亘古时期人们怎样认识社会,没有明确的和直接的文字记载。不过,古人类文化遗址遗物和神话传说分别作为远古人们生活与活动信息的物质的和观念的载体,为我们了解当时人们认识社会的活动提供了资料和凭证。原始神话既是原始社会的观念再现,又是初民以不自觉的方式认识社会的观念产品。当时,"集体表象"是初民认识社会的主要思维特点,而"讲故事"则可以视为初民传播社会知识和社会观念的主要方式。原始神话尽管只是人类社会自我认识和自我理解的原始形式,是人类认识能力尤其是抽象思维能力发展得很不充分的产物,但它毕竟是人类认识和理性思维能力发展的产物,并且是进一步刺激和发展人类认识和理性思维能力的积极因素。而人类的科学正是这种能力进一步发

---

① 许志峰,李德深,马万里.社会科学史[M].北京:中国展望出版社,1989.

展的必然结果。

值得注意的是,科学这种人类的高深学问和智能活动起自人类最普通的日常生活,植根于人类共同的普通能力之中,这表明了科学的普遍性和普通性。从发生学角度看,科学的这种品性为它以后的深入发展奠定了基础;同时,这也说明,自然科学、社会科学和人文科学之间最初并不是泾渭分明的。例如,马克思曾经指出,摩擦生火"第一次使人支配了一种自然力,从而最终把人同动物界分开"①。这既是人类认识自然、利用自然、改造自然的一种智慧、力量与活动,又是人类认识社会(原始人群)、组织社会生活的一项具有伟大意义的活动,集中体现了当时人类认识世界和改造世界的水平。如果从科学的"源头"意义来说,它就既是自然科学的,又是社会科学的。从人类最古老的神话传说和宗教观念等混沌的思想意识中,也可以透视出当时人们还没有把人与人之间的社会关系与人与物之间的自然关系区别开来。

在科学发展史中,公元前 8 世纪(中国则可追溯到公元前 11 世纪商周之交)是个明显的转折点。在此之前,社会科学尚处于萌芽状态,其思想散见于古代典籍中;在此之后,社会科学(虽然还不是近代意义的社会科学,并且只有有限的几个部类)才以独特的表现形式出现于科学的舞台上。当时,东西方出现了历史上第一批非官非商的劳动者——知识分子,他们总结了以往的经验知识,创立了最早形态的自然科学、社会科学和人文科学,产生了文明时代的理论萌芽。不过,在相当长的历史时期中,由于社会生产力水平及人类认识水平极其低下,社会科学或人类关于社会的知识是在人类的知识总体中,与其他知识一起混沌地发展的。这个知识总体就是哲学,它包罗万象地把人类一切知识都囊括于自己的"大一统"的框架之中。随着自然和社会的变迁,随着人类实践能力和认识水平的提高,人类知识体系才不断分化,彼此在继续相互联系的同时,独立性逐渐增强,从而形成各种科学部类和具体科学分支。

随着人类历史上第一批"知识分子"与"智者"的出现,专门研究社会现象的社会科学得以萌发。春秋战国时期的中国、古典时期的希腊和吠陀时期的印度是古代社会科学的发源地。老子、孔子、苏格拉底、

---

① 马克思恩格斯选集:第 3 卷[M].北京:人民出版社,1995:456.

柏拉图、亚里士多德和悉达多等是这一领域的开拓者和主要代表人物。古代思想家们怀着极大的兴趣,探讨了人类生活各个领域的一系列社会问题,提出了第一批社会科学范畴,如"礼""法""正义""民主"等,并制定了社会理论研究的若干方法,如类比和推理等。在短短数百年时间里,便出现了政治、法律、管理、伦理、军事、经济、历史、教育、文艺、美学等社会科学思想。虽然它们大多数还处于零散的、萌芽的状态,但毕竟使整个社会科学的发展从此有了一个确定的基础,个别学科甚至形成了一定的体系。在中国,著名的《易经》熔自然科学与社会科学于一炉,汇文史哲于一体;进到春秋战国时期,诸子百家,论辩争鸣,开创了文史哲汇于一体的人文社会科学原始发展阶段的第一个高峰。可以说,诸子百家的繁荣,就是中国古代社会科学的繁荣。在公元前5世纪前后的三四百年里,中西方古代社会科学都得到了一定程度的繁荣和发展。

由于奴隶社会生产力水平还十分低下,受当时社会历史条件的局限,这一时期的社会科学一般只是笼统的概括和浅显的分析,对许多社会问题的记录,描述过多,论证较少。社会科学各学科的分类并不明显,学术概念和范畴也彼此共用,因而对各个范畴的解释是多种多样的。例如,中国儒家大师孔子特别重视"礼",强调"仁",这种"礼"既是政治概念又是管理范畴,而"仁"则既是哲学概念又是伦理规范;在西方,苏格拉底、柏拉图等人特别强调的"正义",则既是政治要求又是法律原则,并且还是判断战争性质的标准。

从总体上看,中西社会科学的侧重点是有明显差异的。中国古代社会科学偏重于对伦理道德的研究,尽管法学派曾一度取得了很大成就,但礼学派的思想在社会上产生了更为深刻的影响。"克己复礼""中庸之道"被许多中国人奉为安身立命的根本准则。而西方古代社会科学则偏重于民主与法制的研究,思想家们大多强调理性的地位和作用,主张以理节欲、以理服人。中西方社会科学从一开始就各具特色,并以各自独特的方式作用于各自的社会,促动着中西方社会的发展。

二、中世纪社会科学

作为一个历史范畴,中世纪指的是封建制度在各国的形成、发展和衰亡的整个过程。虽然世界各地大体上都经历过封建时代,但其进展却极不相同。例如，在秦汉之际，中国已经基本上完成了封建化过程，而欧洲各国则是在公元5世纪才开始产生封建生产方式。由于社会历史条件大相径庭，社会科学在东西方各国的发展状况很不一样，从而逐步形成了各自不同的特色和传统。

中国封建社会的社会科学是中国奴隶社会的社会科学的继承和进一步发展。虽然在中国历史上曾经发生过焚书坑儒等事件，文化专制主义在此间经常出现。但总的说来，中国奴隶社会形成的社会科学理论在这一阶段基本上都得到了继承。当封建社会趋于稳定后，儒家、法家、兵家等诸子百家的理论大都被封建统治阶级所利用，并在此基础上获得进一步发展。在这一时期，中国的社会科学出现了三次大的高潮，形成了马鞍形的发展局面。第一次高潮是以西汉全盛时期"罢黜百家，独尊儒术"为标志的封建礼教研究；第二次高潮是盛唐时期政体、法治、管理与经济研究的繁荣；第三次高潮是以宋朝理性主义为主要倾向的"学问思辨"，推动了各学科的深入发展。由此，形成了中世纪东方精神文明的繁荣和昌盛。英国著名科学史家李约瑟在他的巨著《中国科学技术史》中，曾对此间中国科学技术的发展水平及其对世界科技乃至整个人类文明发展的贡献，给予了高度评价。他指出："人类历史上的一些基本的技术正是从这块土地上生长起来的。"①中国的四大发明对于世界文化与人类文明的伟大贡献，世人皆知，马克思和恩格斯也给予了高度评价。但是，不幸的是，在中国历史上，科学技术却长期没有受到应有的足够重视。中国社会中长时期的重人文、轻科技的文化思想和指导政策，曾经推进了以文史哲浑然一体为形态的中世纪社会科学的发展繁荣，并在一定程度上推进了自然科学的发展，但不可避免地存在着抑制科学技术发展的一面。李约瑟指出，中国的自然科学长期只停留在经验阶段，并且只有原始型和中古型的理论；不过，中国却产生了有机的自然观，而在西方，近代科学经过了机械唯物论3个世纪的统治之后，才采取了相似的有机自然观。② 这种情形，既是由于"两种文化"品性的不同而产生的，也反映了中国当时社会科学的发展优势。

---

① 李约瑟.中国科学技术史:第1卷(第1分册)[M].《中国科学技术史》翻译小组,译.北京:科学出版社,1975:20.
② 李约瑟.中国科学技术史:第1卷(第1分册)[M].《中国科学技术史》翻译小组,译.北京:科学出版社,1975:2-4.

在东西方文明传播的过程中,阿拉伯、印度等国起到了重要的中介作用。这些国家在社会科学方面也做了某些探索。不过,总的说来,它们在社会科学方面并无多大超越或创新。比较而言,在社会科学方面有所创新的,当数日本。公元5—6世纪,中国儒家学说和佛教思想先后经朝鲜传入正处于奴隶制向封建制转变的日本列岛,日本中世纪的社会科学就是儒家、佛教文化与本土神道传统观念相结合的产物。例如,在语言学方面,9世纪的平安贵族创造了简化汉字草体的"平假名"和采取楷书汉字笔画的"片假名",这是日本文化史上的重大事件之一。15世纪,日本进入战国时代,农民起义和封建主的混战连绵不断,日本封建文化日益走向衰落。

与中世纪的亚洲各国相比较,欧洲不仅在封建制度的形成上晚于东方,而且在文化上也相对落后,其社会科学只能在教会允许的范围内,以扭曲的形式缓慢地向前发展。而究其原因,则是古希腊社会科学研究中所体现的民主、自由气氛与封建专制统治格格不入。封建统治阶级与教会相互勾结,以异端的罪名对一切非教会的思想观念和文化形式大加围剿、鞭挞,使欧洲中世纪的社会科学研究氛围从自由讨论转变为强力统一,最后竟导致狂热的宗教崇拜和盲目的虚无主义。中世纪的欧洲学者大都成为宗教神学的代言人。当时,学院被封闭殆尽,古籍几乎全被烧毁,除了《圣经》,几乎找不到其他文化典籍。甚至在中世纪末期,竟不得不从东方重新输入本来就属于自己的古代文化遗产。不过,随着人们思想的逐渐觉醒,神学也不得不走向理性主义,从而出现了托马斯·阿奎那的包罗万象的《神学大全》。与奥古斯丁宣扬"信仰就是一切"不同,阿奎那承认伊本·路西德首创的双重真理论:一是基督教信仰的神学"天启真理",由《圣经》、神父的教谕及教会的传说传递下来;二是人类科学和哲学所推导出的"理性真理",科学家就是他们的主要解说者。双重真理论认为天启真理直接来自上帝,因此,两种真理并不是平等的;信仰高于理性,科学服从神学,神学应当把科学"看作它的下级和婢女来使用"。双重真理论暴露了中世纪世界观的矛盾——科学意向与宗教意识之间的矛盾,并企图调和科学和宗教,是一种折中的、错误的真理观。但在当时历史条件下,这一理论使科学与宗教都获得了或多或少的独立性,更重要的是,它承认在天启真理之外存在着理性真理,从而给了哲学和科学以有限的生存权。从科学史来看,这在客观上把本质上反神学的科学放出了中世纪宗教的囚笼,为欧洲近代科学的复兴提供了一个思想前提。在这个意义上可以说,这是社会科学史上一个重要的转折点。另外,值得重视的是,欧洲在中世纪"第一次创造了一个牢固的文化区域,并在这个区域内第一次建立了一个由互相影响和互相防范的、主要是民族国家所组成的体系。这样就准备了一个基础,后来只是在这个基础上才有可能谈人的平等和人权的问题";并且"在封建的中世纪的内部孕育了这样一个阶级,这个阶级在它的进一步的发展中,注定成为现代平等要求的代表者,这就是市民等级"①。这些都为欧洲社会科学在近代的复兴准备了条件。时至十三四世纪后,以文学艺术为前导的"神""人"大讨论揭开了人文主义运动的序幕,以"人"为研究中心的社会科学重新崛起。

三、近代社会科学

以美国学者 I.华勒斯坦(Immanuel Wallerstein)为主席的"古本根重建社会科学委员会"在对社会科学史做长期研究后,曾对近代社会科学的发展状况及其重要地位做出了如下的精辟的结论:"社会科学是近代世界的一项大业,其根源在于,人们试图针对能以某种方式获得经验确证的现实而发展出一种系统的、世俗的知识。这一努力自 16 世纪以来逐渐成熟,并且成为近代世界建构过程中的一个基本方面。"②这是很有见地的。在 16 世纪至 19 世纪中叶,随着资本主义生产关系的萌发和发展,随着自然科学的发展不断拓宽人们的视野和思维空间,随着以文艺复兴为前导的反封建专制、反宗教迷信的文化改革运动的深入,在中世纪里缓慢发展的社会科学终于冲破了封建专制和宗教神学的桎梏,获得了迅速的发展。许多社会科学学科都相继从神学和哲学中分化、独立出来,并对近代社会的发展发挥着非常重要的指导作用。

文艺复兴,是人类理性的觉醒和复兴。在发掘、拯救、保存和复兴欧洲古代文化遗产的旗帜下,实际展开的是资产阶级文化创造运动,是对人类理性能力的一次大发掘,也是以高扬人的个性为主旨的对于人类本性的一次重新塑造和大解放。由于中世纪的宗教神学已经同封建

---

① 马克思恩格斯选集:第 3 卷[M].北京:人民出版社,1995:445.
② 华勒斯坦,等.开放社会科学[M].北京:生活·读书·新知三联书店,1997:3.

专制主义结成相互依存的统一体,因此,批判封建专制主义和宗教神学,就成为近代资产阶级进行意识形态斗争的首要任务,也是西方近代初期各门社会科学的共同任务与核心内容。当时的西方社会科学适应新兴的资产阶级推翻封建专制的需要,把斗争矛头直指封建统治的精神支柱——宗教神学和经院哲学。在理性觉醒的时代,人们以理知为认识社会的基本方式,强调以理性方法为基本方法去认识、评价社会的历史和现实,并建构和创造未来。理性方法实际上是认识方法和评价方法的统一,而运用理性方法去认识社会,则意味着从人的内在本性要求出发运用人类所特有的思维力去认识和评价各种社会现象、历史事件,去建构未来理想社会。从历史角度看,这样一种认识方式和评价方式,既是资本主义精神的观念表现,又是资产阶级革命中锐利的思想武器。

弗兰西斯·培根是英国唯物主义和整个近代实验科学的真正始祖,他尖锐地批判经院哲学,主张以观察、实验的方法去发现真理。霍布斯是培根学说的继承者和系统化者,他消除了培根唯物主义中的一些有神论的偏见,主张用力学和数学来说明一切,建立了近代第一个机械唯物论体系。而18世纪法国的战斗唯物主义、19世纪费尔巴哈的人本学唯物主义则把对宗教的批判提高到了新的高度,并有力地打击了近代唯心主义学说。经过长期的斗争,统治欧洲达千余年的以宗教神学为核心的封建主义社会学说终于被以人文主义为核心的资本主义社会学说所取代。虽然资本主义社会学说在本质上仍是为少数人压迫多数人的根本利益服务的,但它毕竟恢复了理性和科学的权威。从总体上看来,这一时期的社会科学刚刚发展,还不很成熟,个别学科领域还留有神学的尾巴。这种不协调的状况主要是由资产阶级的剥削阶级的本性和革命运动不可避免的妥协性造成的。

近代初期的社会科学深受自然科学的影响。社会科学家大都把人类社会类比于自然界,或者把人类社会当作自然界的直接延续,从而把社会规律归结为自然规律。甚至有些学者认为只有用自然科学方法,才能真正解决社会科学各种学说的理论问题。近代社会科学与政治伦理的结合十分紧密,它为资本主义的产生大造舆论,推动了早期的资产阶级革命。随着资本主义制度在各国的确立,资产阶级社会科学的各种学科相继创立,并开始形成体系。随着基本理论日趋成熟,社会科学的资产阶级属性更加明显,科学真理性与阶级利害冲突变得比较激烈。在18世纪至19世纪中叶,西方人文社会科学获得了空前发展。特别是以康德、黑格尔、费尔巴哈为代表的德国古典哲学,以斯密、李嘉图为代表的英国古典政治经济学和以圣西门、傅立叶、欧文为代表的空想社会主义等社会科学体系的相继形成,为马克思主义的诞生创造了必要的前提,成为马克思主义的重要理论来源。

在这一阶段,中国、印度等东方诸国的社会科学发展状况与此很不相同。在1840年以前的中国清王朝统治时期,延续了两千年之久的中国封建制度已经走向衰落。清王朝统治阶级继续利用中原传承已久的封建纲常名教来"教化"人民的思想;而进步的思想家则从社会衰败趋势中看到了社会改革的必要性,因而产生了抨击封建专制、倡导民主平等精神的具有资本主义萌芽性质的近代中国社会科学。以王夫之为代表的哲学家、思想家,对宋明理学进行了深刻批判,提出了与之相对立的唯物主义的基本思想、观点和方法。这些批判的思想、观点和方法,适应了清代早期社会发展的需要,推进了唯物主义哲学思想的发展,成了中国古代哲学思想转变到近代哲学思想的中间环节。清代是中国语言学获得较大发展的时期,通过顾炎武、段玉裁、许慎等学者的努力,逐步形成了严格的、现代意义上的语言科学。在这一时期,意识形态领域的一个重要特征是出现了启蒙主义色彩的政治法律思潮。黄宗羲的《明夷待访录》、顾炎武的《日知录》、王夫之的《读通鉴论》和唐甄的《潜书》是早期启蒙思想的代表作;而龚自珍的"我劝天公重抖擞,不拘一格降人才"等著名诗篇、魏源的《海国图志》及洪秀全领导的太平天国所颁布的《天朝田亩制度》和《资政新篇》等,尽管仍有其历史和阶级的局限,但却较为完整地表达了农民对土地的要求和反对封建制度的愿望,反映了反对资本主义侵略的爱国立场和向西方寻求真理的趋向。从整体上看,在16至19世纪的东方其他各国,资本主义的萌芽尽管已经出现,但是由于种种原因,特别是中央集权制过于强大,以及与此相适应的在思想文化、意识形态上的专制主义等的影响,资产阶级启蒙思想运动和当时中国的情况一样,远远不能形成大规模的社会运动。因此,整个社会仍然处于封建专制主义的统治之下,社会科学当然也不能摆脱封建主义的束缚。

四、现代社会科学

这里所说的现代社会科学,是指自19世纪中叶到20世纪中叶世界各国的社会科学。在这一时期,社会科学的发展有了全新的时代背景:自然科学获得飞速发展,资本主义生产方式在欧洲先进国家已占统治地位,资本主义周期性的经济危机不断发生,资本主义从自由竞争阶段过渡到垄断阶段,马克思主义横空出世并成为无产阶级的思想武器,俄国十月革命开创了无产阶级世界革命的新纪元,等等。在这种背景下,社会科学获得了长足的进步,无论是在研究对象和研究任务的明确性上,还是在研究的深度和广度上,都远远地超过了历史上的一切时代。

现代社会科学是随着无产阶级登上历史舞台而作为起点的,它的阶级性和实践性特别明显。社会科学的众多分支学科的出现,形成了社会科学新的研究领域。社会科学的独立研究方法开始出现,并为其进一步繁荣发展奠定了基础。在这一时期,社会科学的发展具有三个明显的特点。

一是马克思主义哲学的创立,为全部科学提供了合理的世界观和先进的方法论,使整个社会科学第一次有可能真正成为科学。19世纪中叶,德国古典哲学终结之日,正是马克思主义诞生之时。马克思、恩格斯在资本主义获得发展、无产阶级登上政治历史舞台之际,在自然科学取得累累硕果的条件下,对德国古典哲学以及整个哲学史做了批判性的总结,他们克服了形而上学唯物主义的不彻底性,创立了具有彻底的辩证性、历史性和实践性的新唯物主义。《1844年经济学哲学手稿》《关于费尔巴哈的提纲》《德意志意识形态》《哲学的贫困》《共产党宣言》《资本论》《反杜林论》等的写作、发表或被重新发现,既实现了哲学领域的一次伟大变革,也为全部科学提供了崭新的世界观和方法论。唯物论和辩证法的有机结合,理论与实践的紧密联系,科学性和革命性的完整统一,使得社会科学在指导思想上发生了根本的变革,开创了现代社会科学的新纪元。

二是社会科学走到科学前沿,成为与自然科学并驾齐驱的、人类科学整体中一个相对独立的部类。恰如古本根重建社会科学委员会所指出的:"尽管社会科学内部分化的基础早在十九世纪上半叶就已明确地形成,然而,只是在 1850 至 1914 年间,从社会科学学科结构中反映出来的思想多样化,才以我们今日所知的形式在主要大学里得到正式承认。"①在社会科学史中,众多的研究主题和学科的名称都是在此间提出的,各类社会科学类群的基础学科都确定了自己的研究对象和研究任务,并形成了由大批范畴和规律有机结合的理论体系,形成了不同于自然科学的社会科学一般方法和各类学科特殊的研究方法。截至第一次世界大战爆发,对于诸如社会学、经济学、历史学、政治学、人类学、东方学(在英语中称为 Orientalism)等学科及其研究对象和性质,人们已经有了广泛的共识,而关于其余学科的共识则还在形成过程中。随着学科结构的建立,围绕着研究、分析和训练,形成了一些实实在在的生产结构,产生出了大量我们今天视为现代社会科学遗产的文献。截至 1945 年,组成社会科学的全部学科基本上都已经在世界上的大多数主要大学里制度化了。华勒斯坦等学者认为:"到 1945 年,社会科学一方面与研究非人类系统的自然科学,另一方面也与研究人类'文明'社会的文化、思想和精神产品的人文科学有了明确的区分。"②

这一时期的社会科学获得了前所未有的空前发展。具体地说,社会学的鼻祖法国学者孔德是实证主义的创始人,他将实证问题上升到哲学高度,创立了实证哲学,又强调以实证方法研究社会问题,创立了社会学。孔德强调,对社会的认识应当成为实证的科学,为此必须把它从形而上学和科学中划分出来,这就是社会物理学,后来他又称其为社会学。社会学以社会现象为对象,是一门研究人的理性及其心理在社会生活的影响下如何完善起来的科学。此后,又有了斯宾塞的社会有机体论、塔尔德的心理社会学派、迪尔凯姆的集体表象论、韦伯的社会行动理论、齐美尔的形式学派及帕森斯的结构功能主义等。经济学自英国古典经济学家亚当·斯密的《国富论》一书在 1776 年问世,便逐步获得其相对独立地位,在这一时期更是获得新的发展。19 世纪中期至 20 世纪初,边际效用学派的经济学说成为影响最大的资产阶级经济学说。而英国经济学家马歇尔的均衡价格理论和分配理论在 19 世纪末至 20 世纪 30 年代在资产阶级经济学界则占有支配地位,至今仍构成

---

① 华勒斯坦,等.开放社会科学[M].北京:生活·读书·新知三联书店,1997:14.
② 华勒斯坦,等.开放社会科学[M].北京:生活·读书·新知三联书店,1997:34.

西方经济学的重要基础。法学方面,17、18世纪,古典自然法学派创立;在19世纪,哲理法学派、分析法学派、功利主义法学派等迅速取而代之;在第二次世界大战结束前,在西方社会盛行的则是社会哲理法学派和社会法学派。19世纪被西方一些学者称为"历史的世纪",兴起了以朗克为代表的实证主义史学,以斯宾格勒、汤因比为代表的思辨的历史哲学和以克罗齐、科林伍德为代表的分析的历史哲学。在心理学方面,1879年,德国心理学家冯特在莱比锡大学建立了世界上第一个心理学实验室,并于1881年创办了第一个心理学刊物,这标志着心理学开始从哲学中分离出来自立于科学之林,成为一门独立的学科。时至20世纪30年代,各种心理学学派纷纷出现,形成了构造主义、功能主义、行为主义及完形派心理学、精神分析心理学。19世纪到20世纪中叶也是科学教育学的建立阶段。赫尔巴特《普通教育学》的发表为教育学的诞生提供了一个良好的开端,马克思主义的诞生则为教育科学化提供了正确的世界观和方法论,同时科学技术的进一步发展,特别是生理学和实验心理学研究的巨大进展,则为教育理论提供了可靠的科学依据。此外,政治学在19世纪中期也逐步系统化;美国著名的管理学家泰罗成为"科学管理之父",法国的法约尔成为管理过程学派的理论奠基人;地理学向人文地理学等发展;人类学、民族学在19世纪中叶作为一个科学体系形成;国际关系学在1919年正式诞生;语言学由自然语言学向社会语言学、结构语言学转化。

三是如同自然科学通过工程技术而获得社会的广泛承认一样,社会科学也在努力与社会实践相结合,从社会生活中获得生命力。大批的社会科学思想家同时就是社会改革家和社会革命家,从而使社会活动的自觉性、合理性程度越来越高。

综观现代社会科学的发展进程,马克思主义的创立在其中起着极其重要的作用。马克思主义哲学体系与以往一切有关绝对真理并凌驾于各门科学之上的哲学体系不同,它是指导被压迫人民探索和认识真理的世界观和方法论,它要求从现实的联系和过程出发来认识世界,它强调整个社会理论研究必须从实践中来,到群众中去。马克思主义的理论权威不是某种政治权力所赋予的,而是在人类社会科学的历史长河中,在无产阶级革命实践中经过斗争树立起来的,并深深扎根于无产阶级和人民群众的实践之中。正如列宁所指出的:马克思推翻了那种把社会看作可按长官意志（或者说社会意志和政府意志，都是一样）随便改变的、偶然产生和变化的、机械的个人结合的观点，第一次把社会学置于科学的基础上，确定了作为一定生产关系总和的社会经济形态的概念，确定了这种形态的发展是自然历史过程。从俄国的十月革命到中国的新民主主义革命，从欧洲到亚洲、非洲和拉丁美洲，马克思主义哲学社会科学在指导人民社会实践、推动社会历史车轮滚滚向前的同时，证明了自己的科学性和革命性，自身也不断地得到改造和发展。继马克思、恩格斯之后，列宁、斯大林、毛泽东等对马克思主义的发展做出了杰出贡献，并以此为理论前提在社会科学各个领域进行了深入研究和广泛探索，为社会科学理论宝库添写了光辉灿烂的篇章。但是在这个阶段，社会主义革命还仅仅是个别的尝试，无产阶级的社会科学理论还没有获得完全展开，众多的领域还有待更为认真全面的深入研究，因此，总体来看，这一时期的无产阶级社会科学还处于探索阶段。

五、当代社会科学

自1945年以来，三个新的发展动向深刻地影响了前100年所形成的社会科学结构。①

其一，世界政治格局发生剧烈变革。在政治上出现了两大新的地缘政治格局：一是以美苏为首的两大阵营之间的所谓冷战以及冷战的终结，二是亚非拉国家争取独立的民族解放运动。前者使社会科学的研究机构、主题、重点、价值取向等都受其影响；后者则意味着此前社会科学的许多假设都遭到质疑，因为它们所反映的是那个已经结束或至少是行将结束的时代的政治偏见。"时至今日，这些学科更是备受抨击，被指斥为欧洲中心主义的、男权主义的、资产阶级的事业。"华勒斯坦等学者指出，西方思想文化的普遍性所受到的挑战"不仅来自于那些感到自己在社会科学分析中被遗漏了的人们，而且也来自于社会科学内部。西方世界的自我怀疑以前只存在于一小部分人中间，如今则在更广大的范围内弥漫开来"②。

其二，社会生产力和新技术革命迅猛发展，人口急剧增加，知识经

---

① 华勒斯坦，等.开放社会科学[M].北京：生活·读书·新知三联书店，1997：57.
② 华勒斯坦，等.开放社会科学[M].北京：生活·读书·新知三联书店，1997：55-56.

济方兴未艾,全球化浪潮兴起等,使人类的生产方式、生活方式和交往方式都发生了根本变革。这些都为社会科学的发展、变革提供了全新的实践基础和对象性前提。

其三,无论是从数量来看,还是从覆盖的地区来看,大学系统在世界各地都得到了空前发展,相应地,专业社会科学家的人数也成倍增加。大学系统在全球范围内势不可当的扩张,具有两种特殊的组织含义。首先,它给不断加强的专业化造成了一种结构性压力。之所以如此,仅仅是因为学者们正在寻找一些前人未曾涉足的新领域,以显示他们的独创性或至少是对社会的有用性。在这方面,一个最直接的结果就是鼓励社会科学家交叉地渗入邻近的学科领域,并且在此过程中完全忽略每一门社会科学为使本专业成为保留领域而提出的种种合法化依据。经济的发展刺激了这一专业化进程,因为正是凭借它所提供的资源,这一进程才成为可能。其次,世界经济的发展引起了各类机构在规模上的急剧扩大,不仅国家机器和经济企业如此,研究组织也概莫能外。受冷战的刺激及全球化竞争的压力,随着知识经济的发展,许多国家纷纷发展需要大量投资的科学和技术研究。许多人对于社会科学在社会创新中的重要地位和作用有了更为深入的认识,因而,社会投资也扩展到社会科学。这种投资尽管在投资总额中所占的比例还很小,然而与以往社会科学研究所能得到的任何资助相比较,其绝对数目却非常大。这种投资使社会科学朝着更进一步、更充分的科学化、社会化方向发展。当代社会科学的研究领域和研究规模急剧扩大,质量不断提高,研究的装备和管理手段日益现代化,并形成了一些社会科学发展中心,它们一般都拥有集中的资讯和技术,其资金首先来自各大国的政府及各种基金会,其次来自某些跨国公司。可以说,当代社会科学研究不再是单凭兴趣、爱好而进行的个人的活动,而是已经成为一种社会职业和由政府支持和控制的国家事业。华勒斯坦等学者指出:"国家和私人在科学研究方面的大规模投资给予这些科学发展中心以毋庸置疑的优势,任何不那么严格、不那么带有政策导向的研究规划都无法与之相抗衡。因此,随着经济的发展,科学范式(scientific paradigm,它乃是各类技术成就的根基所在)在社会科学内部进一步取得了全球范围的合法性。不过,与此同时,由于西方对世界其他地区的统治已经告终,因此不仅在政治舞台上,而且也在社会科学的舞台上,人们都开始听到一些新的声音。"①

受上述因素的巨大影响,当代社会科学在世界范围内获得了空前发展。需要指出的是,马克思主义的广泛传播,在社会主义社会科学领域中起到了任何具体科学所不能替代的和越来越重要的作用。它自身也在新的情况下,抛弃了不应有的固定模式,在波澜壮阔的社会主义实践中不断丰富和发展。资本主义社会的思想体系经过20世纪初的短暂徘徊之后,也出现了前所未有的新发展。它的最大特点如下:一方面,作为资产阶级的意识形态,它具有强烈的为当代资本主义辩护和向社会主义渗透的阶级性质;另一方面,作为一种与现代大生产相结合的科学文化,它在认识成果和方法、技术方面也做出了一些有益的贡献,值得我们研究和借鉴。

当代社会科学与自然科学、哲学、思维科学、数学之间相互渗透,出现了一派前所未有的整体化景象。专业化研究与综合性研究相互结合,定量化研究方法不断增强,应用性研究的比重相对增加。社会科学研究的这种趋势,在一定程度上体现了人类科学发展的基本潮流。古本根重建社会科学委员会指出:"在20世纪,历史学、人类学和地理学最终将残存于它们内部的早期普遍化传统彻底地边缘化了,社会学、经济学和政治学构成了一个以国家为中轴的三位一体,从而巩固了它们作为核心社会科学(以研究普遍规律为主旨)的地位。"②

社会科学的性质本身,决定了它既具有民族性特点,又是世界性的、全人类的。而当代全球化的迅速发展,使得民族、国家、地区之间的空间距离更为"缩短",人们不仅"鸡犬之声相闻",而且交往日益频繁,日益社会化、世界化。科学技术的日新月异、飞速发展,社会生产方式、生活方式、交往方式的巨大变革,促进了人们的思维方式发生革命性的变化。在当今时代,欧洲、亚洲、非洲、拉丁美洲、大洋洲世界各国的社会科学,都在新技术革命的推动下,不断更新、不断丰富、不断发展。可以说,当代社会已经处于社会化的科学与科学化的社会相统一时代的前夜。

而在当代中国,社会科学的发展虽然经历了曲折,但自1978年中

---

① 华勒斯坦,等.开放社会科学[M].北京:生活·读书·新知三联书店,1997:38-39.
② 华勒斯坦,等.开放社会科学[M].北京:生活·读书·新知三联书店,1997:31.

国共产党十一届三中全会以来,解放思想、实事求是的提倡,中国特色社会主义的空前发展,极大地促进了我国社会科学的复苏、创新和发展。目前,我国社会科学不仅基本摆脱了近代西方社会科学体系,而且也基本摆脱了50年代引进的苏联社会科学体系,一个既有我国民族传统、又吸取了当代国际社会科学成就的崭新的中国社会科学体系正在形成。这种具有中国特色的、现代化的、马克思主义的社会科学体系的建构和发展,不仅将造福中国人民,也必将为世界人民和国际社会做出巨大贡献。

社会科学史的研究,不仅意在通过对卷帙浩繁的史料进行去粗取精、去伪存真的分析以努力恢复"历史的本来面貌",而且是要在上述基础上揭示社会科学的演化规律和发展趋势。一般而言,社会科学在其发展过程中主要具有如下演化规律,即社会实践与社会理论相互制约、相互促进的规律,社会需要与内在逻辑辩证统一的规律,常规性发展与革命性发展相互交替的规律。[①] 由于社会科学是社会的一个子系统,它的演化总是不可避免地要受到总的社会发展规律和各个历史阶段各种特殊规律的支配和影响,即使是社会科学的演化规律,也不会每条规律都去孤立地发生作用。不过,对社会科学演化规律的深入探索,对于人们进一步深化对社会科学的认识,并进而推进社会科学及人类社会的发展,无疑有着非常重要的意义。

---

① 许志峰,李德深,马万里.社会科学史[M].北京:中国展望出版社,1989:685-691.

第二章　社会科学的对象与性质

社会科学以人类社会的各种现象和活动方式为研究对象。所谓社会，就是以物质生产为基础而形成的人类生活共同体，其特殊的生存方式、延续方式和作用方式使自身与自然界根本区分开来，构成了社会科学研究的独特对象，也形成了社会科学的特殊性质。社会科学的特殊性质表现在其是个体性与整体性的统一，说明性与理解性的统一，批判性、规范性与建构性、创新性的统一，真理性与可错性的统一，价值中立性与非中立性的统一。

社会科学的对象与性质问题,对于社会科学方法论研究具有根本意义。具有与自然科学的研究对象不同的独特的研究对象,是社会科学得以建立和发展的必要前提。而对于社会科学的对象和性质的理解,则直接影响到社会科学研究方法的发现、选择和社会科学的发展。本章侧重对社会科学的研究对象的特殊性及其对社会科学研究的影响进行分析,进而揭示社会科学的独特性质。

一、社会科学的研究对象

社会科学是在理论层面上展开的社会认识活动的专门化和典型性形式,也是关于人类社会自我意识的科学理论和科学认识方式。与自然科学以自然现象为研究对象不同,社会科学是以人类社会的各种现象和活动方式为研究对象的科学部类。社会科学的研究目的或任务也就在于正确地揭示社会现象的本质、特点、结构及发展规律,并对人生的意义、价值等做出合理的阐释。那么,什么是社会?

简言之,所谓社会就是以物质生产为基础而形成的人类生活共同体。从自然科学的角度看,人类就是生物界的一个种群;而从社会科学的视角看,人类这个种群由于其生存方式、延续方式及作用方式的特殊性,已经与其他的生物群体有了根本性的区别。因此,人类所建立的社会这个新的物质客体也就完全不同于生物体所赖以生存的自然界了。作为社会科学的独特的研究对象,社会的特点对于社会科学研究方法具有直接的、决定性的意义。

1. 社会科学研究对象的特点

人类社会是一个由社会生产系统、社会经济系统、社会政治系统和社会文化系统等组成的异常复杂的有机统一体。与自然科学的研究对象(自然现象)相比,社会科学的研究对象(社会现象)明显地具有下列特点。

其一,自为性与异质性。自然科学的研究对象主要是具有自在性质的自然界,自然界里存在着各种各样的物理的、化学的、生物的等自然现象,它们的存在和运演规律一般是不以人的意志为转移的;而社会科学的研究对象则是社会世界,各种社会现象是物质世界发展到人类社会这个高级阶段才出现的,它们都是通过人的有意识、有意志、有情感的活动才得以形成的,并且各种社会现象的运动、演变也必须依靠人的有意志、有目的的活动来维持和推动。因而,社会科学的研究对象具有鲜明的自为性。同时,社会世界不是一个抽象空洞、内容贫乏的僵死概念,而是极为具体丰富、生动活跃的生命有机体:就其内容而言,它包含着经济、政治、道德、宗教、法律、文化传统等;就其类别而言,它包含着物质的、精神的、实践的、决策的、评价的、审美的等各种类型。社会现象不仅包括经过人类加工的物质生活条件,而且还包括注入了人类主观意志的社会构件,如社会制度、社会关系、社会组织、社会机构,以及人的情感、意志、欲望、信念、信仰等。就其层次而言,它包含着日常的、理论的、规划的、操作的各个层次;就其向度而言,它不仅有活生生的现实,还有消逝了的过去和将至的未来等各个向度。

  由此可见,社会科学诸对象的性质差异很大,它们不仅涉及人的生理因素、心理因素、主体间的社会因素,而且涉及客观的环境因素、文化传统。不仅如此,上述人的生理因素、心理因素、主体间的社会因素及环境因素、文化传统等之间还存在着不同程度的相互作用、相互影响关系。恩格斯指出,无论历史的结局如何,人们总是通过每一个人追求他自己的、自觉预期的目的来创造其历史,而这些按不同方向活动的愿望及其对外部世界的各种各样作用的合力,就是历史。这里的问题在于,这些单个的人所预期的是什么。愿望是由激情或思虑来决定的。而直接决定激情或思虑的杠杆是各式各样的。有的可能是外界的事物,有的可能是精神方面的动机,如功名心、"对真理和正义的热忱"、个人的憎恶,甚至是各种纯粹个人的怪想。并且,人们的活动动机对全部结果来说同样地只有从属的意义,在这些动机背后仍然隐藏着更深层次的动力和历史原因。① 正因为社会现象具有自为性、异质性,社会现象的因果关系与自然现象的因果关系相比才更为复杂,它不是单线的、机械性的,而是双向的、具有统计性质的因果关系。社会现象的自为性、异质性以及人的行为的意识性、意志性、情感性,是社会现象与自然现象的根本区别。

  其二,价值与事实的统一性。社会科学的研究对象是一种特殊的事实,即社会事实。社会事实之所以不同于自然事实就在于它是人的活动的结晶。社会事实虽然可以"外在于"某个人或某些人,但却不能

---

 ① 马克思恩格斯选集:第4卷[M].北京:人民出版社,1995:248.

"外在于"所有人。马克思和恩格斯指出,全部人类历史的第一个前提无疑是有生命的个人的存在。因此,第一个需要确定的事实就是这些个人的肉体组织以及由此产生的个人对其他自然的关系;而人类历史的第一个历史活动则是生产和满足人的物质生活需求。对于这样一些经验事实,是"可以用纯粹经验的方法来确认"①的。他们强调:"任何历史观的第一件事情就是必须注意上述基本事实的全部意义和全部范围,并给予应有的重视。"②

应该看到,马克思主义经典作家对历史观所发动的革命的重要性不仅仅在于把历史观确立在物质生产活动以满足人的物质需要这样的"第一个历史活动"和"第一个前提"的社会事实的基础上,不仅仅在于把历史观确立在唯物主义的基础上,而且在于对这一事实做出了全面的理解。马克思深刻地体会和理解到其中包含的价值意义,因而在自己的历史观中实现了事实与价值的统一。社会事实作为人的活动的结果,其中必附着价值。人们在创造人文社会事实的过程中,必然把情感、意志、价值等因素凝结于其中。即使像迪尔凯姆所说的那样,社会事实是由先行的社会事实造成的,那也不能推翻社会事实的价值附着性,因为当我们把先行社会事实与后行社会事实连为理论整体的时候,价值已在其中渗入了。在人的现实的社会活动中,社会事实与社会价值总是互为表里、互相依存、相辅相成的关系。即在其现实性上,任何社会事实总是渗透着社会价值。换言之,无论是社会的人,还是人的社会,都可视为一种社会事实的存在,同时也是一种社会价值的存在。人的活动不仅是为了衣、食、住、行的需要,而且还是为了实现人的价值和本质,前者作为事实蕴含着后者即一种价值意义。事实与价值的统一才是人的活动的"全部意义和全部范围",前马克思主义的哲学家们都在不同程度上忽视或否定了这一点。

其三,研究主体与研究客体的内在相关性。马克思曾经指出:无论是在性质方面,还是在范围、程度和方式上,认识主体与认识客体(对象)之间都具有某种内在的对应性和相关性。一方面,主体对客体的需要和把握客体的能力决定了外部事物转化为客体的范围、程度和层次,

---

① 马克思恩格斯选集:第1卷[M].北京:人民出版社,1995:67.
② 马克思恩格斯选集:第1卷[M].北京:人民出版社,1995:79.

成为主体-客体关系建立所必不可少的主体性条件;另一方面,客体对主体需要的有用性及其可知可塑性则使主体对客体的关注成为可能,成为主客体关系所必不可少的对象性前提。马克思说:"对象如何对他说来成为他的对象,这取决于对象的性质以及与之相适应的本质力量的性质;因为正是这种关系的规定性形成一种特殊的、现实的肯定方式"①;"从主体方面来看:只有音乐才能激起人的音乐感;对于没有音乐感的耳朵说来,最美的音乐也毫无意义,不是对象,因为我的对象只能是我的一种本质力量的确证,也就是说,它只能象我的本质力量作为一种主体能力自为地存在着那样对我存在,因为任何一个对象对我的意义(它只是对那个与它相适应的感觉说来才有意义)都以我的感觉所及的程度为限"②。主体和客体之间这种相互适应的关系就是主体-客体相关律。

如果说,主体-客体相关律普遍存在于一切认识活动之中的话,那么,在社会认识活动中,主客相关性则更为明显和更为强烈。在社会认识系统中,主体与客体之间存在着一种特殊的自我涉及、自我相关的关系,这种关系是社会认识系统区别于非社会认识系统最本质的特征之一,是主体-客体相关律在社会认识系统中的特殊表现。美国学者华勒斯坦等人对所谓"社会科学遗产"的偏狭性的下述分析也反映出同样的道理:"与自然科学所界定的自然界不同,社会科学的对象领域有其自身的特点;不仅研究对象包括了研究者本人,而且被研究的人还能够与研究者展开各种各样的对话或辩论。在自然科学中,辩论的问题通常无须诉诸于研究对象的观点就能够加以解决。相反,社会科学家所研究的民族(或其后代),不管其观点是否为学者们所探求,都越来越频繁地参与到讨论中来,而对研究者来说,他们的闯入经常都是不受欢迎的。这种闯入日益地表现为对普遍主义僭妄的挑战。……质言之,持异见者对普遍主义原则本身提出了质疑。他们宣称,社会科学认定适用于全世界的原则实际上代表着人类中极少数人的观点。他们还争辩说,这极少数人的观点之所以逐渐地主宰了整个知识领域,只是因为这

---

① 马克思恩格斯全集:第42卷[M].北京:人民出版社,1979:125.
② 马克思恩格斯全集:第42卷[M].北京:人民出版社,1979:125-126.

同一些人在大学以外的世界里也居于统治地位。"①的确,在社会认识活动中,认识的主体是人,是生活在社会世界之中的人,认识的客体则是通过人们的活动而形成的社会世界,主体与客体之间共质同构,密不可分地自我相关着。由此,必然产生出相互对话、相互顺应或相互制约、相互避讳的"自适应"情况。社会认识就是社会的人在这种异常复杂的情形之下对人自己生活于其中的社会世界的认识。不仅如此,这种认识社会世界的活动本身又是一种社会活动,它也应当被纳入社会认识的对象范围。正是社会现象与社会认识主体之间这种奇妙而又难解的自我相关,派生出社会认识系统的众多难题,并决定着社会科学的特殊性质和独特的研究方法。

其四,更大的偶然性与不确定性。与自在存在的自然世界不同,社会世界是自为的存在。在这个具有自我组织、自我调节、自我更新和自我意识功能的社会有机整体中,不确定的因素更多,偶然性和独特性也更大。与自然现象相比,社会现象的变化、发展更为迅速,并且,这种演变基本上不是循环往复的,而是大多具有新奇性、独特性。在实际生活中,尽管某些社会现象具有相似之处,但是,这种相似并不同于自然现象的重复。恩格斯曾经专门论述过自然现象与社会现象的差别,他指出:"社会发展史却有一点是和自然发展史根本不相同的。在自然界中(如果我们把人对自然界的反作用撇开不谈)全是不自觉的、盲目的动力,这些动力彼此发生作用,而一般规律就表现在这些动力的相互作用中。在所发生的任何事情中,无论在外表上看得出的无数表面的偶然性中,或者在可以证实这些偶然性内部的规律性的最终结果中,都没有任何事情是作为预期的自觉的目的发生的。反之,在社会历史领域内进行活动的,全是具有意识的、经过思虑或凭激情行动的、追求某种目的的人;任何事情的发生都不是没有自觉的意图,没有预期的目的的。"②

当然,社会现象的这些偶然性、不确定性并不能构成对社会必然性和社会发展客观规律性的否定。恩格斯同时指出:下列事实是丝毫不能改变的,即历史进程受内在的一般规律支配。"因为在这一领域内,

---

① 华勒斯坦,等.开放社会科学[M].北京:生活·读书·新知三联书店,1997:54-55.
② 马克思恩格斯全集:第21卷[M].北京:人民出版社,1965:341.

尽管各个人都有自觉预期的目的,总的说来在表面上好像也是偶然性在支配着。人们所预期的东西很少如愿以偿,许多预期的目的在大多数场合都互相干扰,彼此冲突,或者是这些目的本身一开始就是实现不了的,或者是缺乏实现的手段的。这样,无数的单个愿望和单个行动的冲突,在历史领域内造成了一种同没有意识的自然界中占统治地位的状况完全相似的状况。行动的目的是预期的,但是行动实际产生的结果并不是预期的,或者这种结果起初似乎还和预期的目的相符合,而到了最后却完全不是预期的结果。这样,历史事件似乎总的说来同样是由偶然性支配着的。但是,在表面上是偶然性在起作用的地方,这种偶然性始终是受内部的隐蔽着的规律支配的,而问题只是在于发现这些规律。"①换言之,"人们自己的社会行动规律"就是通过这些充满不确定性、偶然性的有意志活动及其交互作用而形成的。社会现象的客观规律性与不确定性、偶然性直接决定了它的可预言性和准确预言的有限性。

其五,可预言性与准确预言的有限性。人们的预言、预测,一般是从一定的初始条件出发并依据特定规律而做出的;预言、预测的可能性、有效性,取决于对象本身及其发展规律的性质和预测主体的能力。社会现象的发展在总体上是有规律可循的,因而它具有可知性和可预言性。但是,与自然现象的可知性、可预言性相比,社会现象的可知性、可预言性又具有更为明显的限度,因为社会规律比自然规律更为复杂。从规律的表现形式来看,自然规律更多地表现为动力学规律,而社会规律则主要表现为统计学规律。一般说来,动力学规律所展示的事物之间的规律性关系是一种一一对应的确定性联系,它指明一种事物的存在必定导致另一种确定事物的发生,同时,在动力学规律的作用下,偶然现象的作用是非常有限的,因而可以"忽略不计";与之不同,统计学规律展示的不是事物之间简单的一一对应关系,而是一种必然性和多样随机现象之间的规律性关系,它不仅不能排除大量的偶然现象、随机现象,相反,正是在大量的偶然现象、随机现象中才能表现出规律性。

社会事件的发生大多具有随机性。在社会运动中,社会现象如果不是"大量"发生,它们之间就表现为一种非确定的联系;如果"大量"发

---

① 马克思恩格斯选集:第 4 卷[M].北京:人民出版社,1995:247.

生,它们之间就表现为一种相对确定的联系。这就如同抛掷同一枚质量均匀的硬币,出现正面或反面都是随机的,但在大量抛掷的情况下,出现正面和反面的概率都是1/2。正因为自然规律更多地表现为动力学规律,而社会规律则主要表现为统计学规律,因而人们依据规律,就有可能对自然现象的发生、发展做出时间更长、范围更大的预言,而社会现象的可预言性则相对而言要有限得多。

2. 研究对象的特殊性对社会科学研究的影响

无论人们意识到与否,社会科学的研究对象即社会现象的上述特点,对于任何社会现象研究的过程和结果都会产生影响;并且,这种影响总是直接的、巨大的。因此,任何社会科学研究者对此都不应漠然视之。

社会现象的人为性、异质性及社会事实与价值的统一性,给社会科学的归纳、概括造成了很大困难。自然科学家可以从对一滴水或一个物体的研究中概括出普遍的定律,而社会科学家则不能通过对一个人或一个组织的研究得出普遍适用的结论。它意味着,社会科学研究需要抽取更多的样本,其研究结论的适用范围一般更小。

社会现象与研究主体的内在相关性,则不可避免地造成主客体之间相互对话、相互顺应或相互制约、相互避讳的"自适应"情况。一方面,研究者的阶级地位、政治倾向、宗教信仰、文化观念等都会影响研究者认识的客观性,绝对中立的社会科学家是不存在的。研究者有可能自觉或不自觉地把自己的兴趣、情感、价值取向等转化为一种强烈的认知定式和理解模式而渗透到对于客体的观察、理解和解释之中并进而对他们的研究结果产生双向影响。在消极意义上,如果他们的认知定式和理解模式不符合对象的本性和规律,而他们对此又缺乏足够的自觉和自律,则可能导致偏见、歧解以至谬误;在积极意义上,如果他们的认知定式和理解模式与对象的本性和规律相一致,又得到了适当、适度和适时的应用,则有助于对社会现象的正确理解和把握。在科学史上,社会科学的许多学术争论不时地转化为政治争论或信仰争论,这种现象在自然科学的争论中相对来说则要少得多。另一方面,社会科学的研究对象不仅是客观的、无意识的物体,它还包括有意识、有意志、有情感的人。被认识的对象在研究中可能会有意或无意地隐瞒或改变自己的真实行为和态度,这对社会研究资料的可靠性、有效性的影响也是巨大的。因为对人的精神世界无法进行直接观察,对社会现象难以像自然科学那样控制各种客观条件和影响因素进行研究,所以社会研究很难采用严格的实验方法和精确的观测手段,它既难以收集到精确的定量资料,也很难进行精确的定量分析。特别地,当涉及人的意志、意向、情感、欲望、动机等现象时,社会现象研究尤其需要采用不同于自然科学的特殊方法,如对话、主观理解等。

此外,社会现象的偶然性、随机性和准确预言的有限性,使社会科学的限度更为明显。自然科学从一定的初始条件出发,运用自然规律,可以准确地预见自然事件的发生,而社会科学相对来说适用期较短,适用范围也更有限,它只能有效地预见在一定时期和一定范围内社会现象发展的趋势,却难以准确地预见社会事件的具体发生和全部后果。因而,在实际生活中,人们行动目的的预期性与行动结果的非预期性的矛盾经常发生,各种非主体性效应、反主体性效应在当今时代甚至呈现出愈演愈烈之势。

西方有不少学者认为,社会现象是如此复杂,以至于根本不适宜对它做科学考察;即便要对之进行科学考察,也需要删减其中诸如心理的、意志的、情感的、肌体的等重要因素。我们认为,社会现象的确很复杂,它具有很强的人为性、暂时性、偶然性等不同于自然现象的性质和特点,但是,社会现象的复杂性并不构成否定社会科学创立的可能性的依据。恰恰相反,社会科学之所以能够成为不同于自然科学的独立的科学,就在于它具有不同于自然科学的研究对象的独特的研究对象。正如法国社会学家埃米尔·迪尔凯姆所指出的:"一门科学只有在真正建立起自己的个性并真正独立于其他学科时,才能成为一门真正的科学。一门科学之所以能成为特别的学科,是因为它所研究的现象,是其他学科所不研究的。如果各门科学所研究的现象相同,或者同样的概念可以不加区分地适用于各种不同性质的事物,那么,也就不可能有各门科学了。"[①]就社会研究来说,一方面,正是由于社会现象具有区别于自然现象的特点,才使社会认识活动产生出有别于自然认识活动的特殊性,并使社会科学研究成为可能。实际上,独特的研究对象,只是决定了社会科学具有不同于自然科学的独特性质和研究方法。另一方

---

① 埃米尔·迪尔凯姆.社会学方法的规则[M].胡伟,译.北京:华夏出版社,1999:120.

面,正是由于迄今为止对社会世界的认识尚远远落后于对自然界的认识,才使得全面深入地开展当代社会科学研究显得格外紧迫和重要。近几十年来,越来越多的社会科学家已经放弃了完全照搬自然科学模式、方法的做法,他们认识到,在社会科学领域,期待着牛顿或爱因斯坦式的人物去揭示永恒的社会规律是不可能的。社会科学应当超越传统的实证主义和经验主义模式,建构起自己独特的理论和方法论体系。

二、社会科学的性质

科学的性质问题,是科学哲学领域中一个非常复杂、充满争议的重要问题。英国科学哲学家查尔默斯(A. F. Chalmers)在《科学究竟是什么?》一书中,曾经对关于科学性质的现代观点做了一个简单、明了和初步的介绍,但他同时也坦诚地指出,自己对"科学究竟是什么"仍感迷惑,他说他对科学的性质的认识"始于迷惘,终于更高水平的迷惘"①。这并不是哲学家故作谦虚,而是因为科学的性质问题的确是一个非常复杂的科学哲学难题。社会科学的性质问题也是一个非常复杂的问题。我们认为,与谬误、常识及自然科学相比较,社会科学主要具有如下性质。

1. 个体性与整体性的统一

个体与社会是人的存在形式的两极:至大至类、至小至个人。如何看待和处理个人与社会的关系,过去是、现在是、将来仍将是人在实践活动和理论活动中必然面对的永恒课题,也是社会科学的永恒课题。

关于社会科学研究,长期以来存在着方法论的整体主义与方法论的个体主义的对立。与此相关,关于社会科学的性质,人们在理解上也有整体主义与个体主义的分歧。

在社会科学中,整体主义"指一种可以或者应该通过社会的整体来研究社会的理论,这种理论认为,对社会进行分析、研究的基本对象不是个体或个体现象,而是社会的法则、倾向(dispositions)和运动等等"②。整体主义者认为,社会是由社会关系构成的,社会关系是具有结

---

① A. F. 查尔默斯. 科学究竟是什么?[M]. 查汝强,江枫,邱仁宗,译. 北京:商务印书馆,1982:1,8-9.
② 景天魁,杨音莱. 社会学方法论与马克思:第一册[M]. 北京:人民出版社,1993:89.

构的整体。在他们看来，整体大于个人的总和，个人的存在依赖于整体，一个社会事实只有通过与其他社会事实的整体联系才能得到解释。在社会科学的视野中，社会关系及其体系结构是客观的，至于由哪一个人来体现或代表它，这是不重要的甚或是偶然的。因此，不能由个人的动机去解释人的活动，而要由社会整体联系去解释人的活动。整体主义者相信，社会科学不仅能够发现社会规律并做出准确的社会预言，而且，这正是它的重要职责所在。法国社会学家迪尔凯姆是典型的整体主义者，他把"社会现象对于个人来说是外在的"看作他的社会学方法的根本命题和根本准则，认为"个人生活和集体生活的各种事实在某种程度上具有质的不同"。他主张："构成社会现象的是集体性的信仰、倾向和守则。……集合体和个人这两种现象通常有不同的状况。……个人的思想存在于个人身上，集体的思想存在于集体之中，它独立于个人而发生作用。与这种集体思想和行为相适应，采取某种形式，构成一种特别的团体，形成集合的现象，这与个人现象显然不同。"[1]美国学者 D.C. 菲立普进一步将科学方法的整体主义细分为如下三类。一类是有机论。它直接强调有关整体的事实、属性等，它涉及的是获得和确定整体知识的问题，如主张整体大于部分之和、整体决定各个部分的性质、各个部分在动态上互相联系或互相依存等。第二类涉及在获得整体的知识之后，应如何说明和解释这种整体的问题。它主张，"对一个整体，即使在它得到研究之后，也不能根据它的部分对它进行解释"[2]。这一类整体主义是与还原论及作为还原论的一种形式的方法论个体主义针锋相对的，而方法论的个体主义却并不一定排斥第一类整体主义。第三类则强调"指称整体和整体属性的术语"、概念在科学中占有重要地位。

与整体主义相对，个体主义则认为，社会科学研究的基本分析单位是个人，它要求把一切社会现象还原到个体层面，从个人的行动和目的、意图、动机等方面对之加以说明和理解。个体主义者尽管承认社会关系、制度、结构、系统的存在，但他们更强调这些不过是有意识、有意志的个人活动所假以进行的条件、形式和媒介，它们是人的活动创造出

---

[1] 埃米尔·迪尔凯姆.社会学方法的规则[M].胡伟，译.北京：华夏出版社，1999：8.
[2] D.C.菲立普.社会科学中的整体论思想[M].吴忠，陈昕，刘源，译.银川：宁夏人民出版社，1988：36.

来的,也只有从个人的主观动机出发才能确定它们的意义,因而它们在社会研究对象中具有从属性,不具有根本性。个体主义的代表人物马克斯·韦伯、波普尔、沃特金斯等人强调,对于社会现象应当根据个人的动机、态度和行动来解释,而不应当根据社会集合体的性质来解释。韦伯主张个人及其行动是社会学的基本分析单位,因为个人是有意义行为的唯一承担者,而国家、团体、社会制度等整体概念都是表明人们互动的某种范畴,它们都可以还原为各个参与者的行动。波普尔对整体主义进行了批评,并指出:"社会理论的任务是要仔细地用描述性的或唯名主义性的词语建立和分析社会学模式,这就是说,依据每个人以及他们的态度、期望、关系等情况来建立和分析社会学模式——这个设定可以称为'方法论个人主义'。"① 其学生沃特金斯也主张:"也许可以根据一种大规模的社会现象(如,充分就业)对另一种大规模的社会现象(如,通货膨胀)做出不彻底的解释,除非我们能够从个人的意向、信仰、资源,以及他们的相互关系中推演出这种解释。"② 针对曼德尔鲍姆(Mandelbaum)在《社会事实》一书中关于"社会事实不可还原"的论证,沃特金斯指出,大多数个体主义者所关心的问题在于是否存在着不可还原的社会规律。他认为:"一个个体主义者也许愿意承认……某些大规模的社会事实太过于复杂,简直无法把它们彻底还原简化,然而,却又认为对它们做出个体论的解释在原则上是可能的。"③ 极端的个体主义者认为,社会科学只能追求个别的认识,它不可能透析普遍性的社会规律,也不可能做出准确的社会预言。

概而言之,整体主义与个体主义的对立和分歧在于:整体主义主张通过揭示整体的本质属性来解释各个具体事物;而个体主义则主张采用分析或分解的方法,并在基础层次上对事物做出解释。在西方社会科学研究中,受非此即彼的形而上学思维方式的影响,人们长期难以走出个体主义或整体主义的藩篱。

---

① 卡尔·波普.历史决定论的贫困[M].杜汝楫,邱仁宗,译.北京:华夏出版社,1987:108.

② D.C.菲立普.社会科学中的整体论思想[M].吴忠,陈昕,刘源,译.银川:宁夏人民出版社,1988:39.

③ D.C.菲立普.社会科学中的整体论思想[M].吴忠,陈昕,刘源,译.银川:宁夏人民出版社,1988:41.

马克思早在他的理论活动的早期,就意识到实现超越个体主义与整体主义两极对立的必要性和重要性。他在《1844年经济学哲学手稿》中指出:"首先应当避免重新把'社会'当作抽象的东西同个人对立起来。个人是社会存在物。因此,他的生命表现,即使不采取共同的、同其他人一起完成的生命表现这种直接形式,也是社会生活的表现和确证。人的个人生活和类生活并不是各不相同的,尽管个人生活的存在方式必然是类生活的较为特殊的或者较为普遍的方式,而类生活必然是较为特殊的或者较为普遍的个人生活";"因此,人是一个特殊的个体,并且正是他的特殊性使他成为一个个体,成为一个现实的、单个的社会存在物,同样地他也是总体、观念的总体、被思考和被感知的社会的主体的自为存在,正如他在现实中既作为社会存在的直观和现实享受而存在,又作为人的生命表现的总体而存在一样"①。马克思这里使用德国古典哲学的"个体""类"的提法,表达了个体和整体的辩证统一思想。随着他的新唯物主义世界观的确立,马克思在实践唯物主义的基础上唯物辩证地解答了个体与整体之间的关系。

从实践唯物主义的观点看,整体主义与个体主义各有其合理因素和局限。个体主义特别是其绝对的还原论的失误正日益被人们所指正;整体主义对个体主义的许多批评并不是没有道理的,它指出了传统科学的分解或分析方法的局限,并正确地强调,只有了解一个有机系统的各部分之间的相互联系,才能认识系统的本质属性。但是,整体主义并没有提供一套研究有机整体的操作方法。到目前为止,它还只是一种无法付诸实践的学说②;并且,由整体观点推出社会科学研究只能"从社会整体出发",社会科学只具有社会性、整体性或系统性也是不恰当的。因为,从分析单位的角度来看,整体与个体绝对不能相互割裂,二者是既相区别又相联系的。在发生学意义上,个体与社会整体是同步发生、同步形成、同步演进的;在共时态意义上,个体与社会整体无论是在实体性、关系性上,还是活动论、价值论上都是密不可分地内在相关、互为条件和相互关照的;在进化论意义上,个体与社会整体在人的发展

---

① 马克思恩格斯全集.第42卷[M].北京:人民出版社,1979:122-123.
② D.C.菲立普.社会科学中的整体论思想[M].吴忠,陈昕,刘源,译.银川:宁夏人民出版社,1988:130-131.

历程中既相互制约又相互促进,二者在范围、程度和水平等各个方面也都处于相关发展的共变过程之中。① 因此,人及其活动的产物、各种社会现象都是个体性与社会性的统一,研究对象的这种特殊性质决定了整体研究与个体研究都不是研究社会现象的唯一方法,二者并不是完全对立的,实际上,它们在社会认识中具有功能互补性。因此,社会科学研究应当在个体与社会整体之间保持张力,在个人与社会的有机相关性和互为参照性中展开自己的研究思路,在人与世界的多方面、多层次、多向度参照关系中达到人在高层次上的自我关照和自我理解。研究对象与研究方法的上述特点,决定了社会科学本身也并不是只具有个体性或只具有社会性、整体性,而是个体性与社会整体性的有机统一。

2. 说明性与理解性的统一

对于纷繁复杂的社会现象,有两种互为补充的认识方式:一是侧重通过实证方法来客观地分析、说明(explanation)社会事实的本质、结构、功能及发展规律;二是通过对行为者或社会事件的意义的理解(understanding)来揭示事物表象之间的内在联系。与自然科学只具有实证性、说明性不同,社会科学是说明性与理解性的统一。

在西方现代社会科学中,人们对社会科学的说明性、理解性常常做割裂理解,片面地强调其中之一。

实证主义强调,人文社会现象与自然现象之间具有相似性,因而社会科学与自然科学在研究思路、研究方法及性质方面也具有共通性、一致性。实证主义主张在科学一体化的观念支配下以实证主义方式肯定社会科学的可能性,要"使人类科学具有实证性质,把它建立在观察的基础上,并用物理学的其他部门采用的方法来进行研究"②。它认为应当在关于人的科学和社会科学中寻求自然科学意义上的客观性、实证性、可度量性,使社会科学像自然科学那样具有可以用经验和检验形式加以阐述的命题,成为像自然科学那样的具有很强说明性的"硬科学"。西方社会学学科体系的奠基人埃米尔·迪尔凯姆从整体主义和功能主

---

① 欧阳康.在个体与类之间保持张力——略论人学研究的对象域及其学科特点[J].武汉大学学报,1998(4):3-8.

② 圣西门.圣西门选集:上卷[M].何清新,译.北京:商务印书馆,1962:126.

义立场出发,提出必须清除对社会现象的目的论分析,而应注重对社会现象进行原因和功能分析。在他看来,"当我们解释社会现象时,必须分别研究产生社会现象的真实原因和社会现象所实现的功能。使用功能一词而不用目标或者目的等字眼,这是因为一种社会现象不是由于它有效用就能存在。"不仅如此,还"应当把原因问题放在功能问题的前头去考察。这种先后次序符合事物本身的次序。研究一种现象,首先寻找它的原因,然后再考察它的功能,这是顺理成章的、符合逻辑的方法"①。迪尔凯姆竭力要求在因果分析、功能分析中体现出逻辑一致性,从而确立对社会现象进行科学认识的方法论原则,以保证社会认识与自然认识一样能达到严格性和科学性。实证主义强调了人文社会科学的说明性,但这种强调确实是太过分了,因为单纯用实证方法对包括意志、情感、信念、欲望等因素的人文社会现象进行具有合理性的解释是不可能的。

解释学另辟蹊径,它立足于人文社会现象与自然现象在存在论和价值论意义上的根本区别,否定社会科学与自然科学之间在认识论和方法论上相互沟通和借鉴的可能性,否定自然科学方法在社会科学中应用的合法性。它认为,人的思想、观念、意志、情感和行为等人文社会现象本身具有个别性、非确定性和非量化性,不可能以自然科学的方式而被客观地加以描述、说明,它们只能通过理解才能被合理把握。由此,解释学把"理解"视为人文社会科学的最根本的方法和性质。有"解释学之父"之称的狄尔泰崇尚"理解"(Verstehen),他的这种"确信奠定在四个假设之上:'理解'是日常生活的一个普通的过程;'理解'作为关于人的最基本的知识(更不用说关于复杂的社会问题的知识)之泉源乃是重要的;'理解'是一个唯一性的过程,亦即是说,是一个既不能从另一个过程派生出来,又不能为另一个过程所代替的过程;最后,'理解'是人文科学方法的一个基本方面,这个基本方面使人文科学不同于自然科学。"②狄尔泰把理解与说明对立起来,他只承认理解却否定了说明也是人文社会科学的重要性质。亨普耳等人则肯定说明在人文社会科

---

① 埃米尔·迪尔凯姆:社会学方法的规则[M].胡伟,译.北京:华夏出版社,1999:77-78.

② H.P.里克曼.狄尔泰[M].殷晓蓉,吴晓明,译.北京:中国社会科学出版社,1989:141.

学中也具有重要地位,认为理解只是提供与动机假说有关、与心理分析相关的协助方法,要求以说明为基点来统一理解,寻求说明基础上的理解。而伽达默尔、利科尔等人强调理解和说明具有同等的重要性,提出以"文本"作为说明和理解的基础,强调理解过程中的"视界融合",这就初步突破了仅承认"说明"或者只肯定"理解"为社会科学性质的片面观点。

我们认为,实证主义与解释学在关于社会科学性质和方法的诘难和辩护中,各自既显示了自身的合理因素,又揭露了对方的不足。在我们看来,人与社会位于物质进化阶梯的最高台级,社会运动奠基于也包含了物质世界、生命世界的各种运动形式,服从于各个层次的运动规律和发展规律,因此,对社会现象进行研究,有必要通过各方面各层次的思路和方法来把握社会现象。在这种意义上,社会科学研究完全排除自然科学的方法是不应当也是不必要的,但仅仅采用自然科学的方法显然也是不够的。正如人与自然、人与社会不是截然对立、彼此隔绝的一样,自然科学方法与社会科学方法之间也并非相互排斥、水火不容的关系,它们是相容的、互补的,各自有助于说明人类社会生活的不同方面,可以同时在社会科学中得到运用,并帮助人们达到对社会现象的全面完整的理解。

换言之,说明、理解都是社会科学的重要性质和方法,它们是互渗互补的,二者合则两利,离则两伤。抬此废彼,必然会对社会科学的全面理解和合理研究造成损害。当然,社会现象也是有差异和层次的,对与自然现象更为接近的那些现象如人的生理因素以及社会组织、社会制度、社会结构等进行研究的社会科学更具有说明性,而对与自然现象差异非常巨大的现象如人的知、情、意等精神现象、文化传统等进行研究的社会科学则更具有理解性。不过,由于各种社会现象是相互联系的整体,这些具体的社会科学之间也具有相互渗透性,它们的说明性与理解性也是不可分割的。因此,为了促进当代社会科学的健康发展,应当肯定社会科学是说明性与理解性的统一这一事实,并探索使说明方法与理解方法相互有效沟通、统一的途径。

3. 批判性、规范性与建构性、创新性的统一

社会科学对社会现象所进行的描述、说明、理解、反思中,总是浸透着强烈的怀疑精神和批判精神。一种进步的、合理的社会科学,总是能对现实的观念世界和物质世界保持清醒的批判态度，它不满足于现有的人文社会知识，不迷信于任何形式的权威，不故步自封，而是始终致力于创造新概念、新定理、新理论、新学说，始终致力于探索、揭示新的真理，始终致力于观念建构和实际建构一个更加美好、合理的新世界。批判、启蒙、规范、创新，既是进步的社会科学的内在本性，也是社会科学的生命力所在。

对社会世界不断进行社会说明、社会理解特别是社会批判的社会科学，不仅对现实的社会世界进行科学的审视和批判，而且对理想的认识、实践和社会制度进行观念的追寻和建构，因而，它们能够帮助人们解放思想、破除迷信，并为人们提供价值观和社会信念的指导，具有重要的社会启蒙性和社会规范性。需要强调指出的是，社会科学是当代社会创新体系的重要组成部分，它不仅对现存世界进行说明、理解和批判，而且能使人们在"批判旧世界中发现新世界"。一般而言，社会创新体系是由知识创新和技术创新相关的机构和组织构成的网络系统，它包括知识创新系统、技术创新系统、知识传播系统和知识应用系统。美国学者C.法利纳和M.凯利在分析因管理不善、市场条件不利而导致的技术革新失败时指出："社会科学在使自然科学的投资获得最佳经济效益和社会效益方面起着关键的作用。把社会科学作为一种国家资源来开发应该成为完整的革新政策的一个重要组成部分。"[①]不仅如此，社会科学还有重要的社会变革功能。在英文中，创新(innovation)一词原本就有"改革"之意。恩格斯指出，在18世纪的法国和19世纪的德国，"哲学革命也作了政治崩溃的前导"[②]；马克思更是强调：包括社会科学在内的科学是"一种在历史上起推动作用的、革命的力量"，是推动人类社会发展的"历史的有力的杠杆"，是"最高意义上的革命力量"[③]。这种推动作用不仅表现为它是社会生产发展的重要因素，是促进经济、社会结构变革的强大力量，而且表现为通过生产关系的中介，促进上层建筑的变革，推动新的社会改革和社会革命。

在当代社会里，知识经济的发展，不仅改变了社会化的技术手段，

---

① 夏禹龙.社会科学学[M].武汉:湖北人民出版社,1989.
② 马克思恩格斯选集:第4卷[M].北京:人民出版社,1995:214.
③ 马克思恩格斯全集:第19卷[M].北京:人民出版社,1963:375,372.

而且改变了人们的生活方式、工作方法；不仅带来生产力的巨大变化，而且带来生产关系和上层建筑的巨大变化。当代任何重大的科学技术问题、经济问题、社会发展问题和环境问题等都具有高度综合性，涉及经济增长的方向和目的，涉及经济和社会运行机制的变革和人们思想文化观念的变革等。这些问题的解决超出了自然科学技术能力的范围，为社会科学的发展提供了新的契机，并对其提出了更高的要求。当代大实践要求把自然科学和社会科学结合成为一个创造性的综合体，而当代社会科学的新的重要任务和社会功能之一，也正在于研究如何通过经济机制、政治机制、文化机制等使自然科学的创新成果迅速有效地转化为社会生产力。由此可见，在全球性问题和人性问题愈益突出的当代，高度重视社会科学所具有的这种批判性、规范性、创新性，对于人类"合理地改变世界"有着空前突出的意义。

4. 真理性与可错性的统一

社会科学作为对社会现象的认识的理论形式，能从各种侧面、角度在不同程度上揭示社会现象的本质、特点、结构和发展规律，因而具有一定程度的真理性。这是社会科学与伪科学、谬误的根本区别。但是，如何理解和把握社会科学的真理性，长期以来却存在着绝对主义和相对主义的对立。

绝对主义把社会科学的真理性绝对化。它认为，对社会现象的认识、理解，要以这一对象的真实面目和实际意蕴为准绳，而这种真实面目和实际意蕴是不以认识者、理解者所处的特定社会文化传统、他们的价值观念以及他们的主观意愿为转移的。由此，绝对主义者主张社会科学应当追求一种超历史的、价值中立的、绝对的客观性和合理性。

相对主义则认为，社会现象的价值、作用、效应、意义等与具体的人和人的活动具有相关性，它们本身并不具有永恒不变的性质；同时，处于不同社会文化传统并具有独特生命体验的人，对同一社会现象的理解、把握也存在着很大的个体差异性。由此，相对主义者否认社会科学能够准确地把握社会现象的本质、规律或意义。

我们认为，社会科学的确具有真理性，但是，对这种真理性绝不能绝对化、永恒化。换言之，社会科学是具有可错性或可变性的。社会科学的这一性质反映了它们与常识的原则区别。常识能够在一定范围内满足人们的某些需要，而语言的模糊性、难以检验性、难以证伪性、稳定性等则是它的特点,同时更是它不可克服的缺点。因而,常识一般不易被证伪或推翻,它们的生命期一般较长,有的甚至可以存在许多世纪之久,但它们的积极功能毕竟非常有限。而社会科学是在理论层面上展开的社会认识活动的专门化和典型性形式,也是关于人类社会自我意识的科学理论和科学认识方式,它们与自然科学一样,具有可检验性、解释性、内在完备性等共同特征。社会科学对社会现象进行合理解释,这是有风险的、可错的。特别是社会科学虽然也像自然科学一样呈现出知识总量积累、水平日渐提高、理论日益完善的进步图景,但是,在社会科学世界中却似乎有一些后世难以再现、超越甚至企及的精神高峰,有许多具有永恒意义的问题,诸如人的本质、世界的意义、生活的目的,以及关于什么是理想、幸福、正义、美丑、善恶等,所有这一切都涉及价值与意义的问题,都难以获得一个确定的答案或不变的结论。它们会随着人类历史的推进、时代的变迁而呈现出不同的性质和意义,需要人文社会学者对它们做出新的解释和理解,赋予这些永恒的话题以新的时代意义。因此,社会科学理论的预见只要与实践结果之间的不一致超出可容许的误差范围,理论就要加以修改,因而社会科学知识的生命期一般相对较短,它对社会现象的说明和解释既有真理性,又具有可错性、可变性,因而要求不断更新和发展。这是社会科学的不足,但更是社会科学的优点和生命力之所在。

5. 价值中立性与非中立性的统一

社会科学的价值中立问题,是关于社会科学知识与价值观念之间关系的问题。在科学研究中,不少人把社会科学的价值中立性与非中立性相割裂,他们各执一端,并进行了长期激烈的争论。

科学价值中立论认为,科学包括社会科学是价值中立或价值无涉的;科学是追求纯粹真理的事业,客观性是科学的生命,科学与人的主体性、主观因素、价值观念是互不相关、没有联系的。这种观点在西方源远流长,它不但认为科学与价值无涉,而且认定这种想象中的价值中立性恰恰是科学的客观性和主要优点的表现。早在古希腊时期,就有一些学者主张,学者的使命只应该是追求知识,而不应贪图富贵和权力。不过,当时的哲学家们大多持有一种朴素的真、善、美、利相统一的观点。此后,经过以宗教神学禁锢科学的中世纪后,近代科学家们崇尚科学理性,他们把科学视为纯粹求真的事业,并把与近代实验科学方法和逻辑论证无缘的政治学、伦理学等和科学严格区分开来，以保持科学的纯洁与独立，这便是科学价值中立的起因。1740年，英国哲学家休谟指出：在价值领域中，人们"所遇到的不再是命题中通常的'是'与'不是'等连系词，而是没有一个命题不是由一个'应该'或一个'不应该'联系起来的"①。他认为，人们不能从"是"的命题中推断出"应当"的命题，即从纯事实的描述性说明中不能推断出应当做什么的标准或有关道德的准则或规定。休谟通过对"是"与"应该"的划分，从逻辑上把事实判断与价值判断区分开来。这种划分被形象地称为"休谟的铡刀"。休谟之后，哲学家们有的在逻辑上进一步论证（如康德）或者强调和夸大（如尼采）这种区分，有的甚至把价值判断划入了纯主观的范畴。美国学者艾尔·巴比认为："关于社会科学的客观性和中立性的问题，经典的论述是马克斯·韦伯在1918年的一个题为'作为事业的科学'的讲演中提出的。他在演说中提出'超价值观的社会学'。"②在《"道德中立"在社会学和经济学中的意义》中，韦伯对价值中立性概念做了系统论证，并把它视为科学的规范原则（regulative principle）。在韦伯的原著中，价值中立性一词的德文为 wertfreiheit（价值自由）；英文译为 value neutrality 或 value free（价值中立性或价值自由、价值无涉），与之相对应的词是价值判断（value judgement）。而价值判断被理解为"对对象的满意或不满意性质的实际评价"，它是"从伦理原则、文化理想或哲学观点推论出的实际判断"③。韦伯强调在经验科学与价值判断之间划出泾渭分明的界限："一门经验科学不能告诉任何人应该做什么——但能告诉他能够做什么——以及在特定条件下——他想做什么"④；而价值判断则属于规范知识，即关于"应是"什么的知识。"至于提出这些价值判断的人是否应该坚持这些终极标准，那纯属他个人的私事；它所涉及的是意志和良心，而不是经验知识。"⑤20世纪二三十年代，逻辑实证主义在将事实与价值二分的前提下，进一步强化了科学的价值中立性观

---

① 休谟.人性论：下册[M].关文运，译.北京：商务印书馆，1980：509.
② 艾尔·巴比.社会研究方法[M].李银河，编译.成都：四川人民出版社，1987：384-385.
③ 苏国勋.理性化及其限制——韦伯思想引论[M].上海：上海人民出版社，1988：276.
④ 马克斯·韦伯.社会科学方法论[M].韩水法，莫茜，译.北京：华夏出版社，1999：121.
⑤ 马克斯·韦伯.社会科学方法论[M].韩水法，莫茜，译.北京：华夏出版社，1999：121.

念。他们认为,科学是关于客观的事实判断,与主观的价值无关,"价值问题完全是在知识的范围以外。那就是说,当我们断言这个或那个具有'价值'时,我们是在表达我们自己的感情,而不是在表达一个即使我们个人的感情各不相同但却仍然是可靠的事实"①。科学和价值是完全对立的两极:科学关乎事实,价值关乎目的;科学是客观的,价值是主观的;科学是追求真理的,价值是追求功利的;科学是理性的,价值是非理性的;科学是可以进行逻辑分析的,价值是不能进行逻辑分析的。他们认为,使科学远离价值就可以维护科学追求真理的纯洁性。例如,石里克就曾提出:"一个思想家在进行哲学研究时,只应怀有追求真理的热忱,否则,他的思想就有被感情引入歧途的危险。他的意欲、希望和顾虑会把一切诚实的科学研究的首要前提——客观性给破坏了。"②他甚至认为,连专门研究善恶、正义等道德价值观念的伦理学也应与价值无关:"伦理学只给人以知识而不给人以任何别的东西,它的目标只是真理,就是说,任何一门科学,就其为科学而言,都是纯理论的。""对于一个伦理学家来说,最大的危险就是从伦理学家变成道德学家,从研究者变成说教者。"③

在当代西方科学哲学中,科学价值非中立论对科学价值中立论进行了郑重且较深入的批判。以库恩为代表的历史主义学派将价值列入科学哲学,承认科学与价值及意识形态的相关性。库恩指出:"科学是以价值为基础的事业,不同创造性学科的特点,首先在于不同的共有价值的集合。"④普特南在1981年进而提出"价值事实"的存在,他认为价值与事实不可分,价值就是事实的价值,事实也是有价值的事实,"每一事实都含有价值,而我们的每一价值又都含有某些事实","一个没有价值的存在也就无所谓事实"⑤。法兰克福学派则把科学技术视为意识形态的重要内容。马尔库塞认为,科学与技术本身成了意识形态,是因为科学、技术同意识形态一样,具有明显的工具性和奴役性,起着统治人

---

① 罗素.宗教与科学[M].徐奕春,林国夫,译.北京:商务印书馆,1982:123.
② 洪谦.逻辑经验主义:下卷[M].北京:商务印书馆,1984:619-620.
③ 洪谦.逻辑经验主义:下卷[M].北京:商务印书馆,1984:619.
④ 洪谦.逻辑经验主义:下卷[M].北京:商务印书馆,1984:619.
⑤ 希拉里·普特南.理性、真理与历史[M].李小兵,杨莘,译.上海:上海译文出版社,1997:212.

和奴役人的社会功能。哈贝马斯则宣称,技术与科学已经成了一种新型的意识形态,即技术统治论的意识。"一方面,技术统治的意识同以往的一切意识形态相比较,'意识形态性较少',因为它没有那种看不见的迷惑人的力量,而那种迷惑人的力量使人得到的利益只能是假的。另一方面,当今的那种占主导地位的,并把科学变成偶像,因而变得更加脆弱的隐形意识形态,比之旧式的意识形态更加难以抗拒,范围更为广泛,因为它在掩盖实践问题的同时,不仅为既定阶级的局部统治利益做辩解,而且站在另一个阶级一边,压制局部的解放的需求,而且损害人类要求解放的利益本身。"①

我们认为,社会科学是价值中立性与非中立性的统一。一方面,社会科学知识作为对社会世界的本质、特点、结构、规律和意义等的正确反映和理解,是社会认识与社会现象的一致或符合,它们具有客观真理性。尽管社会科学知识以概念、命题、原理等主观形式表现出来,但是,它们的内容却具有客观性和相对普遍的有效性,换言之,它们所揭示的各种社会规律在一定范围内是具有客观性、稳定性和重复性的,这不以任何人的主观意志和价值观念为转移。社会知识与对象的内容之间具有相符性,这是客观的;凡为科学的理论都必定具有这种相符性,否则,当某种理论被称为科学的时候,它就成为伪科学。因此,在社会科学的内容具有客观性、其所反映的社会规律是客观的、它们与其对象之间具有不以人的意志和价值观念为转移的相符性这一特定的意义上,可以认为,社会科学是客观的、价值中立的。

另一方面,科学绝不只是一种客观的知识体系,尤其不是一种脱离社会和人文价值环境的知识体系,因为它同时还是一种社会活动、一种社会建制、一种文化,它是由作为价值载体的人来实现的实践活动,因而又具有价值非中立性。

首先,社会科学的研究对象总是包含、渗透、负荷着人的价值因素。在存在论意义上,作为社会科学研究对象的社会现象不是完全自在、与人无关的"自然"现象,它们都是通过人的活动形成的,具有人为性;在认识论意义上,根据认识系统中的主体-客体相关律,在一个认识系统

---

① 尤尔根·哈贝马斯.作为"意识形态"的技术与科学[M].李黎,郭官义,译.上海:学林出版社,2000:69.

中,认识的客体是由认识的主体根据自己已经获得和已经形成的本质力量和认知定式有选择地设定的,它与认识的主体具有内在的相关性,因而,是不可能与主体的价值无关的。

其次,社会科学家和科学共同体在科学活动中也不可能不进行价值判断。社会科学家们作为社会存在物、文化存在物,总是处于某种社会文化环境之中,其思想、行为及科学实践也无不打上各自文化传统和价值观念的烙印。正如美国科学哲学家瓦托夫斯基(M. W. Wartofsky)所指出的:"诸如真理、一致性和证实这些科学规范本身就是深刻的人类职责的高度凝练的反映",因此,"科学的价值并不是成为科学所探索的事实的一部分,而是成为科学本身的一个组成部分,也就是说,是科学的过程和科学的理性的一个特性"①。作为研究活动的人文社会科学当然都有各自的研究目的和达到这一目的的科学方法。它们不仅保证了科学理论的客观性、合理性和完美性,而且所体现的求实、尚理、爱美的品格,有助于人类自身的完美。

再次,社会科学体系之中就渗透着价值和价值判断因素。美国科学哲学家劳丹在《科学与价值》一书中曾指出,价值本来就内在于科学本身的结构之中,也只有纳入科学的内在结构,才能更好地解释科学的合理性。他不仅把价值纳入科学的内在结构之中,而且还力图从科学的内在结构出发来揭示其发挥作用和变化的机制,从而构造了一个科学发展网状模型和解决理论、目的、方法三者相互依赖的网状结构。②美国科学哲学家格姆(P. Grim)则从科学陈述入手,指出科学陈述和各种判断都具有价值取向,一个陈述是否具有科学上的可接受性,取决于我们对接受它与否抱有何种期望,取决于我们赋予这些期望的相对价值。而马斯洛的下列论断则更加观点鲜明:科学是人类的创造,而不是自主的、非人类的;科学产生于人类的动机,它的目标是人类的目标。科学是由人类创造、更新、以及发展的。它的规律、结构以及表达,不仅取决于所发现的现实的性质,而且取决于完成这些发现的人类本质的性质。近年来,我国学者也指出,作为知识体系的科学主要通过科学观

---

① M. W. 瓦托夫斯基.科学思想的概念基础——科学哲学导论[M].范岱年,译.北京:求实出版社,1982:584-585.

② L. 劳丹.科学与价值[M].殷正坤,张丽萍,译.福州:福建人民出版社,1989:81-82.

念或科学思想体现出信念价值、解释价值、预见价值、认知价值、增殖价值和审美价值。① 可见,无论是社会科学的研究对象,还是社会科学家在科学研究中所做的选题、研究活动及关于研究成果的评价、应用,无不渗透、包含或负荷着人的价值因素,它们不是也不可能是与价值无涉的。正如以华勒斯坦为首的古本根重建社会科学委员会在对现有社会科学遗产做了深入研究之后所指出的:受文化、阶级、种族、性别、宗教等多种因素的影响,社会科学遗产具有很大的偏狭性,人们有理由指责它们是"欧洲中心主义的、男权主义的、资产阶级的事业"②。

从上述分析可以看出,片面地强调社会科学的中立性或非中立性的观点,都割裂了科学的客观性和价值性,都对社会科学的性质做了片面理解。科学价值中立论的提出的确具有一定的历史必然性、合理性,它对于克服那种片面强调科学的意识形态性、阶级性甚至把科学本身当作阶级斗争和政治斗争的工具的倾向,进而维护科学发展的自主性、客观性是具有一定积极意义的。但是,在总体上,这种观点毕竟只是一种极端的观点,它否定了认识系统中的主体-客体相关律,使科学知识与价值、人生完全割裂,并要求科学超脱于一切意识形态尤其是世界观的因素,对各种社会冲突采取"不干预"的态度;它用所谓的客观性消解价值因素,将科学贬低为纯技术手段,事实上遮蔽了现实生活中愈益严重的科技代价的社会文化根源。"不承认价值的以实证主义为方向的科学,实际上降低到了纯技术手段的水平,为运用科学去实现任何社会目的,包括实现最原始的资本主义实利主义利益目的铺平道路。它仿佛在对实践部门应用科学成果的某种方式尽量推卸本身的责任。"③ 科学非中立论强调了科学中价值与意识形态因素的存在及其作用,但是,它们却错误地夸大了这种因素的作用,以至把科学同认识主体的关系绝对化,把科学同它的客体的认识关系抛在一边,用价值因素和主观性消解科学的真理性和客观性。可见,只有正确地把握社会科学的绝对性与相对性、客观性与价值性的辩证关系,才有可能真正理解社会科学中立性与非中立性相统一的性质。

---

① 李醒民.论科学的精神价值[J].福建论坛(文史哲版),1991(2):1-7,24.
② 华勒斯坦,等.开放社会科学[M].北京:生活·读书·新知三联书店,1997:55.
③ C.P.米库林斯基,P.里赫塔.社会主义和科学[M].史宪忠,刘石丘,王秉钦,译.北京:人民出版社,1986:129.

第三章 社会科学在当代大科学体系中的地位

科学是一种理性地处理感性材料和实事求是地把握对象的方式,科学的任务不仅在于揭示对象的本质和规律,而且在于发现、阐释对象(主要指人文社会现象)的意义。一门理论要具有科学性,就应具有可检验性、解释性、内在完备性。在此意义上,当代科学可分为人文科学、社会科学和自然科学三大基本类型。社会科学虽然是个相对独立的门类,但其发展也离不开与人文科学、自然科学的相互作用,并在这种相互作用中显示出其重要性。从实践的角度来看,社会科学之所以具有不可替代的重要意义,就在于它能科学地认识和理解社会现象的实质和规律,合理地评价其价值和意义,正确地预见和规划社会发展的目标和过程,从而能够有效地指导人们的行动。

在社会生活中,社会科学的提法与自然科学一样地广泛和普遍,但有趣的是,在不少人那里,社会科学的科学地位却远不如后者。有人甚至认为,社会科学不具有科学的地位,因为其研究对象的独特性和不可重复性使之不可能满足科学所必需的"规律性认识"的要求,其主观性尤其是意识形态性更使之不可能达到科学所要求的"客观性"。这种社会科学非科学论在理论上缺乏说服力,在实践上是有害的。我们认为,社会科学是人类科学认识整体的一个有机组成部分,它的性质、功能及发展规律等都与科学的其他组成部分有着密切的联系。所谓社会科学在科学体系中的地位,就是指它作为一个科学门类同其他门类的相互关系、相互影响以及它的发展对整个科学体系的影响。我们将通过对科学的含义及科学与非科学关系的辨析,进而通过对社会科学与自然科学、人文科学关系的梳理,揭示社会科学在当代大科学体系中的地位。

一、科学与非科学

要辨明社会科学是否具有科学地位以及具有怎样的科学地位,即社会科学能否被称为科学,其科学性如何,首先必须确定一个探讨的前提:如何理解科学? 或者说,科学究竟是什么? 这就是科学哲学中争议极大、极其重要的科学划界(demarcation of science)问题。

在人类思想史上,人们对科学的理解是不断演化的。古代人对科学的理解比较简单,他们把科学看作一种知识。在希腊文中,本无科学这个词,但有知识一词。后来,这一词汇获得科学的含义;在拉丁文中,科学一词写作 sci-entia 或 scire,就其最广泛的意义来说,即是学问或知识的意思;英文 science、德文 wissenschaft、法文 scientia 等皆由此衍生转换而来。在中国古代,其科技水平尽管较为发达,但形成科学这个概念并有科学这个名词却晚于西方。大约在 16 世纪,中国学者才将英文 science 翻译成汉语中古已有之的"格物致知",简称"格致",意指通过接触事物而穷究事物的道理。日本直到 19 世纪下半叶也一直沿用格致一词,将 science 译作格致学,至产业革命兴起才译成科学。随着东西方科学文化交流的深入,中国学者逐步认识到格致与 science 在含义上有差异,至 1885 年,康有为在翻译介绍日本文献时,首先把科学一词引入中国。1894 年至 1897 年,严复在翻译《天演论》《原富》等名著时,也把 science 译成科学。就在中国引入科学概念的同时,西方学者对科学含义的理解却在不断发生变化。时至现代,寻找一个完满、统一的科学定义,已经非常困难。科学学的创始人贝尔纳在经过深入研究后由衷地感叹:"科学在全部人类历史中确已如此地改变了它的性质,以致无法下一个合适的定义。"①贝尔纳甚至认为不能给科学下定义,而只能从不同的侧面去理解和认识它。他指出:"科学可作为①一种建制;②一种方法;③一种积累的知识系统;④一种维持或发展生产的主要因素;以及⑤构成我们的诸信仰和对宇宙和人类的诸态度的最强大势力之一。"②科学社会学家默顿认为:"科学是一个易于引起误解,涵义极为广泛的名词,该词涉及到各种截然不同的、然而却是互相联系的项目。它通常用来表示:①证明知识可靠性的一种独特的方法;②贮存从应用这些方法产生出来的累积知识;③一套支配所谓科学活动的文化价值和惯例;④上述各项的任何组合。"③默顿把科学视为一种特殊的社会活动和社会建制,主张从科学社会学的角度来建立科学概念,不过,他也指出了现代科学概念的综合性、多义性。

  对科学划界等问题做科学哲学意义上的研究,可以追溯到古希腊的亚里士多德。亚里士多德是对科学本身的性质、功能和方法等问题进行认真思考的第一个著名的科学家、哲学家。他试图通过区分科学与数学来阐明科学的性质,即科学的主题是变化的,它涉及的是客观存在,是一种"获得关于可以论证的事物的知识"④;科学的功能是说明。他还提出了归纳-演绎法。随着人类科学的发展和哲学思维水平的提高,18 世纪,休谟提出了"归纳问题"(即科学方法问题),康德进而提出"划界问题"(即科学性质问题)。这些问题迄今仍然是自然科学哲学和人文社会科学哲学的主要问题。自标准科学哲学创生以来,"关于科学划界的理论大致经历了四个阶段:逻辑主义的绝对标准——历史主义的相对标准——消解科学划界——以多元标准重建划界问题。"⑤逻辑

---

① 贝尔纳.历史上的科学[M].伍况甫,等译.北京:科学出版社,1959:序 vi.
② 贝尔纳.历史上的科学[M].伍况甫,等译.北京:科学出版社,1956.
③ R.K.默顿.科学规范的结构[J].科学与哲学,1982(4):120.
④ 亚里士多德.工具论[M].李匡武,译.广州:广东人民出版社,1984:160.
⑤ 陈健.科学划界——论科学与非科学及伪科学的区分[M].北京:东方出版社,1997:2.

主义这里专指逻辑实证主义和证伪主义。在科学哲学史上，把"科学划界"问题作为尖锐、突出的哲学问题重新提出并加以强调、使之真正具有现代意义的，当首推西方科学哲学中的实证主义。19世纪，实证主义者孔德(1798—1857)、马赫(1838—1916)等人深感科学受到思辨的自然哲学的压抑和束缚，他们强调科学划界问题，目的就在于依据经验或实证的标准，把科学与非科学，甚至把自然科学与人文、社会科学区分开来。他们主张，实证性或客观性是科学的根本的乃至唯一的特性或本质，只有符合这一标准的自然科学才是真正的科学，其他一切知识或理论要成为科学，就必须把自然科学作为效仿的榜样，否则，就不具有科学的资格。波普尔则认为，"衡量一种理论的科学地位的标准是它的可证伪性或可反驳性或可检验性"①。他明确地把科学划界称为"认识论中心问题"，该问题的意义"不是因为它对划分理论具有内在价值，而是由于科学逻辑的所有重要问题都与之相关"②；他还把科学划界问题命名为"康德问题"③。此间，马克思和恩格斯对科学的性质、功能、方法和发展规律等问题也做了深入的探讨。20世纪，逻辑经验主义与证伪主义进一步推进了科学划界问题的研究，而以库恩和拉卡托斯为代表的历史主义学派则强调用历史的观点去研究科学的发展变化，并提出了一系列与逻辑经验主义和证伪主义相对立的论点。此后，费耶阿本德、劳丹、罗蒂及法因等人主张消解(dissolve)而不是解决(resolve)科学划界问题。而加拿大的科学哲学家萨伽德和邦格则提出了科学划界的多元标准，这是关于科学划界研究的一次重要进步，但是，他们仍然只是把科学看作一个可以精确定义的对象，而没有充分考虑到科学的模糊性及复杂性。以上各种观点之间既相互批评，又相互渗透，使得当代西方科学哲学发展呈现出错综复杂的局面，它与马克思主义的科学哲学一起共同构成当代科学哲学(包括自然科学哲学和人文社会科学哲学)的两大基本类型。

  关于科学划界，人们迄今远没有形成共识。这不仅是因为人们对

---

  ① K. 波普尔. 猜想与反驳[M]. 傅纪重，纪树立，周昌忠，等译. 上海：上海译文出版社，1986：373.
  ② Popper K R. Realism and the Aim of Science[M]. Lanham, Maryland: Rowman & Littlefield Publishing Group, 1983: 161.
  ③ Popper K R. The Logic of Scientific Discovery[M]. NY: Harper and Row, 1968: 34.

科学的划界认识不一，而且是因为科学划界问题有时与政治、意识形态问题纠缠在一起，导致某些科学被严重曲解和错误对待。天主教会曾经力图禁锢哥白尼学说。苏联一些人一度将一些有代表性的物理学、化学、生物学、医学、社会学、心理学、控制论等学说视为"伪科学"，主张这些学说的某些科学家甚至也被无情地加以"消灭"。我国"文革"期间对爱因斯坦相对论进行了持续近十年的批判。人类为某种不恰当的"划界标准"付出了惨重的代价。造成这种悲剧的原因当然是多种多样的，而其中应该吸取的深刻的教训之一就在于：当时一些权威人士把科学划界问题与真假、善恶问题混为一谈。在他们看来，科学就是真理，就是善；非科学就是谬误，就是恶；被指责为伪科学的就更是"十恶不赦"了。在我国，20世纪以来，尽管人们经常提及科学，并且人们所谈论的许多问题都与划界问题有关，但是，划界问题却很少被明确地、深入地加以探讨。此外，有人主张非划界论或反划界论。他们认为，科学与非科学的划界是不必要的，也是不可能的，因而，科学划界问题是个假问题。我们认为，科学与非科学之间确实没有绝对的、截然分明的界限，它们之间可以相互转化，但是，这并不能构成二者之间不存在任何界限的依据。实际上，一种非科学的学说只有在它具有科学特有的性质时，才能在一定历史条件下转化为科学的学说；而一种具体的科学学说尽管具有某些非科学的成分，但它在整体上未必就是非科学。科学划界既具有重要的理论意义，又具有重大的伦理和政治意义。不仅如此，把科学与非科学在一定范围内加以区分还有着重要的实践意义。例如，管理科研经费的机构应该资助哪些项目，这些项目基于科学的理论，还是非科学的理论；科学期刊如何判断哪些稿件属于自己的刊载范围，哪些稿件应当由相应学科的期刊刊载，等等。

那么，究竟应当以什么来作为科学与非科学的划界标准呢？在本书中，我们对科学的理解与实证主义对科学的理解是有差异的。我们认为，科学是一种理性地处理感性材料和实事求是地把握对象的方式；科学的任务不仅在于揭示对象的本质和规律，而且在于发现、阐释对象（主要指人文社会现象）的意义。在我们看来，由于科学是一个非常复杂的理论系统，区分科学与非科学的绝对完备的单一标准并不存在，科学与非科学的划界标准只能是多元的。具体地说，一门理论要具有科学性，它至少要具备下列条件或符合下列标准。

其一,可检验性。这是指一种原则上的可检验性,即从逻辑角度可以想象和推知的可检验性,而不是指在实际上一定具有可检验性。科学理论必须能经得起检验。换言之,理论应当既能解释已知的实践结果,又能预言未来可能得出的实践事实。在解释和预言中,一般都是把由理论导出的推断与实践中得出的数据相比较,如果解释或预言失败,或者说没有经受住实践检验,理论就需要修正或被别的更能满足要求的理论取而代之。坚持以"可检验性"作为划分科学与非科学的重要标准,这是在科学划界问题上坚持唯物主义原则的具体表现。一个概念体系,只要它是科学的理论,就必定要对客观事物的本质或规律提出明确的看法,因而必定是可检验的。与此相反,那些模棱两可、同义反复、玄想的或带有神秘主义色彩的假说或理论都是无从检验的,从而都是非科学的。因此,理论"在原则上具有可检验性"是包括社会科学在内的一切科学"理论所必须满足的最低限度的必要条件",否则,它就不具有科学性、可信性而应当予以放弃。①

科学理论的检验是一个历史的过程。特别是随着现代科学技术的发展,科学理论的基本概念和基本关系与经验世界的距离不断增大,从基本概念和基本关系到达经验上可以检验的推论之间的逻辑思维的链条变得更加繁难和漫长,从而使科学理论的实践检验受到更大的限制。此外,由于实践活动的历史局限性,有些理论虽是可检验的,但对于当时的主体来说却难以完成。为了更好地理解科学理论的可检验性标准,需要注意:第一,应当区分两种不可检验性,即现实上的不可检验性和原则上的不可检验性。所谓现实上的不可检验性,表示在科学技术发展的现有水平上,推断不可能得到检验,但原则上检验是可能的。这就是说,检验条件并不一定需要在科学理论被提出或被思考时就是已经实现或在技术上可以实现的;所谓原则上的不可检验性,表示这种科学理论不可能提供可与实验相对照的推导,它根本没有检验蕴涵。倘若一个或一组陈述在原则上是不可检验的,换言之,如果它根本没有检验蕴涵,那么,它就不能有意义地被认为或被看作是一个科学理论,因为没有一种可设想的经验发现物能与之相符合或相抵触。第二,可检验性并非就是可证实性。确切地说,可证实性只是可检验性的一个特

---

① 亨普尔.自然科学的哲学[M].张华夏,等译.北京:生活·读书·新知三联书店,1987:91.

例。当某一陈述是个严格存在陈述时,可检验性转化为可证实性;当某一陈述是一个非严格的全称陈述,或是一个局限的存在陈述时,可检验性既可指可证实性,也可指可证伪性。但是,如果某一陈述是严格的全称陈述时,可检验性就是可证伪性。因为这种陈述根本不存在可证实性:人们不可能去找遍整个世界以确定严格全称陈述所禁止的那种情况现在不存在、过去从未存在过、将来也绝不会存在。我们认为,这种意义上的可检验性标准是具有自身的优点的:与逻辑实证主义的可证实性标准相比,它不会把普遍性程度比较高、所揭示的内容比较深的理论排除在科学理论之外,因为它们表现为严格全称陈述,因而是不可证实的;与证伪主义的可证伪性标准相比,它不会把表现为存在陈述的许多假说简单地排除在科学之外,因为它们作为严格存在陈述是不可证伪的。

其二,解释性。科学的解释性标准是指,科学应该能够对事物的本质、规律及社会事实的意义、价值进行符合实际的阐释。为此,所建构的科学理论必须能够提供"超量信息",即新理论比过去同类理论提供的有关世界的某一方面的信息应该更多而不是相等,更不是减少,从而使它不仅能够正确地说明原有理论已经正确解释过的事实和现象,而且能够解释原有理论无法解释的新事实和新现象。换言之,所建构的理论不仅在所有旧理论获得成功的地方,必须获得与旧理论同样好的结果,而且"还应当在这以外取得与旧理论不同的、更好的结果"①。这是因为,原有理论对当时所观察到的现象的说明和解释,经过了一定的实践检验,因而具有客观真理性;但是,由于历史条件的限制,原有理论还不能说明和解释更多的新的事实和现象。因此,新建构的理论要获得科学地位,成为科学理论,就必须说明和解释原有理论所不能说明和解释的事实和现象,解决原有理论与新事实和新现象的矛盾。

其三,内在完备性。科学理论的内在完备性标准要求科学理论体系必须具有自洽性和相容性。所谓自洽性,这里是指科学理论内部的无矛盾性,它要求理论本身融贯一致,能够自圆其说,不允许在同一理论内部存在矛盾命题。一个不自洽的理论是不合理的,至少是有待改

---

① 纪树立.科学知识进化论[M].北京:生活·读书·新知三联书店,1987:258.

善的。一个成功的科学理论体系不仅要内部自洽,而且要与相关的背景知识相一致,这就是所谓科学理论的"相容性"。背景知识,就是已经得到确证并且被普遍接受的科学理论。虽然新建构的科学理论与原有理论发生冲突总是难免的,但是,它不能与原有科学理论中经过检验的真理成分相矛盾。根据"对应原理"(correspondence principle),新旧理论之间具有继承性和连续性。在科学发展达到的新的认识中,原有理论所包含的被实践检验为真理的内容仍然具有它的适当地位。只强调科学发展的量的积累固然是片面的,而只强调科学发展在质上的不可比性,同样也是不符合科学史事实的。一个与背景知识逻辑上相容的科学理论,要么包容背景知识,要么为背景知识所蕴含。当新建构的科学理论包含更大范围的现象或更深刻地揭示事物本质时,新理论应按照"对应原理"而与旧理论相容,即新建构的科学理论在原有理论得到确证的那个领域以渐近线的形式与原有理论相一致。新理论的贡献往往也就在于,它说明了旧理论所表述的规律并不是严格地和毫无例外地成立的,而只是近似的和在有限的范围内成立。

我们认为,在科学划界标准问题上,应该破除"某一标准独尊"观念和"科学无标准"观念,进而明智地坚持"科学标准多样性"。在科学哲学创立之初,哲学家们曾经断言,科学的目的在于求真,在于追求与经验事实的符合一致。然而,一旦可检验性的至尊地位发生了动摇,许多哲学家就毫不奇怪地由独断论者转变为怀疑论者和相对论者:既然经验既不能完全证实也不能充分证伪一个科学假说,那么,可检验性原则就是不可靠的,科学并没有什么清晰明白的标准;既然科学与非科学之间并不存在什么不可逾越的鸿沟,那么,科学与非科学甚至伪科学就没有界限,科学与宗教、迷信就可能是同一个东西;既然科学在发生、发展中不可避免地受到社会因素和心理因素的影响,那么,就根本不可能找寻到什么科学发展的逻辑模式,科学就有可能是与个体迷梦无异的东西。从而,一部科学史竟被描绘成了一个混乱不堪、毫无联系的非理性主义者的梦呓。我们认为,这是不符合实际的,因而也是不可信和不可接受的;我们认为,在科学划界问题上,也许应当坚持多元标准。恰如我国学者陶渝苏所说:"变可检验性的神圣性为世俗化,同时再附加其他一些标准辅助之,这种科学的多元标准要比科学的无标准合理得多,优越得多,最起码它可以保持科学与非科学的一定界限(虽然这个界限不是绝对的),可以解释科学的相对客观性、连续性和进步性。"①

二、社会科学与人文科学

当代科学(science,Wissenschaft)一般可以分为人文科学(humanities,德语中称为 Geisteswissenschaften[精神科学])、社会科学(social science)与自然科学(natural science)三大基本类型。现代科学发展的重要标志在于,社会科学、人文科学迅速发展起来并走到科学前沿,形成了包括"三种文化"在内的完整的、有机的大科学体系。对当代大科学体系内部各分支科学的关系进行解释,尽管难度很大,但是对于系统、准确地把握社会科学在当代大科学体系中的地位,却是非常必要的。

关于社会科学的定位问题,不知有多少西方哲学家、社会学家以及那些以此为研究对象的社会科学家们为此魂牵梦绕过。当代学术界关于社会科学的实证性、说明性与理解性、解释性的种种争论显示出,社会科学正处于左右为难的境地:以自然科学为蓝本建构社会科学必将使其丧失与自然科学配对的资格;以解释为核心的最后结果又只能走向真正的"人文"科学。这里,我们先谈谈社会科学与人文科学的差异和区别。

1. 社会科学与人文科学的差异和区别

社会科学、人文科学是现代社会生活中经常使用的称谓,而各级社会科学院、社会科学联合会的现实存在,一些大学中人文科学学院或人文社会科学学院的成立,以及许多大学学报的社会科学版、人文社会科学版、人文科学版的推出,似乎都在说明:人文科学、社会科学的含义、性质、结构、功能等问题都是已经解决的问题。然而,事实却远非如此。当代人对于社会科学与人文科学的认识,恰恰印证了这样的论断:人们经常谈论的东西,常常是他们并不真知的东西。当代人类不得不面对着这样的尴尬局面:尽管社会科学、人文科学常常被提及,但是,对于社会科学、人文科学是什么,社会科学与人文科学之间的关系究竟如何,

---

① 陶渝苏.知识与方法:一个科学哲学的研究纲领[M].贵州:贵州人民出版社,1998:216.

人们的认识其实非常模糊,并且还常常为之而争论不休。

我们认为,作为现代大科学体系中的两大分支科学,社会科学与人文科学之间是既相区别又相联系的。社会科学与人文科学的差异和区别主要表现在以下方面。

其一,研究对象与研究目的的差异。社会科学当然是以社会现象作为研究对象的,而它着重研究的则是社会主体与社会客体的关系以及社会主体间的关系,旨在揭示"人们自己的社会行动的规律"(恩格斯语)和社会发展规律。而人文科学侧重研究的则是人文现象,即人创造的涉及人自身存在及精神寄托的文化状态,人文科学就是人关于自身的生存意义和价值的体验与思考的系统化、理论化。恰如我国学者潘立勇所指出的,由于"人的感受并不只具有社会方面的属性,因此研究人的社会关系和社会现象的学科也不能完全包含和取代人文科学这种以'人类价值和精神表现'为独立对象的学科。社会科学虽然也研究社会意识形态或精神文化,但只是把它当作社会结构或社会系统中的一个构成因素,研究它与其他社会因素之间的相互作用和因果关系,而并不研究人类感受、人类价值和作为人类精神之表现的文化的内在结构、悠远的历史因袭和缘起,不研究作为个体的人在人文事实中的独特感受和创造性作用,这些问题恰恰构成了人文科学的对象。人文科学关心的是人类活动对人的生存的价值(value)与意义(meaning),而社会科学关心的是人类活动在社会系统中的'功能'与'功效',这就是它们的主要区别。"①

其二,形成时间的差异。对人类的本性、对人生的意义等问题的思考,古已有之。远古时期,各种神话、传说、民歌、习俗等都反映了古人朴素的理性思考,而较为系统的人文科学(如哲学、文学等)至少在奴隶社会就已经初步形成。在不严格的意义上,把社会科学看作是古代人文科学的后裔也未尝不可,它的形成要远远晚于人文科学。华勒斯坦等人认为:"社会科学是近代世界的一项大业,其根源在于,人们试图针对能以某种方式获得经验确证的现实而发展出一种系统的、世俗的知识。这一努力自十六世纪以来逐渐地趋于成熟,并且成为近代世界建构过程中的一个基本方面。"②卡尔霍恩也曾指出:"社会科学主要是技

---

① 潘立勇.关于人文学科、人文科学与人文精神[J].浙江大学学报,1998(4):16-18.
② 华勒斯坦,等.开放社会科学[M].北京:生活·读书·新知三联书店,1997:3.

术革命以及随之发生的社会变化的结果。工业革命以前的社会并不是没有变化,但是,技术的兴起使这种变化迅速得多,并且打破了传统的生活模式而又没有新的模式来代替。社会科学的产生,部分的原因就是努力寻求这种新的模式。"①从具体时间来看,经济学、社会学、政治学等所谓的"核心社会科学"都是从18世纪中后期才开始独立,到19世纪才逐渐建立起系统的理论结构。

其三,研究方法的差异。与研究对象和研究目的的差异密切相关,人文科学与社会科学在研究方法上也有一定差异。社会科学的主旨在于揭示社会规律,因而,它很重视对社会现象做实证研究和因果性说明,有的还作相当程度的实验性和定量化的研究;而人文科学研究具有很强的个体性和独特性,它侧重于对人类自身的价值和意义的体验和思考,特别需要个性化的感受、理解与表达,而并不追求他人的认同。狄尔泰(Wilhelm Dilthey)及其追随者认为:"人文科学者应该永远对单个的或不重复的事实感兴趣。""人文科学学者必须与自然科学学者不同,他必须放弃因果说明,放弃发现确切的法则的努力。他关心的不是说明(explanation),而是理解(understanding),是阐释学。"②席勒也主张:"人本主义就是对于下面这个见解的系统一贯和有方法条理的发挥:每一种思想都是一种个人的行为,作这个行为的是某个思想者,而对于这个行为是可以要让他负责的。"③我们认为,人文科学立足于现实但又具有它的超越性和理想性,是一种情感与理性互动的产物。因此,在人文科学研究领域,诚然也要运用事实、原因、规律性等概念(这些概念在人文科学中也具有了新的含义),但更多的是使用意义、价值、理想、情感、人性、人格、善恶、美丑等概念,以合理地理解、体验人类的精神生活、宗教信仰和文化世界。

其四,学科结构的差异。关于社会科学与人文科学的学科划分,迄今尚无定论。不过,人们一般把经济学、社会学、政治学视为核心社会科学,而把哲学、文学、艺术学等视为人文科学。有人甚至认为,人文科

---

① D. W. 卡尔霍恩. 变革时代的社会科学[M]. 李述一,译. 北京:社会科学文献出版社,1989:46.

② 贡布里希. 艺术与人文科学:贡布里希文选[M]. 范景中,编选. 杭州:浙江摄影出版社,1989:390-391.

③ 席勒. 人本主义研究[M]. 麻乔志,等译. 上海:上海人民出版社,1966:177.

学不仅仅是对文化艺术的系统研究,语言、文学、绘画、雕塑、建筑等领域本身就是人文科学。20世纪70年代初期,由联合国教科文组织出版的三卷本巨著《社会及人文科学研究中的主流》,认定社会及人文科学研究中的主流学科包括11种:社会学、政治学、心理学、经济学、人口学;语言学、人类学、史学、艺术及艺术科学、法学、哲学。前5种学科,书中倾向于归为社会科学;后6种学科,书中倾向于归为人文科学。①

其五,科学功能的差异。社会科学与人文科学对人文社会现象都具有描述功能和解释功能。各门社会科学从各自不同的角度对人类社会的各个方面,包括经济的、政治的、法律的、社会的进行分门别类或整体的考察研究,对人类社会的组织结构、功能作用、稳定机制、变迁动因等进行调查研究,获得关于人类社会发展和运行的系统知识和理论,使人类得以更有效地管理社会生活;而人文科学的主要价值并不在于提供物质财富或实用工具与技术,而是为人类建构一个意义的世界,守护人们的精神家园,使人类心灵有所安置、有所归依。为人类的经济和技术行为框定终极意义或规范价值取向,为人类的生存、发展建构一个理想的精神世界,是人文科学更为重要的功能。相对而言,人文科学对于社会、人生具有更强的批判性、否定性和规范性;而迄今的社会科学的主导功能则是肯定性的、积极性的、建设性的,批判性、否定性、规范性功能在社会科学中只能是一种辅助功能。特别地,人文科学中某些怀疑一切、解构一切、摧毁一切、无视任何建设性事物的思想倾向和实际行动显然同社会科学的根本旨趣是格格不入的。

2. 社会科学与人文科学的相似性与共通性

我们充分肯定社会科学与人文科学的差异与区别,不过在本书中,我们更为强调的则是社会科学与人文科学的相似性、共通性、统一性,强调在社会与人文、社会科学与人文科学之间保持张力,反对将二者截然分裂甚至对立开来。在我们看来,强调社会科学与人文科学之间的相似性、共通性、统一性,具有如下理由和优点。

其一,它突出了社会科学、人文科学的研究对象的相似性、共通性及其与自然现象的差异性。我们认为,社会科学与人文科学分别以人

---

① 中国社会科学院情报研究所,等.当代国外社会科学手册[M].南京:江苏人民出版社,1985:3.

文现象和狭义的社会现象作为研究对象。但这并不是说,在社会之外还另有一个人文世界和人文现象;恰恰相反,"人文"就在、也不可能不在"社会"之中。人文现象是包括在广义的社会现象之内的,人文世界就是人类从人的本体性的生存价值出发建立起来的意义世界。与自然现象相比较,人文现象与狭义的社会现象的形成都与人密切相关,它们都是由人、人的活动及其活动的产物所组成的,因而它们具有更大的相似性和内在相关性,但是二者之间还存在着较大的模糊地带或公共地带。

其二,它突出了社会科学、人文科学的研究方法和功能的共通性与互补性。在相当长的时期内,社会科学偏重于从自然科学中移植的实证方法,人文科学则偏重于理解方法,社会科学与人文科学在方法论上几乎是隔绝甚至是排斥的,这使二者都自觉不自觉地削弱和缩小了自己的方法论基础。我们认为,社会科学的主旨尽管在于揭示社会规律,但它对于人生的意义、价值问题也不是不关注的;而人文科学的主旨尽管在于阐释人生的意义、价值,但它也有揭示人文现象规律的任务。因而,社会科学与人文科学在方法论上的割裂、排斥状况应该并且必须被打破。社会科学与人文科学作为两大相对独立的分支科学,它们之间绝不是相互对立、相互冲突的关系。相反,二者的观点、方法等都是具有相似性和共通性的,它们的功能是具有互补性的。科学社会学的创始人伯纳德·巴伯中肯地指出,社会科学与人文科学之间"没有必然的冲突。与所有科学一样,社会科学主要关心分析、预见和控制行为与价值;人文科学则主要关心综合与欣赏。在人类调整其与社会存在的关系时,二者都发挥各自必需的作用,作为生活手段,任一方都不能完全替代另一方。因此,社会科学家与人文科学的学者,都应抛弃存在于二者之间的反唇相讥和冲突,携手合作,确定各自然而又彼此互补的利益与活动范围。双方各自部分地按自己的合乎逻辑的方式发展;同时也能彼此获益——社会科学可以提出对于人类行为的系统的、实在的新理解;而人文科学则可以提供有时能预见社会科学的未来进程的真知灼见。"①实际上,一些社会科学家、人文科学家之间已经进行了富有成果的学术合作。如著名的古本根基金研究会(The Calouste Gulbenkian

---

① 伯纳德·巴伯.科学与社会秩序[M].顾昕,郑斌祥,赵雷进,译.北京:生活·读书·新知三联书店,1991:307.

Foundation)于1993年创立的"重建社会科学委员会",就是由美国学者华勒斯坦为主席,包括国际级的6位社会科学家、2位人文科学家和2位自然科学家组成的。这个委员会经过两年多的研究,郑重推出了富有创见且甚具挑战性的《开放社会科学》一书。该书指出:"自然科学、社会科学和人文科学这几个超级领域三分鼎立的局面变得日益地模糊起来",文化研究的倡导者"所提出的种种论点也从根本上破除了社会科学和人文科学这两个超级领域之间的组织分界。……在人文科学和社会科学的各门学科中,都有人支持这种观点,结果便导致了一些忽视人文科学与社会科学之间的传统分界的学术合作形式"[①]。

其三,它突出了社会科学与人文科学之间虽相互区别、相对独立但更相互联系、相互渗透的科学发展现状。社会科学与人文科学的差异,从根本上说源于人类知识在其发展过程中既深度分化又高度综合的复杂情况,也从一个侧面反映了人文社会现象的复杂性以及人文社会问题研究的多样性与综合性。严格说来,社会科学与人文科学在研究重点和研究方式等方面是各有侧重、存在区别的,而且它们之间的分化与综合也许正是当代大科学进一步深度分化和高度综合的重要领域和可能方向。但是,正如华勒斯坦等人在《开放社会科学》中所指出的,社会科学与人文科学的边界正日益变得模糊。我们在为社会科学定位及对社会科学研究方法进行探讨时,既肯定人文科学、社会科学都是当代大科学体系中相对独立的分支科学,不能以此代彼、取此舍彼或厚此薄彼,又强调这两种科学是密切联系、相互渗透的,二者之间存在相当大的公共地带,因而不能将其机械地割裂、对立。

其四,它突出了社会科学、人文科学与自然科学的区别,以及社会科学、人文科学相互影响并向"统一的人的科学"方向发展的趋势。人文科学、社会科学的发展具有整体性、统一性。从社会认识论的视域来看,正如人与社会内在一体,人对社会的认识和社会总体的自我认识互为条件一样,人文科学和社会科学之间具有更多的内在相关性和共通性,它们之间的区别相对于各自与自然科学的区别而言又属次级的、次要的和不那么显著的。并且,二者已经显示出逐步趋同的趋势。正如美国科学史家萨顿所言:"无论科学可能会变得多么抽象,它的起源和

---

① 华勒斯坦,等.开放社会科学[M].北京:生活·读书·新知三联书店,1997:79,72.

发展的本质都是人性的。每一次科学的结果都是人性的果实,都是对它的价值的一次证实。"①人类社会生活的内在统一性决定了我们对某些问题的探讨甚至可以舍弃人文科学与社会科学之间的区别与差异,而侧重关注其共性和统一性方面,以便在与自然科学的比较和对照中探讨其现代特点及其向"统一的人的科学"方向发展的趋势。

其五,它也避免了在社会科学与人文科学之间进行形而上学的划界这一弊端。社会科学与人文科学之间是有区别的,但是,二者之间的界限又是具有模糊性的。过去,对社会科学、人文科学做简单的二分曾经对科学的发展造成了严重的影响,它不仅使一些人文社会科学归属紊乱,研究方法片面,而且对学科划分、科学政策的合理性造成了较大消极影响。我们在充分肯定社会科学与人文科学的差异性和独立性的前提下,着重在与自然科学的比较中为社会科学定位,并对社会科学研究方法进行分析,而不突出社会科学与人文科学研究方法的区别,这实际上也是在吸取了历史的教训之后做出的选择。

三、社会科学与自然科学

社会科学是在理论层面上展开的社会认识活动的专门化和典型性形式,也是关于人类社会自我意识的科学理论和科学认识方式。19世纪以来,现代意义的社会科学作为相对独立的领域,与自然科学双峰并峙,它们之间既存在着联系,又有原则的区别。

1. 社会科学与自然科学的联系

我们肯定,社会科学与自然科学是有相似性和共通性的,这不仅体现在它们都具有科学性而与迷信、谎言等有原则的区别,即作为社会科学研究对象的社会现象与自然现象一样都具有客观性,其发展都具有规律性,这使人们有可能揭示各种社会现象的本质及其之间的必然联系和发展趋势,从而得以对各种社会现象进行合理的解释并对其未来发展做出有效的预言;而且表现在自然科学的观点、理论、方法与社会科学的观点、理论、方法之间存在着相互影响、相互渗透甚至一体化的趋势。恰如马克思所指出的:"自然科学往后将包括关于人的科学,正

---

① 乔治·萨顿.科学史和新人文主义[M].陈恒六,刘兵,仲维光,译.北京:华夏出版社,1989:49.

象关于人的科学包括自然科学一样;这将是一门科学";"人是自然科学的直接对象";"自然界是关于人的科学的直接对象。人的第一个对象——人——就是自然界、感性;而那些特殊的人的感性的本质力量,正如它们只有在自然对象中才能得到客观的现实一样,只有在关于自然本质的科学中才能获得它们的自我认识";"自然界的社会的现实,和人的自然科学或关于人的自然科学,是同一个说法"①。

不过,在本书中,我们尽管肯定社会科学与自然科学之间存在着相互联系、相互影响的方面,但侧重阐述和强调的则是二者的差异和区别。

2. 社会科学与自然科学的区别

其一,研究对象不同。自然科学及技术科学注重的是对具有自在性的自然客体的研究,即使涉及人,它们也只是把人作为客体来研究,因此,它是排除自我反思的纯实证性科学;而社会科学注重研究的是社会现象,它包括主体的本质和活动、主客体的关系及主体间的关系等,即使涉及自然,它们也是从人化自然与人的关系、对人的价值等角度进行研究的。社会科学的研究对象具有人为性、异质性、价值与事实的统一性、与研究主体的内在相关性等自然现象所不具有的独特性质,这是社会科学独立于自然科学的对象性前提。对此,我们在前文已经做了具体的分析。

其二,研究目的不同。自然科学及技术科学所注重获取的是对人类生存、发展、享受具有工具或手段意义的知识,它们一般只具有工具的合理性,而价值合理性问题一般是在它们的视野之外的。社会科学不仅能够提供某些具有工具性价值的社会知识,能够营造一个有助于经济技术发展的社会环境,而且还探讨与人类生存、发展、享受有关的目的性价值与意义。某些倾向于人文方面的具体社会科学在很大程度上是以关怀与人类生存有关的价值、意义为目的的非直接功利性科学。

其三,研究方法不同。自然科学及技术科学主要运用的是以实证、说明为主导的理性方法,而社会科学除此之外还要运用理解以及想象、直觉等诗性方法。"(自然)科学是理性的产物,使用事实、规律、原因等概念,并通过客观语言沟通信息;人文学科是想象的产物,使用现象与

---

① 马克思恩格斯全集:第 42 卷[M].北京:人民出版社,1979:128-129.

实在、命运与自由意志等概念,并用感情性和目的性的语言表达";"(自然)科学从多样性和特殊性走向统一性、一致性、简单性和必然性;相反,人文学科则突出独特性、意外性、复杂性和创造性"①。上述观点虽然本意在于阐明人文学科与自然科学的区别,但它对于广义社会科学与自然科学的区别来说,也是适用的。在西方思想史上,注意到人文社会现象与自然现象的本质区别并由此而关注人文社会科学在认识论和方法论上的独特性,正是解释学兴起的根据和意义。

其四,功能不同。自然科学及技术科学与社会科学都具有描述功能和解释功能,并且对于生产力的发展都具有动力作用。马克思所说的"生产力里面也包括科学在内"中的"科学",不仅包括自然科学,也包括社会科学;马克思说:"固定资本的发展表明,一般社会知识,已经在多么大的程度上变成了直接的生产力。"②但是,二者的功能毕竟具有较大的差异,自然科学具有更强的应用功能,而社会科学则有更强的批判功能和规范功能。社会科学无法给出自然物质世界的物理结构、化学性能、生物遗传等方面的真实图景,它也难以发挥自然科学那样的技术与实用功能;而自然科学对于人类社会的结构、运行机制及人的精神、意义、价值、理想生活方式等问题,也不能给出比社会科学更满意或更"科学"的解答。社会科学所提供的具有超越性和理想性的人文精神力量,将有助于保证社会经济的增长和科技的进步符合人类的要求和造福于人类,而不至于异化为人类的对立物去支配奴役人类自身。可见,社会科学与自然科学各有对方不能代替的功能,也各有自己的限度。

超出它们各自的限度,要它们越俎代庖,无论是社会科学,还是自然科学,都有可能沦为"无用之学",甚至由真理沦为谬误。

四、社会科学的独特地位

从社会科学与其他科学的关系中可以看出,社会科学虽然是个相对独立的门类,但它是在同其他科学的相互作用、相互开放中发展自身的。社会科学在自身发展中促进其他科学的发展,又在促进其他科学的发展中完善自身。正是在此过程中,社会科学在整个科学体系中确

---

① 简明大不列颠百科全书:第6卷[M].北京:中国大百科全书出版社,1986:760.
② 马克思恩格斯全集:第46卷(下)[M].北京:人民出版社,1980:219-220.

立着、巩固着、提高着自己的地位。当然,这并不是说,社会科学在当代大科学体系中居于独尊地位。我们认为,社会科学是通过与其他科学的相互作用、共同作用而显示其重要性的,无论是在过去,还是在现在或将来,社会科学都不可能具有绝对独立的重要性。而且,整个科学体系也在不断地演化,其门类结构也总是不断地发展变化着,应该从动态角度看待社会科学在科学体系中的地位和作用。

  从实践的角度来看,社会科学之不可取代的重要意义,就在于它能科学地认识和理解社会现象的实质和规律,合理地评价其价值和意义,正确地预见和规划社会发展的目标和过程,从而能够有效地指导人们的行动,追求最佳的效益。就当代中国的现代化建设来说,以马克思主义为指导的社会科学是"第一生产力"的重要组成部分。这不仅因为随着时代的发展,社会科学与其他科学的相互作用、渗透、联系越来越紧密,而且因为社会科学在正确认识建设有中国特色社会主义的发展规律,在提高全体社会成员的政治理论素质和道德文化水平,发挥人的主观能动性方面具有不可替代的作用。社会科学研究方向正确与否,社会科学发展状况如何,对人们的思想意识和社会道德风尚,对经济建设,对社会的稳定和发展,都将产生巨大而深刻的影响。要保证改革开放和社会主义现代化建设事业的顺利发展,须臾离不开以马克思主义为指导的社会科学,这是历史经验的总结。我们对社会科学的定位问题进行探讨,并对社会科学研究方法进行分析,正是试图借此促进当代社会科学的研究和发展,进而增进当代社会实践的有效性和合理性。

第四章 社会科学方法论的演进

　　社会科学方法论不是一成不变、一劳永逸的,而是会随着社会科学的不断发展而发展。随着近代科学的兴起,自然科学从哲学中分化出来,自然科学方法论初具雏形,但社会科学仍从属于哲学,这一时期的社会科学方法论也因此具体表现为哲学方法论。19世纪,马克思创立了新唯物主义,为社会科学研究提供了彻底的唯物辩证的研究方法,社会科学方法论获得了科学的形式。社会科学方法论是在与自然科学方法论相对的意义上提出来的,它和自然科学方法论具有一些共通的属性,比如都采用比较、分析、综合、概括、类比、想象、抽象等分析手段,但社会科学方法论带有更为强烈的主体性,更强调理解法的运用,并不断从自然科学方法论中汲取营养,丰富自身的资源,如借用自然科学方法论中的实验方法论等。

社会科学方法论从整体上考察社会科学知识的生长机制、社会科学理论的逻辑规律、社会科学新旧理论更替的认识论课题及社会科学的合理性标准等。正如社会科学是不断发展的一样，社会科学方法论也不是一成不变的，它总是依赖于社会科学研究主体的知识结构和思维方式的更新，并随着社会生产方式和主体认识能力的变化而相应地发生变化。在社会科学研究实践中，社会科学研究者不断地探索、建构、选择着社会科学活动的理论模式，逐步探寻着社会科学研究的最佳程序和最优途径，并进行着日渐深入的社会研究，从方法动力学的角度积累理论和更新方法，使社会科学方法论的研究内容日渐丰富，社会科学方法论的研究层次日益清晰，社会科学方法论的结构日趋成熟。本章将对社会科学方法论的演进进行分析，并对社会科学方法论与自然科学方法论做简要比较。

一、社会科学方法论的历史演变

社会科学方法论并非一堆抽象的原则，它实际上是对社会研究经验的总结与概括。伴随着社会实践和哲学、科学技术的发展，社会科学方法论也不断地发展变化着。透析科学方法论的发展史，有利于更加自觉地促进社会科学方法论的发展和社会科学研究。[①]

1. 社会科学方法论的初步形成

在科学方法论的初创时期，学者们大多集哲学家与自然科学家于一身。在一种朴素的整体思维方式的引导下，自然科学和社会科学尚未分离，哲学知识、自然科学知识和关于方法论的知识往往难以分解，哲学还没有把认识论问题作为自己的中心课题，自然科学方法论与社会科学方法论并没有明确的界定，自然哲学和自然思辨决定了当时的科学方法论带有整体的性质。这一时期，产生了亚里士多德、欧几里得等大科学家。从总体上看，当时的科学方法论思想还较粗糙、直观，然而，如同在希腊哲学的多种多样的形式中，差不多可以找到以后各种观点的胚胎、萌芽一样，近代以至现代科学方法论也可以在古希腊科学方法论的丰富资源中找到胚胎和萌芽，系统综合发展的现代科学方法论，

---

① 我们在撰写本节时，参考了夏禹龙主编的《社会科学学》（湖北人民出版社1989年版）的第八章《社会科学方法论》的内容。

同样也可以在古希腊科学方法论的综合发展中寻觅到最初的踪迹。

从 16 世纪到 19 世纪初叶，随着近代科学的兴起，自然科学与哲学开始分化，经典自然科学趋于成熟，自然科学方法论研究具有了独特意义，认识论问题逐步成为哲学研究的中心问题，社会科学方法论的独立考察也逐步有了客观基础和现实意义，只是当时的社会科学方法论集中地表现为哲学方法论罢了。在这一时期，伽利略和培根创立了实验方法论；笛卡尔和莱布尼茨改造了数学方法和逻辑方法，提出了数学-演绎方法论，复兴和发展了古希腊的科学方法论；休谟的理性怀疑论虽然导致了不可知论，在方法上否定了归纳法，但他对分析知识和综合知识的区分无疑成为科学方法论的一个重要规定。而康德则在他的先验逻辑中隐含地包括了辩证逻辑和概念方法论思想，黑格尔通过创造性的改造和发展，终于创立了辩证逻辑。我国学者周昌忠认为："考察近代科学时期这幅方法论图景，如把它同科学兴起时期的方法论加以比较，我们看到，方法论意识在逐渐增强，方法论在科学认识活动中作为一种要素所占分量也在不断加重。如果说在培根和笛卡儿那里，这种意识是一种对方法的意识，那么在休谟和康德那里，则是对方法论的意识。因此，培根和笛卡儿的方法论主要是制定方法原理本身；而康德和休谟的方法论则是对方法的有机总体的哲学考察。"① 可见，在科学方法论的以分析为主的这一时期，现代意义的社会科学方法论已经初露端倪。

2. 唯物辩证方法的创立

从 19 世纪以来，科学方法论从一般哲学问题中分离出来，成为独立的研究领域，社会科学空前繁荣，社会科学方法论获得了空前发展。此间，社会科学方法论的长足发展主要表现在两个方面。一个特别重要的方面是，马克思主义经典作家创立的新唯物主义，带来了科学方法论的重大变革，它为社会科学研究提供了彻底的唯物辩证的方法，成为科学方法论发展史的重要里程碑。另一方面是西方社会科学方法论中，实证精神的引入和反实证主义思潮的兴起。实证主义和反实证主义成为西方社会科学方法论中的两大典型派别。

就前者而言，马克思、恩格斯从方法论上考察了当时科学和哲学发

---

① 周昌忠.西方科学方法论史[M].上海：上海人民出版社，1986：221.

展的新成就,并对资本主义社会做了深入细致的研究,创立了辩证的、历史的、实践的唯物主义。这种新唯物主义同时也是一种彻底的唯物辩证方法,它把黑格尔的唯心体系倒置过来,主张通过直接考察现实的"市民社会"来建立社会科学理论。马克思指出:"我们想把我们的全部叙述都建立在事实的基础上,并且竭力做到的只是概括地表明这些事实。"这种以经验事实为依据,以唯物辩证法为分析手段,在具体的社会过程和社会联系中探求社会历史现象的本质、规律和意义的研究方法,体现在包括《资本论》在内的一系列研究中。马克思在写作《资本论》时成功地运用了由感性的具体经过理性抽象上升到思维的具体的方法。在第一条道路上,完整的表象蒸发为抽象的规定;在第二条道路上,抽象的规定在思维行程中导致具体的再现。这是一个研究一定客观对象形成科学理论的完整思维过程,是彻底唯物、辩证的科学研究过程,具有科学方法论的概括性,具有一般科学方法论的高度。

马克思主义科学方法论吸取了以往哲学、科学和实践的一切成果和最新成就,它批判了以前的方法论,建构了唯物辩证的科学方法论。这种合理形态的科学方法论不仅研究了最一般的哲学方法,而且总结了社会科学研究中的许多具体方法,如观察方法、实验方法、数学方法、假说方法、分类方法、比较方法、归纳和演绎方法、分析和综合方法、抽象和具体方法、历史和逻辑方法、理想化方法等,在社会科学方法论的发展进程中占有极其重要的地位。正如列宁所说,马克思主义的唯物史观和方法论第一次使科学的社会学的出现成为可能。本书后文将对唯物史观对于社会科学研究的方法论意义做进一步分析。

3. 实证主义与反实证主义之争

在西方社会科学方法论的演进中,实证精神的引入是一个重要转折点。在孔德提出实证主义思想之前,人们对社会的思考大都不是以实证为基础,而是将自己的理论大厦建立在直观的或思辨的基础之上。孔德主张"观察优于想象",他将自然科学中的研究法则引入社会研究,认为人与动物只有程度上的差别,对人性及社会的研究应类同于对动物甚至对原子的研究,即实证研究。孔德由此提出了他确认的社会研究方法。他断言,社会学的主要方法首先是观察方法,其次是实验方法,再次是比较法,即基于世界各种文化的比较,以及人类社会与动物社会的比较。此外,孔德还提出了历史法,即比较不同的历史阶段和过程,这也可归入比较法的一种。迪尔凯姆进一步发展、系统化了实证主义方法论,他在《社会学方法的规则》一书中首先制定了社会研究方法论的细则。其中,"首要的,同时也是最基本的规则是:把社会事实作为事物来看待"。他认为,信仰体系、社会习俗和社会制度等现象是外在于个人的客观的社会事实,个人对社会事实的反应就如同物质对外界刺激的反应一样。因此,对社会现象也可以采用自然科学的方法加以分析和解释。

实证主义方法论在西方社会科学中有着深远的影响,不过,这种方法论有其自身的弱点,因为人并不是原子或分子,人有意识、有意志、有个性,社会科学家不可能像自然科学家对待原子或分子那样对待人,他们不仅要研究人的行为的外部逻辑,而且还要考察其行为的内在逻辑。正因为如此,早在19世纪中期,在孔德的实证主义日益扩大影响的同时,对其思想的怀疑与反对也与日俱增,并逐步形成了同样深具影响的反实证主义方法论。

德国学者狄尔泰正是抓住了社会现象的特殊性向实证主义提出诘难。他认为,由于人具有自由意志,人的行为是无规律的、无法预测的;社会历史事件也都是独特的、偶然的,不存在普遍的社会历史规律。因此,对人和社会不能用自然科学的方法来研究,而只能以人文学科的主观方法对具体的个人和事件进行解释和说明。在反实证主义思潮中,大部分学者都介于实证主义与主观主义两极之间。其中,德国学者韦伯的社会科学方法论最具代表性。韦伯认为:"方法论始终只能是对在实践中得到的检验手段的反思;明确地意识到这种手段几乎不是富有成效的工作前提条件,就如解剖学知识几乎不是'正确'迈步的前提条件一样。"[①]韦伯的社会科学方法论体现了他从解决实际问题的需要来考虑方法的求实精神。解决实际问题是他的科学方法论的主旨,这是他与康德相同而与某些一元论哲学家有异的分水岭。韦伯认为,"只有通过阐明和解决实在的问题,科学才有基础,它的方法论才能继续发展,相反,纯粹认识论和方法论的思考决不会在这方面发挥决定性的作

---

① 马克斯·韦伯.社会科学方法论[M].韩水法,莫茜,译.北京:中央编译出版社,1999:汉译本序24.

用"①。韦伯既反对实证主义,也反对主观主义;与实证主义不同,他认为,社会现象与自然现象具有异质性,前者含有社会成员对自己和他人行为的主观理解,即社会事实最终归结为可理解的事实。社会学研究必须首先观察行动者的主观思想状态,并依靠研究者的直觉或"理解"对行为的意义做出判断;与人文学派不同,他主张,由于人的社会行为是有意义、有目的的,因而具有一定的规律性,对之可以采用自然科学的方法加以研究。但是,社会研究对人的行为的因果解释不是仅仅关注外部表现和外部影响,而且还关注对人的行为动机的理解。韦伯强调,独立于人的主观意识之外的社会规律是不存在的,但是通过对理性行为的理解,就可以找出社会现象的规律性,可以对人的行为做出预测。在《社会学基本概念》一文中,韦伯指出:社会学是这样一门科学,它以解释的方式理解社会行动,并根据社会行动的过程和结果对这种活动做出因果解释。理解的方式当然不只适用于社会学,它也适用于历史学和其他涉及人们行动的文化科学,这一点是毋庸置疑的。

反实证主义学派提出了许多令人深思的观点,它们对实证主义方法论构成了强有力的批判和挑战。而从另一角度看,实证主义方法论也构成了对反实证主义方法论的诘难和驳斥,这两大类各自均有一定的片面性却又含有不少合理因素的社会科学方法论之间的争论,显露了人类在社会科学研究方面的成果和思维教训,这无疑有利于社会科学方法论的发展。

而从它们与马克思主义社会科学方法论的关系来看,马克思主义社会科学方法论深刻地影响了人们对于社会历史和科学自身的看法,但它本身并不是终极真理,而是仍然需要面对社会历史提出的新问题不断发展和补充。这种发展既可以来自自身的改善,也可以来自外部的促进。现代实践和科学的发展提出了许多为马克思主义创始人所未遇到和未预料到的无数新问题,它们对马克思主义提出了新的挑战。在此情况下,马克思主义的社会科学方法论当然需要不断丰富和完善,而迪尔凯姆、韦伯等人的社会科学方法论无疑为这种变革提供了非常有益的参考。

---

① 马克斯·韦伯.社会科学方法论[M].韩水法,莫茜,译.北京:中央编译出版社,1999:汉译本序 24-25.

二、社会科学方法论与自然科学方法论比较

社会科学方法论是相对于自然科学方法论提出来的,它与自然科学方法论既有某些联系和共通性,又有着鲜明的区别和差异性。对社会科学方法论与自然科学方法论进行比较研究,有利于更深刻地认识社会科学方法论的性质和特点。同时,这种比较研究也有助于拓展社会科学方法论的视野,使社会科学方法论获得新的生长点。

1. 社会科学方法论与自然科学方法论的共通性

由于研究对象迥异,研究方法很不相同,长期以来,社会科学与自然科学形成了各自相对独立的体系。但这并不意味着,社会科学与自然科学是格格不入的,也不意味着二者的方法论毫无共通之处。相反,自然科学在20世纪的突飞猛进,它所取得的许多划时代成就,既大大地促进了技术的发展,也发展了许多行之有效的研究方法,极大地丰富了科学方法之武库。

从科学方法论的发生和演进来看,社会科学方法论和自然科学方法论在历史的沃野上曾经合一,经过后来的分流,在新的历史条件下,又呈现交叉、汇流的趋势。在社会科学和自然科学混沌未分之时,社会科学方法论和自然科学方法论并无明确的区分,学科的整体性也决定了科学方法论的一体性。在社会科学和自然科学分离之后,自然科学方法论获得了长足进步,社会科学方法论虽然在对经验材料的自我组织和理论的自我改进机制等方面不如自然科学方法论,但也毕竟得到了专门的考察,并借鉴、移植了某些自然科学方法。随着科学方法论的整体发展,社会科学方法论与自然科学方法论之间的鸿沟逐渐缩小,二者之间出现了更多的结合点、互通圈和渗透渠道,其间的联系甚至一体化的趋势明显增强。

从不同层次的科学方法论之间的关系来看,社会科学方法论和自然科学方法论都在很大程度上接受一般科学方法论的指导。在整个科学方法论的体系中,对于低一层次的社会科学具体学科方法论和自然科学具体学科方法论来说,社会科学方法论和自然科学方法论显然都具有普遍性,对于各种具体学科的研究都具有一般性的指导意义。但是,相对于更高层次的一般科学方法论而言,社会科学方法论和自然科学方法论都只是适用于特殊大类领域的科学方法论。在一般科学方法

论中,本来是无所谓社会科学方法论和自然科学方法论之分的,只是在应用于两大领域之后,经过两大领域的再创造,才分别成为各具特色的两大领域科学方法论。

此外,社会科学方法论和自然科学方法论具有不少共同的科学方法。例如,科学理论的发现方法、检验方法和发展方法,在这两大门类科学方法论中都占有非常重要的地位。张巨青教授在《科学方法论究竟研究什么?》一文中,对科学理论的发现方法、检验方法和发展方法做了专门研究。[①] 以科学理论的发现方法为例,首先,理论发现过程的起点是问题,而终点则是能够解答问题的理论。任何科学发现都是通过比较、分析、综合、概括、类比、想象、抽象等手段来实现的。其次,寻求答案的这些手段都存在着合理性、有效性问题。科学方法论的研究应当使科学发现更加合理、更为有效。科学发现的机遇性并不排斥其合理性,发现的方法是关于解答问题的手段和模型的理论,是启发方法的理论。简言之,在科学理论的发现方法、检验方法和发展方法方面,社会科学方法论和自然科学方法论虽然具有不同的对象、内容,但是,在方法论的基本要素、原则和功能上却有着相似性和共同性。

在当代,不同科学领域中研究方法之汇合乃大势所趋,在社会科学中亟待突破的难点上,鼓励向自然科学学习,根据社会科学的独特性,有条件地采用行之有效的自然科学方法,是很有益处的;同时,社会科学中研究方法的进一步发展,也会使自然科学受益。

2. 社会科学方法论与自然科学方法论的差异性

社会科学方法论与自然科学方法论之间有着不少相似和共通之处,这并不意味着它只是自然科学方法论的复制品。相反,由于研究对象、研究性质和研究特点的不同,社会科学方法论有着自己的独特性,它与自然科学方法论之间还存在许多差异甚至原则性的区别。

社会科学方法论区别于自然科学方法论的最为显著的特点,在于它带有更为强烈的主体性。社会科学与人的关系十分密切,人的思想观念、思维方式、行为方式和人的理性、文化素养、价值观、经验、心理、气质,以至性格、情感对社会科学方法论的作用非常明显。在科学研究中,鉴于自然科学家一般不是他(她)所正研究的现象的参与者,而社会

---

① 张巨青.辩证逻辑与科学方法论研究[M].武汉:湖北人民出版社,1984:218-248.

科学家则是,研究人员经常油然而生如下疑问:社会科学研究究竟是否能以与自然科学相同的方法来进行呢? 美国学者贝利指出:"关于自然科学与社会科学之间的区别的争论,中心是围绕方法论(methodology),而不是围绕方法(method)。"①在他看来,人们一般认为,自然科学的方法论通常比社会科学的方法论更为严密和精致,但情况并不总是如此。例如,自然科学在陈述变数之间的关系上比社会科学精确得多,通常以数学方程式的形式出现,社会科学家则常常以能够证明两个变数之间存在着关系为满足,而对关系的性质就一言不发了。贝利强调:"进而言之,自然科学家的方法论虽然最终以公式来表达,这比社会学家的方法论更多定量,更为精确,但这一事实并不一定意味着前者的阐释是更高明的。事实上,有些社会学家感到,定量的阐释是人造的,容易使社会现象抹煞人性,至少使之过于简单化。这些研究人员感到,通过与研究对象的相互作用或通过分享其经验,可获得更有感情的理解,这会获得比通过数学方式获得的逻辑上更严谨的解释更令人满意的解释。"②

在社会科学研究中,这种交感的或共鸣的理解,与自然科学研究方法的区别是非常显著的。德国社会学家韦伯曾将对这种"交感神入的运用称作理解法(the method of verstehen)。正如马丁代尔(Martindale)所指出的:"在行为达到合理的程度时(在逻辑的或科学的意义上,按照逻辑的或科学的标准),它是无需费力便可直接理解的。此外,神入的理解……是大有助于解释行为的。一个人并不是必须当过凯撒才能了解凯撒的。"③

就社会科学方法论和自然科学方法论的某些共有方法如实验方法而言,其地位和作用也有着很大的区别。一般来说,实验方法论(包括归纳方法论)、概念方法论和逻辑方法论(包括狭义的逻辑方法论和数学方法论)构成了自然科学方法论的三大支柱。实验方法论有利于简化和纯化有关因素,它曾极大地促进了自然科学的独立和发展。概念

---

① 肯尼思·D.贝利.现代社会研究方法[M].许真,译.上海:上海译文出版社,1986:44.
② 肯尼思·D.贝利.现代社会研究方法[M].许真,译.上海:上海译文出版社,1986:45.
③ 肯尼思·D.贝利.现代社会研究方法[M].许真,译.上海:上海译文出版社,1986:45.

方法论在自然科学方法论中的地位日显突出,从波普尔开始,科学发现方法论作为一种概念方法论出现,日渐受到重视。不过,即使是在当代自然科学发展时期,实验方法在自然科学中的地位和作用仍然不可低估。相比之下,在社会科学方法论中,实验方法的重要性则没有得到充分显示。尽管社会科学的现代化要求实验方法的渗透和介入,尽管电子计算机、录音录像设备等已经在现代社会科学研究中被广泛使用,但是,从总体上来看,现有社会科学研究距整体运用实验手段和实验方法还有相当距离,社会科学究竟应当如何运用实验方法,或者说,如何形成社会科学适用的社会科学实验方法,还有待于艰苦的探索和创新性的实践。与自然科学研究早已广泛、有效地运用实验方法形成鲜明对照的是,社会科学如何通过实验方法等来提高自己的理论构造性、清晰性和预见性,迄今仍然是一大难题。

社会科学方法论和自然科学方法论的差异和个性,决定了二者在相互借鉴、移植时要注意方法论的"再创造"。对于社会科学方法论来说,无论是移植、借鉴自然科学在长期发展中形成的研究程序和论证方式的规范,还是移植和借鉴自然科学研究中的辅助手段与工具,都有必要进行再创造,赋予它们适合本领域性质与特点的新的含义。

第五章 唯物史观对于社会科学研究的方法论意义

唯物史观作为一种科学的社会历史观,以开放的理论形式再现了社会历史的存在状况、内在结构、普遍本质和发展规律,为人们从各个方面、层次、向度认识社会提供了重要的理论指导作用,也为人们科学地认识社会提供了逻辑前提。但它又要求人们不断对这种逻辑前提进行自觉的审视、反思、探索和批判,不断根据新的情况修正和提出新的逻辑前提,从而促使人类认识沿着一条不断自我批判和自我更新的逻辑道路前进。唯物史观作为社会认识方法论,强调经济关系在一切社会关系中的基础性地位,强调社会历史过程既是自然历史过程,又是自主创造过程和自我意识过程,强调对社会有机体进行系统分析,强调社会分析要有历史感,从而构成了一个严整的理论框架。

社会科学研究需要以一定的理论和方法论作为指导,按照社会历史的本来面目来观念地掌握和再现社会历史,这就要求有符合社会历史本性的科学方法。一方面,对方法的探索是科学地认识和理解社会历史的重要手段;另一方面,对社会历史本性的科学理解又是人们进一步探索科学的认识方法的重要条件。不难理解,社会科学方法论总是与一定的哲学观点和学科理论相联系的,不同的理论学派有着不同的社会科学方法论。在西方,实证主义学派主张采用自然科学的实证方法解释客观的"社会事实",并用精确的数量分析来揭示社会现象之间的因果规律;而人本主义学派则否认社会规律的存在,它们主张用阐释或理解等主观方法来说明具体的社会历史事件。相较而言,马克思主义经典作家创立的唯物史观特别强调以唯物辩证的、历史的、实践的观点认识社会,它为人们更加科学、合理地认识社会提供了迄今最为先进的方法论。

　　唯物史观是马克思的最重要的两大发现之一,它既是科学的世界观,也是迄今最为先进的认识和研究社会历史的方法论。历史唯物主义的一系列基本观点和基本原理,如社会存在决定社会意识原理、唯物辩证的观点、生产观点和劳动观点、群众观点和阶级观点等,不仅具有一般历史观的意义,而且具有一般方法论的意义。同一般历史观紧密联系在一起的一般方法论,既是认识社会的一般方法论,也是改造社会的一般方法论。并且,历史唯物主义的方法论意义不局限于哲学思维本身,它对于具体科学研究,特别是对于社会科学研究具有重要的指导作用。诚然,历史唯物主义作为认识和改造社会的一般方法论,既不能代替具体科学的特殊方法,也不能为具体科学的特殊方法所取代。哲学方法论、历史唯物主义和具体科学的方法,分别属于不同的思维层次,各自具有特定的认识功能,相互联系而又不能相互替代。但是,历史唯物主义作为迄今最为先进的社会认识方法论,对于具体社会科学来说是具有普遍意义的根本方法,起着一般方法论的作用。

一、先进的社会认识方法论

　　众所周知,人们对于社会历史的认识是有层次的。哲学是人类认识的最高层次,社会历史哲学则是人类社会自我认识的最高层次。唯物史观总体上是迄今以来社会历史哲学最为科学、最为完备的理论形式。作为一种科学的社会历史观,它以开放的理论体系的形式再现了社会历史的存在状况、内在结构、普遍本质及发展规律,为人们勾画和提供了科学的社会历史图景,对于人们认识社会的活动具有重要的理论指导作用,因此又是科学地认识客观社会现实的哲学方法论。

无论是作为社会历史观还是哲学方法论,唯物史观都不是一个封闭的、最终态的和不变的东西,而是变化和发展着的、开放的理论和方法。唯物史观的科学性是通过它的开放性来保证的。而这种科学性与开放性又是与唯物史观自身所具有的批判功能相适应的。与科学性和开放性相联系的批判包含着对象批判与自我批判这两个方面。一方面,它批判地审视和反映运动变化着的社会历史过程,并使之在自身的理论体系和观念形式中真实地再现出来。另一方面,它又不断把批判的矛头指向自身,不断地审视和反思自己掌握对象世界的手段和方法,要求自身的探索手段随着对象世界的发展而不断发展。因此,唯物史观的真正科学本性不在于它提供了关于社会历史的某种最终理论和结论,也不在于它具有某种万能的探索方法,而在于它要求并能通过自身的不断自我批判和自我建构,去发展和创造新的探索形式,去丰富和发展理论的形式和内容,从而开辟一条与社会历史的进化发展相适应的、不断地探索社会真理的道路。正是在这种意义上,列宁认为,唯物史观的创立使科学的社会学的出现第一次成为可能,并且把它称作"社会科学的别名"[①]。列宁在这里讲的当然不是指唯物史观的创立和运用取代或取消了具体的社会科学研究,也不是指它作为科学地认识社会历史的哲学方法论取消或代替了各门具体科学的认识方法,而是指它作为科学的社会历史观,从总体上和在运动中科学地揭示了人类社会历史的真实本质和运动规律,从而为人们自觉地运用它们来科学地认识社会历史提供了一般的理论前提和方法论原则。或者说,它为人们根据社会历史本身的特点来采取适当的认识方法、从事有效的社会认识活动提供了理论的和逻辑的前提,并使得这种认识能够在科学的水平上不断有所推进、有所深化、有所发展。普列汉诺夫在分析唯物史观作为方法论时形象地指出,这不是对社会发展的源泉和规律问题的算术的解答,而是一种代数的解答,是一种方法论意义的解答。他说:"显而易

[①] 列宁选集:第1卷[M].北京:人民出版社,1972:10.

见,在谈到完全的解决时,我们指的不是社会发展的算术,而是它的代数;不是指出个别现象的原因,而是指出如何去发现这些原因。这就是说,对历史的唯物主义解释首先具有方法论的意义。"① 对真理的探讨应当是符合真理的,只有符合真理的探讨才能真正获得真理。而真理的价值则在于指导人们不断地进行合乎真理的探索,这正是真理的方法论意义之所在。

唯物史观作为人类社会认识自我的科学思想成果,是以它的创立者对社会历史的科学探索为条件的。而它的现实功能,则在于以一种哲学层次上的科学的社会历史观和哲学意义上的科学的方法论相统一的形态,去指导和帮助人们对社会历史进行科学的和合乎真理的探索。

二、科学的逻辑前提

唯物史观为人们认识社会的活动提供了一般的和科学意义上的逻辑前提。科学地认识社会和解决个别的、具体的社会问题的一个重要条件是弄清有关社会的一般问题。"如果不先解决一般的问题,就去着手解决个别的问题,那末,随时随地都必然会不自觉地'碰上'这些一般的问题"②。人们认识社会,既不是根据纯粹先验的理念图式进行自我反观,也不是以毫无内在准备的"白板"心灵去映照社会,而是使在长期学习中积淀和形成的认知定式与社会现象发生交互作用。在主体的认知定式中,包含着一种必要的信念,这就是客观对象确实存在着并且是可知的。这种信念是在对于对象的一般了解的基础上生发出的一种确认和信心,是对于认识活动所必需的前提条件的一种肯定性解决。正是在这种信念的支配下,主体对于社会历史的认识才有可能发生并且积极地进行。因此,这种信念构成了社会认识活动所必不可少的逻辑前提。

在人们认识社会的活动中,这种信念的确立或对这种逻辑前提的确认有不自觉的和自觉的之分,也有非科学的与科学的之别。旧唯物主义者对这种逻辑前提的确认是不自觉的、质朴的。他们把社会历史

---

① 伊利切夫.哲学与科学进步[M].潘培新,汲自信,潘德礼,译.北京:中国人民大学出版社,1982:203.

② 列宁全集:第12卷[M].北京:人民出版社,1959:476.

的客观性和可知性等同于自然界的客观性与可知性,不懂得社会历史的特殊性,从而无法科学地认识和解释社会历史,在社会历史领域背叛了自己,陷入了历史唯心主义。唯心主义者对这种逻辑前提的看法则是非科学的。他们只看到人的意志、愿望、动机等主观因素在社会历史发展中的地位,而否认社会历史的客观性、物质性,因此也不能正确认识和揭示社会运动的规律性。

唯物史观的创立,之所以在人类历史上"第一次使科学的社会学的出现成为可能"①,正在于它坚持按照社会历史的本来面目来反映、研究和理解社会历史过程及其规律性。为此,它把自己的注意力集中在对于现实的、客观的社会历史的掌握之上。在马克思和恩格斯看来,"思辨终止的地方,即在现实生活面前,正是描述人们的实践活动和实际发展过程的真正实证的科学开始的地方"②。正是在这种思想指导下,马克思和恩格斯对他们那个时代的社会的社会关系和社会结构进行了广泛的调查和研究,周密地研究了当时的工人阶级、农民阶级的生活、劳动和风俗习惯,城市和农村的社会问题,不同社会形态中个人与社会的相互关系等。在大量了解现实的基础上掌握了资本主义社会的运行机制,又通过对资本主义这个发展最完善、最充分的社会的研究去透视它由以发展而成的历史上的各种社会形态,从中科学地概括出人类社会运动发展的规律性,创立了历史唯物主义。

可见,唯物史观的创立,从方法论上看,在于马克思和恩格斯善于把对一般理论的探索同对不同的社会过程和现象的具体研究结合起来,从而使得人们有可能科学地分析社会现象,并给出关于社会历史的科学图景。这里至为重要的方法论启示,是根据社会历史条件的变化和发展而不断地重新确定自己的研究对象,更新自己的逻辑前提,始终保持对于现实的具体社会问题的关注。正是在这里,唯物史观表现出对于其前的一般历史哲学的超越性。马克思说:"极为相似的事情,但在不同的历史环境中出现就引起了完全不同的结果。如果把这些发展过程中的每一个都分别加以研究,然后再把它们加以比较,我们就会很容易地找到理解这种现象的钥匙;但是,使用一般历史哲学理论这一把

---

① 列宁选集:第1卷[M].北京:人民出版社,1972:8.
② 马克思恩格斯全集:第3卷[M].北京:人民出版社,1960:30-31.

万能钥匙,那是永远达不到这种目的的,这种历史哲学理论的最大长处就在于它是超历史的。"①马克思以前的一般历史哲学的本质特征之一,在于脱离具体的社会历史实际,超越具体的社会历史发展过程,从头脑中虚构出适用于所有历史时代的"药方"或公式,从而在内容上带着不可避免的虚幻性、空想性,甚至充满了谬误和荒诞,成为一种僵死的和封闭的东西。因此,它们当然不可能给人们的社会认识活动以实际的帮助和正确的指导。而唯物史观的创立是建立在对一般历史哲学的批判与扬弃和对于社会理论所应该具有的现实对象和现实前提的关注与研究的基础之上的。

因此,唯物史观作为对人类社会历史的本质特征和普遍规律的哲学抽象,来源于和植根于对最现实、最具体的社会现象的科学掌握,从而为人们从各个方面、各个层次、各个向度去认识社会提供了最基本也是最重要的一般背景知识和信念,成为人们科学地认识社会所必不可少的逻辑前提。而且唯物史观所提供的这种逻辑前提不是最终的、僵死不变的,而是包含着自我批判和自我更新原则的。它既为人们科学地认识社会提供逻辑前提,又要求人们对这种逻辑前提不断地进行自觉的审视、反思、探索和批判,并且根据新的情况提出和确立新的逻辑前提,从而促使人类认识沿着一条不断自我批判和自我更新、不断升华和发展的逻辑道路前进。

三、有效的认识方法

唯物史观为人们科学地认识社会规定了基本的原则,这就是按照社会历史本身的特点及其演化发展过程来科学地认识社会。

按照对象的本来面目反映和再现对象,要求有能够帮助主体接近社会现实和观念地掌握社会历史的基本方法。因此,认识社会的方法必须和社会的特殊性质相适应,并且随着对象的发展而更新。马克思说:"难道探讨的方式不应当随着对象而改变吗?当对象欢笑的时候,探讨却应当摆出严肃的样子;当对象令人讨厌的时候,探讨却应当是谦逊的。""对真理的探讨本身应当是真实的,真实的探讨就是扩展了的真

---

① 马克思恩格斯全集:第19卷[M].北京:人民出版社,1963:131.

理,这种真理的各个分散环节在结果中是相互结合的。"① 根据对象的性质采用与之相应的适当方法,这无疑是唯物主义方法的基本要求。方法既然是客观规律的主观运用,那么是否遵循客观规律,便是衡量一种方法是否科学的重要标准和尺度。客观规律是具体的、分层次的,在不同的具体事物中有不同的表现形式。要全面准确地按照事物各自的本来面目掌握它们,就必须有与之相应的具体的、特殊的方法。这一点在社会历史领域中无疑更加突出。人类的社会生活既有强烈的统一性、共同性,显示出相对独立的整体运动方式,从而在总体上区别于一般自然现象,而在其内部又具有明显的多样性、分离性,从而显示出多方面、多层次的特殊性。因此,无论从总体上把握社会生活,还是分别地把握社会运动的各个方面、各个层次,都需要与具体的社会历史客体相适应的认识方法、研究方法。正是在这种意义上,列宁曾经尖锐批评当时那种把物理学、生物学、数学的概念简单搬来分析社会现象的无聊行为,强调要探索社会科学本身的研究方法。列宁指出:"事实上,依靠这些概念是不能对社会现象作任何研究,不能对社会科学的方法作任何说明的。再没有什么事情比在危机、革命、阶级斗争等等现象上贴上'唯能论的'或'生物社会学的'标签更容易了,然而,也再没有什么事情比这种勾当更无益、更繁琐和更呆板了。"②

唯物史观本身作为一种方法,是一种哲学层次上的科学方法,是科学地认识社会历史的哲学方法论。但就其功能而言,它不仅能指导人们从哲学层次上认识社会,而且对于人们从各种角度、各个层次和各种向度认识社会生活的各个领域、各个阶段和各个方面都有着重要的指导作用。因为它指出了社会认识活动中最根本的方法论原则,即根据各种社会历史现象的特点来选择和探索与之相适应的特殊的认识和研究方法,从而在哲学层次上提出了具体地研究和探索认识社会的科学方法的任务,并指出了一条探索社会科学方法论的正确途径。唯物史观的创立和运用,意味着将辩证唯物主义认识论的根本原则落实到了社会认识方法及对这种方法的研究和探索上,这就明确地为全部社会认识活动指出了一条"以科学态度研究历史的途径,即把历史当作一个

---

① 马克思恩格斯全集:第1卷[M].北京:人民出版社,1956:13.
② 列宁选集:第2卷[M].北京:人民出版社,1972:335.

十分复杂并充满矛盾但毕竟是有规律的统一过程来研究的途径"①。

概而言之,唯物史观作为认识社会历史的方法论具有如下几个主要特征②:①系统的分析。唯物史观的对象是社会有机体的存在、运动和发展,认识和把握社会有机体的首要方法就是系统分析。它不同于具体社会科学的系统分析,但又与之密切相关,是从历史观的高度对社会有机体的唯物辩证的系统分析。②经济的分析。这是对社会有机体系统分析过程的深化,以进而寻求那种在人的活动中形成但又不依人的活动为转移的社会关系,探究决定其他一切社会关系的最基本的社会关系即经济关系。对于纷繁复杂的社会现象,只有从物质关系入手,正确地进行经济分析,才有可能透析人类社会之谜。③动态的分析。社会历史过程不仅是一个"自然历史过程",而且是一个"自主创造过程"和"自我意识过程"。这就要求人们在观察、研究社会生活时,既要坚持决定论原则,又要考察人的主体能动性,正确估计人的活动对社会事变进程的作用和影响。社会本来就是动态的,只有对它加以动态的分析,才能揭示其普遍的本质和一般的规律。④历史的分析。社会现象是在一定的社会历史条件下发生、演化的,要正确了解这些现象,就要具体地、历史地分析其形成和变化的条件。没有历史感,就谈不到在社会历史领域中坚持彻底的唯物主义和辩证法。在阶级社会中,历史的观点和阶级分析方法是辩证统一的。当然,作为历史唯物主义的方法论的分析方法,同时也是综合的方法。只有通过辩证的分析达到辩证的综合,才能形成对社会历史及其发展规律的整体认识,掌握改造社会、推动历史前进的一般方法。

四、严整的理论框架

唯物史观作为一种科学的社会历史学说,为主体认识社会提供了严整的理论框架。唯物史观所揭示的人类社会历史的总体结构、本质属性、运动过程和发展规律,促使人们在各个方面、各个层次、各个向度上全面探索社会历史问题,研究其特殊形式和特殊规律。而在这种探索中,唯物史观的一般理论原理作为社会历史本质特征的理论表现,又渗透到主体的认知结构中,作为其中的总体规范和理论框架,指导着人

---

① 列宁选集:第2卷[M].北京:人民出版社,1972:586.
② 肖前,李秀林,汪永祥.历史唯物主义原理[M].2版.北京:人民出版社,1991:46.

们对于社会历史现象的自觉反映和科学解释。人们认识和阐释对象，总是以一定的知识背景为参照系统的。作为参照系统的理论知识在主体的认知定式中是作为一种理论框架或思维模式发生作用的。理论框架或思维模式作为一种由一定的理论学说、观点、价值尺度和与之相应的规范、图式及相应的思维方法等交织而成的内在思维—心理结构，规定着主体的理论思维由以展开的基本方向、方式和格局，不仅直接决定着主体对于外部信息的解构、建构、编码与重组等加工处理方式，而且影响和制约着人们对于外部信息的选择和采集，从而从各个方面对认识的结果发生着重要的影响。

作为主体的认知定式中认知因素方面的主要成分，理论框架或思维模式是同主体的认知定式中的非认知因素方面（如情感、意志、兴趣、爱好等）相互发生作用的，其间呈现出相互促进、催化和强化的作用。主体的思维模式越成熟、稳定，价值评价的标准越清晰、明确，则主体对于一定客体的认知倾向越强烈、越明显，情感和意志等因素对认识活动的参与越充分、越深入，主体对客体信息的采集和加工处理越迅速、越有效，主体在认识活动中的主动性、积极性和创造性发挥得越充分、越全面。

当然，在不同的主体那里，理论框架或思维模式可能是有所不同的。这正是不同的主体对同一客体往往得出不同的甚至根本相反的观念评价和理论界说的原因之一，也是衡量不同主体的认识-思维能力的重要尺度之一。理论框架或思维模式的差别是多方面的：有抽象程度方面的差别，哲学思维、具体科学思维和日常思维就有着深刻与肤浅、深层与表层的明显差异；有思维广度方面的差别，朴素思维、形而上学思维与辩证思维在把握对象上就有全面与片面的明显差异；有科学性程度的差别，只有科学的思维方式才能够按照对象本身的状况去揭示其内在的演化结构和发展逻辑。造成思维模式之间差别的原因是多方面的，客观对象的内在逻辑是形成和发展人们的思维逻辑的客观基础。但在同样的客观基础上，人们可能得出不同深度、不同广度的观念评价，这就反映出不同主体的认识和理论水准，是认识主体在能力结构与功能方面的差距。而在人类认识发展的历史长河中，同一时代的人们可能具有相似的或共同的思维模式，并与其他时代的人们的认识模式相区别，显示出思维模式的时代性特点，也显示出人类认识的阶段性特征。人类历史上经历过的神话、史鉴、理知、实证、人本、实践论等社会认识形式,就是对人类社会认识发展过程中的理论框架或思维模式的粗略概括和总结。这些社会认识形式的更迭,反映着人类自我认识中思维模式的演化和发展。这个过程也是一个思维能力发展、思维形式进化、思维模式更新的过程。正是由于思维模式和与之相应的社会认识形式的不断更新,人们对于社会的认识才能在既有的基础上不断地有所升华。

理论框架或思维模式的作用并非总是积极的。作为一种相对稳定的思维方式,它们有着自己特殊的适应范围。对于掌握与之相应的对象而言,它们是有效的思维工具;而对于与之相异或相关性较少的对象,则难以有效发挥作用,甚至有可能导致认识上的失误。尤其是当对象处于运动变化的过程之中时,如果思维模式不能随之发生相应的变化,就会发生功能固结、模式僵死。它力图把变化着的对象看作静止的东西,把新的东西纳入旧的框架中加以度量和界说,这就不仅不能发挥认识工具的积极作用,反而会妨碍正常的认识活动,阻碍科学的发展。因此,思维模式与理论框架在人们的社会认识活动中既不可没有,又不可将其绝对化。问题的关键在于寻求一种开放的、有自我更新能力的思维模式和理论框架,而这正是科学的思维模式和理论框架的本质规定。

我们说唯物史观为人们认识社会的活动提供了科学的理论框架或思维模式,主要在于它从理论学说到范畴体系和思维方法,都是批判的和开放的。它既根据当前哲学认识社会的水平为人们提供关于社会历史的最一般、最普遍的宏观图景、规范体系、评价标准,为各个方面的社会认识活动提供最一般的理论框架和思维模式,又不断地在对象批判与自我批判的交互作用中、在社会进化与人类社会认识深化这两个方面的统一中促使这种社会理论、历史图景、价值观念、规范体系和思维方式更新和发展,从而促使人类社会自我认识不断深化。

唯物史观作为人们认识社会的科学的逻辑前提、方法论原则和理论框架,这三个方面是内在统一的。统一的基础和形式则是人们现实的、具体的社会认识活动。任何方面、任何层次和任何向度的社会认识活动都有其基本的逻辑出发点、方法论原则和理论框架,它们构成了社会认识活动的几个基本要素或重要方面。唯物史观既在哲学层次上为人们提出科学的社会认识活动所应该采取的逻辑前提（现实前提的观念表现）、方法论原则（具体对象采用具体方法）和思维模式，又要求人们以真正科学的和批判的态度来对待这种逻辑前提、方法论原则和思维模式，促使它们不断自我更新与发展，进而促进社会认识的不断深化。

第二编 社会科学研究程序与研究设计

社会科学研究,是一种典型的有意识的、合目的性的专业性活动,是人类能动地认识和改造社会世界的过程。作为社会科学家的一种主体性行为,社会科学研究活动以科学性和合理性为追求目标,是一种积极自觉的求知方式和评价活动,总是要遵循基本的研究程序,并进行适当的研究设计。了解社会科学研究从选题到解题的过程,并对研究类型、研究程序和具体方法加以选择进而制订详细的研究方案,对于任何有成效的社会科学研究来说都是必不可少的。通常认为,科学研究开始于观察,我们认为,科学研究实际上开始于问题,是一个提出问题、选择问题、分析问题、探索答案、检验结论、提出新问题的解题过程。为了能够科学有效地从事研究、解答难题,研究主体必须对社会科学研究的具体程序、操作方式等进行周密、细致的规划,即进行社会科学研究设计。社会科学研究设计包括全面论证研究课题和研究目的,恰当选择研究类型和研究方法,科学确定分析单位和研究指标,合理规划研究时间和空间,妥善安排研究经费和物质资料等,是一个非常重要的系统工程。

第六章　社会科学研究程序

　　社会科学研究的起点是什么？本章在比较多个不同回答之后，认为只有问题才是科学研究的真正起点，科学从问题开始。凡是在社会科学研究过程中令人怀疑的、难断是非的，都是问题所在。但并非所有的问题都有探究的价值，一般来说，科学的问题要想成立必须得到科学共同体的认可。而且科学问题总是有一定难度的，解决问题总要花费不少的精力，选择科学问题应遵循必要性原则、可行性原则、科学性原则和创新性原则。社会科学研究是一种解答问题的活动，一个相对完整的社会科学研究过程大致包括提出问题、分析问题、探索答案、检验结论、提出新问题等阶段。

从历史的长河来看,社会科学研究过程具有反复性、上升性和无限性。但是,相对于某些具体的课题、任务来说,社会科学研究却应该是一项有始有终的研究工作,并表现为定向的、有序的过程。当然,在不同的社会科学学科领域,由于研究主体、研究对象及研究方法和手段的不同,实际展开的社会科学研究程序并不完全一样。即使在同一个学科领域,社会科学研究活动中的许多工作也可能需要反复调整甚至被推翻,还有许多在研究开始阶段就迫切需要解决的问题,往往是到了研究结束阶段才得到基本解决。不过,任何有成效的社会科学研究都必须选定某个研究课题,并且围绕这一课题展开一系列的探索活动,它们之间表现出某种共性,而社会科学研究程序就是对上述这种共性进行抽象和概括的结果。简言之,所谓社会科学研究程序,就是指各种卓有成效的社会科学研究活动所应经历的基本的、一般的步骤。

一、科学从问题开始

对社会科学研究程序进行探讨,首先遇到的问题和困难是:社会科学研究的起点是什么?亚里士多德曾提出"归纳-演绎"的程序理论,牛顿曾总结出"分析-综合"的科学程序观,他们都以为科学研究的起点或科学研究程序的第一个环节是经验材料,也就是人们通过观察、实验所获得的事实材料。从词源上看,人们最初采用"实验科学"或"经验科学"之类称谓,并非偶然。关于科学研究的这种传统观点,尽管对科学史上的许多研究活动做过一定的说明,也极大地影响了人们对科学程序的探讨和科学研究的开展,但它对科学研究的起点的解释其实并不准确。实际上,问题是科学研究的真正起点。选择、确定恰当的问题,对于开展卓有成效的社会科学研究具有前提性、基础性意义。

1. 问题在社会科学研究中的地位

"科学从问题开始",抑或"科学从观察开始"?对这一问题的解答造就了不同的科学模型。前者把科学研究看作是能动的、创造性的活动,后者则只把科学研究视为一种自发的、消极性的活动。

在科学史中长期流行的"科学从观察开始"这一论点,源自经验论模型。持此模型的人们认为,经验、观察陈述是科学中唯一必要的因素,理论术语的意义应由观察术语来定义,理论语句应该且可以还原为观察语句,因此,"科学从观察开始"是符合实际的、应当的。受此类观点影响,长期以来,许多学者倾向于认为科学是从观察开始的。他们主张,要进行有成效的科学研究,必须反复地观察,不断地收集资料,尽可能在充分占有经验材料的基础上提出假说,甚至认为只要资料完备、方法合适,就能得出一个具有普遍性、有效性的科学理论。如果通过检验发现,已有的假说与实际不符,他们就习惯性地把原因归于资料不完备。这种论点反映了一种较为被动的研究态度。

但是,作为科学研究程序的第一个环节,即引导科学家进行探索性研究活动的实际起点,并不是观察或实验,而是科学的问题。观察和实验尽管是科学研究的基本手段,但它们并不是盲目的,而总是从一定的研究课题出发的。否则,如果仅仅观察到事实,却没有提出科学问题,那么,无论这类事实被观察过多少次,它们依然只是平凡的事实,并不能引起人们对此进行研究的兴趣;即使观察到一些前所未见的新事实,那也不过是对新事实的一种记述而已。因此,不能简单地断言观察居先,问题居后。科学认识活动的实际情景表明,只有科学问题才会引起真正意义上的科学研究。

与"科学从观察开始"这一论点形成鲜明对照的是,"科学从问题开始"这一论点反映了一种主动的研究态度,它源出于"问题-理论-观察"三元动态的科学模型。持此观点的学者认为,科学是解决科学问题的能动的智力活动,科学家是科学问题的解决者。正是科学问题,尤其是具有重大意义的科学问题,激发着科学家付出辛勤的、创造性的智力活动。由于对问题的认识和解决具有相对性,一个时期内认为已经解决了的问题,在另一个时期可能被发现并未被解决;或者即使一个问题已获圆满解决,但会出现新的更为深刻的问题,并激发科学家去努力解决,从而使得科学保持其科学的性质,使得科学能够不断地进步。在"问题-理论-观察"这一三元系统中,存在着从问题到理论和从理论到问题的双向过程。"问题-理论"是一个目的-手段系统。问题要求理论来解决,理论就是为了解决问题。但理论并不仅仅是手段,它本身也会产生新的问题。随着主体实践能力的提高,观察、实验等手段愈益精细,它们对理论的负反馈作用也愈益明显。在这个三元系统中,理论是最重要的因素,观察、实验等立足于理论,问题本身则是负荷理论的。任何意义上的科学研究,都不能不在特定的"背景知识"的条件下进行。所谓背景知识,就是指特定时代的科学家所接受的各种知识的总和,既包括当时的理论知识和经验知识,也包括当时社会流行的思维方式。这种背景知识既是一个科学家从事研究工作的基础,同时也往往成为创建新思想的障碍。因此,对背景知识的掌握、运用、反思和怀疑,对于科学研究来说是至关重要的。科学必须从问题开始,就是从那些以前对世界的理解或假定的框架所不可避免地引发的问题开始。英国著名学者波普尔明确提出科学从问题开始,他从科学研究要解决的问题出发,认为问题是"背景知识中固有的预期与其所提出的观察或某种假说等新发现之间的冲突"①。波普尔对于问题的界定虽然不全面,但他对问题与背景知识关系的揭示和强调显然不是没有意义的。可以说,没有一定的背景理论,没有对背景知识的掌握、运用、反思和批判,任何现象都不会成为问题。就此而言,正是理论引起了问题,而问题又要求理论来解决,科学就是在问题与理论的相互作用中发展的。

自从波普尔明确提出科学从问题开始的观点后,对科学问题的研究日益受到人们的重视。不过,对于"究竟什么是科学问题",人们的分歧颇大。英国学者波兰尼把问题视为人的一种心理上的欲求,而这种欲求必须通过人的智力活动来满足,并且问题是因人而异的,是完全由人的主观心理状况决定的。他说:"一个问题或发现本身是没有涵义的,问题只在当它使某人疑惑或焦虑时,才成为问题,发现也只有当它使人从一个问题的负担中解脱出来时,才成为一个发现";因此,"一个问题,就是一个智力上的愿望"。②波兰尼对问题的解释虽然不无道理,但却未免过于宽泛、随意,因为人的许多欲求并不一定就要获得满足,并不一定就构成问题,而科学感兴趣的并不是因人而异的问题,而是得到科学共同体承认的问题。美国哲学家图尔敏把科学问题定义为解释的理想与目前能力的差距,即"科学问题=解释的理想-目前的能力",并认为"科学家通过认识他们目前解释自然界有关特征的能力与他们目前关于自然秩序或充分可理解性的理想间的差距,找到和确定了目前概念的缺陷"③。图尔敏的这个定义对人很有启发,不过,他只谈了对

---

① Propper K. Objective Knowledge:An Evolutionary Approach[M]. Oxford:Clarendon,1975.
② Polanyi M. Problem Solving[J]. British Journal for the Philsopy of Science,1957(3):30.
③ Toulmin S. Human Understanding[M]. Oxford:Oxford University press,1972:148.

自然科学,而且主要是对自然科学中基础学科问题的状况,而没有涉及更为广泛的科学问题,如社会科学问题。中国学者林定夷认为,上述定义至少包含了两点合理之处:一是它们实际上都把"问题"看作是与智能活动过程相联系的一个概念;二是问题都与智能主体所欲求的某种目标状态相联系,无论这种目标状态是"愿望""预期",抑或"解释的理想"。林先生在此基础上给出了一个他认为最广泛意义上的"问题"定义:问题就是"某个给定过程的当前状态与所要求的目标状态之间的差距";相应地,"问题求解"也就是"设法消除给定过程的当前状态与所要求的目标状态之间的差距"。① 我们认为,上述看法都对问题做了有意义的探索。不过,就问题的根本性质而言,问题的实质就是矛盾。谁发现了矛盾,谁就发现了问题。

科学问题通常都来源于疑问。实际上,问题也常常被人们称为"疑难""困惑"。凡是令人怀疑的、难断是非的,都是问题。在学术研究方面,科学工作者常常会在工作或生活中产生各种各样的疑问,如对某些新的现象感到困惑不解,对某些理论或他人的研究结果感到怀疑等;在应用性研究方面,疑问多来自现实问题,或对某些社会问题感到不解,或对某些政策的制定和实施后果有疑问等。相较而言,最有意义的科学问题是随着对原有的知识(甚至是已为大众普遍接受的理论和观念)的怀疑而提出的,具有怀疑精神、建构一种合理的怀疑方法,是进行突破性、创造性研究的重要前提和基础。此外,科学问题的重要条件之一是必须得到科学共同体的承认,至少应得到科学共同体中一些权威专家的认可,而不能仅仅以提问题者的个人意志为转移。

科学问题总是具有一定的难度,对它的解答一般不能一蹴而就。可以说,越是困难的,就越是成问题的;越是不困难的,就越是不成问题的。在这个意义上,难度可视为测量问题的标尺。在实际的科学研究中,往往出现选题低水平重复的现象,这主要表现为:一些科研工作者只选择了"知识性的问题",而没有真正发现需要解决的"难题",更不要说能引起科学革命的"反常"了。而造成这种状况的原因,或是因为研究者闭目塞听,对资料的广泛调研工作做得不够,以致不了解别人已做过的工作;或是因为研究者科研能力不强,缺乏提出创造性课题的能

---

① 林定夷.科学的进步与科学目标[M].杭州:浙江人民出版社,1990.

力。实际上,正如爱因斯坦所指出的:"提出一个问题往往比解决一个问题更重要,因为解决一个问题也许仅是一个数学上的或实验上的技能而已,而提出新的问题、新的可能性,从新的角度去看旧的问题,却需要有创造性的想象力,而且标志着科学的真正进步。"①我国学者李四光在总结自己长期进行科研的实践,特别是开创地质力学这个新学科领域的经验时也指出:"作科学工作最使人感兴趣的,与其说是问题的解决,恐怕不如说是问题的形成。任何一个实际问题很少是单纯的,总要对于构成一个问题的各项事物,实际上就是代表事物的那些语句的意义,和那个问题展开的步骤,有了正确的认识,方才可以形成一个问题。做到这一步,问题可算已经解决了一半。"②他在这里不仅强调了形成研究问题的重要性,而且指出了进行科学研究的方法,具有普遍的方法论意义。

总之,问题是科学的真正起点,是科学发展的动力。科学问题向科学家表明在哪些方面有可能获得成功和突破。对于可常规地处理的问题,就在背景知识的指导下,利用已知的原理、定律进行解题,以填补现有理论的空白点,使现有理论更加完善;而对于不能常规地处理的问题,就必须抛弃现有理论,以新的理论、原理来解决问题。问题的深刻程度是科学水平的标志。对社会科学研究方法进行思考,应当自觉地把问题研究作为重点之一。

2. 社会科学问题的类型

社会科学的问题具有多样性。人们在社会科学活动中,不断地提出更有意义的问题,也不断地探索更加深刻的答案,从而促进社会认识不断深化。一部社会科学史就是一部不断地提出问题并不断地解答问题的历史。在这个意义上,我们甚至可以把科学问题出现的多少当作评估一门具体社会科学是否充满活力的重要指标。

概而言之,就科学问题的内容和提出的途径来说,可将最常见的社会科学问题分为如下类型。

(1)由某个社会科学理论内部的逻辑不自洽或概念含糊不清而提

---

① A.爱因斯坦,I.英费尔德.物理学的进化[M].周肇威,译.上海:上海科学技术出版社,1962:66.
② 李四光.地质力学的基础和方法[M].北京:中华书局,1945:1.

出的问题。某一社会科学理论体系如果内部逻辑不自洽(这种不自洽性一般不很明显,须经逻辑推导才能被发现),就会引起人们对其真理性和适用性的怀疑,从而提出科学问题。逻辑自洽性即不存在内部矛盾问题,是科学理论的可检验性所要求满足的条件,它可使理论更易得到检验。不过,一时的逻辑不一致和小范围的模糊性不应成为构成理论生命威胁的问题,这里有两种情况值得考虑。其一,理论有个发生发展过程。新理论常常是从旧理论中蜕变出来的,在其原初形式中,它常常嫁接在旧理论之上。随着新理论的发展,它会逐渐地达到内部的自洽;此外,科学家有时为了给新理论争取生存空间,有意把自己的概念与当时占据权威地位的概念混为一谈。其二,概念有一点模糊性有利于理论应用于新领域,如果过分精确,反而不利于理论的推广应用。当然,如果这个概念整个说来是一个模糊概念,使理论丧失了可检验性,那么,它无论如何也不能作为一个科学概念存在。

(2) 由不同社会科学理论之间的不一致或不相容而提出的问题。如果不同的社会科学理论在各自的领域内都获得了成功,都具有很强的解释力、规范力,但它们之间却存在着不一致和冲突,也会引出科学问题。两个社会科学理论之间的不相容问题的产生,是由于它们之间存在张力。不同领域的社会科学理论,各有独立的被接受的理由,都是关于社会世界的某一部分的假定。作为普遍的社会科学理论,它们总是力图扩张自己的领域,直至相互发生冲突。两个社会科学理论之间的不相容是对称的,即这种不相容对双方都提出了概念问题。例如,在社会科学方法论领域,实证主义方法论与反实证主义方法论之间互不相容、莫衷一是,对双方都构成了概念问题。两个社会科学理论之间的不相容未必都以一胜一败告终,二者有时可以被一个更好的理论所包容和代替,有时则长期共存。而在这三种情况下,不同理论的支持者都在努力改进、完善自己的理论,企图使之在竞争中占有优势。

(3) 由社会科学理论与本体论、方法论之间的不一致而提出的问题。如果某一社会科学理论与本体论之间存在不相容性,那么,这种不相容性也是对称的,即这种本体论对社会科学理论构成一个概念问题,而社会科学理论对这种本体论也是一个具有威胁性的问题。这种不相容的结局有两个:或者抛弃这个社会科学理论,或者变革本体论。就方法论来说,社会科学方法论为社会科学共同体提供科学活动的规范,规定着社会科学要达到的认识目的以及实现这些目的的手段。如果社会科学理论与社会科学共同体认可的方法论之间具有不相容性,也会引起概念问题。社会科学理论与方法论之间的不相容也是对称的、双向的,其结局也有两种:或修改社会科学理论,或修改方法论。而方法论的改变主要受两方面的制约:一是对象的特点和问题的深度;二是当时的"智力气候"或"智力情境"。

（4）由社会科学理论结构不符合简单性与普遍性的要求而提出的问题。自古希腊毕达哥拉斯学派提出追求数学上的和谐之后,人们就要求科学理论结构具有一系列美学的特征,其中最重要的就是具有简单性和普遍性。理论结构的简单性要求以尽可能简单的形式构造理论系统,这种简单性绝不意味着理论内容的贫乏,相反,它要求以少量的普遍命题(基本原理)去推导尽可能多的事实命题,即要求理论能够说明尽可能多的自然现象。因而,理论结构的简单性与原理的普遍性是一致的,如果一个理论不能满足这种美学上的要求,即不符合用尽可能少的基本原理来说明尽可能多的经验事实的要求,就会由此提出理论结构与表述上的问题。这种问题将导致理论表述方式的改进,使之更为简明、严谨。

（5）由现有社会科学理论与经验事实之间的矛盾而提出的问题。这主要有两种情形。一种情形是科学家发现了一些意外的新现象,用现有的理论无法对这些事实做出合理的说明,或者这些新事实是与现有理论所做的推导相抵触的,由此引出科学问题。在社会科学史中,当新事实与现有理论的主体无法协调时,由此提出的问题及其解决常常使背景知识发生变革,引起新的科学理论的建立。另一种情形是现有社会科学理论不能对经验事实做出统一的理论说明而引发问题。在开辟新的科学研究领域或一门学科缺乏基础理论时,由于理论尚不成熟或处于前科学阶段,就出现了诸多经验事实得不到统一的理论说明的情况,这时科学家们就会提出涉及创建一门学科的基础理论的问题。

（6）由社会科学理论的实际应用与现有技术条件的矛盾而提出的问题。社会科学研究的最终目的是应用理论指导人类的实践活动,当一种理论产生后,人们将根据它做出科学预见,并据以指导具体生活、实践。当理论应用与现有技术条件发生矛盾时,就会引出一系列有关理论应用的技术性问题。这些问题的解决,既具有重要的理论意义,也具有明显的实践价值。在现代社会科学研究中,国民经济建设或国防建设中已经或将要遇到的理论问题和实际问题、世界科学技术发展潮流和国家长远性规划中需要解决的各种重大课题等,在社会科学研究中常常占有非常大的比例,并对社会发展具有极其重要的意义。

3. 社会科学问题的选择

美国学者艾尔·巴比在《社会研究方法》一书中曾经指出:"正确地提出问题往往比回答问题更加困难。一个正确表达的问题常常就是对问题本身的回答。"①在社会科学研究中,要做到正确地提出问题,必须对问题做出恰当的选择。对社会科学问题的选择恰当与否,直接影响到社会科学研究成效的高低。有时,仅从问题的选择是否恰当,就可以反映出社会科学研究者的科研能力。

有效地选择恰当的科学问题,需要综合考虑多种因素,其中包括研究的理论意义、实践价值、迫切性、可行性、研究者的主体条件等。美国学者贝利把影响社会研究的主要因素概括为六种,即社会学范式、研究人员的价值观、在被认为适宜于所选的研究课题的特定的资料收集方法中内在的反应性程度、研究人员的方法论、所选的分析单位及时间因素等,这是很有道理的。正如贝利所指出的:"在社会科学内有许多各不相同的范式,其中大多数在价值、方法论、所含反应性程度、广度和时间方面各有不同。"②现在,越来越多的人意识到,研究人员的价值观念既会影响其关于研究课题的价值判断,也会影响其关于何为适当的方法的认知以及看待自己与研究对象之间的关系的方式;而研究人员的方法论,则影响着其验证假设所需要的证据的程度。例如,有些研究人员需要使多个变量达到一定的统计显著性,而其他研究人员则以获得一份关于行为陈述的实地观察笔记和实地记录材料为满足。此外,社会意识形态和政治因素,以及研究所选的分析单位(如个体、集团、阶级、民族、国家、人类等)、研究的时间(如是同时在一个地方对人口做一次横剖研究,还是对整个时期的人口情况进行纵向研究)、研究的类型(如是理论研究,还是应用研究)等,也会对社会科学问题的选择和社会

---

① 艾尔·巴比.社会研究方法[M].李银河,编译.成都:四川人民出版社,1987:59.
② 肯尼思·D.贝利.现代社会研究方法[M].许真,译.上海:上海人民出版社,1986:24.

科学研究产生重要影响。

社会科学问题的选择受到如此之多的因素的影响和制约,那么如何才能合理、有效地选择社会科学问题?通过吸取科学史中的经验教训,我们认为,选择社会科学问题至少应当遵循如下基本原则。

其一,必要性原则。所谓必要性原则,这里是指所选择的社会科学问题确实有研究的必要,具有重要的理论意义和应用价值。必要性原则是选择社会科学问题应当遵循的首要原则,它规定了社会科学研究的根本方向,因为进行社会科学研究的目的,无非是满足社会科学自身发展的需要和社会实践的需要。在各种各样的问题中,那些学科前沿的重大理论问题、疑难问题、"空白"问题,主要研究领域的"热门"问题,学科建设所必不可少的基础研究、发展研究和应用研究问题等,都有一定的理论意义和研究价值。不过,对于社会科学的发展来说,那些具有创造性、能启发新思想的问题则有着更大的理论意义。社会科学问题的研究必要性不仅体现在理论方面,更体现在实践方面。恩格斯指出:"社会上一旦有技术上的需要,则这种需要就会比十所大学更能把科学推向前进。"恩格斯的这一著名论断对于社会科学是完全适用的。社会科学问题研究的应用价值,体现在满足社会的现实需要,解决各部门、各单位的实际问题,对社会实践产生较大、较深远的影响和促进作用。这种应用价值包括近期价值和长远价值两个方面。前者主要是指能产生现实的经济、政治、军事、文化等方面的价值;后者是指对某些问题的选择和研究,在近期不能产生明显积极效应甚至必须付出短期代价,但从长远看,对于社会的发展是非常重要的。例如,就军事科学研究来说,开展此类研究在短期内未必会带来多少经验上的好处,并难免会付出不小的代价,但它关系着国家的长治久安,甚至关系着整个国家、民族的生存,它的长远效应无疑是巨大的。军事科学研究所带来的安全利益,使社会经济、政治、文化等各项事业的发展具有和平安宁的环境,因而会产生很大的、间接的经济效益、政治效益和文化效益;而军事科学成果转入民用产业,也会产生现实的经济效益。可见,考察社会科学问题的研究必要性,不能急功近利,而应当具有一种长远的眼光。需要指出的是,在社会科学研究中,那些属于当前迫切需要解决的理论问题和实际问题尤其值得研究。例如,中国自20世纪80年代以来在经济体制改革和政治体制改革方面面临着许多需要回答的重大问题,对现代企业制度等重大问题的探索与解答等对于当代中国的发展显然具有举足轻重的作用。

其二,可行性原则。所谓可行性原则,简言之,就是指选择社会科学问题不能好高骛远,不能脱离现实的主观和客观条件,而应具有完成课题预期目的的现实可能性。在社会科学研究中,如果所研究的课题不具备现实可能性,哪怕问题再新颖诱人也无济于事,因为对于这样的问题,或者无法展开研究,或者即使进行长期研究也效益甚低甚至徒劳无功。为了选择具有现实可能性的问题,必须充分重视一些重要因素。从客观方面来看,所选择的问题应当是真正成熟的并具有客观物质技术基础的。所谓成熟的问题,是指在所确定的研究方向上的问题,有其自身发展的层次和程序,研究应该循序渐进,把握恰当的时机。恩格斯指出:"我们只能在我们时代的条件下进行认识,而且这些条件达到什么程度,我们便认识到什么程度。"① 在社会科学研究中,如果时机不成熟,那么无论问题多么具有诱惑力,无论社会和科学如何迫切需要对该问题的解答,也无论研究者的智力如何卓越,对它的圆满解答都是可望而不可及的。这里所说的客观物质技术基础包括人力、物力、财力诸多方面。其中,人力是指承担课题研究的科研组织及其智能结构;物力是指完成课题的文献资料、实验仪器设备、材料;财力是指保证课题顺利进行所必要的研究经费。一般来说,具有可行性的重大社会科学研究,都会得到社会及各有关部门的重视和支持,在研究力量、研究经费、人力支持、研究资料等方面都能得到较可靠的保证。从主观方面来看,问题的难度和规模应当同研究者个人或集体的能力、水平相当,研究者既不能好高骛远,也不应妄自菲薄。社会科学研究水平与研究者的兴趣、学识、能力、精力、时间、研究条件等直接相关,社会科学研究所必需的想象力、创造力,在很大程度上取决于研究者对某一专业领域的兴趣、热爱和献身精神。而研究者的理论水平和研究能力也对问题选择具有直接影响,对于缺乏研究经验或缺乏理论基础的研究者来说,所选问题应当简单、具体、浅显一些,从简易问题开始,积累经验,然后再逐步深入。通常,对于问题的难度、规模的大小,可根据课题组的力量和社会配合情况来确定。

---

① 恩格斯.自然辩证法[M].北京:人民出版社,1971:219.

其三,科学性原则。所谓科学性原则,是指社会科学问题的选择应当具有科学依据,应当具有合规律性、合真理性等。所谓合规律性,这里是强调所选择的社会科学问题应当以被科学实践反复证明的客观规律为基础。合真理性强调的是,选择社会科学问题应当以被实践所证明的社会真理为指导。这种社会真理不仅包括具体的社会科学真理,而且包括被实践所反复证实的哲学原理,特别是马克思主义哲学的基本立场、观点和方法。由于社会科学问题总是与人的具体利益密切相关,大众对于许多属于迷信、伪科学的问题往往缺乏鉴别力,强调选择社会科学问题应当遵循科学性原则,意在保证所选问题的合法性和提高成功解决问题的概率,求得事半功倍之效。如果所选问题缺乏科学性,甚至是伪科学的问题,研究这类问题必然要劳民伤财、无所收获,甚至危害社会、祸国殃民。因此,选择社会科学问题应当追求科学性,这与人们常说的"科学无禁区"是两回事。按照马克思主义哲学的观点,世界具有可知性,尚未被认识的事物总是存在的,但是却没有任何力量能够划定不能被认识的事物,没有任何力量能够为科学设置禁区。不过,科学虽无禁区,但问题的选择却有限制。对选题的限制是为了保证问题研究的科学性、有效性、合理性,否则将可能导致"伪科学"泛滥。在科学史中,牛顿晚年企图证明上帝存在,克鲁克斯研究降神术等,由于其所选择的问题不具有合规律性、合真理性,纯属荒诞的、无意义的问题,因而不可能取得什么成效,至多只是为后人提供了一个反面教材。

其四,创新性原则。所谓创新性原则,是指所选择的社会科学问题及由此展开的研究应当具有新颖性、独创性。社会科学研究,贵在创新。这种创新体现在问题新、目标新、视角新、方法新、语言新、结论新等多个方面。可以说,没有创新性的问题,根本没有研究的必要。社会科学研究的价值,正体现在能够使社会科学理论有新的发展和突破,或者使应用技术有所改进、完善和创新。为了使社会科学问题具有创新性,首先要发掘问题本身所蕴含的新颖实质,而不能停留在新颖的问题表面上。只有选择实质内容新颖的问题进行研究,才有可能获得有价值的科研成果。其次要建构、借鉴、选择、运用先进的方法。方法是用来对问题进行深入研究的基本手段、工具,对于科学研究具有至关重要的作用。著名科学家拉普拉斯曾经说:"认识一位天才的研究方法,对于科学的进步……并不比发现本身更少用处。科学研究的方法经常是极富兴趣的部分。"①俄国生理学家巴甫洛夫也曾指出："科学是随着研究方法所获得的成就而前进的。研究方法每前进一步,我们就更提高一步,随之在我们面前也就开拓了一个充满着种种新鲜事物的、更辽阔的远景。因此,我们头等重要的任务乃是制定研究方法。"的确,先进的方法为创新性研究提供了重要保证。相反,如果缺乏先进的、适当的方法,即使问题再新颖,所做研究也难以取得成功。再次,进行创新性的社会科学研究需要有风险意识,要勇于承担风险,要有"敢为天下先"的大无畏精神。正如德国启蒙思想家莱辛所说："为寻求真理的努力所付出的代价,总比不担风险地占有真理要高昂得多。"②最后,进行具有创新性的社会科学问题选择,还必须把继承与创新辩证地统一起来。创新,既有质、量之分,又有真、伪之别,因此,它不仅是一个事实判断,而且是一个价值判断。而在具体科学实践中,反思传统、抛弃传统都未必能进行真正意义的创新。有时候,在某些人看来是"创新"之举,在另些人看来却只是"倒退";有的人甚至可能以"创新"之名,行"倒退"之实。当前我国的社会科学研究,重复性研究的现象非常严重,而造成这种状况的原因,无外乎科技信息掌握不够、研究规划不够完善以及一些科研人员投机取巧等。研究的大量重复,不可避免地造成人力、物力、财力和宝贵时间的大量浪费,使我国原本有限的研究资源得不到合理的配置和使用。因此在社会科学研究中,要切实防止出现"假创新,真浪费"甚至"假创新,真倒退"现象。选择社会科学问题,进行社会科学研究,要自觉地坚持在继承中创新,以创新求发展。创新性的社会科学研究将创生于这种否定与肯定的辩证过程之中。

二、社会科学的解题模式

社会科学研究是一种特殊的解题活动。如前所述,问题是社会科学研究的真正起点。如果社会科学研究人员的大脑中没有任何问题,一切都安然无事,那就不会激发科学家去做出科学研究。正是问题激起了科学家的不安和好奇心,而这种不安和好奇心又激励着科学家通

---

① 拉普拉斯.宇宙体系论[M].李珩,译.上海:上海译文出版社,1978:445.
② 爱因斯坦文集:第1卷[M].北京:商务印书馆,1976:54.

过艰苦的创造性思维来解决问题。整个社会科学研究活动无非就是围绕既定问题而展开的解题活动,社会科学研究的程序也就是"从问题到答案"的过程。概而言之,一个相对完整的社会科学研究过程大致经历如下阶段:提出问题→分析问题→探索答案→检验结论→提出新问题……①整个解题过程,通常由研究过程自身的反馈机制进行调节,而逐步地求取对问题的满意解答。

1. 分析问题

在提出一定的问题之后,社会科学研究者若要进一步探索问题的答案,就必须系统、深入地分析问题。所谓分析问题,就是确定问题与现有背景知识及社会实践的关系,并对问题的性质、类型、解题的方式和方法以及解题可能得出的结论等做出初步的预测和评估。

一般说来,当某一科学问题被提出时,人们首先需要对这一问题的真实性、必要性、迫切性、可行性、合法性等进行考察。当既定问题被确定为是真正的、成熟的问题之后,研究者还需要进一步为之"定性",分析它是"常规问题"还是"非常规问题",是"探索性问题"还是"知识性问题"。这种分析,意在对问题的性质、可能的解题方式和方法以及解题可能达到的结果,有个大致的初步认识,从而为制订解题计划提供线索。

通常,科学发展是一个"常规科学"和"科学革命"不断交替的、循环往复的过程。在科学渐进性发展时期,或在库恩所谓的"常规科学"发展阶段,科学家们经过长期的研究和争论,形成了公认的范式,并依靠共同信仰的范式把研究人员统一为一个科学共同体。此间,科学的活动本质上就是科学共同体在范式支配下的一种"解难题活动",它集中研究范式内有确定解的难题(puzzle),并提供解决问题的方法。"常规科学"的任务是不断验证和发展范式,促进范式不断自我完善和自我发展。在这一时期,人们提出的问题一般能够在现有范式所允许的限度内,通过提出辅助性假说而得到满意解决。

而在"科学危机"阶段,各种"反常"现象大量出现,并成为"常规科

---

① 在我国,张巨青教授较早主张科学研究的程序是"从问题到答案",由他主编的《科学研究的艺术——科学方法导论》(湖北人民出版社 1988 年版)一书曾对科学研究的解题模式做了专题研讨。本节关于社会科学的解题模式的分析就是以此为基础做出的。

学"无法解决的问题,此时科学家们便开始怀疑原有范式,失去对原有范式的信任。由于受旧范式支配的"常规科学"面临生死存亡的考验,"反常"势必导致危机。在某种意义上,科学危机最利于揭示某种理论最深刻的本质,其中一切可能发生但被掩盖了的各种各样的矛盾都几乎暴露无遗,它对于这种理论、学说等获得突破性进展是必要的。科学危机的出现,往往预示着科学理论将发生重大的飞跃,意味着科学的生机与转机。此时,一些思想解放、具有革命批判精神的成员就不再盲目迷信旧范式,而是勇于创新,去建立新理论、新范式,以解释和吸收"反常"现象。科学革命就是用新范式战胜或取代旧范式,冲破旧理论,建立新理论。可见,在科学发展的非常规时期,对问题的圆满解答在原有的科学范式内一般是不可能实现的,因此必须冲破背景知识的限制,努力实现科学范式的转换,通过建构新的范式,以新的方式来解答新的、"反常"的问题。

2. 探索答案

对于社会科学研究来说,最为关键的步骤莫过于探索问题的答案了。为了探索答案,人们需要考察多种可能的解题方式,并对各种解题方式的优劣做出比较,择其善者而从之,并制定解题的方案。

探索答案的过程可分为两个基本步骤。首先是建立假说的理论模型;其次从假说的理论模型出发,进一步进行理论设计,通过逻辑推演等方法,做出更为深入的研究,以便验证和修改假说,直至达到预定的目的,或者直到发现社会事实的本质和运演规律、使假说上升为满意的社会科学理论为止。由于答案通常首先是以假说的形式出现的,这里,我们着重对假说进行分析。

在已经选定问题并做了大量深入细致的调查研究之后,在确定研究工作的技术路线时,社会科学研究者往往要对所得到的材料进行一些推测性的解释或猜想,这就是提出假说。所谓假说,就是在实践的基础上,以已有的事实材料和科学原理为依据,经过归纳和演绎、分析和综合、抽象和类比等思维活动,对所研究对象提出一种具有推测和假定意义的试探性理论解释。恩格斯在《自然辩证法》中曾经指出,只要自然科学在思维着,它的发展形式就是假说。恩格斯的这一著名论断不仅适用于自然科学,同样也适用于社会科学。我们认为,假说是科学研究工作中十分重要的智力活动手段,是任何科学研究活动都必不可少的重要程序之一,也是人们通向科学真理、建立科学理论的必由之路。

社会科学假说是科学性和假定性的统一,它包含着确实可靠的内容和真实性尚未得到判定的内容。任何社会科学假说,都是从一定的社会事实材料和社会科学知识出发,通过总结经验材料而形成的社会科学理论观念。因此,社会科学研究者必须在整理和分析材料中做出推测,同时对社会事实材料给予解释,甚至预言新的社会事实。由于社会科学假说是根据已有的社会事实及社会科学原理所做的猜测,因此,一方面,它不同于那种任意的、胡乱的臆测,而是以具有可靠性的社会科学知识作为基础。社会科学假说的可靠性程度,取决于所依据的社会事实材料和社会科学原理是否真实。另一方面,社会科学假说的基本观念或核心,作为一种推测,可能含有将被社会事实推翻的论断,因此,它的真实性尚未完全判定。此外,社会科学假说是由一系列的概念、判断和推理所构成的复杂系统,假说的形成过程是一个新观念系统的形成过程,在不同情况下产生的假说和不同阶段的假说具有不同的特点。

社会科学假说是用思维把握有限社会事实的一种方法,也是用思维加工有限社会事实的一个结果。因此,形成和提出社会科学假说也有一个方法问题。社会科学假说的形成是一个非常复杂的过程,建立社会科学假说的方式也是多种多样的。从社会科学发展史来看,社会科学假说的建立大体包括如下方式:①根据已有的社会科学理论和实践,运用归纳方法、演绎方法、类比方法、综合方法等,对未知的社会事实做出假定性的说明;②从理论上进行研究,通过逻辑推演提出新的预见。值得注意的是,在社会科学领域,逻辑推演往往不似自然科学逻辑推演严格。例如,在物理学中,经典的气体定律是:气体的压强与体积成反比。物理学家可设计一个实验方案对这一定律进行检验,直接观测压强与体积的关系。在这里,概念的定义与观测内容是一致的。但是,在社会学中,对社会组织的"复杂性"和"效率"的测量却无法与概念的全部内涵相一致,并且在不同的社会时空中测量出的内容也不尽相同。因此,经验观察实际上并不能完全证实或否定理论假设。由于上述缺陷,有些社会科学家主张采用定义逻辑推演,它的特点是由理论推演出的假设是较低抽象层次的理论命题,可应用于具体的社会时空,并可指导观察资料的收集工作。不过,由于社会科学的许多概念都是抽象的综合概念,许多较低抽象层次的假设仍然是无法直接观测和检验的。有鉴于此,社会科学家为了得出可被检验的、可直接观测的、具体的研究假设(也称工作假设),又常常运用经验推演的方法。经验推演是把理论假设中的概念与经验变量和指标联系起来,然后在经验层次上建立工作假设。在社会科学研究中,经验推演与逻辑推演常常是相结合的。① ③当新的社会事实与已有的社会科学理论发生根本冲突,人们发挥理论思维的作用,用全新的观点对新社会事实做出假定的说明。提出这类假说,往往要求研究者具有远见卓识和胆识,勇于揭露已有理论同新事实的矛盾,勇于揭露已有理论的局限性,并依据新事实勇于对基本观念进行根本的变革,进而提出有创见性的假说。当然,提出假说的上述方式并不是绝对的或相互割裂的,而是相互渗透的。社会科学假说是一种高级的、复杂的理论形式,往往不是孤立地用某一种方法所能奏效的,它要求研究者综合地、灵活地运用多种方法加以思考。并且,不论采用何种方法提出假说,一般都采取逐步逼近事实的办法来逐步提炼基本观念,以便形成尽可能正确的假说。如果某一问题虽经长期研究,但人们却难以提出一个满意的假说作为问题的解答,研究就会转而对问题本身进行反思,考察问题本身是否恰当、是否具有合法性。

3. 检验结论

对整个研究的结论进行检验,是对问题的答案正确与否做出判定所必不可少的一环。在经过系统深入的研究而得出问题的答案之后,社会科学研究者有必要把答案转换成某种可直接验证的陈述,进而通过实验、观察等对之进行检验,并对答案正确与否做出判定。

具体说来,一个科学家把某种想法发展为一种似然的假说,其后的研究主要就是按假说-演绎法进行了。不过,提出一个假说,只是对科学发现有了贡献,而远未意味着科学研究的完成。假说与科学定律和理论之间是有界限的,尽管这条界限可能很模糊。它们的区别主要表现在:假说的经验基础相对定律或理论来说,还不很充分;假说的内容和形式相对定律或理论来说,还不很完整;假说的生命周期相对于定律或理论来说,时间较短,较不稳定,有些假说甚至是转瞬即逝的。对于一个完整的科学研究过程来说,假说总是有待于检验。如果检验结果

---

① 袁方.社会研究方法教程[M].北京:北京大学出版社,1997:106-112.

能够表明假说是正确的、合理的,那就是说,某个问题的解答已经基本完成。如果检验结果不能表明假说是正确的、合理的,那就应当转而重新考察、反思解题的过程,调整解题方案,甚至更换解题方式。

从似然的假说中演绎出某些推断(预见或说明),然后将其与观察或实验结果(检验陈述)加以比较,主要会出现三种可能结局。一是推断与观察或实验结果完全矛盾,于是假说被证伪而应予以抛弃。这种假说本身不能导致科学发现,尽管它的被证伪和被抛弃为提出更为先进的假说提供了可能。二是假说经受住了检验,得到了证据的验证或支持,并转变为定律或理论。三是某些推断与观察或实验结果相符,另一些推断却与之相悖。经过修正、完善,如果这个假说经受住了进一步检验,则它也可以发展成为定律或理论。

一般地,检验所得的证据与假说之间有正的或负的逻辑关系。负的逻辑关系就是假说被证伪,而正的逻辑关系则是指证据为假说提供了自下而上的归纳支持。在社会科学研究中,归纳和演绎是相互联系、相互补充的,演绎主要用在萌发想法或提出假说后的检验上,而归纳则主要用于检验证据对假说的支持上。不过,并非任何证据的归纳支持都可以证明一个似然的假说,起证明作用的证据不在于数量的多少,而在于质量的高低。而证据的质量高低,则取决于其检验程序是否严格。检验程序越严格,假说被证实或证伪的强度越大。此外,一个假说不仅要接受经验的检验,而且要经受其他科学理论和本体论的检验。如果一个似然假说不但获得了证据的归纳支持,而且也获得了可靠的、有前途的其他科学理论和本体论的自上而下的支持,那么它发展为定律或科学理论的过程就会加速。[①]

从上述分析可以看出,社会科学问题的解题过程是非常复杂的。我们只能大致地说它包括着分析问题、探索答案、检验结论这三个主要环节。正如有的学者所指出的:"科学的研究程序,即解题的模式,不过是对复杂解题过程的主要步骤作出抽象的概括。如果以此作为提示解题过程的走向,从中受到启发,那是颇为有益的;如果以此作为教条,生搬硬套,那就不但无益反而有害了。"[②]

---

① 殷正坤,邱仁宗.科学哲学导论[M].武汉:华中理工大学出版社,1996:191-193.
② 张巨青.科学研究的艺术——科学方法导论[M].武汉:湖北人民出版社,1988:43.

第七章 社会科学研究设计

社会科学研究设计,即针对社会科学研究的类型、程序和方法制定详细的研究方案。首先应对研究课题的先进性、必要性、可行性等进行全面合理的论证,揭示研究课题的独特性和典型性,阐明研究课题的重要意义,构思并论证实施研究课题的可能步骤。其次要恰当选择研究类型和研究方法,确定将实施的研究是探索性研究、描述性研究还是解释性研究,是采用统计调查方法、实地调查方法还是文献研究等方法。再次是科学确定分析单位和研究指标。分析单位是研究中采用的基本单位,主要包括个人、群体、组织、社区等;研究指标可大致分为状态、意向性和行为等。最后还要合理规划研究空间和时间,妥善安排研究经费和物质手段。

凡事预则立，不预则废。要进行有效、可信的社会科学研究，就必须对社会科学研究的具体程序、操作方式等做出周密、细致的规划，即必须进行社会科学研究设计。社会科学研究设计意在对社会科学研究的类型、程序和具体方法加以选择，并进而制订详细的研究方案。社会科学研究方案是指导整个社会科学研究的规范性计划，是整个社会科学研究的纲领，是完善研究方法和技术系统、有效管理研究过程的科学措施。因此，社会科学研究设计合理与否直接影响到整个社会科学研究的进程、效度和可信度。

关于研究设计，国内外许多学者都曾做过专题研讨。美国学者艾尔·巴比在《社会研究方法》一书中这样界定研究设计："研究设计是指对科学研究做出规划，即制定一个策略去探索某种事物。研究设计包括两个主要内容：第一，确定研究课题；第二，确定研究的最佳途径。"①接着，他通过对研究目的、研究题目、研究动机等的具体分析，得出这样的结论："研究设计包括确定研究的目的、方法及研究内容。研究设计的基本考虑有三点：兴趣、能力以及能够利用的资源。"②我国袁方教授主编的《社会研究方法教程》则认为，"设计阶段的任务是制订一个完整、详细的研究方案。它是对研究的具体程序和操作方式的规划，即制订研究计划，分解研究课题，然后将所要研究的概念具体化、操作化，并说明研究中的各种细节以及所采取的各种策略"③。在借鉴、吸收国内外学者关于研究设计的相关观点的基础上，我们认为，进行社会科学研究设计要特别注意如下几个环节。

一、全面论证研究课题和研究目的

为了确保社会科学研究具有正当性、合理性，社会科学研究者在进行研究设计时，首先必须对拟议中的研究课题的先进性、必要性、可行性以及研究目的的合理性、可实现性等进行全面、系统的论证，以明确研究目的，选择具有先进性和创新性的研究课题。特别是在现代社会情形下，社会科学思想的创新具有先导作用，这既是因为当代人类实践

---

① 艾尔·巴比.社会研究方法[M].李银河，编译.成都：四川人民出版社，1987：63.
② 艾尔·巴比.社会研究方法[M].李银河，编译.成都：四川人民出版社，1987：82.
③ 袁方.社会研究方法教程[M].北京：北京大学出版社，1997：157.

对社会科学理论提出了更高的要求,社会科学理论必须不断创新以适应实践发展的要求,也是因为现代社会的多元文化竞争愈益激烈,社会科学理论必须不断创新以持续地发展自己。因此,进行现代社会科学研究设计,尤其需要对研究课题和研究目的做出全面论证。

社会科学研究课题与一般社会科学问题一样,都是未知的东西,都是值得研究探讨的科学问题。社会科学研究课题是以问题为基础的,但又是问题的深化,是由一些有价值、有创造的问题进一步形成的。作为具有独立而明确意义的科学问题,社会科学研究课题与一般社会科学问题既有相同、相似之处,又有所不同。在进行社会科学研究设计时,对于研究课题应注意阐明如下三点。

其一,揭示研究课题的独特性和典型性。在一般社会科学问题中,往往包含着大量肤浅的、表面的东西,因此需要对它们做进一步的去粗取精、去伪存真的工作,即要使问题升华为研究课题,必须对所立课题的合法性、先进性进行论证。首先要对问题进行筛选、提炼,然后根据已知的社会科学知识,对未知的问题进行科学预测,从本质上找出该问题区别于其他问题的特殊的规定性。有时,可以采用某种他人使用过的方法或索性重复他人做过的研究。正如艾尔·巴比所指出的:"对某个研究课题的独立重复是自然科学中最常见的做法,这一点对社会科学来说也很重要,但人们常常忽略了这一点。此外,可以研究这一课题中被他人忽略的方面,或采用与前人不同的方法。用不同方法检验同一发现称为'三角测量',是社会科学研究中一个很有价值的研究策略。"[①]

其二,阐明研究课题的重要意义。就此而言,一方面要阐明课题的科学根据,即课题内容在科学上必须是能够成立的,可以从已知的条件加以实际研究;另一方面要用科学概念、术语来表述课题,使问题在形式上也达到科学化。具有明确的意义是社会科学研究课题区别于一般问题的重要之处,它使课题较之一般问题要成熟、深刻得多。我国著名科学家李四光曾经中肯地指出:"无论向宇宙或者向我们自己,我们不难一口气发出许多问题,但是这许多问题,不一定都具有独立的且明了

---

① 艾尔·巴比.社会研究方法[M].李银河,编译.成都:四川人民出版社,1987:83.

的意义,也许有些根本就不能成立。"①李先生这里虽然主要是从自然科学角度论及阐明课题的意义的重要性,但他的这一观点对于社会科学研究也是完全适用的。

其三,构思并论证研究课题的可能解析步骤。对研究课题可能展开的步骤、途径预先做一番科学的构思和论证,把解决问题的方法和前景也包含在所形成的问题里。这样确立的研究课题,才是真正具有可行性的、有科学价值的研究课题。富有远见的社会科学家们总是善于选择、确立这类课题,这使他们的研究有可能取得突破。

一般来说,社会科学研究课题主要具有基础理论与应用两方面的目的和意义。因此,研究者在进行研究设计时,有必要分清所做研究是侧重于基础理论研究,还是侧重于应用研究。

社会科学基础理论研究主要是通过对各种社会现实问题的观察、反思来丰富、发展社会科学理论,并建构有关社会规律的知识。这种研究的主要目的在于解答学科领域内的重大理论问题(problem)或难题(puzzle)。由于这种研究通常探讨那些在学术上已向研究人员提出了挑战,但在实际应用上不论现在或将来都可能没有什么用处的问题,因而它常常包括检验那些内涵非常抽象和非常专业的概念的假设。一个希望在社会科学的某一专门领域进行纯理论研究的人,一般必须充分研究那个专门领域的概念,以便了解哪些是已经完成的,哪些还有待完成。正如贝利所指出的:"纯理论研究(有时又称作'基础'研究)包括发展和检验研究者所感兴趣,将来可能会有一些应用于社会的理论及假设";"纯理论研究大多不能孤立地进行,而必须在一个统一的概念框架内进行,以便它能建立于该领域已有的研究的基础之上"②。社会科学基础理论研究既要求在抽象层次进行学术探讨,如建立概念体系和分类框架,对各种理论观点进行评述、反思、批判,澄清理论分歧,对经典理论和学说史进行系统分析和介绍等,也要求在理论层次和经验层次上运用实证、理解等方法研究现实的社会问题。社会科学基础理论研究有着广泛的领域,仅以社会学研究为例,这种学科的专门研究对象就

---

① 李四光.地质力学的基础和方法[M].北京:中华书局,1945:1.
② 肯尼思·贝利.现代社会研究方法[M].许真,译.上海:上海人民出版社,1986:28,30.

包括社会结构、社会变迁、社会分层、社会组织、社会角色、社会交往、社会互动、社会流动、社会评价、社区、社会工作、社会现代化等；社会学中与其他学科相关的基础理论研究领域有经济社会学、政治社会学、法律社会学、军事社会学、老年社会学、青年社会学、知识社会学、社会人类学、社会心理学、社会人口学、社会生物学、社会认识论等。

社会科学应用研究侧重解答具体社会领域、具体工作中的具体问题，它通过调查研究等方式来掌握不断出现的新现象、新问题，并运用社会科学理论对这些问题做出科学的说明和解释，或提出解决问题的方案和政策性建议。社会科学应用研究也涉及广泛的社会领域和社会问题，如企业制度问题、政党问题、法律问题、战争问题、社会管理、社会控制、社会福利、社会保障、社会规范、社会舆论、城乡关系、民族关系、阶级关系、国家关系、社会分配、劳动就业、人口问题、城市问题、犯罪问题、青少年问题、老年问题、妇女问题、教育问题、文化建设问题、公共卫生问题、环境问题等。社会科学应用研究常常需要大规模地收集资料，这种研究往往耗资巨大，因而若无国家、企业和各种基金会提供资金，便无法进行。在现代社会，社会科学应用研究越来越受到各国政府部门和企事业单位的重视。

在社会生活中，政府和外行人一般较重视实践应用而不大重视抽象理论，社会科学家则往往更重视"对知识的贡献"，而把应用研究置于次要地位。不过，在实际的社会科学研究中，社会科学基础理论研究与应用研究是相辅相成的。一方面，应用研究能够为基础理论研究提供大量新的感性材料；另一方面，社会科学基础理论研究的成果有助于促进应用研究，许多实证性的社会科学理论研究本身即是应用研究。在开展应用研究的过程中，往往需要基础理论研究来弥补现有知识中的缺陷。如果应用研究只限于解决当前的任务，而不企图从基础研究的角度把握其根本原理和本质规律，则所得到的结果，可能只能解决局部的问题，却不能得到广泛的应用。实际上，任何社会研究都必须有理论的指导，都要以解决社会问题为目的，只不过研究的侧重点不同罢了。

二、恰当选择研究类型和研究方法

在社会科学研究中，恰当地选择研究类型并进而选择恰当的研究方法，对于整个社会科学研究目的的顺利实现及提高研究效率具有重要意义。

1. 研究类型的确定

在选择、确定社会科学研究类型时,应先从多种角度对之进行分析。这里,我们仅从研究目的角度对此做些分析。从研究目的角度可以将社会科学研究分为探索性研究、描述性研究和解释性研究三种类型。

在社会科学研究中,某些研究是探索某一项课题,即对该课题进行初步了解。当研究者新接触一个课题或这个课题本身比较新鲜、尚无人涉足时,这种研究便往往是探索性的。艾尔·巴比指出,探索性研究主要有三个目的:第一,满足研究者了解某事物的好奇心和欲望;第二,探讨开展更为周密的研究的可能性;第三,发展可用于更为周密的研究的方法。① 在社会科学研究中,探索性研究具有经常性。例如,某所重点大学的研究人员对某一时期学生态度发生改变的程度、起因及后果的研究,便可作为"发展可用于更为周密的研究的方法"的例子之一。这些研究人员在开展大规模的调查之前,预见到设计一个同时度量学生多种态度取向的问卷的困难,因此开展了一项小规模的探索性研究,在50名可代表各种类型的学生之中进行开放式访谈。在访谈的过程中,被调查者运用自己的独特语言就有关他们对大学及社会的态度取向的问题做了深入回答,从而提供了在进行大规模抽样调查时如何在结构性问题中探测这种复杂性的方法。巴比同时指出:"探索性研究在社会科学研究中是很有价值的。但其缺点在于难以对研究课题提供满意的答案。探索性研究之缺乏确定性同抽样的代表性问题有关。……只有理解了抽样及其代表性问题,才能了解某一探究性研究是实际上回答了问题还是仅仅提出了解问题的途径。"②

社会科学的描述性研究"只说明发生了什么","其目的在于详细描述现象(描述发生了什么)"。③ 这种研究与探索性研究一样,都没有明确的假设,也是从观察入手了解并说明研究者感兴趣的问题,即描述所关注的社会现象是什么,它的性质、特点怎样,它是如何发展的,等等。

---

① 艾尔·巴比.社会研究方法[M].李银河,编译.成都:四川人民出版社,1987:65.
② 艾尔·巴比.社会研究方法[M].李银河,编译.成都:四川人民出版社,1987:65.
③ 肯尼思·贝利.现代社会研究方法[M].许真,译.上海:上海人民出版社,1986:50-51.

为了避免观察的盲目性,描述性研究在进入观察阶段之前必须做出一些初步的设想,如研究的时间和空间范围、研究的主题和内容、研究层次和角度、以及调查对象的选取等。当然,在设计阶段,这些设想未必非常明确、完善。描述性研究的重要特点就在于它不受假设的束缚,研究者可以在实际研究过程中进一步完善这些设想或改变原有的设想。不过,如果预设较为周密,那么所做研究就会更为顺利,其成功率也会更高。描述性研究有着广泛的应用范围,它不仅适用于人口普查、民意测验、市场调查、社会问题调查、政府部门的统计调查等应用性研究课题,而且还可用于社会变迁、社会运行机制等理论性研究课题。描述性研究能对社会现象做出较为全面、系统、准确的描述,从而为正确解释社会现象提供了重要前提;同时,这种研究还可以对社会现象的属性及其相互关系进行分析,从中发现一些新的现象和问题。

社会科学的解释性研究"说明事情为何发生或如何发生",力图通过详细阐述事情为何或如何发生来解释一个社会现象。① 这种研究的主要目的在于说明社会现象的原因,预测社会事物的发展趋势或后果,探寻社会现象之间的因果联系,从而解释社会现象为什么会发生。例如,研究选举人的投标倾向是描述性研究,而研究为什么有些人准备投甲候选人的票,另一些人却准备投乙候选人的票则属于解释性研究。解释性研究主要运用假设检验逻辑,它在研究之前需要建立某种理论框架并提出一些明确的研究假设,然后将这些假设联系起来,构成一个因果模型。建立模型主要有列出现象的原因或结果、详析两变量的关系、深入分析变量间的作用机制三种方式。在建立了因果模型之后,就可以依据它来设计研究方案,然后收集资料以检验模型。

在社会科学研究中,这三种研究类型之间并无绝对的界限。在具体的研究中,某些研究可能同时涉及这三种研究类型。它可能首先探索某一现象,然后进行描述,最后做出解释。例如,某研究者想对某种新的精神疗法做出评价,这一研究首先包括探索的性质,它勾画出这种治疗方法的效果,然后描述这种治疗方法的治愈率,最后解释为什么这种治疗方法对某种类型的人更为有效,等等。

---

① 肯尼思·贝利.现代社会研究方法[M].许真,译.上海:上海人民出版社,1986:50-51.

2. 研究方法的选择

社会科学研究设计的另一主要任务是选择研究方法或研究法。研究法表明研究的实施过程和操作方式的主要特征,它由一些具体方法所组成,但它不等同于在研究的某一阶段中使用的具体方法。区分研究法的主要标准是:资料的类型,收集资料的途径或方法,分析资料的手段和技术等。据此标准,可以将社会科学研究的主要方法分为统计调查、实地调查、实验和文献研究等。① 一项研究在确定了某种研究法之后,还需进一步选择各种具体的调查方法(观察、访问、内容分析等)及资料分析方法(定量分析或定性分析)等。

三、科学确定分析单位和研究指标

在进行社会科学研究设计时,研究人员还应科学地确定所做研究的分析单位和研究指标。"分析单位是研究中采用的基本单位,其最终目的在于集合它们的特征以描述由这些分析单位组成的较大的群体或解释一些抽象的事物。"②研究指标这里主要是指分析单位的具体属性和特征,它们是研究者所要调查和描述的具体项目或指标。

1. 分析单位的确定

一般说来,社会科学研究常用分析单位包括个人、群体、组织、社区、社会产物等。

(1) 个人。社会科学研究中最常用的分析单位是个人。现实的个人是在一定生活条件下所形成的个体,个人的存在和发展当然离不开集体和社会,但是,个人毕竟是人类的细胞形式,每个正常的个人总是有其相对独立的利益、意志及相对独立的实践范围和形式。个人的存在和活动,使人类的实践和认识表现出丰富多彩的个体自主性、差异性和创造性。人们可能会很自然地认为,适用于一切人的科学发现才是最有价值的。但在实践中,社会科学家很少研究一切人。虽然有些比较研究是跨越国界的,但他们的研究一般局限于生活在一定国度的人们,甚至在更小的界定范围内生活的人们。这些群体的成员可作为研究的分析单位,他们包括学生、居民、选民、家长、教授等。上述每个词

---

① 袁方.社会研究方法教程[M].北京:北京大学出版社,1997:131-132.
② 艾尔·巴比.社会研究方法[M].李银河,编译.成都:四川人民出版社,1987:67.

代表一种由个人组成的总体。在社会科学研究中，研究人员大多要"通过对个人描述的聚合与处理过程来描述和解释社会群体及其互动"①。以个人为单位的描述性研究一般旨在描述由那些个人组成的总体，而解释性研究则意在发现存在于该总体中的社会动力。

（2）群体。社会群体作为社会科学研究的分析单位，主要指具有某些共同特征的一群人，如家庭、城市、社交圈、青少年、妇女、儿童、老人、军人、工人、农民、干部、帮派、朋友、非正式群体等。上述每个词也代表每个总体。例如，以家庭为分析单位的研究可以描述每个家庭的收入和是否拥有彩色电视，再把这些家庭的相关数据累计起来，描述它们的平均收入和拥有彩电的比例。然后可以据此推断高收入家庭是否比低收入家庭拥有彩电的概率大些。群体特征不同于个体特征，不过，"当社会群体作为分析单位时，它们的特征可以从其成员的特征中抽取。如可以用家长的年龄、种族或教育程度来描述家庭；解释性研究则可以确定家长受过高等教育的家庭是否比家长未受过高等教育的家庭有更多或更少的子女"②。

（3）组织。社会组织是人们为了达到某种共同目标而协调彼此的利益、意志和行动而形成的社会团体。生活在社会有机体中的人们，一般都各有其社会地位和社会责任，分属于不同的社会组织。这些社会组织既是"人群集团"，又是人为创造出来的物质工具，各种社会组织如企业、公司、学校、医院、部落、政党、教会、国家、欧洲联盟、国际反恐怖组织、联合国、世界贸易组织、国际货币基金组织等，都是作为实现人的目的的手段而出现的。在历史上，人类建立组织的最初目的是凭借群体的力量共同抵御外患以求自保。随着社会生产力的发展，社会分工越来越复杂，社会组织的规模、复杂程度和技术都不断发展，其功能也逐渐多样化。当代社会比以往任何时代都更加组织化，社会组织早已成为人们生活的"基本单位"，也是社会科学研究的非常重要的对象。社会科学研究一般要分析某一组织的性质、结构、特点，组织内部各成员之间的关系，以及该组织在社会系统中的地位和功能等。

（4）社区。社区是按地理区域划分的社会单位，如乡村、小城镇、城

---

① 艾尔·巴比.社会研究方法[M].李银河，编译.成都：四川人民出版社，1987：67.
② 艾尔·巴比.社会研究方法[M].李银河，编译.成都：四川人民出版社，1987：68.

市等。社区内的人们一般共同从事社会经济、政治、文化等活动,并具有较一致的文化品位和价值标准。将社区作为分析单位通常涉及描述社区居民的生活状况、交往活动、文化活动、行为规范以及社区的历史发展过程等。由社区研究可进一步扩展为对整个社会的研究,从而上升到宏观层面。

(5) 社会产物。社会科学的分析单位还可以是各种类型的社会活动、社会关系、社会实体和社会产品。例如,以近现代的工人罢工活动为分析单位,可以描述它们的特点和共同特征,分析每一次罢工的目的、规模、方式,解释其产生的原因及其演变的规律;或分析各个历史时期各个国家的政治制度、经济制度、国际关系、区域关系、婚姻关系、生育制度等。绘画、诗歌、小说、房屋、交通工具、书籍、陶器、服装、报刊、电影、歌曲及科学发现等社会产品,也可作为独立的分析单位。例如,研究者可以分析不同国家或同一国家不同时期的小说的主题、内容、写作手法、价值取向、美学意蕴等特征,也可以描述各种报纸的风格、政治倾向和影响力,或者对报刊上不同广告的特点进行分析,这时广告即是分析单位。

在确定社会科学研究的分析单位时,研究人员要防止出现"体系错误"和"简约论"。所谓体系错误,"是指用一个分析单位作研究却用另一个分析单位作结论"[1]。例如,在一个城市中,外来人口聚居较多的城区,比外来人口聚居较少的城区犯罪率高,并不能因此必然地做出外来人口犯罪率高的结论。假如我们发现某一城市的自杀率比另一城市的自杀率高,也不能轻易地得出后者的市民更容易自杀的结论。诚然,人们在研究中有时会依据个人经验而做出关于整体模式的错误结论,但此类错误与这里所说的"体系错误"是不同的,因为"'体系错误'却是专指那种从对群体的观察作出关于个人的结论的错误"[2]。另一个与分析单位有关的问题是简约论,"它是指在理解人类行为时采用过于有限的概念和变量"[3]。例如,社会学家倾向于只考虑社会学变量(如价值、规范、角色),经济家倾向于只考虑经济学变量(如供需关系、边际效用),

---

[1] 艾尔·巴比.社会研究方法[M].李银河,编译.成都:四川人民出版社,1987:70.
[2] 艾尔·巴比.社会研究方法[M].李银河,编译.成都:四川人民出版社,1987:71.
[3] 艾尔·巴比.社会研究方法[M].李银河,编译.成都:四川人民出版社,1987:71.

心理学家倾向于只考虑心理学变量(如个性类型)。仅用经济因素解释全部或大部分人类行为的做法称为经济简约论,仅用心理学因素解释人类行为的做法称为心理简约论,余可类推。艾尔·巴比总结道:"总而言之,由于很难确定对某项研究来说什么分析单位是最恰当的,社会科学家特别是不同领域的社会科学家常常为此争论不休。"[①] 我们认为,科学地确定分析单位是可能的,研究人员应注意:一项课题可以采用多种分析单位,如研究离婚问题,可以以个人、家庭或社区、城市、地区、国家等为分析单位,也可将离婚本身作为分析单位,侧重描述离婚行为本身的特征,解释离婚的社会文化根源及离婚率演变的规律等。对于复杂的社会现象,只有从不同的角度和层次去收集资料才有可能得到更完整、更真实的信息。而在具体研究中,研究者一般只选择数个最主要的分析单位,以提高工作效率。如果以某一分析单位进行调查所收集的资料不能完满地解答研究课题,那么就应当适时对分析单位做出调整。总之,并不存在一种普遍适用的分析单位,在选择社会科学研究分析单位时,应当综合考虑各种分析单位和各种特征,并根据具体社会现象的复杂程度和研究目的,以及所做的理论假设和初步考察进行慎重选择。

2. 研究指标的选择

在进行研究设计时,研究者应根据研究课题和研究假设的要求,选择主要想了解的项目和指标。拟定的研究指标不应过多,因为任何分析单位的属性和特征总是具有多样性,具体的某项研究不可能也没有必要穷尽所有方面。艾尔·巴比认为,可以将分析单位的属性和特征划分为三大类,即"状态""意向性"和"行为"。在借鉴他的观点的基础上,这里我们侧重从如下三个方面进行分析。

(1) 状态。在选择研究指标时,首先值得关注的是具体分析单位的各种存在状态。状态指称一系列的客观指标,通过对状态的描述可以把握分析单位的基本状况。对个人状态的描述可包括性别、年龄、身高、体重、职业、文化程度、收入、政治背景、健康状况、婚姻状况、出生地、国籍等信息。对社会群体和组织状态的描述可包括对于规模、结构、运行状况的概括性描述。对物质性社会产品的描述可包括大小、质

[①] 艾尔·巴比.社会研究方法[M].李银河,编译.成都:四川人民出版社,1987:72.

量、密度、颜色等信息,也可从它们与人发生关系的角度加以描述。对人际关系产物的研究则可包括对其在何时何地发生、涉及哪些人等状况的描述。在对某一对象进行状态描述时,研究者可以依据研究课题和研究假设选择其中某些指标。例如,要研究人们对于战争的态度受哪些因素影响,就可选择个人的职业、民族、性别、年龄、文化程度、政治背景、经济收入等状态作为主要影响因素。状态变量一般可作为自变量,它们对态度、行为及其他社会现象都可能产生重要影响。

(2)意向性。与状态不同,意向性是社会科学研究分析单位所特有的属性,是分析单位的一种内在属性、一种主观变量。美国学者罗洛·梅认为:"所谓意向性,是指一种给经验以意义的结构。它不能等同于各种意向,而是隐藏在各种意向之下的一个层面。它是人之所以具有种种意向的能力;是我们对即将来临的可能性的想象性参与,这种想象性参与使我们意识到我们塑造和改变自己,塑造和改变生活的能力。意向性是人的意识的核心。我相信,它同时也是愿望与意志问题的关键。"[1]梯利希也把意向性与人的生命力和勇气联系在一起,他指出:"人的意向性有多大,人的生命力就有多强;它们是相互依存的。这使人的生命力超乎万物之上;他可以在任何方向上超越任何特定的处境;而这种可能性则推动他超越自我去进行创造。生命力是一种超越自我而不丧失自我的创造力。一个人越是具有超越自我的创造力,他也就越具有强大的生命力。技术创造的世界便是人的生命力优越于动物生命力的最显著的表现。只有人才具有完整的意向性……一个人如果正确理解了生命力和意向性之间的这种相互关系,他就能够在正当的范围内接受对勇气的这一生物学解释。"[2]我们认为,意向性是人所特有的内在本性之一,正是在意向性和意志中,人才体验到他自己的存在。在这种意义上,笛卡儿所谓的"我思故我在"仅仅注意到人的理性方面,而忽视了人的非理性方面,因而是有其片面性的。不过,费尔巴哈等人强调"我欲故我在",只注意到人的欲望和意向方面,也是不全面和不准确的。在完整的意义上,人的内在经验过程是这样的:我实践—我想—我能—我欲—我实践(我存在、我是)。并且,这一过程并非一个单向的线

---

[1] 罗洛·梅.罗洛·梅文集[M].冯川,陈刚,译.北京:中国言实出版社,1996:265-266.
[2] Tillich P. The Courage to Be[M]. New Haven:Yale University Press,1968:81-82.

性过程,而是双向的相互作用的过程。以个人为分析单位的研究常以"意向"为研究对象,如愿望、欲望、动机、态度、观念、信念、信仰、要求、偏好、偏见、倾向性等。对个人意向的描述可包括坚定的或动摇的、信教的或不信教的、政治上激的进或保守的、平凡的或智力超群的、迷信的或科学的,等等。对社会群体和正式组织的研究可包括其目标、政策、规范、过程及其成员的集体意向等内容。由于意向性是内隐的,难以直接观测,因此,研究者通常要设计一组题目来描述态度、观念和行为倾向的不同类别或不同程度。对意向性的分析要以分析单位的行为目的、动机、手段、策略等为解释依据。

(3) 行为。人的行为具有社会性、外显性,研究者可以直接观察到某些行为,如选举、入学、退学、毕业、入党、参军、出差、结婚、离婚、逛街或购买某种品牌的衣服等,也可以对关于此类行为的第二手资料进行研究。对社会群体和组织行为的研究可包括全家外出旅游、搬家,公司破产、合并等事项。德国著名社会学家马克斯·韦伯曾把社会行为分为如下四种主要类型:"如同任何行为一样,社会行为也可以由下列情况来决定:①目的合乎理性的,即通过对外界事物的情况和其他人的举止的期待,并利用这种期待作为'条件'或者作为'手段',以期实现自己合乎理性所争取和考虑的作为成果的目的;②价值合乎理性的,即通过有意识地对一个特定的举止的——伦理的、美学的、宗教的或作任何其他阐释的——无条件的固有价值的纯粹信仰,不管是否取得成就;③情绪的,尤其是感情的,即由现时的情绪或感情状况;④传统的,由约定俗成的习惯。"①此外,行为还可以分为短期行为和中长期行为、局部行为和普遍行为、经常性行为和偶然行为、激进行为和保守行为、合法行为和非法行为、道德行为和不道德行为、经济行为和政治行为等。通常,行为是研究所要解释的因变量,它受状态变量和意向性的影响;同时,行为之间也经常存在相互作用、相互影响,某一主体的行为会导致其他主体的行为产生连锁反应,反之亦然。此外,影响行为的因素还有社会生产力、社会制度、社会意识形态、社会关系等变量以及社会环境、历史、文化等变量,它们是较高层次的分析单位的属性和特征。

---

① 马克斯·韦伯.经济与社会:上卷[M].林荣远,译.北京,商务印书馆,1997。

四、合理规划研究时间和空间

进行社会科学研究设计,还应对调查研究的时间、场所做出合理计划。就此而言,研究人员应明确区分横向研究和纵向研究各自的特点,并由此对研究任务和工作进度做出适当安排。

所谓横向研究,是在一定的时间点上对研究对象进行横断面的研究。所谓横断面是指研究对象的不同类型在一定时点所构成的全貌,如不同性别、不同职业、不同年龄、不同民族、不同利益群体、不同地区的人在某一时间对经济体制改革的各种看法、意见和态度。在社会科学研究中,探索性研究和描述性研究多属于横向研究。例如,我国人口普查即是在给定的时间点上对我国人口状况的描述性研究。有些解释性研究也可以是横向研究,如关于申办奥运会而进行的民意测验往往是在事物发展过程中取一个时间点来做的研究。

横向研究的调查面广,它多半采用统计调查的方式,资料的格式比较统一且数据来源于同一时间,因而可对各种类型的研究对象进行描述、比较和解释,这是它的优点。不过,这种研究的范围虽然较广,但其收集的资料的深度却相对不足。

所谓纵向研究,是指在不同时点或较长的时期内进行的对社会现象的研究。这种研究又可分为三种特殊类型。

一是趋势研究,即对研究对象随时间推移而发生的变化的研究。例如,通过比较不同时间点上的全国人口普查的资料来透视我国人口演变的规律或预测今后我国人口的发展趋势;或者从竞选过程中连续数次的民意测验结果,研究、预测各候选人当选的前景。

二是同期群研究,即对同一时期同一特殊类型的研究对象随时间推移而发生的变化的研究。美国学者艾尔·巴比把这种研究称为"人口特征组研究"[1]。在同期群研究所针对的特殊人群中,最典型的研究分析单位是年龄组,如以 20 世纪 80 年代出生的人为一个年龄组。除根据年龄分组外,还可根据一般人口特征分组,如把参加抗日战争的军人分为一组,把 1968 年至 1970 年上山下乡的知识青年分为一组,把 1977 年高考入学的大学生分为一组等。以 20 世纪 50 年代末出生的中

---

① 艾尔·巴比.社会研究方法[M].李银河,编译.成都:四川人民出版社,1987:74.

国人关于改革开放的态度为例,这一研究的基本方式是每隔十年进行一次全国性调查。1980年,从20~25岁的人中抽取样本;1990年,从30~35岁的人中抽取样本;2000年,从40~45岁的人中抽取样本。虽然每个样本由不同的人组成,但完全可以代表生于1955—1960年这一时期的中国人。同期群研究注重的是某一类型的特征,而不是某一个体的特征,因此在不同时间可以调查不同的人,只要他们都属于同一类型。为了确保研究的有效性和可信性,每次调查的抽样都应当是随机的,被抽取的样本应该具有显著的共同特征,确实能够代表这一类型的人。

三是追踪研究,即对同一组研究对象随时间推移而发生的变化的研究。艾尔·巴比把这种研究称为"定组研究"[1]。追踪研究与趋势研究和同期群研究相似,它的独特性在于每次研究都用同一样本,我国社会学家费孝通曾在50年间三次考察一个农村,这就是著名的"江村研究"。追踪研究注重特定人群的特殊性,因此,它要求在各次调查研究中都调查研究同一批对象。这种研究能精确地反映出一定人群意向变化的模式。

纵向研究具有明显优点,通过这种研究,研究者能够把握社会现象的发展过程,能比较一定对象在不同时期的变化情况。由于这种研究的各种变量的时间顺序清楚、鲜明,因而有助于人们做出因果判断。例如,通过分析1955—1960年出生的人们对于改革开放的态度的变化以及这一期间所发生的重大事件,就可以透视出影响人们态度变化的一些变量。不过,由于纵向研究的调查范围较小,难以进行不同类型的比较。此外,正如艾尔·巴比所指出的:"纵向研究明显优越于横向研究,因为它可以描述过程,但是这种优越性的代价是较多时间和金钱的耗费。"[2]

在综合把握横向研究和纵向研究的特点的基础上,研究人员应当对所做研究的范围和工作进度做出安排。例如,进行社会调查时,所预选的调查地域要有利于达到调查的目的,有利于实地调查工作的开展,有利于节约人力、物力、财力和时间。一般来说,应根据调查工作的主、

---

[1] 艾尔·巴比.社会研究方法[M].李银河,编译.成都:四川人民出版社,1987:75.
[2] 艾尔·巴比.社会研究方法[M].李银河,编译.成都:四川人民出版社,1987:75.

客观条件,先确定一个恰当的调查范围,然后再选择那些具有代表性的地区进行调查,并尽可能使调查的地区相对集中一些。对时间做出合理安排对于社会科学研究也是至关重要的。不同的研究课题,对于时间往往有着各自特殊的要求,即有不同的最佳调查时间。如人口调查的最佳时间,是人口流动最少的时期;农贸市场调查的最佳时间,是市场交易最活跃的时期等。此外,研究的方法和规模不同,研究工作的周期也不相同。

五、妥善安排研究经费和物质手段

在设计社会科学研究总体方案时,应预先做出经费预算,并对经费使用做出规划和安排。研究经费主要包括六项:调研人员的旅差费、调研与协作人员的劳务费、课题资料费(购买书籍、统计资料、文献的费用、复印资料费等)、表格印刷费、文具费、资料处理费用(包括计算机使用费)等。研究经费是影响研究方案设计的重要因素,它直接限制了对研究范围和调查方法的选择。但即使有充分的经费保证,也需要做出合理的安排与规划。

物质手段主要指调研工具和资料整理与分析手段,如收录机、照相机、录像机、实验仪器、计算机、扫描仪、投影仪等。它们都与经费有关,同样存在着使用规划的问题,如使用何种型号的计算机、需要有何种统计软件等都需要结合调查内容做出安排。

为了科学地设计社会科学研究方案,研究人员在进行设计时必须遵循如下基本原则:①实事求是原则。实事求是既是我们党的优良传统和作风,也是设计社会科学研究方案必须遵循的重要原则。只有坚持实事求是,研究者设计的方案才能建立在坚实可靠的基础之上,才能保证研究工作顺利地进行。②实用性原则。设计研究方案意在指导实际应用,只有实用性强的研究方案才能真正成为社会科学研究的行动纲领。为了贯彻实用性原则,就必须从研究课题的实际需要出发,并根据研究工作的主客观条件,慎重设计研究方案。③时效性原则。设计研究方案必须充分考虑时效性问题,特别是一些应用性的研究课题,往往具有很强的时效性。否则,事过境迁,研究就可能失去其本来意义,至少会大大降低研究成果的社会价值。当然,时效性原则并非强调越快越好,许多基础性课题、学术性课题,往往需要做深入、持久、反复的调查研究,因此,研究工作的周期也应适当放长一些。但是,即使是开展这些类型的研究课题,也应有时效观念,否则,就很难适应瞬息万变的现代社会发展的客观需要。④经济性原则。设计研究方案必须努力节约人力、物力、财力和时间,力争用尽可能少的人力、财力、物力和时间的投入,取得最大、最多、最好的研究效果。⑤弹性原则。任何研究方案都是一种事前的设想和安排,它与客观现实之间总会存在或大或小的距离。在实际研究过程中,研究者常常会遇到一些意想不到的新情况、新问题。因此,设计研究方案时,对于研究工作的具体安排和要求,应有一个可灵活调整的空间,应保持一定的弹性。只有这种具有一定弹性的研究方案,才是真正实用的研究方案。

第三编 社会科学研究的具体方法

社会科学研究的具体方法是指社会科学研究的各个阶段使用的具体方法，主要包括提出问题方法、资料收集方法、资料分析方法、资料评价方法等。社会科学研究的具体方法与社会科学方法论、社会科学研究程序和研究设计之间是相互联系的。一般说来，一定的方法论观点影响研究者对研究程序和研究设计的选择，而一定的研究程序和研究设计又规定了一套与其相应的具体方法和技术。例如，实证主义者常采用统计调查研究或实验研究，这类研究如同自然科学那样建立研究假设，收集精确的数据资料，然后进行统计分析和检验；而人本主义者则趋向于运用间接研究的方法，主要依靠主观的理解和定性分析。在社会科学研究中，综合把握各种可供选择的具体研究方法，既有助于认清各种方法的特点、局限性及互补性，也有助于恰当地应用某种或某些具体方法以达到研究的目的，并提高研究的效率。在本编，我们把社会科学研究作为一个系统工程，以怀疑方法作为提出和发现问题的起点，进而考察观测方法、定性方法、定量方法、统计方法、信息方法、黑箱方法、系统方法、过程方法、评价方法、理解方法、预测方法等具体方法的性质、特点、功能、适用范围、操作程序等。本编不是简单地罗列各种研究方法，而是从方法论的层面着眼，对各种具体研究方法进行理论分析，以力求帮助读者理解和运用这些方法。

第八章　怀疑方法

怀疑是人类的本性之一，但要做到合理怀疑并不容易。人类历史上曾经长期被怀疑主义的阴云所笼罩，它怀疑一切而不确认任何存在，摧毁一切目之所及的草木禽兽和一切思之所至的奇谈怪想。本章对怀疑主义提出了激烈而深刻的批判，在辩证唯物主义的基础上提出了合理的怀疑方法。怀疑方法是一种创造性思维方式，具有未定性、辩证性、中介性和实践性，具有思想解放、拓展新知、催化认识、规范实践的多重功能。但是要掌握这种怀疑方法，必须具备一些基本条件。首先，怀疑主体要有实事求是的态度和作风、深厚的科学知识修养、敏锐的逻辑思维能力和勇敢谦逊的品质。其次，怀疑本身要符合事实，符合该领域其他相关科学理论，符合实践唯物主义世界观，符合逻辑。最后，怀疑也需要较为民主、自由的社会环境。怀疑还要求做到反思、批判和超越，这需要大胆质疑、科学探疑、合理解疑、适时核疑。

我们曾经谈到,真正的科学研究发端于问题,而问题则产生于人们对于已有理论或结论的怀疑或质疑。应当看到,怀疑是人类的重要本性之一。怀疑方法,则是一种创造性的思维方法,是一种深刻的治学和研究问题的方法。然而,长期以来,人们对怀疑却往往缺乏正确的认识,更没有形成合理的怀疑方法。有的人由于怀疑一切而走向怀疑主义,有的人则由反对怀疑主义进而否定一切怀疑。在人类认识史中,绝对主义和相对主义作为人类认识的两个极端,似乎成为人类认识不可克服的顽症,绝对主义和相对主义的循环也似乎成为人类认识永远难以走出的"怪圈",而究其认识论根源,实在于怀疑方法的缺乏或怀疑的不合理。现代社会科学研究要走出绝对主义和相对主义的"怪圈",其重要前提之一就是必须建构一种合理的怀疑方法。有鉴于此,我们把怀疑方法作为开展社会科学研究应当首先了解、掌握、运用的具体方法。[①]

一、冲破偏见:使怀疑方法走出怀疑主义的阴影

一提到怀疑,人们往往就会联想到怀疑主义,甚至把怀疑等同于怀疑主义。而一论及怀疑主义,许多人又不假思索地把它等同于彻头彻尾的谬论。由此,受怀疑主义的"株连"(其实,把怀疑主义等同于谬论也并不全面),许多人把怀疑和怀疑方法也视为纯粹的消极现象,并本能地产生一种否定的、抵制的态度。我们认为,上述看法在很大程度是一种流行的偏见。当前,为了深化社会科学研究,为了在社会科学研究中真正能够运用怀疑方法,首先就有必要冲破此类偏见,使怀疑方法走出怀疑主义的阴影。

1. 怀疑思想是人类实践和认识过程中的必然产物

过去,人们对怀疑方法的误解、曲解以及轻视,在一定程度上反映了当时人类实践水平和思维水平的有限性。如果说,这在过去还情有可原的话,那么,在人类实践能力和思维能力已经相当发达的今天,对怀疑及怀疑方法进行理性的反思并建构合理的怀疑方法,就不仅是重要的而且是应该的了。我们认为,在人类实践和认识史上,怀疑思想的产生和发展是具有必然性的。

---

① 张明仓.论合理的怀疑思维及其建构[J].求索,1997(2):79-83.

其一,客观世界为怀疑思想的产生、发展提供了客观基础、源泉。人类认识发展的历史,同时也是人类在改造客观世界的过程中改造自己的认识能力、改造主观世界同客观世界的关系的历史。客观世界的复杂性和发展的无限性,为怀疑思想、怀疑思维、怀疑方法的产生提供了客观土壤,也使怀疑成为可能。一方面,客观世界是纷繁复杂的,事物的本质和规律常常被表面的、偶然的、次要的甚至是虚假的现象所掩盖。人们不能直接认识事物的本质,不能直接透视事物发展的规律,因而人的认识必然是真理与谬误、绝对真理与相对真理的辩证统一体。另一方面,客观世界又是不断发展变化的,它的种种内在矛盾必然要经历逐步显露、发展、变化的过程。即使已经达到对客观世界的真理性认识,也并不意味着认识的终结,因为人的思想是由现象到本质,由初级本质到二级本质,这样不断地加深下去的。在现实生活中,这样的情形是经常出现的:人们对某事物已经有了一定认识,不过,如果这一事物已经发生了变化,而人们不能随着事物的变化而发展自己的认识,那么,就不能适应新的情况,就难以解决新的问题;已有的认识,即使曾经是真理性的认识也会沦为谬误,也会变成无用的东西。例如,1917年俄国二月革命期间,列宁曾经根据当时俄国国内阶级斗争形势和两种政权并存的局面,提出工人阶级用和平方式夺取政权的可能性。而到了同年10月,形势发生了变化,如果再坚持这种观点,就不会有十月社会主义革命的胜利。由于客观世界是错综复杂的,它的发展是充满矛盾的运动过程,因而人们对于客观世界的认识也必然具有反复性、无限性和上升性,也必然是充满着矛盾的发展过程,是否定之否定的认识运动过程。而怀疑则是这一运动过程的一个环节,它的产生也是必然的、不可避免的,人类认识只有经过怀疑这一否定的环节,才能够获得经常的、持续的发展。并且,随着客观世界的发展和人类认识的总体发展,人类的怀疑思想也会获得发展,各种类型的怀疑主义、怀疑方法无不是对理论化、主体化了的客观规律和关系的不同反映。

其二,主体自身状况也是怀疑思想得以产生、发展的重要条件。任何怀疑思想都有一个产生过程,主体和客体、主客体相互作用的种种中介因素是这个过程存在的先决条件。人的认识活动包括怀疑活动,既是集体的、社会的,也是个人的,二者是相互依存、相互矛盾的辩证统一关系。列宁曾经强调:不能不研究个体的认识,因为认识是从个体开始的。个人的阶级属性、认识结构、知识水平、性格爱好等,都对认识起作用。从认识结构来看,主体的认识结构作为以往主观经验、理性信息的凝结,常常被人们看作认识包括怀疑的主观条件。其实,它同时也具有客观条件的意义,因为它不仅以人脑在种系进化过程中形成的神经生理系统作为其生理性基础,而且随着社会实践活动的深入,逐步形成和发展起人脑所特有的社会性信息结构。人脑的生物性结构和社会性信息结构规定了主体的认识怀疑能力。此外,某一特定状态的主体只能在一定深度上把握某些事物的某些层次上的特性,而其他一些事物及其一定层次上的特性对这一特定状态的主体却是封闭的。在人类的认识、怀疑活动中,恩格斯所指出的下列矛盾是具有普遍性的:"一方面,人的思维的性质必然被看作是绝对的,另一方面,人的思维又是在完全有限地思维着的个人中实现的。这个矛盾只有在无限的前进过程中,在至少对我们来说实际上是无止境的人类世代更迭中才能得到解决。从这个意义来说,人的思维是至上的,同样又是不至上的,它的认识能力是无限的,同样又是有限的。按它的本性、使命、可能和历史的终极目的来说,是至上的和无限的;按它的个别实现情况和每次的现实来说,又是不至上的和有限的。"①正因为如此,在人类认识的发展过程中,怀疑是其必要中介。主体自身的状态,特别是人的认识能力的至上性和非至上性的辩证统一,为怀疑的产生和发展提供了主体条件,它使怀疑由可能成为现实,并规定着怀疑的限度。

其三,实践是怀疑思想得以产生的最切近的现实基础。人们是在实践中并通过实践而学会思考的。思维的"逻辑的式"归根到底来自人们无数次重复的"行为的式",是先有实践逻辑,然后才升华为思维的逻辑。仅仅承认客观实在是认识、怀疑的本源,还不能科学地解释认识、怀疑,因为认识、怀疑是主体对客体的自觉能动的反映,主客体之间认识关系的建立是认识、怀疑得以实现的前提,而主客体之间的实践关系则是其认识关系的基础。认识、怀疑的客体只能由实践来提供,即客观事物只有在作为实践的对象被纳入实践过程时才在直接现实性上成为认识、怀疑的客体。实践是怀疑的起点,又是怀疑的归宿。在怀疑的起点上,实践是使怀疑思想、怀疑方法的产生成为现实的最初动因;在怀

---

① 马克思恩格斯选集:第3卷[M].北京:人民出版社,1995:427.

疑过程中,实践是怀疑思想、怀疑方法发展的动力和源泉;在怀疑的归宿上,实践又是检验怀疑思想、怀疑方法正确、有效与否的标准。正如恩格斯所指出的,人的思维的最本质和最切近的基础,正是人所引起的自然界的变化,而不单独是自然界本身;人的智力是按照人如何学会改变自然界而发展的。实践的不断发展,决定了人们的思维是至上性和非至上性的统一,也决定了人们的怀疑能力是有限和无限的统一。

总之,在人类的实践和认识过程中,怀疑的产生是具有必然性的,以实践为中介的"主体—实践—客体"系统就是人类怀疑思想、怀疑思维、怀疑方法发生、发展的现实前提和基础。因此,要澄清、摆脱对怀疑的种种误解和偏见,要突破怀疑主义的阴影,要超越怀疑主义,要推进人类认识的发展,必须正确理解并切实坚持这个前提、基础。

2. 从朴素怀疑、怀疑主义到怀疑方法

我们认为,在人类认识和实践史中,曾经出现过三个层次的怀疑,或者说,怀疑有三种主要类型,即朴素怀疑(即生活中的一般怀疑)、怀疑主义和合理的怀疑方法(本书把它简称为"怀疑方法")。鉴于我国哲学界、科学界忽视怀疑方法与人们对怀疑主义的理解有很大关系,为了证明提倡怀疑方法的合理性,我们有必要先把怀疑方法与朴素怀疑、怀疑主义区分开来。

朴素怀疑,是指在日常生活中人们所怀有的朴素的怀疑意识及由此引发的怀疑行为。在某种情境下,人们出于本能或直觉,对一定事物的真实性或者某种意见、言论、理论的正确性自发地产生的疑问或疑惑,就是朴素怀疑。在现实生活中,朴素怀疑有时是猜疑(suspect),如认为某事的发生是真的或者即将发生是可能的,或者某事、某消息、某人说的话是真实的,或者某人的行为是合法的等,通常含有肯定意味;有时则是对某事物或认识的真实性、正确性、合理性表示质疑(doubt),通常含有否定意味。朴素怀疑还缺乏充分的事实根据和科学论证,具有自发性、直观性,但它已经是人类所特有的一种思想意识现象,具有朴素的联系和发展的观点。在这个意义上,朴素怀疑是与朴素辩证法相联系的,它是后者的重要表现。

怀疑主义,即怀疑论,亦称"皮浪主义"。在哲学史上,怀疑论是一种独特而悠久的哲学学说,它以克服独断论为目的,以人类既有认识为反思对象,以哲学思辨和抽象思维能力为基础,是一种怀疑客观世界的真实存在和获得客观真理的可能性的哲学学说。怀疑论的产生不是偶然的,它既是人类经济、政治、文化发展到一定阶段的产物,也是人类思维能力有了相当进步而又发展相对不足的必然结果。

在西方,怀疑论最早产生于古希腊,并经历了一个不断演化的过程。早在皮浪之先,爱利亚学派和智者学派便已具有明显的怀疑主义倾向,连苏格拉底也怀疑人有认识客观世界的能力,他宣称自己所真正知道的知识就是自知其无知。高尔吉亚的怀疑论建立了以下三个原则:"第一个是:无物存在;第二个是:如果有某物存在,这个东西也是人无法认识的;第三个是:即令这个东西可以被认识,也无法把它说出来告诉别人。"①梅特罗多洛则认为:"我们谁都不知道任何事物,甚至不知道'我们究竟是知道某种事物还是什么都不知道'。我们也不知道是不是有什么东西存在。"②这里,第一个"不知道"是怀疑关于客观事物的认识真理性、可靠性;第二个"不知道"是怀疑主体对既有认识的确定性的怀疑;第三个"不知道"则根本怀疑客观事物存在的真实性。古希腊怀疑论之父皮浪使古代怀疑论的思想进一步系统化,他认为:"万物一致而不可分别。因此,我们既不能从我们的感觉也不能从我们的意见来说事物是真的或假的。所以我们不应当相信它们,而应当毫不动摇地坚持不发表任何意见,不作任何判断,对任何一件事物都说,它既不不存在,也不存在,或者说,它既不存在,而也存在,或者说,它既不存在,也不不存在。"③皮浪的思想对柏拉图中期学院派和罗马怀疑论者都产生了深远的影响。他们的主张实际上提出了一系列至关重要的哲学问题,如上帝、物质实体或精神实体是否具有真实性,人类认识是否具有可能性和可靠性,语言与思维及实在的关系等。对这些问题的探讨,对西方哲学中的本体论、知识论和语言论产生了重要影响。欧洲文艺复兴时期,米歇尔·蒙田和比埃尔·培尔赋予怀疑论以新的意义,使之成为批判中世纪经院哲学和形而上学的理论武器。18世纪,怀疑论以不

---

① 北京大学哲学系外国哲学史教研室.古希腊罗马哲学[M].北京:商务印书馆,1961:138.
② 北京大学哲学系外国哲学史教研室.古希腊罗马哲学[M].北京:商务印书馆,1961:314.
③ 北京大学哲学系外国哲学史教研室.西方哲学原著选读:上卷[M].北京:商务印书馆,1982:177.

可知论的形式出现，其代表人物休谟将怀疑论原则的运用范围严格限于理论认识的范围之内，他称这种怀疑为"较缓和的怀疑"和"哲学的怀疑"。休谟认为认识只能来源于感觉，人的因果性观念来自感觉对"相似性"例证的观察和联想，因而怀疑感觉之外任何实体的存在，否认因果知识的确定性。休谟关于在经验范围内无法回答物质实体和精神实体的问题成了实证主义特别是逻辑实证主义各派的基本观点，而"整个十九世纪内以及二十世纪到此为止的非理性发展，是休谟破坏经验主义的当然后果"①。康德虽然承认意识之外存在自在之物，但又把现象与本质割裂，主张自在之物不可知。在现代西方哲学中，主观唯心主义、不可知论同怀疑论相互交织，使之更加多样化。

关于怀疑论，国人过去常常视之为纯粹的谬论，认为它是认识发展的阻力和怪胎，只需举手之劳即可将之克服。许多人对怀疑论的认识和评价都有过于简单化甚至庸俗化的倾向。实际上，怀疑论是具有多种形态的。笔者曾经对怀疑论做了分类分层研究，发现怀疑论是一个统称，由于怀疑性质、论题和程度等的差异，它包含众多的流派和各式各样的论辩，而这些流派和论辩既可能相互辩护也可能相互冲突。从性质上看，怀疑论包括"本体论的怀疑主义""认识论的怀疑主义"和"方法论的怀疑主义"；就论题而言，怀疑论可分为认知怀疑论、信念怀疑论、理解怀疑论和行为怀疑论；从程度上说，怀疑论又可分为局部怀疑论和全面怀疑论、不完全性怀疑论和完全性怀疑论。② 怀疑论既不同于科学意义上的怀疑精神，也不同于不加分析地否定一切的盲目怀疑态度，不同于纯粹的胡思乱想、胡言乱语。黑格尔曾不无见地地指出："怀疑论是指一种有教养的意识，在这种意识看来，不仅不能把感性存在当作真实的东西，而且也不能把思维中的存在当作真实的东西；然后更进而有意识地辨明这个被认为真实的东西其实是虚妄无实的；最后则以普遍的方式，不仅否定了这个或那个感性事物或思维对象，而且有教养地认识到一切都不是真的。"③真正的怀疑论者是"哲学家中的学者"（马克思语），他们的结论大多是在经过较深的思考和探索之后得出的。因

---

① 罗素.西方哲学史：下卷[M].北京：商务印书馆，1976：211.
② 张明仓.合理认识怀疑论[J].求是学刊，1997(6)：35-40.
③ 黑格尔.哲学史讲演录：第3卷[M].贺麟，王太庆，译.北京：商务印书馆，1959：110.

此,对于不同的怀疑论,我们既不能将其等量齐观,也不能武断地做出定论。朴素怀疑作为一种关于认识的否定形式,是包含不少合理内容的。在哲学史中,怀疑论具有独特而不可替代的地位。这突出表现在:怀疑论提出的一系列哲学问题和难题是构成哲学必不可少的要素,它们决定着哲学的结构和本质特征,推动着哲学的发展。在恒久的哲学问题中,有的问题由怀疑论提出,有的问题则通过怀疑论而得到坚持、深化和发展。同时,怀疑论对绝对主义、独断论提出了种种致命性的批判,促使哲学不断扬弃绝对主义和独断论而获得发展。黑格尔指出,怀疑论"要从一切确定的和有限的东西中进行证明,指出它们的不稳定来的。积极的哲学可以对怀疑论具有这样一种认识,就是:积极的哲学本身之中便具有着怀疑论的否定方面,怀疑论并不是与它对立的,并不是在它之外的,而是它自身的一个环节","积极的哲学是容许怀疑论与它并存的"。① 从思维方法角度看,怀疑论不承认一切教条,反对绝对真理,批判独断论和宗教神学,对于促进人类思维发展和思想解放都有而且实际上也确实起过积极作用。怀疑论并不是哲学史上多余的东西,而是哲学发展链条中固有的、必然的环节,它在哲学的发展上是起过很重要的作用的。马克思和恩格斯在《神圣家族》一书中就曾说过,比埃尔·培尔用自己的怀疑论武器从理论上摧毁了 17 世纪的形而上学。

当然,怀疑论的合理内容和积极意义又是有限的,不同形式的怀疑论有着共同的思想原则:怀疑事物的客观实在性、怀疑人的认识能力的至上性以及人类认识的真理性。正如黑格尔所说:"这种对一切规定的否定就是怀疑论的特点"②,其实,"古代的怀疑论并不怀疑,它对于非真理是确知的……它并不是悬而不决的,而是斩钉截铁的,完全确定的"③。列宁对此非常赞同,他在《哲学笔记》中摘录了黑格尔的有关论断,并强调:怀疑论不是怀疑。列宁还指出:辩证的否定不同于怀疑一切,否定一切,否则,"辩证法就要成为空洞的否定,成为游戏或怀疑论","怀疑论的辩证法是'偶然的'"。由此可见,怀疑论是把怀疑推向极端、为怀疑而怀疑的一种学说,它所谓的"怀疑",实质上是一种主观

---

① 黑格尔.哲学史讲演录:第 3 卷[M].贺麟,王太庆,译.北京:商务印书馆,1959:106.
② 黑格尔.哲学史讲演录:第 3 卷[M].贺麟,王太庆,译.北京:商务印书馆,1959:110.
③ 黑格尔.哲学史讲演录:第 3 卷[M].贺麟,王太庆,译.北京:商务印书馆,1959:111.

唯心主义和形而上学的怀疑。这种怀疑虽然包含着怀疑的某些合理因素，但本身却并不是合理的怀疑。正如怀疑论本身是矛盾的一样，怀疑论在哲学史上的作用也是矛盾的。由于结论的反科学、反理性倾向，怀疑论对人类的科学和哲学事业必然会也确实产生过不利的影响；哲学怀疑论向生活领域的渗透、怀疑主义思潮的蔓延和泛滥也常常给社会带来消极的后果。随着社会实践和人类认识的发展，它必然要为更高层次的合理的怀疑方法和怀疑精神所代替。因此，怀疑论的合理性是有限的、历史的，对它既不能全盘否定，也不能盲目提倡，正确的态度应该是超越怀疑论，在实践唯物主义的基础上建构合理的怀疑方法。

如前所述，以实践为中介的"主体—实践—客体"系统是怀疑方法的现实前提、基础。过去，许多人之所以陷入怀疑主义或不能彻底驳倒怀疑论，根本原因都在于不能坚持或不能正确理解这个前提、基础。实践唯物主义坚持彻底唯物主义的、科学的实践的观点，运用实践论思维方式，把物质世界和主体的认识能力看作有限和无限的辩证统一，这使它不仅能对不可知论等哲学上的怪论做出最令人信服的驳斥，而且能够使人类的怀疑思维超越怀疑主义，从而建构起合理的怀疑方法。而只有成功地建构起合理的怀疑方法，才能够既保留怀疑论中的合理因素，又真正彻底地驳倒这种影响深远的理论。

合理的怀疑方法，是一种人们认识世界的思维方法。但它并非一般的思维方法，而是一种创造性的思维方法，是马克思主义的思维方法库的重要组成部分。合理的怀疑方法，是人们在认识和实践活动中，对客观事物的真实性或具体认识、实践的科学性、合理性所做的反思、批判、评价和规范。在马克思主义哲学创立之前，提倡方法论意义上的怀疑的最大代表是笛卡儿。笛卡儿提出"普遍怀疑"的原则，主张用"理性的尺度"审查以往的一切知识，怀疑一切信以为真的和一般被当作真理的东西。在他那里，怀疑具有否定和抽象的意义，是对虚假的想象和非存在的假定的推翻、拒绝和否定。笛卡儿倡导的怀疑精神和怀疑方法，有着重要的启发价值，不过，它毕竟缺乏合理的怀疑立场和方法，他从普遍怀疑出发，得出了"我思故我在"这一唯心主义结论。马克思主义哲学的合理的怀疑方法与此有着原则性的区别。这种怀疑方法不是自发的、随意的或无根据的，也不是从抽象的理性原则做出的，而是以彻底唯物主义的、科学的实践观作为自己的怀疑立场和基础，以真理性和合理性作为自己存在的前提,即它既以业已获得的对客观规律的正确认识作为认识基础,以进一步求真合真,又以人类合理的生存发展和社会进步作为价值旨归,以进一步向善合义,这使它具有一种"革命的、实践批判的"精神。

二、怀疑方法:一种创造性思维方法

1. 怀疑方法及其特点

概而言之,马克思主义的合理的怀疑方法,是一种具有彻底的辩证性、历史性和实践性的唯物主义怀疑方法,它具有下列特点。

其一,未定性。怀疑方法的显著特点在于它反对形而上学的僵化的思维,反对任何形式的独断论和教条主义,反对一切承认"终极真理"的观点。不过,它与怀疑论那种片面的怀疑并不相同,黑格尔曾经很有见地地指出:"怀疑论并不是一种怀疑。怀疑是安宁的反面,安宁则是怀疑论的结果。'怀疑'(zweifel)由'二'(zwei)这个词而来,是一种反复游移于二者或多者之间的状态;人们既不安于此,也不安于彼"[①];"怀疑只是不确定,乃是一种与确认相对立的思想——一种举棋不定,一种悬而不决。……它的前提乃是对于内容的深切兴趣,乃是精神的一种期望,要求这个内容或者确立在精神之内,或者不如此:若不如此,便当如彼"[②]。由于世界是一个过程的集合体,真理也是一个过程,怀疑方法反对把在某阶段的认识看作是绝对正确的形而上学观点,它从反面指出真理观念中的有限性,指出真理中包含的矛盾和否定的因素,启发人们继续进行探索,不断完善自己的认识。不过,在理解怀疑方法的"未定性"特征时,不能把这种"未定性"绝对化。与其他思维方法明显不同,怀疑方法使人们动荡于新旧交替之际,潜移于对已有认识成果的肯定与否定之间,它不仅包含着重新肯定原有认识的可能,更带有"扬弃"旧有成见的趋向。因而,它既不是确定的肯定,也不是确定的否定,而是根据已知的原理和事实,对未知的自然现象、社会现象及其规律所做的模态判断和模态推理,是处于是与非、此与彼、模糊与清晰之间的矛

---

① 黑格尔.哲学史讲演录:第3卷[M].贺麟,王太庆,译.北京:商务印书馆,1959:119-120.
② 黑格尔.哲学史讲演录:第3卷[M].贺麟,王太庆,译.北京:商务印书馆,1959:110.

盾状态。所谓相对真理和绝对真理的统一,也就是具有批判的怀疑和确定的认识的辩证统一。任何所谓的"终极真理"都是荒唐的、不可靠的。人类认识只能是处于怀疑和确定、处于矛盾的产生和解决的过程之中。

其二,辩证性。怀疑方法与怀疑论的重要区别之一,在于它既倡导人们勇于怀疑、大胆质疑,又告诫人们要防止怀疑一切、否定一切。合理的怀疑方法是在承认客观真理的基础上,对原有认识的不合理或已过时部分的否定,并由此提出问题,促使人们去析疑、解疑,从而推动认识和实践向前发展。在这个意义上,合理的怀疑方法是唯物辩证法的重要内容。它"包含着相对主义、否定、怀疑论的因素,可是它并不归结为相对主义……这就是说,它并不是在否定客观真理的意义上,而是在我们的知识向客观真理接近的界限受历史条件制约的意义上,承认我们一切知识的相对性"①。因此,这种怀疑不是片面的否定,而是辩证的扬弃。

其三,中介性。合理的怀疑方法的另一重要特点在于,不把怀疑本身作为目的,它不是虚无地为怀疑而怀疑,而是把怀疑作为探索知识、认识问题的重要方法,看作推进认识和实践合理化所必需的条件。怀疑方法是联系新旧认识和实践的中介环节,一方面,它不满足于现状,并对之进行反思和批判;另一方面,它虽不是却又不断地构想理想和未来,并成为未来理想的认识和实践的催化剂和催生婆。合理的怀疑方法并不以怀疑本身为目的,相反,它只是把怀疑方法作为新旧认识或实践之间的中介和由现状达到理想的桥梁、手段。

其四,实践性。实践是合理的怀疑方法的最切近的现实基础,在实践中才能产生真正的怀疑主体和现实的怀疑客体。实践既是怀疑的起点,又是怀疑的归宿,怀疑发源于实践,发展于实践过程,最后又物化于实践结果之中。此外,实践还是检验怀疑正确与否的唯一标准。实践性是合理的怀疑方法的根本特点,它既使合理的怀疑方法从根本上不同于和超越于怀疑论,又使之成为人们反思、批判现存世界的锐利武器。实践的不断发展,决定了人们的怀疑方法是至上性和非至上性的统一,也决定了人们的怀疑能力是有限和无限的统一。实践性是马克

---

① 列宁选集:第2卷[M].北京:人民出版社,1995:97.

思主义的怀疑方法的最本质、最重要的特性之一,它是马克思主义的怀疑方法区别于怀疑论和其他类型的怀疑方法的最根本之点,是正确理解马克思主义的怀疑方法的唯物性、辩证性和历史性之间的内在统一性的关键思路和有效视角,也是马克思主义的怀疑方法保持自己的科学性、革命性和批判性并发挥出一系列重要功能的根本动力。如果没有科学的实践观,在"怀疑"时就不可能坚持彻底的客观性原则和辩证性原则,最终必将陷入唯心主义、相对主义和不可知论。从西方思想史来看,从古代的智者派、皮浪、塞克斯都·恩披里可,到文艺复兴时期的蒙田,以及近代的休谟、贝克莱、康德等人,尽管他们都很具有怀疑精神,其理论也各具特色,但最终却无不陷入了唯心主义、相对主义。究其根源,就在于他们缺乏科学的实践观和实践论的思维方式。马克思在《关于费尔巴哈的提纲》中指出,以前的一切唯物主义——包括费尔巴哈的唯物主义——的主要缺点是:对事物、现实、感性,只是从客体或者直观的形式上去理解,而不是把它们当作人的感性活动,当作实践去理解,不是从主体方面去理解;唯心主义却发展了能动方面,但只是抽象地发展了,因为唯心主义不知道真正现实的、感性的活动本身。显然,马克思的上述分析在此也是完全适用的。

由此可见,合理的怀疑方法尽管与怀疑主义有某些"形似",如它们都强调"怀疑",都看到了认识过程中的矛盾性,并且都曾对宗教蒙昧主义、独断论构成否定。但是,从根本上说,二者之间存在着原则性的区别和根本的对立,这主要体现在实践唯物主义与主观唯心主义的对立和唯物辩证法与形而上学的对立上。

2. 怀疑方法的认识论功能

在人类社会发展史中,大凡取得重要成就的人们都具有强烈的怀疑精神。从布鲁诺、哥白尼、蒙田、倍尔至笛卡儿、休谟,从洪秀全、孙中山到毛泽东、邓小平,这些著名的历史人物所取得的卓越成就,可以说都与他们不满现状、立志革新分不开的,甚至可以说都是从大胆怀疑开始的。而具有怀疑精神的这些伟人们则以自己的行为从不同的角度推动着科学和历史的进步。怀疑精神、怀疑方法对于科学认识和社会实践都具有重要作用,这里,我们仅侧重探讨怀疑方法的认识论功能。

物质世界和人类实践的发展演化各自都是一个过程,这决定了人们的真理性认识也必然是一个过程。合理的怀疑方法就是人们追求真理过程中的积极因素和重要工具,它在人类认识中具有如下重要功能。

其一,思想启蒙和解放功能。这是一种"破"的功能,即合理的怀疑方法能帮助人们解放思想、破除迷信。当一种理论被大多数人信奉以后,当一种权威确立以后,它往往被误认为是尽善尽美的,而不允许人们对它进行批评、修正或否定,这必然严重阻碍科学理论的发展和社会的进步。欲立先破,不破则不立。要扬弃传统的理论,改革原有的社会,就必须打破教条、迷信的束缚。合理的怀疑方法以实践为基础,运用辩证法,原则上可以对任何东西进行怀疑,任何先定的禁区都是与合理怀疑方法的精神相悖的。合理的怀疑方法不盲目接受任何未经证实的理论,也不承认有什么绝对真理,这使它能发挥"破"的功能。与怀疑论不同,合理的怀疑方法的"破"是适度的,它既克服又保留,即是"扬弃";而怀疑论的"破"则毫无节制,它怀疑一切,否定一切,因而必然矫枉过正。在认识发展过程中,在任何科学研究中,不断地运用怀疑方法,能够使研究者的思想观念不断更新,也促使人们的既有认识不断地为更加科学、合理的认识所代替。特别是在社会科学研究中,由于社会领域的特殊性、复杂性,社会认识具有非常明显的相对性。正如恩格斯在《反杜林论》中所指出的,社会历史"认识在本质上是相对的,因为它只限于了解只存在于一定时代和一定民族中的,而且按其本性来说是暂时的一定社会形式和国家形式的联系和结果。因此,谁要在这里猎取最后的终极的真理,猎取真正的、根本不变的真理,那么他是不会有什么收获的,除非是一些陈词滥调和老生常谈"[①]。因此,在社会科学研究中,怀疑方法的解放功能更加显著。不断怀疑,能使人们对社会历史发展规律的认识更接近于社会真理。例如,在欧洲文艺复兴时期,人文主义者对中世纪神学提出了挑战,主张以人为中心来考察一切,推动了资本主义的发展。而从我国的社会主义建设史角度来看,我国对社会主义的认识,通过总结正反两方面的经验教训,不再拘泥于苏联的传统模式,提出了建设有中国特色的社会主义理论,并在指导中国经济、政治体制改革中取得了举世瞩目的巨大成就。在此过程中,怀疑精神、怀疑方法对于人们解放思想、实事求是无疑起了重要作用。

其二,拓新功能。这是一种"立"的功能,即合理的怀疑方法能使人

---

① 马克思恩格斯选集:第 3 卷[M].北京:人民出版社,1995:430.

们在"批判旧世界中发现新世界"。怀疑是思之始,学之端。人们在进行质疑时,经常能在前人已有的成果中发现不足,从习以为常的现象中觅得真知,它能启发人们提出新的课题,引导人们开拓新的研究领域。不立不破,没有新的更为科学的理论的创立,旧的理论就不可能从根本上被彻底破除。因此,合理的怀疑方法的拓新功能与解放功能是相互促进的。解放思想是开拓新知的前提,开拓新知则是解放思想的目的,并能进一步强化解放思想功能。亚里士多德在《形而上学》一书中指出:"凡愿解惑的人宜先好好地怀疑;由怀疑而发为思考,这引向问题的解答。人们若不见有'结',也无从进而解脱那'结'。但思想的困难正是问题的症结所在;我们在思想上感到不通,就像被锁链缚住了;捆着结的思想,也像缚住了的人,难再前进。所以,我们应将疑难预为估量;因为欲作研究而不先提出疑难,正像要想旅行而不知向何处去的人一样。"①在科学研究中,怀疑的拓新功能具有重要意义,诚如爱因斯坦所说:"提出一个问题往往比解决一个问题更重要,因为解决一个问题也许仅是一个数学上的或实验上的技能而已,而提出新的问题、新的可能性,从新的角度去看旧的问题,却需要有创造性的想象力,而且标志着科学的真正进步。"②在科学史中,及时地提出关键性的问题,往往是摧毁旧学说、宣告旧理论死亡的前提,并成为发现新规律、创立新学说的起点,它对于科学进步起着有力的推动作用。恩格斯曾经指出,马克思在研究资本主义经济制度、创立剩余价值理论的时候,他所发表的"意见是和所有他的前人直接对立的。在前人认为已有答案的地方,他却认为只是问题所在"③。马克思研究了当时全部既有的经济范畴,批判了李嘉图的劳动价值理论,用劳动力这一创造价值的属性代替了劳动,创立了剩余价值理论,实现了经济学等领域的一次伟大革命。

其三,认识催化功能。这是指合理的怀疑方法是推动人类认识和科学研究发展的内在动力。在人们的认识和实践过程中,主观和客观的矛盾是普遍的、经常的,它决定了人们犯错误的可能性和怀疑的必然性。换言之,主观和客观的矛盾是怀疑方法产生的客观基础,而合理的

---

① 亚里士多德.形而上学[M].北京:商务印书馆,1959:37.
② A.爱因斯坦,L.英费尔德.物理学的进化[M].周肇威,译.上海:上海科学技术出版社,1962:66.
③ 马克思恩格斯选集:第2卷[M].北京:人民出版社,1995:273.

怀疑方法则是人们认识科学化、合理化的必由之路。这是因为真理与疑问互相滋养,"真理是由争论确立的"。怀疑方法的功能不仅表现为不立不破,不破不立,而且表现为即破即立,破、立几乎同步进行,它能及时地帮助人们摆脱成见、偏见及各种迷信、教条的束缚,为人类认识向真理逼近开辟道路。这就是所谓的"不疑不悟,小疑小悟,大疑则大悟"。合理的怀疑方法的催化功能不是短暂的,它伴随着人类认识和科学研究发展的始终。从怀疑的角度看,人类的认识发展过程可以视为这样一个过程:实践、怀疑、认识,再实践、再怀疑、再认识,以至无穷。怀疑是人类认识过程中的一个重要环节和推动认识发生、发展的重要动力,这已为整个人类认识发展史所证明。

其四,规范功能。合理的怀疑方法对人类的认识和科学研究起着一定的规定、范导作用。合理的怀疑方法既对现有认识与实践进行审视和批判,又对理想的认识与实践进行观念的追寻和建构,从而具有一种独特的规范功能,这突出表现在它能提醒和引导人们避免陷入绝对主义和相对主义的误区。对此,我们不妨多做些分析。[①]

众所周知,认识的绝对性和相对性是人类认识的固有属性,换言之,它们是人类同一认识不可分割的两个方面:前者强调了人的思维能力和认识成果的至上性、无限性以及认识内容及其检验标准的客观性,后者则反映了人的思维能力和认识成果的非至上性、有限性以及人类认识不断深化、扩展的必要性。认识的绝对性和相对性的矛盾是人类认识的固有矛盾,对于这种矛盾的两个对立面,不能片面地强调其一而忽视或否定其他,否则就会陷入绝对主义或相对主义。然而,不幸的是,"哲学史上虽然不乏绝对与相对辩证统一的可贵探索,特别是德国古典哲学在这方面的成果为现代哲学科学地解决绝对与相对的统一性问题作了理论上的准备。但是整个看来,包括德国古典哲学在内的旧哲学的基本倾向是将两者割裂,追求脱离相对的'绝对'。因此,才出现了黑格尔哲学那样的'体系'扼杀内容的'一次巨大的流产'"[②]。19世纪中期以后,特别是尼采重提"上帝死了"和"重估一切价值"的口号,从

---

① 张明仓.论合理怀疑的本性及其在认识两极间的张力[J].贵州社会科学,1997(5):28-33.
② 谢龙.现代哲学观念[M].北京:北京大学出版社,1990:370.

根本上动摇了自苏格拉底和柏拉图以来的西方传统文化的价值体系,西方世界从完美的乐观主义和对理性力量的崇拜逆转为对人类前景的悲观评价,从而走向绝对主义的反面。进入20世纪,这种倾向进一步加剧,以至20世纪常被称为"相对主义的世纪","我们的时代常被称为相对主义的时代"。① 当然,人类认识的发展也不会长久地停留在相对主义、怀疑主义这种不确定的状态之中。一般说来,在相对主义流行一段时期之后,新的绝对主义又会卷土重来。作为对尼采的相对主义的一种反抗,20世纪中后期,人类认识又重现了对绝对主义的追求,如"在哲学上本体论研究的复兴""在宗教上'终极关怀'问题的提出"等。② 相对主义和绝对主义的循环往复,在认识上直接源于当时人们不能在认识的两极间发现和保持必要的张力(the essential tension)。由于缺乏必要的张力,有的人片面夸大认识的绝对性,否认其相对性,否认认识的发展是一个过程,从而把既有认识凝固化、教条化,陷入绝对主义。怀疑主义对绝对主义的反驳尽管是有力的,但是由于把"怀疑"本身绝对化,片面夸大认识的相对性,它不仅不可能有效地克服绝对主义,而且不可避免地陷入相对主义和诡辩论。而相对主义和绝对主义不过是"相通"的两极,它们分别把认识的绝对性和相对性无限夸大,即"把认识的某一特征、某一方面、某一侧面,片面地、夸大地发展(膨胀、扩大)为脱离了物质、脱离了自然的、神化了的绝对"③。对认识的绝对性和相对性的完全割裂,使它们不可避免地陷于形而上学和唯心主义。

真正扬弃和超越了旧哲学本体论的绝对、相对观念的是马克思主义哲学,它自觉地把哲学置于彻底唯物主义的、科学的实践观的基础之上,并在对立的两极之间保持必要的、合理的张力,以此作为一种重要的哲学认识论和方法论准则。在这种新哲学的视域中,合理的怀疑方法的本性使它既能促使认识的两极相互联结,互补互融,而不再彼此割裂、绝对排斥,又能在认识的两极间保持动态的微妙平衡,从而能够在认识的绝对性和相对性两极之间构成一种必要的张力。一方面,怀疑

---

① L.J.宾克莱.理想的冲突——西方社会中变化着的价值观念[M].马元德,陈白澄,王太庆,等译.北京:商务印书馆,1984:6.
② 俞吾金.寻找新的价值坐标——世纪之交的哲学文化反思[M].上海:复旦大学出版社,1995:4.
③ 列宁选集:第2卷[M].北京:人民出版社,1995:560.

方法对人的认识能力和认识成果持反思和批判态度,认为有限的人的有限的认识能力对无限发展的物质世界的真理性认识总是有限的、相对的,人类永远不可能达到对客观世界的终极的、永恒的、绝对的认识,一切把既有认识和经验教条化、绝对化的理论都是不科学、不合理的。怀疑方法对既有认识能力和认识成果不断进行理性的审视、反思和批判,在对现存事物肯定的理解中同时包含对现存事物否定的理解而不崇拜任何东西,从而能够避免绝对主义(教条主义和经验主义)。另一方面,怀疑方法对人的认识能力和认识成果的怀疑和批判又是适度的。它反对把人的认识能力和认识成果绝对化,但并不否认其绝对性。如前所述,合理的怀疑方法是在坚持唯物论和可知论的前提下进行的唯物辩证的怀疑,是在承认客观真理的前提下承认认识的相对性,因而这种怀疑包含着不疑,它所说的相对之中包含着绝对。合理的怀疑方法肯定人类的思维按其本性、使命、潜能和目的来说,是能够认识无限发展着的物质世界的。人的思维和认识既具有非至上性、相对性,又具有至上性、绝对性,这种绝对性就寓于相对性之中,并通过相对性表现出来。对人的认识能力的充分肯定和对认识的绝对性的认同,使合理的怀疑方法避免了相对主义和不可知论。合理的怀疑方法认为,认识的至上性和非至上性、绝对性和相对性是人类认识的固有矛盾,而"这个矛盾只有在无限的前进过程中,在至少对我们来说实际上是无止境的人类世代更迭中才能得到解决"。而人类认识发展的辩证过程也就表现在实践的基础上相对认识、相对真理向绝对认识、绝对真理的动态转化。

需要指出的是,我们强调怀疑方法具有重要的认识功能,这在任何意义上也不是企图把怀疑至上化、绝对化。相反,我们认为,科学、合理的怀疑方法是以实践为基础的,它是一种马克思主义的思维方法,与鼓吹怀疑至上、怀疑一切的怀疑主义存在着根本对立。并且,科学、合理的怀疑方法只是马克思主义辩证思维方法中的一种,它决不应该也不可能代替其他方法。事实上,马克思主义哲学作为一种彻底辩证的、历史的、实践的唯物主义,它内在地包含着合理的怀疑方法和怀疑精神,马克思主义哲学本身正是在合理的怀疑中实现着自我反思、批判和超越。不过,这并不意味着马克思主义哲学能够自发地保证人们都能正确地运用合理的怀疑方法。在现实生活中,有的人在"坚持""运用"马克思主义哲学时,由于种种原因,往往忽视甚至背离了合理怀疑精神而陷入形而上学;有的人则对马克思主义哲学采取虚无主义的态度。在一定意义上,这也重复了绝对主义和相对主义循环往复的悲剧。因此,为了坚持和发展马克思主义哲学,为了开创性地开展社会科学研究,应当恢复马克思主义哲学的合理怀疑精神,重建马克思主义哲学的合理的怀疑方法。

三、怀疑方法的条件和建构方式

1. 怀疑方法的条件

怀疑在日常生活中是经常发生的,许多人都会时常产生各种各样的怀疑。不过,这决不意味着人人都能够掌握和正确运用怀疑方法,更不意味着每个怀疑都是合理的、有价值的。费尔巴哈曾经指出:"真正的怀疑是一种必要性;这不仅因为它使我摆脱妨碍我认识事物的那些成见或偏见,从而成为获得这种认识的主观手段,而且因为它符合于通过它所认识的事物,处于事物本身之中,因而是用以认识事物的唯一手段,是事物本身所给与和规定的。……其次,在哲学家看来,真正的哲学怀疑以那种从这种怀疑开始的哲学的精神和一般观点为前提,哲学家持有这种观点并不是随心所欲的,……而是由世界历史和自己哲学的精神决定的,因此它是一种必然的观点。"[①]费尔巴哈的这些观点虽不全面,但却颇具启发意义。我们认为,要掌握、运用合理的怀疑方法,必须具备一些基本条件。

其一,主体条件。科学怀疑是一切从事科学研究活动的人都应该具备的一种重要素质和能力。但这种能力不可能是与生俱来的,它只有通过后天的学习和锻炼才能获得。为了培养自己的合理怀疑精神,怀疑主体必须具备一些基本条件。①实事求是的态度和作风。科学、合理的怀疑方法,必须以一定的观察、实验事实为根据,必须从实际出发,力戒主观主义,否则就不能揭示事物的本质和规律。在科学发现中,尽管有许多是思维高度创新的产物,然而,它们也总是有着事实根据的。毛泽东曾经把实事求是和主观主义作为两种根本对立的态度和

---

① 费尔巴哈.费尔巴哈哲学史著作选:第1卷[M].北京:商务印书馆,1978:163-164.

作风做了比较分析,他指出,"只有打倒主观主义,马克思列宁主义的真理才会抬头,党性才会巩固,革命才会胜利";而"实事求是"的态度则是一切从"实际情况出发,从其中引出其固有的而不是臆造的规律性,即找出周围事变的内部联系,作为我们行动的向导。……这种态度,就是党性的表现,就是理论和实际统一的马克思列宁主义的作风。这是一个共产党员起码应该具备的态度"。① 毛泽东在这里虽然不是专门谈论怀疑方法,但他强调共产党员应该坚持实事求是的态度和作风,对于科学研究也是适用的和具有启发意义的。②深厚的科学知识积累。进行科学、合理的怀疑,对于怀疑者的科学知识水平具有较高的要求。它要求怀疑者对于所涉及领域必须相当精通,并对相关领域颇为了解,这样才能适当地发现疑问、提出疑问、解答疑问。爱因斯坦、马克思、邓小平等人之所以能够进行科学、合理的怀疑,这与他们具有广博、专深的知识是密不可分的。大量事实都说明,具有广博知识和丰富经验的人,比那些孤陋寡闻甚至只精通某一种知识和经验的人更容易做出富有创新意义的怀疑。③敏锐的逻辑思维技能。在科学探索中,如果发现一种理论或几种理论之间存在逻辑矛盾,往往就会做出怀疑。因此,如果人们精通形式逻辑和辩证逻辑的思维方法,就有可能更加敏锐地发现问题,就有可能更加善于提出疑问、分析疑问。反之,逻辑混乱、违反逻辑思维基本规律的怀疑绝对不可能是科学、合理的。④勇敢、谦逊的品质。怀疑是需要勇气和胆识的,它往往与推翻谬误、迷信、偏见,与追求真理、坚持真理、捍卫真理联系在一起。怀疑者常常要为此而做出种种牺牲,甚至要为此献出自己的宝贵生命。当然,科学、合理的怀疑与鲁莽、狂妄、否定一切是毫无共同之处的。科学的、大胆的怀疑与细心的研究、谦逊的作风是相辅相成的,这种怀疑总是慎之又慎。否则,怀疑者就会沦为目空一切的虚无主义者和自高自大的狂妄分子。

其二,理论条件。合理的怀疑方法要求怀疑本身也具备一些基本的理论条件。①符合事实。怀疑是为科学解释、科学发现而提出来的,符合事实是它具有科学性、合理性的基本前提。因此,科学、合理的怀疑方法必须符合实践中出现的准确的新事实和已经很好地被检验过的既有事实,而绝不能与事实相矛盾,否则就会陷入误区。②符合该领域

---

① 毛泽东选集:第3卷[M].北京:人民出版社,1991:800-801.

其他相关科学理论。对旧理论的怀疑,往往只是对某一理论或这一理论的个别观点、提法的怀疑。有时,它怀疑的是理论的硬核;有时,它怀疑的则可能只是理论中的某些或个别观点、提法。但无论如何,怀疑不可能做到绝对"无立场",它总是需要以某种先进的、已被实践证实并迄今仍被证实着的理论作为立论根据。否则,所做怀疑就会成为无稽之谈。③符合实践唯物主义世界观。科学、合理的怀疑方法,必须在实践唯物主义世界观的指导之下,必须遵循唯物辩证法和实践论思维方式。④符合逻辑。怀疑理论本身在逻辑上必须是自洽的。如果一个理论的提出及论证前后自相矛盾,那么,它的科学性、合理性就是大可怀疑的。

其三,环境条件。科学、合理的怀疑方法,对于社会环境也有着重要要求。通常在较为民主、自由的社会环境中,人们更容易发扬怀疑精神。而在不民主、不自由的专制制度之下,做出怀疑就需要更强的勇气和胆识,并常常酿成许多悲剧。因此,为了发扬怀疑精神、推进科学研究,建立一个健全、合理的社会是非常必要的。

2. 怀疑方法的建构方式

怀疑方法的建构方式,是指主体应当如何进行怀疑、如何形成合理的怀疑方法。这里,我们特别强调通过反思、批判和超越来建构合理的怀疑方法。

(1)反思。建构合理的怀疑方法,必须对人和世界的实践关系和认识关系进行反思。不过,这种反思与旧哲学所谓的反思有着原则性的区别。反思一词在西方哲学中被广为应用,而以黑格尔用得最多。黑格尔认为:哲学作为对于事物的思维着的思考,具有反思的性质。哲学的认识方式只是一种反思,意指跟随在事实后面的反复思考;反思以思想的本身为内容,力求思想自觉其为思想。从这里可以看出反思既是对对象的反复思考,又是对思维本身的反复思考。在黑格尔哲学中,思维与存在具有同一性,因而思维的对象意识和自我意识也是同一的。黑格尔所谓的反思具有辩证的和唯心的双重性质,总体上是非科学的。正如马克思所说:"恰恰正是有一些反思的人,他们相信在反思中并借助反思之力,能够超越一切,然而实际上他们却从未能从反思中超脱出来。"①

---

① 马克思恩格斯全集:第3卷[M].北京:人民出版社,1960:290.

合理的怀疑方法的反思性具有新的特点,它是后思性与前瞻性的统一。这种怀疑方法既不承认包括自身在内的现有一切认识和价值观念具有绝对权威性,也不承认现实实践是尽善尽美的,相反,它竭力对原有认识进行"反复思考"和反身思考,并强调联系人的生存发展来进一步反省既有认识、价值观念和实践的理性根据。它是后思,即对"思"的"思",同时又隐含一定的理性预测;它重视反思对象的自在规定,却更强调反省对象的价值意义。这种反思是后思性与前瞻性、反省性与为我性的统一,可以说,它是反思主体的一种自我确证、自我实现的方式,它对某种认识或实践的怀疑、反思是为了确证自身、实现自身,并由此发展自身。

(2) 批判。合理的怀疑方法不满足于简单地描述人与世界的现实关系,而是以一种辩证批判的态度对这种关系做出评价。正如马克思所说:"辩证法在对现存事物的肯定的理解中同时包含对现存事物的否定的理解,即对现存事物的必然灭亡的理解;辩证法对每一种既成的形式都是从不断的运动中,因而也是从它的暂时性方面去理解;辩证法不崇拜任何东西,按其本质来说,它是批判的和革命的。"①以往的"哲学家们只是用不同的方式解释世界,问题在于改变世界"②。马克思和恩格斯还特别指出:"对实践的唯物主义者即共产主义者来说,全部问题都在于使现存世界革命化,实际地反对并改变现存的事物。"③为了"改变世界"和"改变现存的事物",人们首先必须对现存世界的合理性进行怀疑、批判,由此确立作为现状之否定形态的理想,进而通过合理的实践把理想转变为新的现实。实际上,批判存在两种形态,即实践的批判和观念的批判,其中,物质生产实践作为人对自然的否定性关系,是人类一切否定性或革命性、批判性的活动之源,对观念的批判包括合理怀疑起着决定作用;同时,后者对实践又有一定的规范和导向作用。

合理怀疑意义上的批判,并不是消极的否定,它对人与世界现实关系的审视与批判,是与未来的理想关系的构想和追求相联系的,它把分析与创造、破与立联系起来,把哲学的批判与人的生存发展联系起来。

---

① 马克思恩格斯选集:第2卷[M].北京:人民出版社,1972:218.
② 马克思恩格斯选集:第1卷[M].北京:人民出版社,1995:57.
③ 马克思恩格斯选集:第1卷[M].北京:人民出版社,1995:75.

这种批判建立在全面的理性分析的基础之上,是遵循真理尺度和价值尺度而做出的理性的扬弃。通过辩证的怀疑、批判,人类不断地为自己的认识和实践活动建构起合理的世界观前提、方法论前提和价值观前提,同时又不断对这些前提进行自我审视和批判,实现对这些前提的合理建构。于是,人们的认识和实践活动才可能具有科学性、创造性和合理性。

（3）超越。对人与世界的现实关系的适度超越,是建构合理的怀疑方法的重要途径。这种超越性主要表现在以下方面。

其一,对现实和时代的超越。毋庸置疑,怀疑方法同其他任何思维方法一样,是现实和时代的产物,它必须以现实为基础并受到时代的限制和约束。但是,怀疑方法之所以具有批判性、创新性,就在于它具有超越现实的特质。一方面,它与现实保持适当的距离以保证自己既不脱离现实又能够不为现实所淹没,更不会沦为现实的简单附庸,从而能够对现实的实践进行反思和批判,而合理的反思、批判又进一步保证了怀疑的独立性、科学性和合理性。另一方面,尽管怀疑主体的视界及反思力、批判力、预测力都受制于一定的时代,但是,合理怀疑总是体现了自己时代精神的精华,并面向着未来,这使怀疑主体内蕴着超越旧时代的气质和力量,从而能够打破旧时代的束缚。并且,如果怀疑主体对现状的反思、批判及对未来的构想是合理的,那么,这种被合理地构想着的未来也终将变为现实,从而促进人类实践的自我超越。

其二,对现有的认识能力和认识成果的适度超越。怀疑方法尽管受到主体认识能力及现有认识成果的束缚,但是,辩证的本性使它总能对既有认识进行反思、批判,促使人们打破各种陈规旧律,不断检验、修正、丰富和发展已有知识,从而促进人类认识的自我超越。

其三,对个人私利的适度超越。怀疑方法求真向善的本性,促使怀疑主体尽可能超越一己私利,从而摆脱权威的束缚,打破名枷利锁,进而对现实实践和认识进行合理的反思、批判和超越。当然,合理的怀疑方法又不同于怀疑主义、相对主义,它是有前提、根据的,因而它的超越性也是有限度的。怀疑方法的限度突出体现在它是以真和善的尺度作为自己的前提、立场、根据的。在原则上,它对客观事物的真实性、人的认识能力的至上性以及主体价值的合理性深信不疑,它坚持的是唯物主义可知论而不是怀疑主义、不可知论。同时,怀疑方法对其限度的态度也是辩证的,它坚持某种根据、立场只是因为其在当时是最为合理的,随着实践和认识的发展,怀疑方法的根据、结论也会不断自我扬弃、自我超越。

四、怀疑方法的运作机制

在科学研究和社会实践中,主体通过对现实的实践和认识进行反思、批判、超越,建构起合理的怀疑方法。一般说来,这种重要的现代思维方法在实现过程中经历的主要环节如下。

1. 大胆质疑

这是在实践的基础上运用怀疑方法的起始阶段。人们在从事活动特别是科学研究活动时,不仅要做出判断、结论,而且要不断进行质疑。"质疑"和"判断"实际上是同一认识活动的两个方面,在这种意义上,人类认识史就是一部对既有认识和实践不断怀疑的历史。怀疑方法以实践为基础,原则上它可以对任何东西进行怀疑,任何先定禁区的思路都是与怀疑方法的精神相违背的。怀疑方法从相反的方面提出问题,从否定的方面对以往的一切结论进行批判性的审查,启发人们进行独立思考和探索。怀疑方法不盲目接受任何未经检验的理论,也不承认绝对真理,这为人们从事认识提供了前提。就某一具体认识来说,疑问既是先前认识的结果,又构成了进一步认识的重要出发点。

怀疑方法启示人们自觉地提出诸如此类的问题:某种事物是否真实?人们对事物的认识是否可靠?现实的具体实践是否合理?人们应当如何促使现有认识和实践更加合理化?黑格尔在论及苏格拉底方法时曾这样指出:"一般说来,哲学应当从困惑开始,困惑是与哲学俱来的,人应当怀疑一切,人应当扬弃一切假定,以便把一切当作概念的产物重新接受。"①把一切都当作概念的产物显然是错误的,不过,认为哲学应当从怀疑开始,却不无道理。其实,不仅哲学应当从怀疑开始,科学又何尝不是这样呢?大胆质疑,促使人们追根究底,进一步探寻事物的产生原因和发展规律,有利于激发人们求知解惑、探求真理的欲望和热情。在这种意义上,怀疑是认识活动的重要起点和科学发展的内在动力,是破除迷信、解放思想的锐利武器,也是通向真理的内在环节。

---

① 黑格尔.哲学史演讲录:第2卷[M].贺麟,王太庆,译.北京:商务印书馆,1960:61-62.

2. 科学探疑

在萌生和提出疑问之后,具有怀疑精神的人们往往自觉地采取各种手段去探疑、析疑。"可以断言说:怀疑即求证。这表现为:如果我能有理由地怀疑某些命题,则同时必定有理由证明另一些命题。"①

在探疑过程中,具有"怀疑地批判的头脑"的人们特别重视遵循科学的认识方法和认识程序,自觉地破除各种传统成见和个人偏见,力求实事求是地对疑问进行探究。他们在科学理论的指导下,提出各种大胆的猜测和假设,进行反复的观察、比较、实验,对所生疑问的起因、实质、功能、影响、出路等进行探讨、分析,为进一步的解疑、释疑积累可靠的材料。

3. 合理解疑

生疑、质疑、探疑都只是人们求知的手段,释疑、解疑以规范认识、指导实践才是怀疑方法的目的。在通过科学探疑积累大量材料之后,主体还需要自觉地依据真理尺度和价值尺度,对这些材料进行选择、加工、处理,并提出各种合理的释疑模式,使人们对所生怀疑有比较满意的理解和把握。

解疑的结果有两种情形。一是人们对怀疑对象的疑虑暂时消除,对之采取肯定的态度。"真正的怀疑是一种必然性"②,合理的怀疑方法要求在游移不定中求确定,在偶然中求必然,从现象中求本质,因此,它不盲目地拒绝、否定任何实际的东西,相反,它主张实事求是,坚持在实践的基础上接受一切真理,并勇于宣传和捍卫真理。二是人们对怀疑的对象由怀疑进一步走向否定,促使人们扬弃甚至抛弃某些已有认识,或通过实践改变现状。合理的怀疑方法不盲目地相信或迷信任何东西,认为一切都必须在理性的法庭面前为自己的存在做辩护或者放弃存在的权利,而不管它出自何种教条或权威。

4. 适时核疑

"人的思维是否具有客观的真理性,这不是一个理论的问题,而是一个实践的问题。人应该在实践中证明自己思维的真理性,即自己思维的现实性和力量,自己思维的此岸性。关于思维——离开实践的思

---

① 赵汀阳.走出哲学的危机[M].北京:中国社会科学出版社,1993:194.
② 费尔巴哈哲学史著作选集:第1卷[M].北京:商务印书馆,1978:163.

维——的现实性或非现实性的争论,是一个纯粹经院哲学的问题。"[1]在实践中产生的怀疑方法最终只有回到实践中才可能得到检验,从而得到修正、丰富和发展。

在社会科学研究中,研究人员对怀疑方法的检验主要是检验其释疑模式,这里一般也会产生两种结果:其一,释疑模式得到完全证实,从而强化主体的这种怀疑;其二,释疑模式被部分证伪,它促使主体对已有模式本身进行再怀疑,从而促使主体修正、完善释疑模式,促进怀疑思维的发展。

从质疑、探疑到解疑、核疑,基本完成了一个怀疑周期。但是,物质世界的无穷演化,人类实践和社会认识的不断发展,决定了人们的怀疑也是没有止境的。在社会科学研究中,在实践的基础上,大胆质疑→科学探疑→合理解疑→适时核疑→大胆质疑……,如此循环往复,以至无穷,就是人们运用怀疑方法的基本过程。这个开放的过程促使社会科学研究者不断地进行辩证的思考,从而促使所做研究不断地趋于科学和合理。

---

[1] 马克思恩格斯选集:第1卷[M].北京:人民出版社,1995:55.

第九章 观测方法

　　社会并不是只可直觉和想象的对象,对社会的认识需要建立在可观测、可统计、可验证的社会资料上,因此需要采用科学的社会观测方法。社会观测之所以可能和有效,是因为社会存在具有客观性、社会运动具有规律性,但社会观测毕竟与自然观测不同,这主要体现在社会观测的对象是由有意识、有目的的人组成的社会,观测主体难免介入观测对象之中,并带有自己的历史性和价值性色彩。社会观测系统由社会观测客体、社会观测主体和社会观测中介三个部分组成,客体、主体、中介同质同构、难分难解,构成了一种动态的关系。开展社会观测需要恰当选择课题,提出理论假设;正确运用方法,全面收集资料;统计分析资料,检验修正理论。

在社会科学研究中,观测方法对于问题的提炼和资料的收集具有重要意义。相对于自然科学的观测方法(简称为"自然观测方法")而言,社会科学的观测方法(简称为"社会观测方法")以社会客体为对象而展开观察、测量。相对于社会理解而言,它是一种实证的、经验的社会认识方法和形式。科学认识社会,就必须将认识活动自觉地建立在可观测、可统计、可验证的社会对象和思想资料的基础之上,反对社会认识中的主观臆想和纯粹思辨。近代以来,由于观察、实验方法在自然科学中得到成功应用并逐步地向社会科学领域移入渗透,社会科学研究开始从思辨哲学之中逐步分化出来,朝着实证化、科学化的方向飞速发展。当今时代,社会交往日益频繁,人与社会的联系空前紧密,任何个人、团体要想介入社会生活,都要依靠全社会的共同力量,因而都要首先对社会现象及其规律有一个较为全面、客观的了解,社会观测方法在社会科学研究中发挥着非常重要的作用。

一、关于社会观测方法的诘难与辩护

对社会科学研究中的观测方法进行探讨,首先面临着这样一个问题:社会观测是否可能?这一问题重要而根本,有关社会观测方法的其他问题的论述和展开有赖于对此做出明确而有说服力的回答。而且,由于社会现象较之自然现象更为特殊和复杂,也由于人类自我认识的方法、手段较之人类认识自然的方法、手段远远落后,人们对这一问题的回答仍是聚讼纷纭,远未达成共识,怀疑和否认社会观测可能性的仍大有人在。

1. 关于社会观测方法的诘难

一种极端观点认为,社会与自然完全不同,社会历史是由具有主观意识和意志的人创造的,所以社会世界完全是一个意义的世界,这个意义世界没有客观的现实和感性形式;社会过程完全是一种随人们对它的意义的理解的变化而变化的主观过程,毫无客观规律可言,毫无普遍秩序、内在联系可循。他们认为,对这主观、偶然的世界,社会无法用客观、实证的科学方法加以把握;对社会现象进行科学观测、实证分析只能是"歪曲和误解社会现实";社会认识只有从认识主体本人的主观价值、情感、理想出发去直觉、领悟、体验,才能有所收获。

阿特金森是这一观点的代表人物。他在一套有关自杀问题的丛书中,极力否定实证主义方法论的逻辑和程序,认为社会世界只是行动者的主观解释的产物,除了社会行动者赋予的意义外,本身并没有什么实际的存在。社会学家把社会现象看作实际存在的事物并试图寻求其原因的做法是毫无意义的。韦伯更是认为,社会是一个没有感性的存在,在社会面前,唯一真实的只有你的心灵;上帝不是要你观察社会,而是要你去领悟他的杰作,社会就像上帝一样,你能感到他的力量,但你看不到他的存在。新康德主义者文德尔班、李凯尔特则从目的论的角度否定社会观测的可能性,他们把社会同自然、社会认识同自然认识绝对对立起来,认为社会历史是人的有意识、有目的的产物,是由个别、偶然、具体的事件构成的,它们之间根本没有任何"共同性"和"重复性",无任何规律可循。因此,社会认识只能从认识主体的价值观出发去分别记述那些一次性的、个别的、有意义的事件,而不能采取任何科学观测的方法去寻求各社会现象之间的客观联系。

应该说,上述观点突出了人类社会同自然世界的本质区别,看到了社会历史的意识目的性和个别性,有其片面的深刻之处。但一味夸大这一方面并推至极端,断言社会世界纯粹就是主观意义的世界,毫无客观感性存在形式可言,断言社会现象完全是个别偶然事件的杂乱堆积,毫无规律秩序可循,进而完全否认社会观测的可能性,则失之偏颇。

2. 社会观测方法的对象性根据

(1) 社会存在的客观性。社会虽由人组成,但由人组成的社会同自然一样是客观的物质存在,有其客观感性存在形式。马克思主义认为,人类社会生存和发展的基础在于劳动,劳动这一特殊的人类的本质活动,既是人类社会从自然界独立出来的根本条件,也是人类社会存在和发展的永恒条件,因而劳动是理解一切社会生活的钥匙。而劳动作为社会与自然界相互作用的物质过程,首先是一个感性的、现实的人类实践活动。任何劳动都必须是处在一定自然环境和社会环境的人在一定的时间和空间内进行的,都有着特殊的生理或物理的结构,因而都有着科学意义上的可感性、可观测性。其次,劳动过程是人类本质对象化的过程,劳动必然生产着对象化产品,其中既包括粮食、工业品等物质产品,也包括语言、文字等精神产品,它们都有着客观的感性存在形式。马克思就曾把工业的历史和工业的已经产生的对象性存在看成是一本打开了的关于人的本质力量的书,是感性地摆在我们面前的人的心理学,并且指出:"如果心理学还没有打开这本书即历史的这个恰恰最容易感知的、最容易理解的部分,那么这种心理学就不能成为内容确实丰富的和真正的科学。"①马克思这一精辟论说为社会现象何以能被观测,社会认识何以能够成为科学做了最有力的说明。

不仅建构社会大厦的基石——劳动有其客观感性存在形式,能够为我们感官直接或间接地加以感知,而且建构在劳动基石之上的社会大厦同样也是一种客观的物质存在,有着科学意义上的可观测性。首先,社会大厦的最底层——生产力作为人们解决社会同自然矛盾的实际能力,是一种客观的物质力量。一定时代的人们只能从现实的生产力出发,才能创造出更高的生产力,而不能从主观愿望出发,任意规定生产力的发展,一定社会的生产力可以通过一定的测量指标加以客观度量和统计。其次,社会大厦的第二层——生产关系是人们在社会生产过程中结成的一定的、必然的物质关系,它并不是人们有意识地选择的结果,它不存在于人们的头脑之中,而是发生在活生生的现实生活之中,并可为人们所经验和感知。社会大厦的最上层——上层建筑由三部分组成,其情况稍复杂一些。军队、警察、法庭、监狱、政府部门等设施完全有形可见,其客观实在性自不待说;政治、法律等制度也是一种外部现实,一定社会的法律、道德也可以通过一定的法典和道德条文体现出来,有其外在的客观感性形式;思想、观念等意识形态虽然更多地属于主观因素,但主观因素也有其客观性。主观因素并不是人的主观臆想,它的内容是客观的,而且主观因素只有渗透到社会实践中,并对象化在社会实践结果上,才能成为社会观测客体的一部分,而社会实践是客观的。可见,社会也是一种客观的物质存在,有其客观感性存在形式。社会现象中有许多直接的、自然的经验材料可作为观测活动的出发点,"法律存在于法典中,日常生活发生的许多事情表现在统计数字中或者记录在历史材料中。'时髦'可以从人们的穿戴中反映出来,'嗜好'可以见诸于文物艺术,等等"②。通过对这些客观经验事实的收集,我们对社会的认识可以建立在客观可靠的、可以检验的经验事实基础之上,而不是纯粹的主观臆测。

---

① 马克思恩格斯全集:第42卷[M].北京:人民出版社,1979:127.
② 迪尔凯姆.社会学研究方法论[M].胡伟,译.北京:华夏出版社,1988:25.

（2）社会运动的规律性。社会历史虽由人创造，但由人创造的社会历史始终是一个不依人的主观意志为转移的自然历史过程，有其客观规律可寻。从表面上看，社会事件都是个别的、一次性的、偶然的，而且具有意识目的性特征，但透过表面现象，而从整体上对其加以把握时，我们不难发现"历史进程是受内在的一般规律支配的"，历史事件"在表面上是偶然性在起作用的地方，这种偶然性始终是受内部的隐蔽着的规律支配的"。①

社会历史的客观规律在无数个体活动和力量交互作用所形成的合力中得以实现，在概率中得到表现，带有统计性特征。构成社会单元的是无数有意识、有目的的个人，这些单个人都有其意志指向性，每个人都希望历史成为他所希望成为的那个样子，并为这个结果而做出努力，因此各个人都在一定程度上影响着社会运动，他们实际上都是参与社会运动的变量。当这些变量在一个多样化空间运动时，所表现出来的状态或结果可能是随机的，即不是只有一种可能，而是有多种可能，但随机性绝不意味着毫无规律。无数社会单元相互作用，必然会形成"一个总的合力""一个总的平均数"，使运动趋势出现一个确定的自然过程，从而呈现出社会统计规律。恩格斯为我们生动地描述了这一过程：社会历史的最终结果总是从许多单个的意志的相互冲突中产生出来，而其中每一意志，又是由许多特殊的生活条件，才成为它所成为的那样。这样就有无数互相交错的力量，有无数个力的平行四边形，而由此产生出一个总的结果，即历史事变。这个结果又可以看作一个作为整体的、不自觉地和不自主地起着作用的力量的产物。所以以往的历史总是像一种自然过程一样地进行，而且实质上也是服从于同一运动规律的。各个人的意志都会对合力有所贡献，但都不可能全部达到自己的愿望，而是融合为一个总的平均数、一个总的合力。② 人类社会作为"总的合力"，是一个有规则的自然历史过程，"服从于同一运动规律"；单个人的意志作为"力的平行四边形"组成部分而受到"许多特殊的生活条件"的制约和社会客观规律的支配。整个社会历史并非杂乱无章，而是在杂乱中显示出某种规律性。

---

① 马克思恩格斯选集：第4卷[M].北京：人民出版社，1972：243.
② 马克思恩格斯选集：第4卷[M].北京：人民出版社，1972：478-479.

因此，社会历史作为不依人的意志为转移的自然历史过程，有其客观规律可寻。在社会历史领域进行活动的尽管全是有意识的、有追求的人，任何社会事情的发生尽管都有其自觉意图，各种社会现象尽管纷繁复杂、千头万绪，但是仍可以对其进行科学意义上的观测，仍可以寻找到其发生、发展的实际原因。现实中的每个人，其所作所为不都是胡作非为，所说所言不都是胡说八道，所思所想也不都是胡思乱想。人们有何意向、愿望，他们如何解释世界、遵循什么规则或约定，他们的行为符合什么理由，都可以从其所处的环境和关系中找到现实根据并对其加以说明，都可以客观地加以观测、统计和分析。

综上所述，我们认为人类社会并不是某种虚幻的主观臆想物，也不是杂乱无章的偶然事件的堆积物，而是客观存在的现实物，具有自己的客观感性存在形式和客观规律。因而，我们能够真实地按照社会面貌去进行科学的观测，科学的社会认识可以建立在客观可靠的社会经验资料的基础之上。

3. 社会观测方法与自然观测方法的比较

社会观测方法是相对于自然观测方法而言的。在回答了"社会观测何以可能"的问题之后，对社会观测方法与自然观测方法做一比较研究，寻求双方的共性，发掘各自的个性。这对于揭示社会观测方法的特点，无疑非常必要。

社会观测方法以社会为其研究客体，自然观测方法以自然为其研究对象，对社会观测方法与自然观测方法之关系的回答直接取决于对社会和自然的看法。人文主义者往往把社会和自然决然对立起来，否认社会观测的可能，从而在前提上否认了对社会观测方法与自然观测方法进行比较的必要。而自然主义者恰好相反，认为社会与自然并无两样，社会的感性形式与自然的感性形式、社会规律与自然规律完全等同，因而，社会观测只是自然观测的简单延伸，二者并无根本区别。人文主义者和自然主义者都分别看到了问题的一个方面，各有其合理之处，但二者又都各执一端、不够全面，都不可避免地走向片面，因而均不足取。

人类社会作为自然界发展到一定阶段的产物，与自然界同属客观物质世界，两者理所当然地具有许多共同之处，如都有自身可感知的客观感性形式和客观规律，因而都有其科学意义上的可观测性。社会观测与自然观测同属科学的认识活动,它们之间也必然共有一些基本特征,如经验性:强调认识的基础在于客观可靠的经验事实,认识的结果需要经验性材料加以检验和认定;又如系统性:认识的目的不仅在于弄清单个事物或现象的特征,更在于发现事实之间的内在联系和一般规律,等等。

但是,自然界由盲目无意识的自然存在物构成,社会则由有意识、有目的的"活"人组成,二者毕竟不能简单等同。诚如恩格斯所言,社会发展史有一点是和自然发展史根本不同的。在自然界中全是不自觉的、盲目的动力,这些动力彼此发生作用,而一般规律就表现在这些动力的相互作用之中,自然现象的发生都是没有预期目的的。而在社会历史领域内进行活动的,全是有意识的、经过思虑或凭激情行动的、追求某种目的的人;任何事情的发生都不是没有自觉的意图,没有预期的目的的。[①] 因此,社会观测及其方法与自然观测及其方法也不可能是完全等同的,它们在诸多方面存在着差异。

(1) 介入程度。在自然观测中,一般说来观测者只需也只能从外部观测自然物质的运动,而不必也难以介入正在观测的对象中去,而在社会观测中,观测者从事社会调查,往往要深入所观测的对象之中。

在自然观测中,观测对象为自然物体,自然物体没有内部意识,因而它总是以完全相同的方式对一种特定的刺激做出反应,观测者不必担心它会察言观色、因人而异。化学家把锌加在稀硫酸中,就不会担心锌或稀硫酸拒绝发生反应,或者"知道"科学家的公式而故意不相互作用。因此,自然观测者只需从外部观测物质的反应活动,而不必深入对象中去。正如英国社会学家哈拉兰博斯所说:"自然科学研究的是物质,而认识和说明物质的变化情况只要从外部去观察就够了。原子和分子并不具有意识。它们没有指导自身变化的意义和目的。物质只是简单地'无意识'地对外界刺激作出反应,用科学的语言来讲,它是在发生作用。因此,自然科学家能够观察和计量这种变化,并给它强加一种外部逻辑,以便进行解释。他不需要探究物质意识的内部逻辑,而理由则很简单,因为这种逻辑是不存在的。"[②]

[①] 马克思恩格斯选集:第4卷[M].北京:人民出版社,1972:243.
[②] 哈拉兰博斯.社会学基础[M].孟还,卢汉龙,费涓洪,译.上海:上海社会科学院出版社,1986:26.

社会观测则不同。社会观测的对象为人的活动及其结果,它渗透着人的意识、意志和目的,因此,社会现象除了一定的感性特征即一定的外在感性形式之外,同时还不可避免地具有内在的非感性的方面,如动机、目的等。一般来讲,一定的内在非感性内容总是通过既定的外在感性形式表现出来,但有时候"人的面具比纸做的面具更靠不住"。在社会观测中,出现伪象、假象,即以曲折的甚至完全相反的感性形式来掩盖自己的真实想法以迷惑处于一定立场的社会观测者,是经常有的事情。因此,社会观测不仅要观测社会现象的感性形式,还要通过感性形式去深入了解感性形式之后的观念、动机。而人的内在本质、思想观念等只有在人们的社会关系中并通过人们的交往活动才能表现出来,也才能为他人和自身所了解。因此,社会观测只有深入社会交往和社会实践之中进行科学的、客观的社会调查才有可能。而社会调查不同于自然观测中人对物的实验,它是通过人与人的接触、交往而实现的。通过社会调查,社会观测者深入观测对象中去,不仅可以观察到社会现象的客观的外在感性形式,而且还可以洞察到感性形式背后的许多非感性的意图、动机等事实,从而获得真实全面的而不是虚假表面的经验材料。

(2) 时态特点。自然观测大多是在共时态意义上进行的,而社会观测除了要做共时态的静态观测外,还尤须进行历时态的动态考察。一般说来,自然界的变化是完全自在的、盲目的,因而具有缓慢性、相对稳定性。我们今天看到的自然界同几千年前的自然界相比就没有发生根本变化。即便有什么剧烈的变化也是由人的活动引起的,自然界自身的变化是缓慢的。因此,在自然观测中,自然物质一般都被当作"死"物看待,对其做共时态的观测,而很少去考察它的历史和发展趋势。一个正确的自然观测结果也往往过去有效、现在有效,将来也被认为有效。

同自然变化相比,社会变化则要迅猛得多。人的能动活动,使得社会变化呈现出高频率的特征。从人类社会历史的整体变化看,自人类诞生后,尤其是有文字记载的历史以来,人类社会的生产方式、生活方式、社会内部结构和各种社会关系,如社会的物质生活状况、精神生活状况、经济关系、政治关系、家庭婚姻关系等都发生了翻天覆地的变化。在现代社会,这种变化更是突飞猛进,一日千里。而从社会个体的物质生活状况、思想感情等方面的变动来看,更是"士别三日,当刮目相看"

"年年岁岁花一样,岁岁年年人不同"。有着自由意志和学习能力的"活"人常常会由于吸收了新的情况而修改自己原来的习惯性行为,从而使日常生活中的社会现象、社会事件时刻处于不断地生长和变化之中。因此,社会观测除了要对社会现象的横断面进行共时态的静态观测外,还须进行历时态的追踪考察,从对象的发生、发展过程中,从历史的内在联系中去把握对象,发现其运动规律和趋势。正如列宁所说,在观察各个阶级和各个国家时,不应当认为它们处于静力学上的状态,而应当认为它们处于动力学上的状态,也就是说,不应当认为它们处在静止的状态,而应当认为它们处在运动的状态。这样,每一社会观测过程都是持续的、不断发展变迁的动态过程。对以前观测的结果必须不断地收集新的资料进行印证,看其是否仍然有效。在社会观测中,永远不能奢望一蹴而就、一劳永逸。

（3）价值特性。在自然观测中,主体和客体双方异质异构,观测主体容易保持价值中立,而在社会观测中,主客双方彼此交叉,互相缠绕,观测活动往往具有价值非中立性。

在自然观测中,观测主体与观测客体不是同一类属物,自然客体所具有的是物理的、化学的或生物的自然属性,而观测主体所有的根本属性是社会的人的属性,二者之间具有质的差异,界限分明。相应地,观测客体具有价值中立性,不管人们从哪种角度、运用何种方式对待它们,它们的价值都是同等呈现的。而在社会观测中,作为观测客体的社会总是人的社会,它既是人们相互作用的产物,也是人们现实的存在方式,因而它内在地含有主体因素。而作为观测主体的个人总是处于一定的群体、阶级、国家、民族和社会之中,总是处于一定的社会关系之中,从事着一定的社会实践活动,因而总是社会观测客体的一部分。社会观测主客双方这一彼此交叉、相互缠绕的复杂关系使得社会观测主体很难以旁观者的身份出现,丝毫不动感情,一点不带偏见。主体价值的涉入成为社会观测活动的一个突出特点。社会观测活动的这一特点无疑给社会观测结果的客观性制造了最大的难题。人们不得不为解决这一难题而努力。好在随着社会科学的发展,一种被称为"公开曝光"的方法逐渐为人采用,使价值取向对社会观测的客观性的影响得到了有效的限制和克服。所谓"公开曝光"法,就是要求每一社会观测者"公开而坦诚"地宣布自己的价值观和偏见、观测使用方法、所用资料的来源和课题赞助单位,以便其他社会观测者可以对其事实前提和价值前提进行充分的讨论,用其方法做同样的观测,对其证据进行重新检查和验证。通过这种方法,社会观测者之间可以互相检验,个别观测者的偏见可以被减少到最低程度。正如自然观测中观察渗透理论并不妨碍观察具有客观性一样,社会观测主体的价值涉入也不一定损害社会观测结果的客观性。

(4)环境调控。在自然观测中,实验的环境可以严格控制;而在社会观测中,试验具有非完全受控性。

在自然观测中,观测对象为无意识的自然物质,结构相对简单,且观测者容易将它与其环境加以隔离,并施以人工控制。而在社会观测中,社会行为始终受多种变量的影响,任何社会现象都不是由一两个变量造成的,既有客观环境变量,又有主观动机变量,还有历史传统变量;既有必然的确定的变量,又有偶然的不确定的变量。各种变量之间盘根错节,相互纠缠,社会观测者不大可能像自然观测者那样把对象一一分开,来分别观测它们彼此之间的关系。在进行社会试验时,本来不是观测对象的许多变量也不时与观测对象发生作用。社会观测对象涉及的变量多且难以控制这一特点大大增强了社会观测的复杂性,影响着社会观测结果的准确性。不过,近年来,社会科学工作者发展出模拟研究、项变数分析和"准实验性"设计等方法,对观测中的变量做或多或少的隔离和控制,从而使社会观测的精确性和可靠性大大增强。

通过以上分析,我们看到,社会观测方法与自然观测方法既有共同之处,又各有其特殊方面。共同之处在于它们都可以通过收集客观可靠的经验资料来认识研究对象。不同之点在于它们收集资料的方式、方法存在明显差异。社会观测通往客观性、精确化的道路较之自然观测更为复杂和艰难。我们既不能以自然观测的标准简单地衡量社会观测,也不能因社会观测不能达到与自然观测一样的客观性、精确性就怀疑社会观测的可能性。

二、社会观测系统的基本结构及其特征

社会观测,是一定的社会观测主体借助于一定的社会观测中介以经验实证的方式观念地把握社会观测客体的一种自觉活动和方法。它较之自然观测既有相同之处,又有自身的独特方面。而不论是相同之

处还是特殊方面,都与构成社会观测系统的客体、主体和中介这几个基本要素密切相关。

1. 社会观测系统的基本结构

(1) 社会观测客体。在社会观测系统中,客体处于对象性、基础性地位。主体目的的实现依赖于对客体的充分认识;结论的正确与否以客体为检验标准;工具和方法的选择更是由客体自身的性质和结构决定的。

从总体上看,社会观测客体既不同于纯粹作为实体性物质存在的自然观测客体,也不等于完全作为主观意义而存在的社会理解客体,而是同时包含着客观因素和主观因素的有机统一体。一方面,社会现象具有外在性和强制性,因而内在地具有客观的属性。社会现象包含着个人因素,但却不能简单地被还原成私人事件。社会现象依赖于社会成员,但却不以各个社会成员的意志为转移;它既依赖于个人又超越于个人,社会的延续不以个别人的生死为转移。"人们的行为方式、思维方式和感觉方式中有一种社会的性质,它存在于个人意识之外。"①不仅如此,社会现象对个人来讲还具有约束力和强制力,个人的意念、倾向、思维方式、感觉方式、行为方式不是仅产生于他们自己的内心,也受到来自外界社会力量的引导和影响。个人如果抵制社会,社会也将以各种方式来显示自身的存在。作为社会观测客体的社会现象首先是一种客观现象。另一方面,社会现象的客观性又不是那种无人介入的、纯自然的客观性,而是包含着主观性的客观性。任何社会现象都是人的活动及其产物,因而不可避免地有意识参与其中;人的活动内在地包含着价值观念、动机目的、情感意志以及主观选择等,这些主观因素都是社会客观规律的构件。社会现象不仅包含着客观因素的作用,而且包含主观意识的参与,因此,社会观测客体是客观性和主观性的辩证统一。在这种意义上,"社会事实的本质是双重的,它既是客观的,又是主观的。一方面,通过主观的努力,人类创建了社会和社会事实的各种其他方面,这种主观的创造随后又作为外在的客观现实出现在个人面前,制约和模塑着个人。社会事实的这种双重属性还表现在另外一些方面,即每一社会事实本身都是主观和客观的结合,思想是主观的,但它得以

---

① 迪尔凯姆. 社会学研究方法论[M]. 胡伟,译. 北京:华夏出版社,1988:4.

表现出来的语言文字是客观的;战争是客观的社会进程,但它的动机和目的、具体的战斗方式,却是受个人主观意志指挥和影响的。社会事实是主观和客观的混合体"①。这种认识无疑是简明而深刻的。

从总体上看,社会观测客体是主观和客观的有机统一体。但具体来讲,社会观测客体又并不是铁板一块,而是划分成若干层次,在各个不同层次中,主、客观成分的含量不尽相同。作为人类社会存在发展的前提和为社会大厦奠基的自然界和物质生产领域所含客观成分最多,主观成分最少;作为社会大厦第二层的生产关系、社会关系所含的客观成分逐步减少,主观成分逐步增多;到了社会大厦的顶层上层建筑,客观成分减为最少,而主观成分增为最多。社会观测客体各个层次中所含主客观成分不一,要求社会观测活动在各个层次中的精度、难度、使用方法相应有别。一般来说,客观成分多、主观成分少的层次,社会观测的难度小一些、精度高一些,使用方法可以较少深入对象内部,而直接进行外在观测;客观成分少、主观成分多的层次,社会观测的难度更大一些,精度更低一些,使用方法可以而且必须深入对象的内部,进行参与观测。

(2)社会观测主体。对象性客体总是和一定的主体相联系,和一定的主体的本质力量相适应。那些主体的本质力量不能触及或还未触及的"物自体""自在之物"并不是对象性的客体。"对于没有音乐感的耳朵说来,最美的音乐也毫无意义,不是对象","忧心忡忡的穷人甚至对最美丽的景色都没有什么感觉",贩卖矿物的商人"看不到矿物的美和特性;他没有矿物学的感觉"。② 音乐、景色、矿物的美和特性对于没有音乐感的耳朵,对于忧心忡忡的穷人和贩卖矿物的商人来说是"非对象性的存在物,是一种非现实的、非感性的、只是思想上的即只是虚构出来的存在物,是抽象的东西"③。没有一定的主体的本质力量,就没有一定的现实客体,也就没有一定的主体和客体的对象性关系。因此,在分析了社会观测客体之后,还有必要对社会观测主体做一番考察。

一般地说,只有人才能成为主体,社会观测主体同所有人类认识活

---

① 杨善民.社会学视野中的社会事实[J].社会,1992(4):12-16.
② 马克思恩格斯全集:第42卷[M].北京:人民出版社,1979:126.
③ 马克思恩格斯全集:第42卷[M].北京:人民出版社,1979:169.

动的主体一样,也首先是一个拥有包括自然属性、社会属性、精神属性等多种属性的能动的人。但是,又并非所有的人都能成为社会观测主体。根据主体-客体相关律,客体类型不一样,主体把握不同类型的客体的性质、要求也会有所不同。社会观测主体必然具有自身的特殊属性。

在自然观测中,由于客体为没有意识的自然物体,主体为有意识的人,主客双方分属两种不同的属类,因而主体的身份比较单一,主要作为外在的观众而存在。而在社会观测中,客体为人的社会,主体为社会的人,主客双方彼此交叉,相互缠绕,主体的角色因此而呈现出复杂化、多重化的特点。首先,社会观测主体是社会发展的规划者,是具体社会活动的发动者,因而是社会客体的剧作者;其次,社会观测主体还是社会历史的实践者,是社会生活的参与者,因而是社会大剧场上的剧中人;再次,社会观测主体不仅规划、实践着社会进程,而且还不断地对这一过程进行观赏和监测,因而是社会这一活剧的内在观众。这样,社会观测主体是一身而三任:既担任剧作者,又充当剧中人,还扮演观众。社会观测主体一身而多任这一特性使得社会观测主体明显地区别于自然观测主体。

社会观测主体的特殊身份要求社会观测主体具备相应的特殊素质。一个合格的社会观测主体必备的特殊素质很多,这里仅就其中的四个突出方面略加概括和说明。

a. 心诚。心诚指诚恳虚心的态度。自然观测客体为没有意识的自然物,主体对观测对象的态度好坏,一般不影响对象的性质及其反应。而社会观测所面对的都是与观测主体一样的活生生的人,是处于一定历史时期、一定社会集团的"社会人"。这些作为被观测者的人一般要视观测者的态度回答问题,他们一旦发现观测者的态度不那么诚恳虚心,就心存疑虑,心灵的大门也随即关闭。在这种情况下,观测者的态度是否诚恳虚心直接影响观测活动及其结果。因此社会观测主体要想获得真实的社会资料,态度必须诚恳,真诚地和被观测者交知心朋友,体验他们的生活,拜他们为师。诚恳虚心的态度是社会观测主体应具备的基本素质之一。

b. 眼明。眼明指具有敏锐的洞察力。社会现象异常复杂,既包含外在的感性形式,又具有内在的主观因素,有时二者并非完全一致,虚虚实实、假假真真,难以分辨。社会事件更是变化万端,具有极强的时间性。如果没有敏锐的洞察力,缺乏从蛛丝马迹处发现线索、从变动不居中捕捉信息的本领,那么社会观测主体非但不能对社会的真相本质有所洞悉,而且对社会的表象也只能一知半解。敏锐的洞察力不是天生的,它与是否具备深厚的社会理论基础息息相关。如果没有一定的社会理论基础作为观测社会的背景框架,再聪明的人对再重大的社会现象也会是熟视无睹。迪尔凯姆说得对:"对于社会学者来说,只有掌握社会学的基本知识,才能认识社会现象。"①学习社会理论是培养敏锐的洞察力的有效途径。

c. 腿勤。腿勤指具有越千山、涉万水的勇气和毅力。观测社会不能靠坐在书斋冥思苦想,也不能只待在实验室埋头苦干,而必须从实际生活出发,深入现场实地,广泛采访调查,获取第一手的经验资料,因而是一项十分艰苦的劳动,有时甚至需要付出代价和牺牲。许多人类学家为了观测原始群落冒着生命危险深入原始森林,同原始部落同生活、共劳作。无数社会学者为了获取准确的调查数据而翻山越岭,走家串户,不辞劳苦。没有勇气和毅力便无法收集到原始、真实的社会资料,也就无法保质保量地完成社会观测活动。

d. 手灵。所谓手灵实指整理、分析社会资料的实际能力。社会观测对象含有多因素、多层次、多变量的复杂成分。通过观测而获得的社会资料数据繁多、表格复杂。面对堆积如山、浩如烟海、杂乱无章的社会资料,如果不能有效地加以整理、分析,那面对的便只是废纸一堆。因此,整理、分析社会资料的实际能力对社会观测主体来讲必不可少。一般来讲,整理、分析社会资料主要用到数理统计的知识和技术,因此具备一定的数理统计知识和技术也就成为社会观测主体的重要素质。据考察,具有中等数理统计水平的社会观测者只能做粗略的定性分析和基本的表格统计工作等。只有学过高等数理统计的人才能有效地跨入社会统计分析的门槛。

社会观测客体的复杂多变及社会观测主体的多重身份内在地要求社会观测主体具备多层次、全方位把握对象的素质结构。随着现代社会的飞速发展,其对社会观测主体的素质要求越来越高。然而,个人不

---

① 迪尔凯姆.社会学研究方法论[M].胡伟,译.北京:华夏出版社,1988:118.

论动力多足、能力多强,总要受到自身有限机体、有限生命的限制。那些大型的、完整的、系统的社会观测活动个人难以单独胜任,只有借助于集体的力量才能完成。于是,作为个体能力有限性的补充,集体性的社会观测共同体便应运而生。这些共同体小到小规模的社会观测小组,大到国家级、国际间的社会观测机构。在这些集体性的社会观测共同体中,单个社会观测主体之间互相取长补短,协同攻关,从而实现着人类总体的自我反观。

(3) 社会观测中介。社会观测主体与社会观测客体之间不可避免地存在着时间上的不同时性、空间上的异地性以及存在方式上的异质性,如不借助一定的社会观测中介,社会观测主体便无法直接把握社会观测客体。社会观测中介是社会观测系统中主、客体之间相互联系和相互作用的必要环节、中间桥梁和转换机制,是社会观测主、客关系形成的前提,因而也是社会观测系统的基本要素。

同一般认识中介一样,社会观测中介也内含三种基本形态:"硬性"的实物形态、"软性"的方法形态、"中性"的语言形态。但由于社会观测活动的特殊性,社会观测中介在具体内容和表现形式上又呈现出许多特殊性。

就实物形态而言,自然观测往往凭借作为感官延伸物的工具、仪器直接接触自然物质,获取关于自然物质的感性认识。社会观测当然也要使用一些器械工具,如观察时用的录像机、处理资料时用的计算机等,但一般来说,社会观测既不使用"显微镜",也不使用"化学试剂",而主要是通过问卷、文献等进行社会资料的收集。所谓问卷,是按一定的理论假设设计出来的,由一系列变量指标所组成的表格。社会观测主体用它作用于社会观测客体,社会观测客体在它上面做出自我报告,然后社会观测主体对社会观测客体的回答进行整理、分析,从而获取社会观测客体的实际情况。问卷是社会观测活动中使用最为普遍的计量工具。文献是社会主体对他们所处社会的记载,它以浓缩的方式积淀和固化着各种社会信息。通过对相关文献的查阅、解读,可以打破社会观测过程中的时间和空间阻隔,使社会观测多向度、全方位地进行。

就方法形态而言,社会观测也不同于自然观测。自然观测主体不必为了解释物质的变化而探究和考虑它的内部意识,他们主要是从外部观测物质的活动。"自然科学家一般并不介入他们正在研究的现象中,而社会科学家则不然。"① 社会观测主体为了获取确凿、全面的社会资料,不仅要观察对象的外部感性形式,而且要洞悉对象的内部主观动机,而这一切只有在社会交往中,深入对象内部才能完成。因此社会观测主要采取参与观察、个案访谈或召开调查会等方式方法。

就语言形态而言,社会观测活动作为观测主体观念地再现外部社会世界的一种现实活动,只有借助于一定的语言符号才能实现。社会观测的每一阶段,如从理论假设的提出,到社会资料的收集,再到社会资料的分析、解释,语言的中介作用均须臾不可少。语言之所以能够起到社会观测中介的作用,是因为它一方面具有指称性,另一方面具有交流性。一定的语言符号指称着一定的社会观测客体的信息,联系着一定的社会观测客体,同时又具有一定的意义而为社会观测主体所把握,为社会观测主体之间相互交流提供中介。社会观测主体掌握了一定的语言意义,便间接地认识了该语言所代表的客体内容。作为社会观测中介的语言要求具有单义性,避免一词多义,因而往往使用观察语言或中性语言。如果语言意义界定不一,社会观测主体与社会观测客体进行语言交流时势必出现"所答非所问",语言的中介作用就不能充分有效地发挥,甚至会成为社会观测的障碍。因此,社会观测中使用的语言往往要做操作化定义,将那些模糊的、抽象的、不可测量的语言转换成清晰的、经验的、可测量的语言,以充分发挥语言作为社会观测中介的作用。

2. 社会观测系统的总体特征

一般说来,在自然观测系统中,主体、客体与中介之间异质异构、"易分易解";而在社会观测系统中,主体、客体、中介则是同质同构、难分难解的。

(1) 社会观测系统中的主体与客体自我相关。在社会观测系统的"解剖结构"中,从事社会观测活动的主体是人,而人只能是社会的人,人既是人类历史活动及其进化的产物,又是现实社会结构中的内在要素和组成部分。被观测的客体是社会,而社会只能是人的社会,它既是历史上人的交互作用的产物,又是社会人的现实存在方式、活动过程。这样,作为社会观测主体的人本身内在地存在于和活动于作为社会观

---

① 余炳辉,等.社会研究的方法[M].杭州:浙江人民出版社,1986:18.

测客体的社会之中，而社会观测客体则实际地将那些作为社会观测主体而反映着社会的人包含于自身之中，社会观测主体与社会观测客体内在地自我相关、难分难解。①

(2) 社会观测中介与社会观测结构中的对应两极自相缠绕。在社会观测系统中，充当中介的是各种形式的物质-精神文化产品，它们在社会观测结构中实际地扮演着多重角色。首先，它们既是社会历史过程的记录和见证，又是现实社会存在的组成部分，还是未来社会发展的源头，因而是社会观测客体的一部分。其次，它们又是主体把握和再现社会客体的手段和中介，是人们表述和传输自己关于社会的思想和学说的语言符号和形式系统，因而是同属于主体的一部分。社会观测中介这种亦此亦彼，又非此非彼的特征，使我们再次体会到社会观测系统中的"自我相关、自相缠绕"。

(3) 社会观测主体与社会观测客体之间经常发生主客体二重化现象。在一定的社会观测活动中，一定的社会观测主体对其所面临的社会观测客体进行观测时，他的客体也把他作为客体而加以观测。这种现象被称为主客体二重化现象。这种二重化现象之所以能够发生，就在于在社会观测活动中，被主体所观测的客体与主体一样，也是具有思想意识并从事实践认识活动的人，这些被一定主体所观测的人往往不可避免地要对他们所关注的一切事物，包括观测他们的那些人加以观测。这样，在社会观测活动中，人与人关系中的每一方都作为主体作用于对方，同时又都作为客体而为对方所作用。这种主客体二重化现象使得社会观测表现为一种类似于对弈的双向对策活动，从而加强了社会观测系统中的"自我相关、自相缠绕"特征。

三、观测方法在社会科学研究中的运用

社会观测系统的主体、客体、中介以及它们之间的关系都不是静态的，而是动态的。只有在活动中，社会观测系统的各要素及其相互联系才得以表现、实现和确证。研究社会观测方法，不仅应从"解剖学"的角度对社会观测系统进行要素与结构分析，而且有必要从活动论角度对社会观测方法在社会科学研究中的运用做动态的过程考察。

---

① 欧阳康.社会认识论导论[M].北京:中国社会科学出版社,1990:5.

社会观测方法的具体运用形式具有多样性,就一般过程来讲,其都是一定的社会观测主体在一定的理论假设指引下,运用一定的方式方法收集一定的社会资料,然后对收集来的社会资料进行整理、分析,从而对理论假设进行验证的过程。这是一个在理论假设与经验资料之间循环往复的认识过程。这一过程一般经历选题、设计、实施、总结等四个主要阶段,而各个阶段又包含若干步骤,因而是一项复杂的系统工程。这里不拟一一描述,而仅从如何科学地从事社会观测的角度,就其中的三个基本环节做些简要的分析。

1. 恰当选择课题,提出理论假设

选择适当的观测课题,建立可验证的理论假设,这是科学地运用社会观测方法的重要前提。科学意义上的社会观测活动必须具有明确的目的性和选择性,正如波普尔所言,我们的观察不是随机摄影,而更像一个有选择的作画过程。社会观测活动首先面临的就是观测什么的问题,亦即课题的选择问题。社会现象不计其数,社会事实更是层出不穷,社会观测只能选择其中的有限部分作为对象。而且,社会现象极其复杂,每一种社会现象都与其他各种社会现象存在各种各样的关系,它们相互交织、彼此作用。观测社会,就好像面对一个多面体,一定的观测者每次只能从一个特定的角度去观测它的一个或几个相关的侧面,而不可能面面俱到。选择课题就是明确社会观测的具体对象,确立社会观测的特定角度。课题的设置,使得社会观测主体和社会观测客体之间的关系得以现实地建立起来,使得社会观测通过主体、客体之间的交互作用而得以有效的展开。

在自然观测中,理论对观测活动发挥着指引作用,在社会观测中更是如此。社会观测总是在一定的理论假设的指引下进行的。整个社会观测过程可以看作是一个建立理论假设、检验理论假设的过程。观测课题确立之后,紧接着便是建立一系列可以加以检验的理论假设。所谓理论假设,即对社会观测对象之间内在的联系或规律所提出的一种假想性的说明,它不仅说明对象间的内在联系,而且指出这种联系的程序和方向。理论假设可以直接产生于既有的社会理论,也可以产生于日常生活中的直观观察和直觉经验,还可以产生于小范围的探索性调查。但不管如何,理论假设必须具有可验证性,即可以通过一定方式被经验资料证明或证伪。当组成假设的概念是抽象的,无法对其进行直接观测和验证时,必须通过操作化定义,把抽象的概念转化成经验的变量。操作化定义是理论思维通向社会事实不可或缺的桥梁。建立了可验证的理论假设就等于确立了观测的重点和收集资料的范围。此后主体的注意力就可以集中在收集社会资料并对理论假设进行检验的必要环节上。

2. 正确运用方法,全面收集材料

运用合适的方式方法,真实全面地收集材料,这是科学地观测社会的重要步骤。

社会观测活动最突出的特点在于其实证性。胡适所主张的"大胆假设,小心求证"在这里有其特殊意义。检验一切社会认识、社会理论的基本要求就是"拿出证据"。而"拿出证据",对社会观测而言,就是要收集全面、真实、可靠的社会资料,凭事实说话,用资料论证。因此,在进行"大胆假设"之后,社会观测活动紧接着便将进入"小心求证"阶段,即收集社会资料检验理论假设阶段。无疑,收集社会资料是社会观测活动的重头戏,是社会观测过程的最关键环节,所收集的社会资料的数量多少和质量好坏直接关系着社会观测活动的成败。

收集社会资料可以采取普查的方式,即对社会观测对象总体的每一单位逐一进行详细调查,对每一单位的各相关资料进行全面、准确的收集,也可以采取抽样调查的方式,即依据同类社会现象部分与总体之间的相似、相关或同构性,随机地或有代表性地抽取部分样本,通过对样本这一直接客体进行观测、调查,获取关于样本的统计资料,然后根据样本与总体的内在关系推论和建构总体,以此实现对总体的观测。在实际观测过程中,由于社会现象极为复杂、多样且带有随机性,全部调查每一个体相当困难,所以收集社会资料通常以抽样调查的方式进行。

收集社会资料的具体方法多种多样,举其要者有观察法、访谈法、问卷法、文献法、试验法。一种具体方法如同工具箱中一件特定的工具,各有自己的特点和用途。在收集社会资料的过程中,需要根据观测课题的总体要求和观测对象的实际情况灵活选用与之相应的方法。

观察法是社会观察者凭借直接的感知接触观察对象,从实地、实事、实物中收集有用的社会资料的一种方法。这种方法最显著的特点是其直接性,即观察者与观察对象具有直接联系。在观察某社会过程和情势时,观察者不仅是一个有特殊目的的资料收集者,而且是直接生活在该生活中的一分子,他同观察对象同处一个观察体系之中。这种特殊关系使观察者能够直接地了解到观察客体的情况及其变化,并可能详细地记录、获取全面的观测资料,其中包括那些容易忽视的具有潜在意义的资料。观察法的最大难点在于对事件究竟在什么样的时空下发生难以做到准确预测,为此必须采取连续观察方案,这使得使用观察法较为费时、费钱。而且,在面对重大社会事件的全貌时,仅用观察法也显得力不从心。

访谈法是通过谈话的途径来了解某人、某事、某种行为或某种态度的一种收集社会资料的方法。访谈法通常是在面对面的场合下进行,由访问员来访问观测对象,把问题讲给被观测者听,要求被观测者对所提出的问题做出回答,并由访问员将回答内容及交谈时观察到的一些行为及印象一一记录下来,从而获取对象的事实资料。在访问过程中,最关键的问题是如何使被访者讲真话,减少访问员的个人因素对所收集资料的不良影响。访问法具有较好的灵活性、适应性、深入性,且回答率高、效率高,但使用访谈法的支出较大,受场景影响较大,标准化程度较低。所以,访谈法一般应用于那些偏重私人情况和对准确性要求较高的问题的观测上,或者应用于探索性观测活动。访谈法往往与问卷法结合使用。

问卷法是利用精心设计的问卷收集资料的一种方法。与访谈法相比,它有其自身的特点和优点。访谈法由访问员找访问对象面谈,问卷法则大多通过邮寄、个别分送或集体分发等方式发送问卷,由被观测者按照表格所问的问题来填写答案。问卷法之问卷较之访谈法之访谈表更为详细、完整和易于控制,因而具有标准统一、形式规范、易量化、易比较的优点,对于描述那些重大对象的状况、性质和特征特别适用。在现代社会中,社会发展与社会变迁的速度日益加快,社会不同部分之间的差异日益扩大,社会总体的异质性程度日益增强。同时,随着电子计算机技术的飞速发展、社会统计指标体系的建立、多元评估分析方法的完善,问卷法日益成为一种主要的计量工具而为社会观测活动所使用。

观察法、访谈法、问卷法基本上都可以看作是同时性的实地观测方法,其所跨越的时空幅度都极其有限。而社会客体具有较强个性和非简单重复性,观测社会客体,必然存在着时间和空间的阻隔。社会观测要想获得全面丰富的社会资料就必须打破这种时间和空间的阻隔,对此实地观测是无能为力的。因此,人们要了解具有一定时空距离的社会情况,就必须借助各种形式的文献。通过阅读文献而获取社会资料的方法,被称为文献法。作为社会观测的直接对象的文献主要由三方面内容组成:①政府和其他各部门的档案资料、报表、文件等;②大众传播媒介内容,如电视、电台、报刊、书籍中的资料;③私人的信件、文书等。文献法对那些需要考察其历史演变并进行对比研究的观测课题具有不可或缺的作用。即便是观测现实社会问题,往往也要使用文献法,通过文献来了解观测者不能亲自接触但又非常有用的重要材料和数据,以弥补实地观测之不足。

在自然观测中,为了精确测定物质现象间的因果关系,观测者往往采取实验法,通过人工控制对象,在纯化的状态下实施资料的收集。在社会观测中,由于社会现象的复杂性和社会背景的多变性等,社会试验在实际操作上存在诸多困难而较少使用。但试验法具有其他方法无法替代的长处,如在社会试验中,社会试验者不仅能观测到作为原因的社会现象对作为结果的社会现象的影响,而且能有意识地安排和控制自变量,测量其对结果影响的程度。因此,只要适当改进控制对象的方法技术,社会试验法仍不失为一种有效的社会资料收集方法。

3. 统计分析资料,检验修正理论

社会观测者在一定的理论假设指引下,运用一定的观测方法,收集到大量的原始社会资料。这些资料多以分散的、零乱的数据形式表现出来,若不经过统计分析,便只是一大堆杂乱无章、难以说明任何问题的材料。因此,必须对其进行细致的分析处理。统计分析社会资料是社会观测活动内在的、不可或缺的一环。

社会观测中的统计分析包括描述统计和推断统计。描述统计主要是将观测所获得的大量数据,通过统计整理计算出集中量数、离散量数以及相关系数等,把零乱无序的数据简缩成清晰而易于理解的形式,用数字和图表描述出来,使观测者一目了然,便于进一步分析、综合。推断统计则是依据描述统计从部分单位获得的数据信息,对其总体进行推断。社会观测多数是抽样进行的,所认识的社会现象的特征多是部分样本的特征,其总体多属未知,因此,根据部分已知的统计量去对总体的特征加以推断就显得格外必要。

统计分析社会资料最应坚持的原则是实事求是,观测活动就是坚持"实事",观测而得的资料应该是对客观情况的真实反映,统计分析社会资料应始终保持资料与事实的一致,切忌以独断的观点去任意编排材料,随意剪裁事实。

通过对社会资料的统计分析,可以获得某种观测结果,但这还不是观测活动的结束,社会观测者还须进一步对观测结果做出理论的解释,由经验层次上升到理论层次,阐明事实资料的意义与关系,并对事先所做的理论假设进行检验。理论假设如果被证实,则可上升为社会理论,作为正确的社会认识。如果观测的结果不能说明问题,或者只能部分地说明问题,即所收集的资料并不支持或只部分地支持所提出的理论假设,那么社会观测者就应探讨:为什么会得到这种结果?为什么结果未如所料?此时社会观测者须详细审查观测程序中的每一环节,如发现错误则及时加以纠正。如果细查之后,发现测量、分析都适当无误,则可断定问题出在理论假设的不正确上。这时社会观测者就可按照资料所指出的方向,修改其理论假设,进行新的一轮假设-检验过程。

社会观测过程中的三个基本环节相互联结,彼此依赖,形成一个环环相扣、前后相继的发展过程。在这一过程中,从提出社会理论到收集资料运用的主要是演绎法,因而可以看作是验证性观测阶段。从收集资料到形成社会理论,采用的主要是归纳法,因而可以看作是探索性观测阶段。整个社会观测过程就是一个在理论假设与经验资料之间循环往复、不断进行的认识过程,它充分体现出观测与理论的密不可分、演绎与归纳的有机结合。

探索社会认识科学化的道路是社会科学方法论研究的主要任务,而对社会认识科学化道路的探索又离不开对社会观测方法及其活动的探讨,这是因为:①社会观测方法及社会观测活动对客观性、准确性的追求是社会认识科学化的基本保证。社会认识的科学化首先要求社会认识结果客观化、准确化,而社会认识结果客观化、准确化的实现离开社会观测活动这一环节则无从谈起。社会观测活动作为社会认识的一种具体实现形式,意味着人们应当自觉地将认识活动建立在客观可靠的经验事实的基础之上,强调认识结果需要经验性材料的检验和认定,反对社会认识中的主观主义、唯心主义、印象主义,从而从根本上有效地保证社会认识科学化的实现。②社会观测活动是社会发现、社会理解、社会预测等其他社会认识活动得以开展的基本前提,因而在整个社会认识过程中具有基础性的地位。社会发现作为一种创造性的社会认识活动,它的创造源泉来自社会观测活动及其成果。社会理解活动区别于社会观测活动,注意对社会意义进行阐释,然而对社会意义的阐释不可能毫无根据,同样需要社会观测活动为其提供可资理解的"社会文本"。社会预测作为一种前瞻性的社会认识活动,更是有赖于社会观测活动为其提供依据和基础。正是立足于社会观测活动及其成果,人们才可以进一步开展社会发现、社会理解、社会预测等其他社会认识活动,促使社会认识活动逐步深入、社会认识的科学化程度不断加深。

　　社会观测活动和方法尽管在整个社会科学研究中具有基础性的地位,但其局限性也是不可忽视的。社会观测方法作为诸多社会认识方法中的一种,只是对社会的一种感性的、直接的、经验的认识,面对内涵丰富、形式多样的社会认识客体,其作用仍是非常有限的。尤其是面对深层次的社会意义、社会情感时,仅仅通过社会观测方法显然力不从心。此外,社会认识究其本质是人们通过认识社会来达到自我认识和自我超越,社会认识的科学化不仅要求社会认识结果客观化、准确化,同时还要求其具有合理性。而对于社会认识科学化这一全面性的要求,社会观测活动的局限性也是显而易见的。

第十章 定性方法

　　社会现象不是纯粹的现象，而是本质的现象，在个别的、具体的、特殊的事件和现象背后，总是隐藏着某种稳定的、本质的东西。对个别的、具体的、特殊的社会事件和社会现象的把握，意在透过现象看本质，摸索到个别性背后的整体性、具体性后面的抽象性、特殊性后面的规律性。社会科学中的定性研究就是这种探索工作，它主要包括属性认定、类别归并和价值判断等基本方面。进行社会科学定性研究必须把握两个基本点：一是必须遵循马克思的实践论思维方式，不仅从客体的角度理解和解释事物，而且从主体的、实践的角度理解和解释事物；二是把社会科学认识的科学性理解为实证性、说明性和理解性的统一。

进行社会科学研究,直接进入研究人员眼帘的是个人的活动,由人的活动组成的社会事件,由这些一个接一个的事件组成的社会运动,以及社会在这种运动中实现的社会变迁,等等。各种社会现象之间似乎相关,又相互隔离;似有渊源,又好像是偶然发生;似相连接,又相互间断;似有重复,又各具特性……认识社会,既然不能满足于和停滞于对各种社会现象的简单记载和描述,而是要发现其内在联系、重复性、必然性,揭示社会运动的规律性,就必须运用思维的力量对这些社会现象从内在性质、空间范围和时间特性等方面进行具体的考察研究,做出定性、定量和定时的分析与判断,从与他事物的各种联系中获得对于特定社会事件的具体了解和掌握。本章着重对定性研究及其方法进行分析。

一、社会科学定性研究及其实质

1. 社会科学定性研究

任何现实的社会客体都是具体的,是一定性质的社会要素在一定空间和时间中的具体存在。无论是一个人、一定社会组织、一种社会活动、一场社会革命,还是一种社会思想、一种社会制度、一种社会形态,都以一种特殊的方式、特殊的规模、特殊的数量存在于一定的空间和时间之中,处于与其他各种相关社会现象的复杂关系之中,并在这种关系中获得自己特殊的本质规定性。要按照它们的本来面目认识和理解它们,首先就必须将它们所具有的各种关系真实地揭示出来,在特定客体与各种相关客体的联系与区别中确定其特殊性质、特殊规定、特殊地位和特殊作用。

在其直接的意义上,社会科学中的定性研究强调的是对于个别的、具体的、特殊的社会事件和社会现象的把握,其根本目的却是在这种具体分析的基础上去掌握社会现象的内在本质、普遍性、重复性、规律性。按照唯物辩证法的观点,普遍性和特殊性、重复性和不重复性、必然性和偶然性,是既对立又统一的。在社会历史发展过程中,同样体现了普遍性和特殊性、重复性和不重复性、必然性和偶然性的对立关系。社会历史的发展是有规律的。但是,社会历史的发展规律同自然界的发展规律一样,并不是以纯粹的形式赤裸裸地直接表现出来的,它总要通过许多特殊的、不重复的、偶然的现象曲折地表现出来。现象也不是纯粹的现象,而是本质的现象。在特殊的、不重复的、偶然的现象背后,总是隐藏着某种稳定的、本质的东西,总是隐藏着普遍的、重复的、必然的规律性。社会现象本身是普遍性和特殊性、重复性和不重复性、必然性和偶然性的统一,但人们却只能由特殊的、不重复的和偶然的社会现象出发,去寻求那普遍的、重复的和必然的规律。而且对这种特殊的、不重复的和偶然的社会现象认识和了解得越深刻越透彻,则对其普遍性、重复性和必然性本质和规律的认识也越全面、越准确。这正如毛泽东在谈到马克思对资本主义社会中特殊性与普遍性矛盾的认识和揭示时指出的:"由于事物范围的极其广大,发展的无限性,所以,在一定场合为普遍性的东西,而在另一一定场合则变为特殊性。反之,在一定场合为特殊性的东西,而在另一一定场合则变为普遍性。资本主义制度所包含的生产社会化和生产资料私人占有制的矛盾,是所有有资本主义的存在和发展的各国所共有的东西,对于资本主义说来,这是矛盾的普遍性。但是资本主义的这种矛盾,乃是一般阶级社会发展在一定历史阶段上的东西,对于一般阶级社会中的生产力和生产关系的矛盾说来,这是矛盾的特殊性。然而,当着马克思把资本主义社会这一切矛盾的特殊性解剖出来之后,同时也就更进一步地、更充分地、更完全地把一般阶级社会中这个生产力和生产关系的矛盾的普遍性阐发出来了。"① 由对特殊的、个别的、偶然的社会现象的认识和分析入手探寻与掌握其本质、普遍性、必然性,常常是以对于这种社会现象的定性研究为开端的,这种定性研究是定量研究的前提。

2. 社会科学定性研究的实质

人们通常认为,社会科学定性研究就是"说出某社会事物是什么"。但是,对于做出这种判断的理由,以及所做判断是否科学,人们往往不甚了了。近几十年来,随着中外社会科学哲学和社会科学方法论研究的发展,关于定性研究的实质问题形成了多种理论和观点,它们对于社会科学定性问题都做了非常有益的探索。

我国景天魁先生曾对社会科学定性研究的实质做了专题分析,他认为:"如果撇开'定性'和'定量'的具体方法不谈,单从方法论上说,其

---

① 毛泽东选集:第1卷[M].北京:人民出版社,1991:318.

实,社会科学的定性研究远比定量研究复杂得多,困难得多。真正困难的恰恰是社会科学的定性研究问题!因为,虽然即使有了定性概念,也不见得能够很好地解决定量问题(限于具体定量方法的不完备),但在原则上总是可以设法解决的。而社会科学的定性研究却遇到了远为棘手的方法论问题,这就回到了什么是'从人类社会运动的角度研究客观世界'这句话上来了。这个'角度'要比自然科学'从物质运动的角度研究客观世界'复杂得多。"① 现在,很多学者往往只强调定量研究的重要性,却在很大程度上忽略了定性研究,应该说,景先生的这番分析是颇令人深思的。在国外,关于社会科学定性研究的分析相对来说更为多样化。贝利在《现代社会研究方法》一书中对定性和定量的区别做了分析,他指出:"定性的属性不是用数字的而是用定性的标示或名称来表示其相应的范畴。任何用数字测量的属性,我们称之为一个定量属性或变数";"定性变数的类别可用数字而不用名称标示,但这些数字并不具有数字系统的属性,就是说,它们不能加减乘除。例如,一个旅馆的房间号码是不能使用算术运算的。人们不能将202号房间和111号房间像202磅加111磅一样的方法相加。对定性的变数唯一可作数字运算的是计算每一类别的出现率和百分率(如,有红头发的人的百分率)。用数字标示的定性分类的其他熟悉的例子有:社会保险号码,电话号码,司机的驾驶执照号码"②。艾伦·布瑞曼在《社会研究中的定量和定性》一书中,对定性研究的理性基础做了探讨,他列举了现象学、符号互动主义、理解论、自然主义和个性发生学五种理论和学说,较为全面地概述了西方学者关于定性研究的实质问题的有代表性的观点。③ 综观这些观点,西方社会科学哲学和社会科学方法论主要是从"二者择一"的分析性思维出发来研究社会科学定性研究的实质性问题的,这决定了他们要么走向自然主义,要么陷入主观主义。

我们认为,要真正唯物辩证地对社会科学定性研究的实质进行思

---

① 景天魁. 现代社会科学基础(定性与定量)[M].北京:中国社会科学出版社,1994:67.
② 肯尼思·D.贝利. 现代社会研究方法[M].许真,译.上海:上海人民出版社,1986:82-83.
③ Bryman A. Quantity and Quality in Social Research[M]. London:Unwin Hyman Ltd.,1988:50-60.

考,就必须遵循马克思主义的唯物辩证法和实践论思维方式。在我们看来,进行"社会科学定性研究"必须把握两个基本点:一是思维方式,即必须遵循马克思创立的实践论思维方式,不仅从客体的角度理解和解释社会事物,而且从主体的角度、从实践的角度理解和解释社会事物,由此把社会运动过程理解为"自然历史过程""自觉意识过程"和"自主创造过程"的统一;二是研究目标,即必须力求达到"科学的"定性标准。社会科学的科学性不应只被理解为实证性,在完整意义上,它是实证性、说明性与理解性的统一。

众所周知,把研究对象当作客体,以概念的形式把握它,并力求达到客观性的认识,这是科学之为科学的本质属性,无论自然科学还是社会科学概莫能外。不过,科学的这一属性首先是在自然科学的发展过程中定型的。在社会科学研究中,如果忽视社会现象的特殊性、复杂性,如果抹杀社会实在的整体性,如果只把社会运动过程片面地理解为"自然历史过程",那就陷入了自然主义。自然主义、实证主义的固有缺陷遭到了越来越多的思想家的批判。但自然主义的思维教训并不在于它坚持了科学认识的客观性,而是在于它对社会实在的多重性、复杂性做了片面的、简单的理解,过于强调科学的经验性、实证性、客观性,却忽视了社会生活的理解性、情意性、主观性,忽视了社会事实的"意义"和对"意义"的理解。对于这种片面性,不可能通过从一个极端跳到另一个极端的办法求得解决。否则,如果把社会世界完全归结为意义世界,把社会实在理解为纯粹是主观的,个人怎样赋予行动以意义、怎样定义情境,完全是主观随意的。如果只是把社会运动过程理解为"自我意识过程"或"自主创造过程",进而把社会科学的任务仅仅定位为理解这种主观性,那就意味着社会科学只能是主观的,达不到客观性的认识,这就从根本上否定了建构社会科学的可能性。

马克思超越了旧哲学对人类世界的理解,他创立的实践论思维方式为人们合理地理解和解释世界提供了可能。马克思深刻地指出:"从前的一切唯物主义(包括费尔巴哈的唯物主义)的主要缺点是:对对象、现实、感性,只是从客体的或者直观的形式去理解,而不是把它们当作感性的人的活动,当作实践去理解,不是从主体方面去理解。因此,和唯物主义相反,能动的方面却被唯心主义抽象地发展了,当然,唯心主义是不知道现实的、感性的活动本身的。"[①]唯心主义在强调"能动的方面"时,往往把"自我"置于中心、至上的地位,夸大自我意识、自我选择、自我创造的作用,忽视乃至否认社会生产力、社会关系等对个人行动的限制和制约。它们在理解和解释社会运动过程时,往往只把社会运动过程理解为"自觉意识过程"和"自主创造过程",忽视或否认它也是一种"自然历史过程"。无论过去还是现在,这都是对社会生活的一种片面的、从根本上来说是错误的理解。在完整的意义上,社会运动过程只能被理解为"自然历史过程""自觉意识过程"和"自主创造过程"的统一。

按照实践论的思维方式,人既是"剧作者",也是"剧中人";人既是自主的、能动的,也是被动的、受制约的。人们自己创造自己的历史,既得的生产力、社会关系、社会结构、社会制度等是在人们的活动的基础上形成的,就此而言,它们是人的有意识的活动的产物,但它们同时又制约、限制和规定着人们的活动,这是实践过程的辩证本性。人们固然可以"赋予"自己的行动以某种意义,但这种"赋予"却不是随意的,而是受客观条件制约的。社会科学家不能把人类社会运动描述为"自然事实",而只能把它如实地作为"社会事实"加以描述、理解和解释。而对社会事实的"意义"的"理解",总是内在地包含着对对象的事实判断和价值判断,因而社会科学家既难以像外星人一样冷眼旁观社会事物,也不能脱离客观条件而达到对社会事实的意义的合理理解。对于社会科学定性研究来说,其是依靠条件、过程和结果的因果关联等对社会事实的意义做出理解和解释的,这种理解和解释同时也是对社会事实的确认和说明,因为在社会事实的条件、过程和结果的关联中,意义和社会事实是统一的,意义不是脱离社会事实的,社会事实也不是没有意义负载的。

综上所述,从唯物而辩证的观点看,社会科学定性研究的实质在于承认社会科学研究对象的客观实在性,把客观与主观、事实与意义、认知与评价、说明与理解辩证地统一起来,遵循实践论思维方式和科学认识方式,力求达到对社会事物的客观的、合理的认识。

---

① 马克思恩格斯选集:第1卷[M].北京:人民出版社,1995:54.

二、社会科学定性研究的基本方面

定性研究不对不同单位的特征做数量上的比较和统计分析，它主要是对观察资料进行归纳、分类、比较，进而对某个或某类现象的性质和特征做出概括。概而言之，社会科学中的定性研究，主要包括对各种社会现象的"属性认定""类别归并"和"价值判断"等基本方面。

1. 属性认定

所谓属性认定，是指对一定现象所固有的内在属性（本质属性和非本质属性）和基本规定性的判别。

一社会事物之为某事物而不为其他事物，在于它具有某种特殊规定性。这种规定性包含着个性与共性两个方面。个性是该社会现象与其他相关社会现象之间的差异性、区别性，共性则是其与其他相关社会现象之间的相似性、共通性。任何社会现象，不论其如何个别和特殊，总在一定的方面、层次和程度上与其他某种社会现象有相似、相通的地方，因而可以将这些方面概括和提炼出来，并将其用同一类概念或范畴标示出来。同时，任何社会现象不论其如何普遍，一般也总有与别的社会现象相异或相悖的地方，从而可以在这些方面与其他事物区别开来。任何社会现象都是个性与共性的统一。正是这种统一性造成它与其他社会现象既相区别又相联系的状况。而对这种联系与区别、共性与个性的全面而详尽的判别，构成了社会科学定性研究的基本任务。

2. 类别归并

对社会现象的属性认定常常与类别归并分不开。所谓类别归并，是指运用一定的标准将一定社会现象与其他相似的社会现象联系起来，并归为一类，同时与其他相异的社会现象区别开来。属性判定是类别归并的基础，类别归并是属性判定的深化。属性判定往往同时是一种类别判定，这为类别归并提供了条件，从而类别归并作为属性判定的结果而表现出来。

对社会现象的属性认定和类别归并主要是按照事物本身所固有的属性来进行的，比如我们可以将社会生产按照其结果分为物质生产、精神生产，或者按方式分为个体生产、小手工业生产、大机器工业生产，或者按类型分为农业生产、工业生产、服务生产，还可以按生产中的人与人的关系的性质分为原始生产、奴隶制生产、封建制生产、资本主义生产、社会主义生产等。这里考察的主要是社会生产本身的规定性。通过这种考察可以将各种社会生产依照其内在规定而划入不同的社会生产体系。社会现象的定性分析,常常与对主体和客体的价值分析有关,这就构成了社会认识的定性分析中的价值判断。

3. 价值判断

价值判断,是对主体与客体之间的价值关系的一种判定。价值是客体的特定属性与主体的某种需要之间的一种相符关系。客体具有以一定方式满足主体需要的属性,这对主体来说就是价值。对一定社会现象是否具有价值的认识和判定构成了主体对于客体的价值判断。价值也是客体的一种属性,但它不是对其他客体而言的,是对主体而言的,是对于主体的某种有用性。因此,价值判断与一般的属性认定的不同之处,在于它不是以其他相关事物为判别和认定的标准,而是以主体需要为判定标准。相应地,它所判定的主要不是社会现象"是什么事""属什么类",而是它"有什么用""有多少用"等。因此价值判断通常表达着主体对于客体的肯定或否定态度和追求或舍弃的倾向。但是,价值判断通常又是在属性认定的基础上发生的,只有认定事物在一定的关系体系中具有某种属性,才能进一步考察这种属性与一定主体的特殊需要的关系,做出价值判断。

在社会科学研究中,由于主体和客体之间的内在同构性与相关性,对社会现象的事实判断(属性认定)和价值判断常常是密切地联系在一起的。对于一场战争,人们常常不满足于揭示其事实(如交战的双方、规模、进程、结果等),还以合理性与非合理性、正义性与非正义性、进步性与保守性等对其加以判别,表现出判断者的一定的价值标准和价值追求。主体的价值追求还常常影响到其对于社会现象的属性认定,甚至妨碍人们正确地做出事实判断,从而表现出社会认识的定性研究中属性认定、类别划分和价值判断之间密切的相互影响和相互制约关系。

三、定性方法在社会科学研究中的运用

进行社会科学定性研究,一般要遵循如下基本程序:提出科学问题,形成定性概念,做出科学判断并进行论证和检验。有时候,定性研究效果不佳,可能就是因为颠倒了基本程序;有时候,所做的论断无法检验,则可能是因为缺乏明确的程序,因而找不到研究过程何处出了

问题。

在遵循上述程序开展社会科学定性研究时,主要运用的是一种比较方法。换言之,我们这里所强调的定性方法,主要是指一种比较方法。事物的特殊属性是在与其他事物的比较中凸现出来的。同中求异和异中求同,是贯穿在属性认定、类别归并和价值判断中的主要方法论原则,而这正是比较方法的主要功能。通过比较分析,人们能够把杂乱的感性材料分门别类,区分其真假、精粗、彼此、表里,这样才能找到事物中比较稳定的联系,为更深入的加工制作奠定基础。黑格尔曾指出:"假如一个人能看出当前即显而易见的差别,譬如,能区别一枝笔与一头骆驼,则我们不会说这人有了不起的聪明。同样,另一方面,一个人能比较两个近似的东西,如橡树与槐树,而知其相似,我们也不能说他有很高的比较能力。我们所要求的,是要看出异中之同或同中之异。"①毛泽东也曾指出,真的、善的、美的东西总是在同假的、恶的、丑的东西相比较而存在,相斗争而发展的。异中求同或同中求异,意味着人们认识事物时,眼界至少要超越所要把握的对象本身,而把特定对象纳入它本身所处的关系体系中加以考察,借助于各种复杂的关系和联系来多方面地确定一种特定社会现象的本质和规定性。因此,比较方法,本质上是一种在联系中把握特定事物的方法。同时,比较方法又是以对于社会现象内部各种属性的分析和分解为前提和内容的。"任何比较只是拿所比较的事物或概念的一个方面或几个方面来相比,而暂时地和有条件地撇开其他方面。"②将事物内部的各种属性在观念中分解开来,使之各自成为相对独立的方面而与其他事物的相关属性发生关系,进而进行对比、类比,这样才有可能看出其异中之同或同中之异,并依据对这种异与同的认识进一步进行概括和分类,做出类别归并和价值判断。

比较分析是多种多样的,例如,有结构比较分析、功能比较分析、数量比较分析、质量比较分析、原因比较分析、外形比较分析、系统比较分析、纵向比较分析、横向比较分析、历史比较分析,等等。比较分析总是随着人类实践和认识的发展而不断具有新的内容。

---

① 黑格尔.小逻辑[M].贺麟,译.北京:商务印书馆,1980:253.
② 列宁全集:第8卷[M].北京:人民出版社,1959:423.

在社会科学定性研究中,比较方法的运用占有突出地位。可以说,没有比较分析,就发现不了区别,也就谈不上对不同社会历史现象的认识。人们对社会历史现象的认识总是从比较分析之后开始的,由此才可能进入社会历史的深处。不过,由于比较总是在分析的基础上借助于一定关系并根据一定标准进行的,因此,每次比较获得的都只能是关于社会现象的某个方面的认识。正如列宁所指出的:"任何比较都不会十全十美,这一点大家早就知道了。任何比较只是拿所比较的事物或概念的一个方面或几个方面来相比,而暂时地和有条件地撇开其他方面。我们提醒读者注意一下这个大家都知道的但是常常被人忘掉的真理。"①任何比较都是有一定局限的,这种局限性正是人类认识的局限性。

比较方法的这种局限性,是通过人们对于事物的多方面、多层次、多角度的比较研究来加以克服的。这种比较研究主要包含三个基本的方面或类型。

一是横向比较方法,又叫共时性比较方法,即将不同的具体社会现象放在同一标准下进行比较,或者将一种具体社会现象与同时存在的其他社会现象联系起来借助多种标准来加以考察。列宁在谈到阶级划分时,就要求从一定社会集团在社会生产关系体系中的地位、与生产资料的关系、在社会劳动组织中的作用,以及获得社会财富的方式等方面来全面加以考察。当我们要确定一定社会个体的特殊的社会规定性时,也必须从姓名、性别、年龄、族别、国别、家庭出身、文化程度、社会职务、个人职称、现任职业、家属关系、朋友关系、主要经历、工作状况、成绩大小等各个方面来加以考察,并且可以依照不同方面而将其归为不同的社会集团、社会阶层或类别。而对其做全面把握,却只有立足于这多种规定的统一性上才是可能的。在社会科学研究中,每一方面比较研究所具有的片面性是由这种比较方法所弥补的。关于横向比较方法,毛泽东在《论联合政府》中对解放区和国统区的分析,是一个典型范例。毛泽东指出:由于国民党实行了反对人民战争的消极抗日路线,即使国民党统治区处在有利和取得外国接济的地位,其结果是失败的;解放区尽管暂时处在环境恶劣的缺乏外援的地位,但是,由于实行人民战

---

① 列宁全集:第8卷[M].北京:人民出版社,1959:423.

争的路线,其结果是胜利的。毛泽东对此做了多方面、多层次的比较分析:国民党把自己的失败归于武器缺乏,而实际上最缺乏武器的是解放区的军队;国民党中央系军队的武器装备,比地方系军队的武器装备要优良得多,但是比起战斗力来,中央系却多数劣于地方系;国民党尽管拥有丰富的人力资源,但是在它的错误兵役政策下,兵力补充却很困难,而解放区虽然处于被敌人分割和战斗频繁的境地,但是由于普遍实行了正确政策,其人力动员却可以源源不竭;国民党拥有粮食丰富的广大地区,但是大部分被经手人中饱私囊了,士兵也饿得面黄肌瘦、体质虚弱,而解放区的主要部分受尽了敌人"三光"政策的摧残,但解放区军民自力更生、艰苦奋斗,基本解决了粮食问题;国统区工业大部分破产,经济危机极端严重,而解放区工业从无到有,逐步壮大,保证了军事斗争和人民生活的需要;利用抗日发国难财,官商勾结,腐败极为严重,这是国统区的特色之一,而艰苦奋斗、以身作则、清正廉洁,则是解放区的重要特色;国统区剥夺人民的一切自由,解放区则给予人民以充分的自由。通过上述比较分析,国民党统治区的腐败反动与消极抗战和解放区的进步民主与积极抗日形成了鲜明的对比,解放区与国统区的根本差异就被鲜明地揭示出来了,而这正是国民党及其军队失败、共产党及其领导的人民军队取得胜利的根本所在。毛泽东所做的分析,很好地体现了有比较才有鉴别的道理。

二是纵向比较方法,即历时性比较方法,比较同一社会对象在不同时间内的具体形态,也就是我们常说的历史比较方法。马克思关于人类社会的五种社会形态的科学论断,是运用历史比较法从总体上研究人类历史所得出的科学结论。历史比较,可以把同一社会在不同历史阶段上所具有的次级的本质特征揭示出来,显示出历史发展的阶段性、间断性,又在阶段之间的联系中揭示历史发展的连续性、过程性,从而使社会空间在时间中的变化与发展情况清晰明白地展现在人们的眼前,使社会发展中的重复性、规律性、必然性在历史进化的过程中得到揭示和说明。

三是理论与事实比较方法,即将已有的社会理论研究成果与新观察到的经验事实相比较,判断其是否一致。爱因斯坦曾经指出,知识不能单从经验中得出,而只能从理智的发明同观察到的事实的两者的比较中得出。在理论与社会事实的比较研究中,基点是理论应符合实际,而不是以理论裁剪实际。通过这种比较,人们可以推进理论的发展、规范的更新和方法的突破,使得原有理论所不能概括和表现的新社会事实能够借助于新的理论框架、概念规范和表述方式而得到正确的揭示和阐释。

横向比较方法、纵向比较方法和理论与事实比较方法在实际应用中常常是综合性地交织在一起发挥作用的。列宁在谈到马克思运用比较方法研究社会机体和人口规律时指出:"马克思把人和动植物加以对比是根据前者生活在各种不同的、历史地更替的、由社会生产制度因而由分配制度决定的社会机体中。人类的增殖条件直接决定于各种不同的社会机体的结构,因此应当分别研究每个社会机体的人口规律,不应当不管历史上有各种不同的社会结构形式而去'抽象地'研究人口规律。"[①]对人口规律的具体研究,包含着对于人与动物的增殖条件的宏观横向比较研究、对于各种社会机体的人口规律的分别研究,以及不同历史条件下社会结构中的人口规律的历史比较研究,等等。通过这多方面的研究和比较,我们对人口规律的了解才可能是全面的和准确的。

总之,社会科学定性研究对于科学地认识社会现象具有重要意义。不过,在完整地把握社会现象、深入地了解社会现象的具体过程和行为意义方面,定性方法也存在着局限性。它的缺陷在于,定性分析是依据典型的或少量个案的资料得出结论,这种结论不一定具有普遍性。此外,主观的分析既有可能获得真知灼见,也有可能导致荒谬的结论,这是因人因时因地因事而异的。由于对这种主观性的分析往往缺乏客观的评价标准,因而人们常常难以对不同的研究结论进行检验。而定量方法则具有普遍性、客观性、可检验性等优点,因此,对社会现象的定性研究常常不是孤立地进行的,而是与对社会现象的定量研究相互结合、交织地进行的。

---

① 列宁全集:第1卷[M].北京:人民出版社,1955:430.

第十一章　定量方法

各种社会现象都有一定的时间、空间、规模、强度、频率范围,社会规律也具有明显的统计性特征。因此,对社会现象的把握,离不开对其量的特性的正确认识。正如马克思所说,一门科学只有在成功地运用数学时,才算达到了真正完善的地步。随着现代社会对精密的社会科学的迫切需求,以及各种计量手段的迅速发展,研究定量化已成为许多社会科学学科的发展趋势。由于社会科学是个体性与整体性的统一、实证性与理解性的统一、价值中立性与价值非中立性的统一,因此在进行社会科学定量研究的同时,还必须将其与定性研究结合起来。此外,要对社会现象进行具体的定性研究和定量研究,还必须引入一个重要的因素,即时间因素。定性、定量、定时方法的有机结合,是社会科学研究的基本要求。

社会科学研究的定量方法,主要是指从社会事物的数量方面去研究社会的方法。正如任何事物的质总是一定数量基础上的质一样,任何社会现象都有其特定的数量规定性,它为人们从数量方面进行社会科学研究提供了可能。对社会现象中所要研究的问题进行量的抽象,用定量方法去描绘其状态和进程,是人类思维能力提高的重要标志。在科学史中,运用数学工具和计算技术定量地研究社会现象,逐步实现自然科学和社会科学的一体化,这曾经是马克思、恩格斯以及中外其他许多科学家、思想家所向往和追求的重要目标。而实际上,社会科学的定量化研究方式的出现与成熟是一种必然的趋势。我们认为,无论是单纯的定性研究,还是单纯的定量研究,都难以全面、有效地把握社会现象。当代的社会科学研究,应当把定性方法与定量方法有机地结合起来。

一、社会科学定量研究的可能性和必要性

近几十年来,在经济学、政治学、军事学、人口学、管理学等社会科学的诸多领域,用定量描述的方法研究各种社会现象的特征及其发生和发展的进程,已经成为一种潮流。不过,对于在社会科学领域运用定量方法的合法性及其所得结论的真实性、有效性,不少人还心存疑虑。因此,我们对于社会科学研究定量方法的探讨,就从论证社会科学定量研究的可能性和必要性开始。

1. 社会科学定量研究的可能性

社会科学中的定量研究,在于通过一定的计量手段将一定社会现象的数量方面的特征以一定方式明确地标示出来,并借助于对不同社会现象之间的数量关系的比较研究和分析确定事物的现状、力量对比、主次矛盾和发展趋向。由于任何社会事物都是质和量的统一体,任何社会现象都具有数量规定性,社会科学定量研究有着充分的根据。

其一,一定的社会现象总是一定数量的人们在一定空间范围内和条件下以一定方式、规模、强度、速度、频率等从事的社会活动,这种活动在量度方面的差异到达和超过一定限度便会造成其在性质方面的差异。社会科学研究定量化的客观基础首先表现在"纯数学的对象是现实世界的空间形式和数量关系"。作为客观现实世界的组成部分,人类社会与自然界、思维世界一样,也有着自己的空间形式和数量关系。社

会生活中的一些现象是可以用数字精确地度量和标示的,比如人口、劳动生产力、生产率、国民总收入、固定资产、产值、生产总值、生产增长率、企业数目、经费支出等。社会现象中还有大量现象是非量化的,如人际关系、思想状况、心理状态、组织结构等,对它们须以同一性质但不同程度的系列概念来加以度量和标示。比如,标示关系程度的系列概念有:很亲密、亲密、一般、有来往、疏远、无来往、敌对等;又如表示数量关系的系列概念有:无、极个别、个别、少数、一部分、半数、多数、相当多数、绝大多数、全部等;又如表示程度的系列概念有:非常优秀、优秀、良好、较好、好、不太好、不好、很不好、坏、很坏、极坏等。这些不同的概念虽然缺乏数字的精确性,带有一定的模糊性,但在一个量级序列中能将一定事物的相对数量关系明确地标示出来。马克思曾经依据一定的剩余价值率把8个人作为资本家雇工的最低限额,并且认为资金如要作为资本来投入剩余价值的生产和再生产,就必须积累到一定的额度。唯物辩证法证明,量变是质变的准备,质变是量变的必然结果,对一定社会现象的数量分析是把握其特殊性质的重要条件。

其二,社会运动在总体上是服从于"合力规律"的。恩格斯曾经指出:"人们自己创造自己的历史,但是到现在为止,他们并不是按照共同的意志,根据一个共同的计划,甚至不是在一个有明确界限的既定社会内来创造自己的历史"①,"最终的结果总是从许多单个的意志的相互冲突中产生出来的,而其中每一个意志,又是由于许多特殊的生活条件,才成为它所成为的那样。这样就有无数互相交错的力量,有无数个力的平行四边形,由此就产生出一个合力,即历史结果,而这个结果又可以看作一个作为整体的、不自觉地和不自主地起着作用的力量的产物。因为任何一个人的愿望都会受到任何另一个人的妨碍,而最后出现的结果就是谁都没有希望过的事物。所以到目前为止的历史总是像一种自然过程一样地进行,而且实质上也是服从于同一运动规律的。但是,各个人的意志——其中的每一个都希望得到他的体质和外部的、归根到底是经济的情况(或是他个人的,或是一般社会性的)使他向往的东西——虽然达不到自己的愿望,而是融合为一个总的平均数,一个总的

---

① 马克思恩格斯选集:第4卷[M].北京:人民出版社,1995:732-733.

合力"①。既然如此,要把握社会运动过程,就必须对构成这个合力的各种社会力量及其对比和这种对比的变化进行具体的统计、测量和比较分析。只有在这种意义上才能正确理解马克思曾说过的这样一段话:起义是一种带有若干极不确定的数的方程式。

其三,由于社会现象的随机性和社会生活中多种因果关系所造成的不确定性,社会规律的"绝对的实现被起反作用的各种情况所阻碍、延缓和减弱"②。因此,社会规律也具有明显的统计性,它"没有任何其他的现实性,而只是一种近似值,一种倾向,一种平均数,但不是直接的现实"。③ 既然如此,要把握社会规律,就离不开对这种规律由以表现和发生作用的社会随机现象的定量研究和统计分析。社会规律的统计性,决定了要科学地透视、掌握和运用社会规律就必须进行定量研究,这也为定量研究提供了合理性根据。

其四,现代大科学、大实践大大地促进了社会科学的定量化研究。随着科学一体化进程的发展,自然科学家、数学家经常涉足于社会科学领域。特别是伴随着全球化浪潮,全世界的科学工作者都越来越瞩目于全球性问题,如战争与和平问题、环境问题、生态问题、资源问题、能源问题等,他们自发地或有组织地进行大规模合作研究。另一些自然科学家则凭借他们对于世界的了解独自地发表对于社会问题的极有见地的看法。社会科学家与他们分享了许多重要的思想成果和研究方法,如系统论、信息论、控制论、协同学、突变论、耗散结构理论等。这些理论与方法的介入,有力地促进了社会科学许多学科的范式转换。由于研究程序定量化,社会科学家们有可能通过观察去检验许多理论,这使他们得以摆脱许多空泛的议论,避免大量无谓的争辩,而使各个领域中的社会科学知识得到实质性的累积式增长。

2. 社会科学定量研究的必要性

运用定量方法进行社会科学研究是具有必要性和必然性的。对此,我们可以从如下几个方面加以把握。

(1) 对社会科学研究定量化的期盼和追求。尽管由于种种原因,至

---

① 马克思恩格斯选集:第4卷[M].北京:人民出版社,1995:697.
② 马克思恩格斯全集:第25卷[M].北京:人民出版社,1974:261.
③ 马克思恩格斯全集:第39卷[M].北京:人民出版社,1974:409.

少部分是由于偏见,在社会科学领域中实际应用定量研究方法的时间较晚,并直到20世纪才真正取得了切实成就。但是,用数学方法去研究社会现象是先进思想家们所长期向往的目标。被列宁称为"落后于恩格斯,但是完全站在恩格斯相同水平上"的19世纪俄国学者车尔尼雪夫斯基已经清楚地意识到,社会科学只有用精密科学的定量方法武装起来才能获得新的成就、新的品德和新的生命。他在1860年曾经做出如下议论:"现在,当某些社会科学已经从可怜的境况中挣扎出来,并达到品德的完美、学识的富有和智力的显贵时,在知识领域内也发生着相同的情况。数学和自然科学就是这种帮助自己可怜亲戚的富人。数学在很久以前就处于很优越的地位,但是由于它关怀了一个很接近的亲属——天文学,所以占去了它很多时间。这种关怀继续了大约有四千年之久,甚至还可能更长一些。最近,到了哥白尼时代,天文学才被数学扶持起来,它在智力界中获得了光辉的地位。好容易数学不再日以继夜地为自己的姐妹——天文学——的贫困境遇悲戚,好容易由于天文学的命运有了安排而有些空闲时间来考虑其他的亲戚,就又帮助至今仍在物理学的名义下共同占有家产的那些家庭的不同成员来。……数学由于帮助自己的近亲,所以也学会了帮助它的亲属。在数学,亦即在计量技术的管理之下,精密科学的联盟也在逐年扩充新的知识领域,增加新的外来人。……现在加入这一联盟的还有人文科学。现今的人文科学,就像我们看到的那些爱好虚荣但处于贫困卑微之中的人们一样。这些人的一门远亲(数学)不像他们那样有高贵的出身和空前的美德足以自豪。他只是一个普通的和诚恳的人,但却很富有。自命不凡的贵族长期以来极力装作瞧不起他,然而贫困又迫使他们去指靠他的施舍。"[①]这段议论鲜明地体现了车尔尼雪夫斯基对数学方法用于社会科学的重要性及其对这种方法的巨大的潜在能力的向往、爱慕和追求。

而马克思的如下论断则更广为人知:一门科学只有在成功地运用数学时,才算达到了真正完善的地步。[②] 社会科学的对象的复杂性并不

---

① 车尔尼雪夫斯基.哲学中的人本主义原理[M].周新,译.北京:生活·读书·新知三联书店,1958:43.

② 保尔·拉法格.回忆马克思恩格斯[M].马集,译.北京:人民出版社,1973:7.

能否定其具有内在的量的关系,考虑到人的思维特点,甚至可以说,正是因为对象的高度复杂,社会科学才更需要定量分析方法,至于采用哪一种数学形式则是一个技术问题。早在青年时期,马克思就对当时还不十分发达的自然科学采用定量方法寄予厚望,他设想:"自然科学往后将包括关于人的科学,正像关于人的科学包括自然科学一样:这将是一门科学。"[①]"自然界的社会的现实,和人的自然科学或关于人的自然科学,是同一个说法。"[②]而在《资本论》这部影响深远的巨著中,马克思运用定量方法对资本的产生、现状和发展演变做了剖析,揭示了不变资本、可变资本和剩余价值的定量关系。正如达尔文发现了有机界的发展规律一样,马克思发现了人类历史的发展规律,使历来为繁杂的意识形态所掩盖的经济学中,特别是资本主义经济学中的基本规律豁然开朗,数学方法在这里起了重要作用。

此外,普朗克、贝尔等著名科学家也都以各自的方式表达了他们对于用精确的定量方法研究社会现象的向往和追求。

(2)现代社会对于精密的社会科学的迫切需要。一切以定量研究为主要方法的科学在科学史上曾被称为"精密科学",以区别于那些主要依赖于思辨方法的用文字描述去阐明客观现象并形成概念的"描述科学"。在现代精密科学的研究中,对于那些在没有量的依据的情况下提出的概念性论断,在其没有被证实之前,应该如实地将之看成是假设或猜测,而不能把它们作为科学概念来接受。从科学史来看,在研究自然现象的过程中,从一般概念的叙述过渡到寻求精确的量的关系和量的发展规律,始终是自然科学家们追求的目标。"在每一门现代自然学科的发展史上,我们都可观察到从定性到定量的转变,因为定量描述能使人们更深刻、更细致、更准确地描述自然现象和规律。"[③]在现代社会科学中,定量研究无疑也应该是概念抽象的重要方法。如果完全不做数理分析,或者在没有事实根据的情况下就去论断某种社会现象的发展规律,那么,这种论断就只能是无稽之谈。

社会历史问题在很大程度上是个数量问题。对这种数量的关系的

---

① 马克思恩格斯全集:第42卷[M].北京:人民出版社,1979:128.
② 马克思恩格斯全集:第42卷[M].北京:人民出版社,1979:129.
③ 宋健.社会科学研究的定量方法[J].中国社会科学,1982(6):97-105.

研究和掌握,是把握社会现象的性质、预示社会运动的趋向、揭示社会发展规律,并进而做出合理决策、实践的先决条件和依据。列宁曾经指出:"政策应当是从千百万人着眼,而不是从几千人着眼。只有从千百万人着眼,才会有实事求是的政策。"①从千百万人着眼而不是从几千人着眼,就是要反映社会绝大多数成员之所需、之所想、之所急,就是要体现和顺应社会发展的"大势之所趋"和社会成员的"人心之所向",为合理地组织社会实践活动提供准确的和科学的依据。随着现代文明的发展,现代社会的工业化程度愈益提高,社会组织愈益复杂,社会变化愈益剧烈、深刻,这要求人们在进行社会决策和社会实践时,必须及时、准确地掌握社会情况,能够科学地预测社会变化的前景,而这些都有赖于社会科学理论的实用化、精密化。现代实践的这种客观需要呼唤、要求着现代社会科学采用、改进定量方法来提高理论的实用性和精密性。

(3) 研究定量化是社会科学许多学科的重要发展趋势。社会科学的趋势,是社会科学状态变化中所呈现出来的一种必然的、稳定的发展趋向。这种趋向是社会科学辩证运动的必然结果,是社会科学发展规律的具体表现,显示了社会科学发展的基本特点。

在现代,不仅自然科学的各个部门日益与数学相结合,而且社会科学的许多学科也出现了数学化、定量化的发展趋势。在社会科学的许多领域,如经济学、社会学、法学、语言学、人口学、教育学、历史学、考古学、艺术科学等,都开始采用定量方法。由于运筹学与系统分析、控制论、对策论、数学模型和计算机方法的应用,经济计量学、历史计量学、社会计量学、计量心理学、数理语言学等交叉学科应运而生。1980 年,诺贝尔经济学奖获得者、美国经济计量学家克莱因(L. R. Klein)所编制的"联结"计划,是此前世界上最大的经济计量模型,它包括 5000 个方程,将美国、加拿大、日本、西欧以及其他国家的经济联结在一起,涵盖世界经济贸易的一半以上。由于克莱因的贡献,人们现在已能运用宏观经济计量模型来预测经济发展趋势和制定经济政策。与许多具体社会科学研究定量化相适应,哲学也致力于研究形式化的认识方法,现代逻辑和语言科学由此获得了长足的进步。

此外,在现代社会里,自然科学家和社会科学家都自觉或不自觉地

---

① 列宁全集:第 27 卷[M]. 北京:人民出版社,1956:87.

向着一体化的方向努力。列宁在1914年就曾指出,"从自然科学奔向社会科学的强大潮流"在马克思时代已经存在,"在20世纪,这个潮流是同样强大,甚至可说更加强大了"。[①] 而在现代社会,不仅存在着从自然科学奔向社会科学的潮流,而且存在着社会科学奔向自然科学的潮流,这两股潮流已经汇合成一股势不可当的强大潮流。这不仅表现在自然科学与社会科学的许多范畴、原理、方法的相互渗透,而且表现在自然科学与社会科学之间涌现出一系列综合学科,已出现的环境科学、能源科学、材料科学、海洋科学、生态科学、空间科学、思维科学、行为科学等都是体现了这种综合趋势的学科,它们以自然界和人文社会世界中一定的客体为对象,利用多种学科的范畴、理论和方法,从各种不同侧面研究某些复杂的课题或某类现象。如环境科学就是以研究如何保护和改善人类环境质量为目的的综合性学科。由于环境本身是一个极为复杂的客体,因此,研究环境不仅涉及物理学、化学、生物学、地质学、医学的知识以及各种工程技术方法,同时还涉及哲学、经济学、社会学、法律学、管理学、人口学、教育学等许多人文社会科学的知识。此外,这种汇流还表现为:技术、生产与管理成为自然科学与人文社会科学汇流的结合点,系统科学成为沟通自然科学与人文社会科学的桥梁等。[②] 自然科学与社会科学汇流发展的趋势,是具有必然性的:一方面,客观世界运动形式的可微分性,使人们有可能按照研究对象的性质、特征进行分门别类的研究;另一方面,客观世界本身的普遍联系和物质统一性构成了科学知识整体统一的牢固基础。自然现象与社会现象虽有差异,但毕竟具有共同的基础和规律。随着人类认识能力的提高,人们对这种统一性的认识程度将不断加深,社会科学与自然科学的关系也将更为密切。科学汇流的过程,同时也是学科际沟通和科学范式转换的过程;科学的统一性与各门具体科学的愈益显著的汇流趋势,为人们加强学科际沟通、促进社会科学范式转换提供了一条可资借鉴而且必须加以重视的合理思路。

采用定量方法研究社会现象,必须有足够的统计数据作为依据。

---

① 列宁全集:第20卷[M].北京:人民出版社,1958:189.
② 陈其荣.自然辩证法导论——自然论、科学论和方法论的新综合[M].上海:复旦大学出版社,1995:269.

这对于限制那种只按照一般概念和"大致估计"而做出武断推论的做法,克服那种因缺乏事实材料而在经典著作的片言只语中做"文字游戏"的行为,防止滥用不准确的概念和词句去掩盖浅薄和发挥偏见以至于歪曲和攻击科学、宣扬伪科学的做派,无疑都具有重要的作用。采用定量方法研究社会现象,在社会科学的许多领域都取得了显著成果。不过,也应该看到,迄今为止,在历史学、哲学、政治学等领域运用定量方法还较少见,成效也还不够大。不过,正如我国学者宋健所指出的,尽管"我们还不大会用数学方法去定量地描述很多社会现象和社会科学中的一系列根本概念。或许人类现在所掌握的数学工具还不够用,还需要创造新的数学体系,建立新的数学概念;或许并非所有的社会科学概念都能够用数学方法去定量地描述。但是,从总体来说,社会科学正在从描述科学向精密科学过渡这是毫无疑问的,因为定量描述比定性描述能更精确、更深刻地反映客观社会的状态和发展规律"[①]。

二、社会科学定量研究的基本方面

1. 定量研究

定量研究是现代社会科学研究中的普遍形式。这里讲的"量",大体可以看作两种基本情况。一是绝对量,指一种社会现象本身所固有的数量、范围、程度、运动速度、水平等数量方面的特征。考察一定社会现象的绝对量,主要在于定量地了解其本身的内部结构、存在状态、运动过程和发展速度等。一是相对量,指一种社会现象与相关社会现象之间在数量、规模、范围、发展程度、运动速度、水平等方面的相对比例关系或力量对比,是一种对比关系。绝对量和相对量的考察,反映着人们进行社会定量研究中的两种尺度。考察一定社会现象的相对量,主要在于定量地了解其在社会总体系中的相对地位。对绝对量的考察,主要是借助于一定的参数或统计指标而在事物自身内部进行。对相对量的考察,则要在对一定事物绝对量的掌握基础之上,以另一现象的绝对量为参照系,在比较研究对比分析中进行。绝对量通常直接以数量概念标示出来,相对量则借助于一定的相对概念系列或比率表示出来。

---

① 宋健.社会科学研究的定量方法[J].中国社会科学,1982(6):97-105.

在实际的科学研究中,对社会现象的绝对量和相对量的考察都是非常重要并且往往是交织进行的。绝对量是相对量的基础。没有绝对量,则相对量比较无法进行,无从谈起。相对量使绝对量获得意义。只有绝对量,仍然无法确定出事物的相对地位。比如,对于国民收入总值就不仅要计量和研究其在一定时期内的绝对值,而且要借助于一定的参照系考察其相对值。这种参照系可以是自身的历史状况,如与去年同期相比,或与历史最好水平相比,得出增长或下降比率,即国民收入增长率或下降率,也可与他国的同期状况相比,还可与他国历史上同期增长(或下降)率相比,等等。总之,对社会现象的绝对量的统计和掌握是全部定量分析的基础,而在此基础上借助于各种参照系全面考察各种相对量,则能在社会的复杂的数量关系中更加明晰准确地了解一事物的实际社会地位,从而对社会发展趋向做出定量的预测和展望。

2. 社会科学定量研究的基本方面

在社会科学研究领域,社会科学研究人员从一开始就必须同异质的研究对象及种种不确定性打交道,他们往往无法对社会事物进行充分的观察,在很多情况下他们不能像自然科学家那样对研究对象的状态实施有效控制,或对同一研究对象做多次重复观察,也难以以一定的数字严格地表示所研究的对象。因而,在引入定量研究方法之初,社会科学家通常优先选择处理观察数据的统计方法作为定量化研究的手段,而将数学分析的应用局限于几个特定领域之中。概而言之,社会科学中的定量研究包括统计调查和统计分析两个基本方面。

统计调查是获取对象具体数据的主要形式。毛泽东于1942年2月在《反对党八股》中指出,大略的调查和研究可以发现问题、提出问题,但是还不能解决问题。要解决问题,还需要做系统的周密的调查工作和研究工作。按照不同的标准,统计调查可做不同的分类。其中,最基本的是按照调查对象的范围,将之分为全面调查和非全面调查。全面调查,就是对调查对象的全部单位所进行的调查。普遍调查就是一种全面调查。非全面调查,就是对调查对象总体中的一部分单位所进行的调查。如重点调查、个别调查、抽样调查等,都是非全面调查。

普遍调查简称普查,是对调查对象的全部单元无一例外地进行的调查。由于调查对象有宏观和中观、微观之分,因而普查也有宏观和中观、微观之别。大至全球,小至某一具体单位,只要是对其中每个个体所进行的调查,都是普查。普查有两种方式,一种是由上级制定普查表,由下级根据已经掌握的资料进行填报。如 1997 年中国共产党第十五次全国代表大会前关于党员人数的普查,就是采取这种方式进行的。另一种是组织专门的普查机构,派出专门的调查人员,对调查对象进行直接的登记。如全国人口普查,就是采取这种方式进行的。普查的优点主要在于资料全面、准确。由于普查是对全部调查对象进行的调查,与其他调查方式相比较,它所统计的资料最为全面,误差最小,精确度最高。正因为如此,普查是各国了解国情、省情、市情、县情等的最重要的方法。不过,普查的缺点也很明显,这主要表现在:普查工作量大,调查内容有限,时效性差,代价大,组织工作异常复杂等。正因为如此,普查的应用范围较为狭窄,一般只适用于对事关全局的基本情况进行调查。由于普查涉及面广,工作量大,为了提高普查的效率,进行普查时必须注意:所设立的普查项目必须简明;普查时间必须统一、适当,不宜过长;普查应尽可能按一定周期进行;普查人员应受过相应的培训并有严密的组织;对普查的精确度应进行科学的鉴定和实事求是的说明。

重点调查,是指对某种社会现象比较集中的、对全局具有决定性作用的一个或几个单位进行的调查,其主要目的是对某种社会现象总体的数量状况做出基本估计,即主要是做定量调查。重点调查可以是直接调查,也可以是间接调查,如电话调查、通信调查、通过各种登记表进行的调查等。它的优点在于:调查单位不多,付出的代价较小,但能掌握到对全局具有决定性影响的情况。因此,重点调查是一种具有广泛用途的调查类型。

个别调查,也称个案调查,是指为了解决某一具体的社会问题而对特定的对象所进行的调查。个别调查的对象都是特定的、不可代替的,具有非选择性。这种调查的目的在于就事论事,解决具体问题。

抽样调查,是指从调查对象的总体中抽取一部分单位作为样本,并以对样本进行调查的结果来推断总体的方法。这里所说的"总体"是指调查对象的全部单位,"样本"则是指抽取出来进行调查的部分单位。抽样调查的对象不是由调查者主观选择或确定的,而是一般按照随机原则抽选出来的。不过,在调查对象总体的内涵和外延无法具体确定或者不需要准确推断总体的情况下,也可以按照非随机性原则抽取样本。根据抽样原则的不同,抽样方法可分为随机抽样和非随机抽样。

这种调查的目的不是说明样本本身的情况,而是从数量上推断总体、说明总体。抽样调查的优点鲜明地表现为"客观、准确、节约、便利"。由于抽样调查一般都按照随机原则抽取样本,这有助于克服调查者的随心所欲倾向,在较大程度上保证样本对于总体的代表性和客观性,从而使整个调查具有较大的真实性和可靠性;抽样调查的基础是概率论和大数定律,抽样误差不仅可以准确计算,而且可以适当控制。抽样调查便于对调查总体做定量研究,它的调查结论是运用数学方法计算得出的,因而它对总体的推断较为准确。此外,抽样调查由于只是对总体中少数样本单位进行调查,因而在花费的人力、物力、财力及时间等方面,相对于普查等都较为节约,组织工作也比普查简单得多。当然,抽样调查也不是完美无缺的,它也具有一定的缺陷,这主要表现在:抽样调查主要适用于定量调查而不大适用于定性研究;对于调查总体的范围尚不明晰的调查对象,如许多正在形成中的社会新生事物,就不可能进行抽样调查;抽样调查要求调查者具有较深入的数学知识,特别是概率论和数理统计方面的知识;由于样本单位的数量仍然相当庞大,因而调查内容的广度和深度仍会有较大局限。[①] 抽样调查是随着近代数学发展而形成的一种调查方法,近几十年来,抽样调查获得了迅速发展和广泛应用。随着现代社会的发展和科学技术的进步,这种调查方法将会获得进一步的发展。

在统计调查的各种形式中,统计本身都不是目的,而只是了解社会情况、掌握社会规律和制定政策措施的手段。社会现象极其复杂,充满了偶然性和随机性,并非任何现象都是社会本质的表现。要通过社会现象的数量方面去认识社会的本质方面、必然性方面、规律性方面,就必须把注意力置放在对于社会运动和社会发展具有决定意义的那些因素方面,并使之在统计样本的设计中体现出来。列宁曾经明确指出:"在社会现象方面,没有比胡乱抽出一些个别事实和玩弄实例更普遍更站不住脚的方法了。罗列一般例子是毫不费劲的,但这是没有任何意义的或者完全起相反的作用,因为在具体的历史情况下,一切事情都有它个别的情况。"[②] 在科学地统计和定量研究社会方面,马克思曾经为我

---

① 水延凯,等.社会调查教程[M].北京:中国人民大学出版社,1988:139-140.
② 列宁全集:第23卷[M].北京:人民出版社,1958:279.

们树立了光辉的榜样。马克思曾把由工人阶级自己所进行的对各国工人阶级状况的统计调查作为第一国际的主要任务之一。他把工作时间的结构,不同生产集团的劳动条件,工作对身体状况、道德条件、工人家庭的性质和日常生活、青少年的劳动和教育的影响等问题都列入了调查提纲,并制定了包含一百个问题的详细调查表。马克思通过大量的严肃的科学统计,对资本主义社会的阶级状况、力量对比和比例变化等有了清晰明白的了解,为制定科学的革命行动纲领提供了科学的依据。

统计分析是社会定量研究中的重要一步。统计分析主要是对统计调查所获得的统计资料进行整理、加工、说明和阐释。有了充分的和必要的材料,能否得出科学的结论,取决于统计分析和统计推论的科学性和合理性。合理的统计推理是科学的分析方法与科学的综合方法的交织运用。统计的材料是分散的、零碎的、个别的,思维的作用则在于将这些分散的、零碎的和个别的材料中所蕴含的社会意义抽取和分析出来,并且将它们综合为一个整体,按照它的本来面目再现出来,从而得出合理的解释。列宁曾经对1917—1919年3年内26个省的谷物生产和消费材料等的统计资料做了详细的分析,勾画了十月革命胜利后苏联社会主义建设的最初成就,揭示了无产阶级专政时代的社会结构、各种阶级力量和社会集团的相互关系、阶级的变化和阶级斗争的基本形式,写了《无产阶级专政时代的经济和政治》这篇具有重要的纲领性和方法论意义的文献,并且指出:"如果仔细研究一下,就可以看出,上述的统计数字确切地表明了俄国现时经济的一切基本特点。"[①]列宁正是从具体的材料中经过科学的分析和研究,得出了原则性的理论结论。鉴于统计分析在社会科学研究中的重要地位和作用,我们将另设一章对此做进一步探讨。

三、社会科学研究中定性、定量、定时方法的统一

把定性研究和定量研究结合起来,在自然科学家中早已形成共识。但在社会科学领域,人们对此却远未形成一致的看法。而造成这一状况的原因,并不仅仅是一个方法问题,在更深层次上,这种状况源于人们对于社会科学的性质的理解。在实证主义者和人文主义者那里,社

---

① 列宁选集:第4卷[M].北京:人民出版社,1972:88.

会科学究竟是整体的、实证的、说明的,抑或是个体的、理解的、体验的,人们长期莫衷一是。在前者那里,社会科学被视为如同自然科学的纯粹的"精密科学",社会科学应该追求彻底的定量化,而对价值判断、主观选择等都予以排除,对经验性的东西予以搁置,对概念性的东西予以拒斥,由此,"定性与定量的有机结合"也就被视为不必要甚至是不应该的了。而在后者那里,社会科学被视为只应关注人及人生的意义、价值,只应高扬人的独立意志和自由意识,体现人的主观判断和价值取向,由此,社会科学被完全主观化了。正如我国有的学者所指出的:"如果照此办,那末不仅排斥了定量研究,就连以概念的形式去'固定'社会现象,也有损于那充溢着感受和体验的'日常生活世界'的原始的'本真',如此看来,所谓'定性和定量相结合'也就成为不必要的了。"①

我们认为,上述两种看法以及由此派生出来的形形色色的反对定性与定量相结合的观点,都是因为没有全面正确地把握社会科学的性质。其实,社会科学是个体性与社会整体性的统一、实证性与理解性的统一、价值中立性与非中立性的统一。只要我们遵循唯物辩证法,是可能以系统方式实现定性研究与定量研究的有机结合的。

要具体地认识和掌握社会现象,要对社会现象进行具体的定性研究和定量研究,必须把一个重要因素引入研究的范围,这就是时间因素。马克思曾经指出:"时间实际上是人的积极存在,它不仅是人的生命的尺度,而且是人的发展的空间。"②既然如此,要具体地掌握以人的活动和发展为中心的社会现象就不能不考察其在社会时间中的存在方式和特殊性质。可以说,任何社会现象所具有的本质规定和数量特征,都是在一定的具体的社会时间阶段中获得的。随着社会时间的推移,它们必然地发生变化。从时间方面来考察社会现象,就是考察社会现象在时间推移的过程中所发生的变化和在这种变化中表现出来的过程性、阶段性特征。社会科学的定时研究本质上是一种过程研究,它并没有超出定性研究和定量研究的社会对象之外,而是将同一社会客体作为质和量的统一体而考察其在时间推移过程中的质与量的变化关系,

---

① 景天魁.现代社会科学基础(定性与定量)[M].北京:中国社会科学出版社,1994:188.
② 马克思恩格斯全集:第47卷[M].北京:人民出版社,1979:532.

因此，定时研究的基本工具是时间尺度。它将时间尺度普遍地运用于对各种社会现象的考察，在其先后相随、前后相继的时间链条中考察其存在、进化与发展。前面我们谈到的历史比较方法，就是一种渗透着时间因素的研究方法。

具体说来，定时研究包含着三层基本的含义。

一是时段定点。任何社会现象，一旦进入主体的认识视野，就有一个确定其存在的具体时间的问题。任何社会现象，只要以一定的质和量相统一的方式实际地存在过，就有其存在的具体时间位置。时段定点就是把一定社会现象所实际存在的时间借助于人类活动时间的总坐标系准确地标示出来。时段定点是人们在日常活动中始终关注并重复地进行着的活动。谈到一个社会事件，重要的就是搞清其发生的时间。历史学中对"史实"的认定，重要的是对历史事件发生和存在时间的考据。法律学中的刑侦，重要的是判别案件发生的时间、持续的过程和现实的状态。考古学更是力求准确地判定出土文物的生成时间、所处年代等时间特性。政治学则尤其关注革命的转折关头、社会质变时期的社会动向。列宁说："革命时期和历史上普通的寻常的预备时期不同的地方，就在于群众的情绪，觉醒和信念应当表现于行动，而且确实表现于行动。"[①]确定一定社会现象的具体存在时间，实际上是将个别的、暂时的、易逝的社会事件纳入社会存在和运动的总过程中来加以考察，这就使具体事件存在的有限的、局部的空间与社会运动总空间联系起来，使具体事件成为社会总运动中的一个部分，或社会过程中的一个环节，从而使局部获得了整体性意义，使暂时获得了永恒的意义，使有限获得了无限的意义，此时具体事件的质和量才可能借助于更加广阔的时间-空间背景而得到更加明晰准确的揭示。

二是过程描述。过程描述是对具体社会现象本身所具有的时间延续性的观念再现。任何社会现象在时间中的存在总是作为一个过程而实现的。作为一个过程，就不仅有其起止时点，而且有其持续性、同时性、顺序性、间隔性、节奏性、周期性等特征。这些特征反映着该社会事件的质-量关系在不同时期的具体的存在形式和演化发展情况。只有全面地揭示这些特征，才能具体地把握作为一个过程的社会事件。经

---

① 列宁选集：第1卷[M].北京：人民出版社，1972：561.

济控制论把经济控制系统在空间和时间中的运行分别定义为经济空间和经济时间,以经济空间来标示经济系统及其子系统所完成活动的区域,以经济时间来标示经济过程的持续时间和时间间隔等一般特征,并力求通过经济控制而达到最优经济时间。① 相应地,我们也可以用"社会时间"来具体地标示一定社会事件本身所具有的过程性特征,并通过对上述过程性特征的全面研究和分析,描绘出社会现象的动态过程。

三是进化分期。社会事件在时间中的存在不是静止的,而是运动的,并且这种运动往往也不是简单的循环重复,而是有着变化和发展。尤其是那些规模较大、持续时间较长的社会事件,在其存在和发展的过程中还由于内部各个方面发展的不平衡性、周期性和间断性等,而显示出阶梯性或阶段性特征。进化分期,就是以一定的标准将一个完整的社会过程依照内部发展的程度、层次性而划分为一定的区间或时段,揭示这种社会运动的阶段性特征。进行过程的分段或分期,关键在于合理确定分期标准。正是在这种标准的设置上,体现着分期的目的。由于社会过程的复杂性,对于同一社会过程,可以从不同的角度以不同的标准进行分期。我们知道,对于人类社会的发展过程,马克思就曾以商品生产形式为主线,将其分为前资本主义社会、资本主义社会和共产主义社会三大社会形态,也曾以社会生产关系和社会制度的更替为主线,将其分为原始的、奴隶的、封建的、资本主义的和共产主义的这五种社会形态。过程分期问题是社会认识中定时研究的重要内容,它是人类社会运动过程中发展和进化特征在认识中的重要体现。而促使这种进化和发展更加自觉地进行,则是社会科学研究的重要任务。

社会科学研究中的定性方法、定量方法和定时方法,各有其特殊的眼界、关注重点和具体方法,有其相对独立性。相应于统一的社会系统的多质性、多层次性,它们作为主体又有其内在的统一性。方法上的统一归根到底取决于对象的统一性。任何社会现象作为一种客观存在,都有其质量统一性和时空统一性。对象本身是统一的,而对统一的对

---

① M.曼内斯库.经济控制论[M].何维凌,邓英青,等译.北京:新时代出版社,1985:34-36.

象的认识、研究却必须从不同方面来进行,于是有了不同的认识角度和研究方法。但既然它们生发于同一对象的不同方面,又要综合地运用于同一对象,并力求把握对象本身的内在统一性,它们之间也必然相互制约和互为条件。

在社会科学研究中,定性、定量、定时方法的有机结合,既不是从定性概念出发以量作为支持形式的结合,也不是从量的测度出发推出定性结论,而是从社会系统的整体性特点出发,从命题到建模,反复认识、反复检验,由此得出结论。从前面的分析中我们可以看出,定性研究是全部研究的基础,它对事物特殊性质的规定使作为认识客体的对象从其本身所处的复杂的背景中凸现出来,这就为进一步的定量研究和定时考察规定了相对确定的对象和大致的边界。然而,事物的质又随着其量的变化和时间的推移而不断地变化着,因此,对事物性质的最终认定只有与定量和定时研究结合起来才是可能的。定量研究是对一定性质的社会客体的内部的和外部的数量关系的考察,它既以定性研究的结果为前提,也必须在定时研究中得到真正的贯彻和实现。社会现象的数量关系是一种随时间变化而变化的空间关系,对这种空间关系必须将其作为一个过程而在时间链条中做出连续的和动态的考察与描述。定时研究是一种在过程性上对于社会现象质量统一的具体形式及演化发展的考察,它可以被看作定性研究和定量研究的继续,且是从动态角度对它的深化和丰富。

在社会科学研究中,定性、定量、定时方法的有机结合,应当贯穿于整个研究过程的始终,应当适时实现定性研究与定量研究的相互转化。人们只有综合运用这些方法从各种角度系统地研究同一社会客体,才有可能对这一对象达到客观、真实、全面、深入的认识。

第十二章 统计方法

社会科学中的统计方法包括两个重要方面,分别是描述分析和统计推论。其中,描述分析是对样本数据进行综合分析,从不同的维度来描述其中的数量特征和数量关系;统计推论则是在抽样调查的基础上,根据样本推论总体。统计方法是社会科学研究中不可缺少的研究方法,没有统计方法的使用,要对社会现象达到全面的和准确的认知是不可能的,它的主要作用是可以用精简的数字来反映大量的社会事实,精确地揭示社会现象间关联程度的强弱差异,为社会决策提供精确的现状分析和科学的前景预测等。

要定量地掌握社会现象,不能满足于和止步于对社会现象的一般观察,而必须进行专门的和有计划的社会统计调查和统计分析。在社会科学研究中,研究者在通过多种途径掌握大量资料后,就需要对这些资料进行描述、鉴别、分析、提炼、解释、推论。为此,必须运用统计方法。统计方法作为社会科学定量研究的一种重要手段,为社会科学研究在深度和广度上拓展提供了新的可能性。事实上,统计方法的运用,已经大大地促进了社会科学研究的定量化、科学化。是否能够正确、有效地借助于数学工具,用统计方法去研究社会现象,是社会科学许多学科成熟程度的重要标志。

一、统计方法及其演变

统计方法就是运用统计学原理,对研究所得的数据进行综合处理,以揭示事物内在数量规律的方法。在社会科学研究中,描述分析和统计推论是构成统计分析方法的两大基本支柱。其中,描述分析是对已经初步整理的数据资料进行加工概括,并用统计量对这些资料进行描述的一种过程和方法。它的目的在于对资料信息进行概括,从多种角度显现大量资料所包含的数量特征和数量关系,如通过计算各种比例数、平均数、标准差、相关系数等统计量系统描述和反映事物数量方面的本质。统计推论是在随机抽样调查的基础上,根据样本资料对总体进行推论的一种方法。其任务在于根据样本资料去推论总体的一般情形,如通过区间估计、假设检验等方法对样本的代表性进行鉴别和分析,以科学、全面、准确地认识社会现象。描述分析和统计推论都属于定量分析的范畴。

统计方法的使用最早可以追溯到古埃及和古代中国。但统计方法作为一种系统的理论,统计学作为一门学科的创立,则始于17世纪中叶。统计学当时的名称是"政治算术",由英国的威廉·配第首先提出。按马克思的说法,配第是政治经济学之父,在某种程度上也可以说是统计学的创始人。威廉·配第在调查英国当时的基本经济状况时大量采用了统计方法,他称自己的研究"不采用思辨式的议论,相反采用了这样一些方法,即用数字、重量和尺度来表达自己所说的问题"[①]。在他当

---

① 威廉·配第.政治算术[M].陈冬野,译.北京:商务印书馆,1960:8.

时所用的统计手段中有今天人们所熟知的分组法、图表法等,他计算了一系列总量指标、相对指标和平均指标,用以衡量英国当时的社会经济状况。

对统计方法做出重要贡献的另一位重要人物是阿道夫·凯特勒,他是数理统计学派的创始人,并被称为"经验社会学之父"。如今人们使用的许多社会统计手段都来源于他。凯特勒是将概率论思想引入社会科学研究的第一人。他坚信社会生活具有一定的统计规律,这一点在他的社会调查实践中得到证实。凯特勒在研究法国不同年龄层次的犯罪现象时系统地运用了数理统计。在实际研究的基础上,他提出了具有深远意义的"平均人"(average man)概念。他注意到,在人数的统计量足够大的时候,人们各种特性的分布遵从正态分布规律。而"平均人"是所有人的特性的平均数,处于正态分布图形的中央。凯特勒认为:"平均人"是一个民族主要生理素质和道德素质的客观指标,是一个社会的典型,是描绘社会稳定状况的统计指标的中轴。"平均人"概念是现代社会统计中"均值"概念的前身。在"均值"中,一切由偶然因素所造成的随机量都消失了,留下的只是常数和合乎规律的东西。此外,凯特勒还触及了现代社会统计学中另一个重要思想,即概念的操作化。数理统计学的建立和发展,使得统计方法的功能大大扩展,成为一种对数字信息进行分析与解释的有力手段。

统计方法及统计学的发展,有力地促进了社会科学研究的定量化、科学化。特别是近几十年来,随着电子计算机的迅速发展,统计方法在社会科学研究中的作用日益增大,并已成为现代社会科学研究必不可少的重要工具。

二、统计方法的应用程序

统计方法具有很强的应用性。如同任何方法和手段一样,统计方法的应用也必须满足一定的前提条件,有一定的限制范围,并遵循一定的原则。如果不了解或忽视这些条件、范围和原则,而盲目地使用各种统计技术,机械地套用各种统计模式,统计方法的效用不仅不能得到充分发挥,而且会导致错误的结论。一般说来,运用统计方法要经历如下程序。

1. 考察统计分析的前提条件

社会科学研究过程是一个相互联系的整体,运用统计方法进行描述、分析只是其中的一个步骤。因此,运用统计方法的前导步骤是否正确,就构成了统计方法能否成功运用的实际前提,如资料的信度与效度如何,资料收集方法是否科学等。如果资料的信度与效度很低,收集资料的方法欠佳,那么再精密的统计分析也是无济于事的。由于统计分析实际上是在度量过程中某些要求已被满足的条件下进行数字处理,因而在运用统计方法对研究资料进行描述、分析、解释之前,首先要注意审查使用统计方法的理论前提和实际前提条件是否满足。

2. 确定统计范围

通过前期调查研究而获得的原始资料可能很多,但这些资料往往是分散、零乱的,甚至免不了有虚假、错误、短缺、余冗等现象。如果不经过必要的处理,直接着手分析,不但会无从下手,而且也会影响到统计分析结果的可信度。换言之,这些原始资料未必都有统计的必要。因此,进行社会科学统计分析,首先需要根据研究目的和理论假设,确定统计范围。

3. 资料整理与汇总

统计范围确定后,就要对范围之内的原始资料进行整理。因为统计分析能否顺利、有效地进行,其必要条件之一就是要能够面对尽可能真实、准确、完整、统一的资料。原始资料不具备这样的特点,只有经过查漏补缺、去粗取精、去伪存真,才能将原始资料所包含的大量有用信息准确、系统而又清晰地显现出来,为进一步的统计分析创造前提条件。资料整理应当做到客观、真实、全面、统一、简明、新颖。所谓客观、真实,是指资料整理必须以原始资料和客观现实为依据,不能随意加进整理者自己的主观臆断,更不允许弄虚作假、胡编乱造,否则,就会直接影响到进一步的研究分析,得出背离现实情况的错误结论;全面、真实,是指对某一社会现象资料的整理,要尽可能全面地反映该研究对象的全貌,以避免因资料残缺不全导致以偏概全的错误;统一是指各研究指标要有统一的度量标准,否则将难以进行计算、加总;简明是指资料整理在注意资料详尽性的同时,还要避免资料臃肿、庞杂,应当在不失真的前提下尽可能以简单、明了、系统化、条理化、集中的方式反映研究总体的情况;新颖是指原始资料所包含的信息量是巨大的,对于这些信息,如果没有思路的创新,就可能难以获取其中的有用信息,因此在整理资料时,要积极开动脑筋,尽可能从新的角度去审视、提炼和提升、组合原始资料,以发现新情况、新问题。进行资料整理与汇总,应把原始资料整理成序列资料,在序列资料的基础上再进行信息汇总,并通过统计表、统计图等形式揭示其中的主要信息。这种经过整理、汇总的资料,大大便于保存、查找和阅读。

4. **描述性统计分析**

经过资料整理、汇总所获得的任何一组数据,必然存在着两个最基本的特征:一是集中趋势,一是离散趋势。所谓集中趋势,是指在一组数据中总能找到一个能够代表整体规模和水平的数值,别的数值围绕在它的周围,以它为代表性,这个数值也称集中量数。集中量数在统计分析中可以清楚地显示出一个社会现象在一定条件下数量的一般水平。常用的集中量数主要有众数(指在一组数据中出现次数最多的那个数值)、中位数(指将数据资料按照值的大小顺序排列而处于中间位置上的那个数)和平均数(含算术平均数、几何平均数、调和平均数等,算术平均数指一组数据数值总和除以全体个案数所得的商),它们分别适用于不同的变项类型。在对研究资料做集中趋势分析时,应根据资料的特点采用不同的方法。一般地,定类变项的资料用众数,定序变项的资料用中位数效果更好,定距变项的资料在不出现极端值以及组距资料最大组的上限和最小组的下限不确定的情况下,用平均数效果最佳。为了揭示出数据资料的全面特征,还需要进行离散趋势分析,以便在把握社会现象数量的一般水平的同时,进一步探究其数理的差异程度,达到对社会现象的全面认识。离散趋势分析通过计算离中量数(也称差异量数)来进行。离中量数可以清晰地显示出一个社会现象各因素间的差异程度,同时也能对集中量数的代表性做出补充说明,即离中量数越大,集中量数的代表性越低;离中量数越小,集中量数的代表性越高。常用的离中量数主要有异众比率(指一组数据中非众数的次数与总体内全部个案数的比率)、四分位差(指舍弃第一个四分位数以下和第三个四分位数以上的各四分之一部分,仅就中间的50%的个案求其内部差异)和标准差(指数据资料中各个数值与其算术平均数之差的平方和的算术平均数开平方后所得的平方根)。它们分别与集中量数中的众数、中位数和平均数对应,也分别适用于不同的变项类型。集中趋势和离散趋势分析,都只是对单一变项而言的,所显示的也是一件事物或一种现象的数量特征。由于任何事物都处于普遍联系之中,因而统计分析除对每一个单一变项进行全貌的描述分析外,还有必要对各变项之间存在的相互影响、相互作用、相互制约的关系进行描述分析。这种描述分析主要是相关分析和回归分析。

5. 统计推论

如果进行描述性分析所依据的资料只是样本资料,而不是全部资料,那么就要由样本的统计值(如样本的平均数、百分数、标准差等)推及总体的统计值,即总体参数。这种利用样本指标对总体参数进行推论的过程,就是统计推论。由于样本与总体的客观差别,人们用样本资料进行统计推论,还不可能完全精确地进行参数估计和对总体内各变量间的关系进行假设检验。它仅仅只能对总体可能出现的参数值做出估计,同时指出这一估计在多大程度上是可靠的。统计推论是描述分析的继续和深化,描述分析则是统计推论的前提和基础。统计推论常用的方法有两种。一是区间估计,即根据样本的统计值来估计总体参数的可能范围。这个范围的大小,取决于人们在估计时所要求的可信度的高低。区间估计的一般程序为:确定可信度——计算标准误差——根据样本统计值和标准误差确定估计区间。二是统计假设检验,即先提出一个关于总体情况的假设,这一假设称为虚无假设或原假设,继而在总体内抽取一随机样本,然后用样本的统计值来验证虚无假设,以决定是接受还是推翻虚无假设。在统计分析中,假设检验的应用比区间估计广泛得多。统计假设检验的一般程序是:作出研究假设和虚无假设——选定显著性水平——根据显著性水平求样本分布的否定域——依据样本的统计值计算所能达到的显著性水平——检验虚无假设能否被接受。

三、统计方法的特点和作用

1. 统计方法的特点

统计方法具有一些特点,这主要表现在以下方面。

(1) 数量性。统计方法是一种定量分析方法,它的研究对象是社会现象的数量特征和关系等,分析过程则主要表现为大体量的数据处理,并以若干统计量来表征事物的状态,揭示其数量特征。

(2)技术性。统计方法由于需要对大量数据进行综合处理,其计算量很大,因而统计方法是一种技术性较强的描述和分析方法。它要求研究者具有一定的数学基础,同时掌握计算机的基本应用技术,否则统计分析就很难进行。

(3)条件性。在社会科学研究中,要运用统计方法从大量数据资料中计算出有价值的统计量,就必须事先在理论上和经验上对社会事物之间的各种联系做出判明,统计分析需要在定性分析的基础上进行。离开了一定的理论指导,面对大量数据是无法运用统计方法的。此外,为了正确、有效地应用统计方法,还必须事前正确收集资料,并具有正确的概念操作化手段。

(4)局限性。社会现象与自然现象具有异质性,许多社会因素很难通过数量关系得到精确表示,如人的行为、态度、情感、评价等。即使通过量表取得相关数据资料,也会与实际情况存有一定距离。这样,就使得统计方法在从数量关系角度揭示社会现象的变化、发展规律方面,不可避免地带有很大的局限性。对那些暂时还难以测量的社会因素和社会事物一般不可强行使用统计方法。对于运用统计方法获得的结果,应当与定性资料如社会、历史、文化等背景资料及有关个人态度、动机的资料相结合,并参考其他分析方法所得到的结果,以反映和揭示研究资料所代表的社会现象的本质的、深刻的意义和内容。统计方法是一种定量分析方法,但任何具体的量都是有质的规定性的,如果不了解或忽视量的这种质的规定性以及数量关系背后的社会背景情况,就可能做出肤浅的、错误的甚至是荒谬的解释。因此,对于运用统计方法获得的结果,还应做进一步的深入观察和了解,决不能凭表面的数据就轻率地做出结论。而在统计结果与原理论假设不相符的情况下,则要对造成这种矛盾的原因认真进行剖析,辨明这种矛盾是由于原来的假设或理论是错误的,还是由于研究过程发生了失误,然后对这一分析的结果进行说明。

2. 统计方法的作用

长期以来,由于认识的偏差和技术的制约,人们对于社会现象的研究往往偏重定性分析,而忽略了定量分析,即只重视社会事物的质的规定性,而没有对事物量的规定性进行精密、准确、系统的研究。社会现象究竟要不要做定量分析,能不能进行定量分析呢？世界科学研究领域中定量化的发展趋向和近年来统计分析方法及计算机技术在社会科学研究中的有效运用明确地解答了这个问题。任何社会现象都无例外地包含着质和量两方面的规定性,通过分析社会现象数量方面的资料,能够揭示数据后面所隐藏的关系、规律和发展趋势。统计分析越来越成为社会科学工作者认识社会现象、揭示社会规律的一种重要分析方法。

统计分析是社会科学研究的一个必不可少的环节。离开了统计方法和统计分析,要对社会现象达到全面的和准确的了解和理解是不可能的。正是在这种意义上,列宁曾明确地把社会经济统计看作"社会认识的最有力的武器之一",并且指出,对于社会、国家的认识,如果缺乏按既定的纲要收集并经统计专家综合的关于全国情况的浩繁材料,就无法进行认真的研究。概而言之,统计方法的作用主要表现在如下方面。

（1）简化、描述作用。在社会科学研究中,统计方法的作用之一就是以精简的数字来综合反映大量的社会事实,对研究变量自身特征做出清晰的描述,这就是所谓的描述性统计。例如,假设有甲、乙两个企业,甲企业有20000人,乙企业有5000人,根据工资表即可掌握两个企业共25000个收入数据。不过,要准确地把握两个企业之间职工收入的高低情况,通过各企业之间个人收入对比显然是难以奏效的,因为两个企业人数不等,无法用每个企业职工总收入进行比较,这时,有效的办法就是对每个企业的职工收入分别求平均值,从而分别用一个数字——平均收入来代表甲企业的20000个数字和乙企业的5000个数字,并通过企业的平均收入来对企业之间职工收入的高低情况进行比较。在统计描述过程中,用某种精简的数字对大量资料进行概括综合,难免要损失掉某些信息。职工的平均收入可以概括描述一个企业的平均收入水平,但却难以反映企业内部职工间的收入差距。为了弥补这种损失,在进行社会科学研究时,人们一般采用多个指标,即多种精简数字来综合和描述资料的不同特性。例如,在比较两个企业的职工收入时,就可以用标准差来概括描述不同企业内部职工间收入差距的大小,以弥补平均收入描述损失了的信息。

（2）分析、解释作用。任何事物都是质和量的统一体,对一个事物、社会现象的认识仅仅从质的规定性方面将它与其他事物或现象区别开来是远远不够的，重要的还在于要从社会事物存在和发展的规模、程度、速度等量的规定性方面达到社会认识的深刻化和精确化。运用统计方法能够从量的方面对社会现象做一系列数学的精确分析，精确地揭示社会现象间关联程度的强弱差异，从而使人们能够把握社会现象的数量特征，并从数量关系方面帮助人们更好地揭示社会现象间的内在联系和规律。例如，要研究企业职工收入水平是否与企业经济效益有关，就可以把企业职工的平均收入作为一个变量，企业的人均利税作为另一个变量，通过计算两者间的相关系数，描述它们是否有关以及关联程度有多大，进而通过引入检验因素对这种关系的真伪、成立的条件和内涵做进一步的分析。此外，还可以运用回归模型、路径模型、因素分析等多种分析方法深入探讨影响一个企业职工的平均收入水平的其他因素、这些因素之间的关系以及企业职工人均收入的变化趋势，等等。在社会科学研究中，运用统计方法对所掌握的资料进行精简、提炼和提升，将各因素的作用分解，找出各个因素的"净作用"，可以确定社会事物的数量联系中稳定的、相关程度高的联系，从而获得科学解释。

（3）推断作用。社会科学研究的重要目的在于为社会决策提供精确、全面的现状分析和做出科学的预测。特别是在大量采用抽样调查方法的情况下，这一目的的实现依赖于统计方法的运用。因为统计方法通过对大量研究资料所做的科学处理，能够较为准确地求得社会现象间的相互依存关系和因果关系。同时，运用统计推论的方法，还可由样本资料去推论总体的一般情形。推断性统计使抽样调查科学化，它与描述性统计和抽样调查一起成为一整套定量分析方法，从而大大扩展了社会科学研究的范围。这些都使人们有可能在已知的条件下较为准确、科学地预测社会现象的发展趋势，从而促进社会决策和社会实践的科学化、合理化。

第十三章　信息方法

在本体论意义上,信息是系统内部和系统之间通过相互联系而实现和保留的某一事物形态、结构、属性和含义的表征,它是一种客观的存在,可以消除信息接收者对事物认识的不确定性。社会科学研究自始至终都伴随着信息的流动过程,信息方法通过把社会系统的运行过程抽象为信息的交流过程,从而发现对社会现象的规律性认识。信息方法具有两个显著的特点:以信息概念作为分析和处理问题的基础,而"悬置"研究对象的具体运动形态;专注于事物整体状态的变化,用联系的观点综合研究对象的信息变换过程。信息方法具有促进研究科学化、推动科学整体化、促进实践合理化的作用。

社会科学的研究过程,自始至终贯穿着对社会认识客体信息的有组织加工、改造和整合。产生于20世纪40年代的信息论,就是一门深入研究信息的产生、获取、传输、处理、检测、识别和利用的综合性学科,它揭示了事物之间的相互联系,把系统的过程抽象为信息传递的过程,考察信息流程,从而获取对事物运动过程的规律性认识。信息论涉及领域广泛,具有极为重要的方法论意义。信息方法对于深化社会科学研究具有重要价值,本章主要对信息方法的含义、特点及其在社会科学研究中的运用、作用等进行分析。

一、信息概念和信息方法

1. 信息概念

信息概念,是信息论中最基本的重要概念之一。一般说来,信息概念及信息论的产生与人类的通信实践密切相关。从古代的"举烽火为号""结绳记事"至近现代的电报、电话、电脑等现代传媒的问世和普及,人类通信领域发生了深刻的变化。从理论上研究信息概念,至少可追溯到19世纪。当时,吉布斯、玻尔兹曼将概率统计理论引进物理学,在物理学中开始考虑和研究随机性问题。另外,在20世纪20年代,哈特莱对于信息论的创立也做出了重要贡献,他在《信息传输》中首次指出消息是代码、符号、序列,而不是内容本身;消息不是信息,它只是信息的载体;信息是包含在消息中的抽象量。哈特莱首先提出了"信息量"概念,并试图用数学方法对其加以计量。哈特莱是信息论的重要先驱,他的工作带来了概念上的突破,为信息论的产生提供了有益的思想方法。

在哈特莱的思想影响下,申农及其老师维纳做了开创性的奠基工作。在1948年至1949年,申农在《贝尔技术杂志》上相继发表《通信的数学理论》和《噪声中的通信》两篇作品,它们被公认为现代信息论的奠基之作。申农提出了通信系统模型、度量信息量的数学公式以及编码定理,初步解决了如何提取信源发来的消息、如何充分利用信道容量等重要问题。维纳则从通信和控制论的观点对信息问题做了深入研究,并提出了"维纳滤波理论"。在其名著《控制论》中,维纳对信息概念做了这样的概括:信息是我们在适应外部世界并且使这种适应为外部世界所感知的过程中同外部世界进行交换的内容的名称。维纳还提出了度量信息的数学公式,阐述了信息的负熵本质,并把信息作为处理通信和控制系统的基本概念和方法运用于许多领域。申农和维纳所做出的杰出贡献,使他们成为信息论的创始人。自此,经过布里渊、艾什比等众多学者的努力和社会的普及应用,信息论获得了迅速发展,并发挥着愈益巨大的作用。

关于"信息是什么",学术界迄今虽然尚无定论,但人们在一些基本方面还是形成了几乎一致的看法。

在本体论意义上,信息是同世界的物质过程、能量过程紧密联系在一起的普遍现象,它是系统内部和系统之间通过相互联系而实现和保留的某一事物形态、结构、属性和含义的表征。一方面,信息能够消除接收者对于某事物认识上的不确定性,就这种不确定性的消除而言,它取决于接收者的知识结构、思想背景等。这说明信息要受到主观因素的影响。另一方面,信息与意识又有着原则性的区别,因为信息是客观存在的,无论是自然信息,还是社会信息,都是确确实实地存在的。信息不能脱离物质和能量,但又不同于物质和能量。维纳在《控制论》中早就断言:信息就是信息,不是物质,也不是能量。应该说这一论断是恰当的。信息与物质有着密切的联系,它依赖于物质,包含于物质载体之中,其传递、处理、贮存都离不开物质。例如,人们常用书报、声波、电流、电磁波等来传递、贮存信息。但是,信息与物质在存在形式和特性方面又有很多差别。物质具有质量,占有空间,在运动、变化中遵循着质量守恒定律;而信息却不具有质量,也不占有空间,在变换中也不守恒。人们在日常生活中所看到的占有空间的并不是信息本身,而是贮存和携带信息的载体。信息与能量也是密不可分的,能量是传递信息的媒介,任何信息的提取、传递、存贮和处理都必然要消耗一定的能量,而能量的流动和控制也离不开信息的作用。不过,信息和能量毕竟也是不同的,能量可以相互转化,并且在转化过程中总是遵循着能量守恒定律。而信息则不存在相互转化的问题,它只能传递,不遵循能量守恒和转化定律。

就认识论意义而言,信息是认识主体接收到的、可以消除对事物认识不确定性的新消息、新内容、新方法。信息须从其发送者发出,以信呈的形式在信道里传递,到传递终端再转化成信息并由其接收者接收。

因而,从传递过程,即从信源(信息发送者)经过信道(信息的传递途径)再到信宿(信息的接收者)的关系来看,信息又是主客体之间认知与被认知的联系和关系,它是事物普遍联系中的一种特殊的联系。一切反映形式,从无生命过程到人所特有的反映活动,都伴随着一定的信息过程。一个系统接受另一系统的作用,并在自己的系统中留下另一系统的"痕迹"或"印记",这既表示发生了反映,也意味着前一物质系统接受和保留了后一物质系统的某些信息。因此,信息和反映都是物质的普遍属性,在反映的过程和结果中必然有信息,而信息也是伴随着反映而发生的。反映和信息的联系为认识事物提供了可能,是世界可知性的必要条件。

社会科学研究和其他一切认识活动一样,都自始至终伴随着信息的流动。在社会科学研究中,社会认识主体(研究者)作为能知系统是社会认识客体信息的获取者、加工者和组织者,社会认识客体作为所知系统是信息的发出者和提供者。社会认识主体和社会认识客体以信息耦合的方式结合起来,可以形成一个圆圈式的信息接收、存贮、加工和输出的过程。任何社会认识、任何社会科学研究成果,都是社会认识主体和社会认识客体这种相互作用的产物;社会认识主体和社会认识客体在社会认识中的统一,主体的观念与客体的一致都是以信息为媒介的。社会科学研究者为了认识某一社会事物或现象,必须通过各种信息传输的通道,从多方面获取有关客体的各种信息。主体在实践中所获取的客体的信息量越大,信息的保真度越高,就越能获得对于社会事物或现象的合理认识;反之,主体的观念就会由于充满了不确定性而以主观代替客观,致使所获得的社会认识失真、扭曲。社会科学研究过程不仅仅是信息获取过程,更重要的是信息加工和处理过程。主体所认识的客体,或者说主体观念中所包含的客体的客观内容,就是主体以一定手段从客体中获取的,并经过主体加工、改造、处理而建构起来的有组织的信息。

概括地说,信息具有如下特点:①知识性。信息可以消除接收者认识上的某种或某些不确定性,赋予信息接收者以一定的新知识。②无限性。信息的无限性的重要表现在于它的可扩充性,即使它对某种目的而论已经失去作用,但对别的目的而论又可能变得极其有用。例如,过时的天气预报对一般公众价值不大,但对统计工作者或研究天气变化规律的学者仍是宝贵资料。③资源共享性。资源共享性是信息的无限性的一种表现。信息的知识性决定了它能成为一种极为重要的资源,在生产、科研及社会生活中,信息能够转化为速度、效益、生产力。与一般资源不同的是,信息还具有共享性,它在交换、传播过程中,参与诸方不仅不会失去原有的信息,反而还可能增加新的信息。④可传输、贮存、变换性。信息是可传输、贮存和变换加工的。随着现代科技特别是网络化的发展,信息的传输速度和容量都大为改善。信息可以从一种形式加工变换成另一种形式,如把文字信息加工变换成图像信息或其他形式的信息,反之亦然。无论是信息的存贮、提取、接收,还是发送、传输,都必须对信息进行某种程度的加工变换。

2. 信息方法

所谓信息方法,是把系统的运动过程当作信息传递和转换过程,通过对信息的获取、传输、加工和处理这一过程的研究来揭示对象的性质、规律等的一种方法。与传统的科学研究方法相比较,信息方法既不是通过割断对象的内部联系去分析对象的各个部分,也不是在这种剖析的基础上进行机械的综合,而是从整体观念出发,用联系和转化的观点综合研究对象运动的信息及其变换过程。

信息方法具有两个显著特点。其一,信息方法以信息概念作为分析和处理问题的基础,仅仅把研究对象的运动过程抽象为信息传递和信息变换过程。它完全"悬置"了研究对象系统的具体运动形态,在不考虑系统内具体的物质形态、不打开活体或机器的条件下,研究系统与外界环境之间的输入和输出关系,也就是通过考察信息的输入、存贮、处理、输出、反馈的全过程来研究系统的特性和规律。其二,信息方法从整体出发,用联系和转化的观点综合研究对象的信息传递和信息变换过程。它始终将研究对象看作一个信息流动和变换的整体,从系统各部分之间的信息联系、系统与环境之间的信息联系来综合考察对象。可见,信息方法的显著优点在于:它可以不对事物的整体结构进行解剖性的分析,而是从整体出发,研究系统与环境之间的信息输入和输出的关系,通过对信息流程的综合考察,获得关于事物整体性能的知识。随着现代信息科学的发展和日益完善,信息方法已经成为现代科学研究事物的复杂性、系统性、整体性的一般方法,它对于深入开展现代社会科学研究具有不可或缺的重要价值。

二、信息方法在社会科学研究中的运用

信息联系虽然只是客观物质世界中存在的多种多样的联系方式中的一种,但它与物质、能量方面的联系一样,也是极为普遍的。因此,撇开研究对象的物质和能量的具体形态,而着力于信息联系这种独特作用方式的信息方法,也具有普遍的适用性。它可以不受对象的物质和能量的具体运动形式的制约,超越时空抽象地考察其信息过程。在社会科学研究中,运用信息方法大体要经过如下步骤。

1. 将社会系统抽象为信息过程

信息方法,无非就是运用信息论的基本观点,把研究对象抽象为信息及其变换过程,通过信息的获取、传输、加工和处理等步骤去揭示研究对象的性质和规律的方法。因此,在运用信息方法进行社会科学研究时,首先要完全撇开研究对象的物质和能量的具体形态和结构方式,把研究对象的运动抽象为一个信息变换过程。实际上,社会科学研究过程就是一个信息变换过程。

社会科学研究活动是一种复杂的、高层次的社会认识系统。在社会认识系统中,社会认识主体、社会认识客体及社会认识中介围绕信息相互作用的关系组成一个统一整体。其中,社会认识客体是信息源,是信息的发出者;社会认识主体是信息的收集者和加工者;社会认识中介则是为了帮助主体促使客体释放信息,或帮助主体加工、操作信息的存在。在信息的相互作用中,主客体之间的作用是双向的、交互的:一方面,关于客体的存在、属性和规律的信息进入主体的头脑,被主体的意识所反映,这是客体作用于主体的精神结果;另一方面,主体在认识客体的同时,也在观念地改造客体。这不仅表现在主体总是把客体的信息改变为主体所特有的思维形式和内容,而且表现为主体在处理信息的过程中产生改造客体的目的、计划、办法等实践观念。因此,在社会认识系统中,社会认识主体和社会认识客体是通过社会认识中介的作用以观念、信息的形式相互反映、相互影响和相互改造的。在社会认识系统中,社会认识主体和社会认识客体之间的相互作用包含着物质、能量和信息等多方面因素的相互作用,它以信息相互作用为其本质特点,服从于主体观念地掌握客体的目的、需要和意志。社会认识主体(包括社会科学家)的能动性的重要表现就在于,尽可能地使用一切方法和手

段,使这种信息的相互作用得以实现和完成,从而达到深入地观念地掌握社会客体的目的。

从社会科学研究过程来看,在研究之初,社会科学研究人员首先是通过社会认识中介的参与以及感觉器官的作用,把社会认识客体以物理化学形式表现出来的实物形态的信息转化为能被人的感官接收的关于客体特征的信息。研究人员的中枢神经系统在对这些信息进行初步的选择加工以后,还要借助于语言符号系统的作用对之进行编码,使客体的特征信息变为适于主体思维进行操作的编码信息,进而由人脑的高级中枢系统进行极其复杂的再加工和再反映,此时才能形成观念信息。这就相当于以生动直观为基础进行的抽象思维的过程。人的抽象思维是从现象到本质、从初级本质到更深刻的本质的不断深化的过程,表现在社会认识机制上,就是多级的、多环节的信息加工链条。在这一条多级多环节的信息加工链条中,每一级信息加工的成果,既是主体观念地反映客体的成果,又成为下一级信息加工的对象。社会科学研究人员正是凭借能动的、自觉的活动对观念信息进行逐级深化的思维操作,从而使对客体的认识不断趋于科学化、合理化。

2. 对信息做定性定量分析

所谓定性分析,就是对信息的质所做的分析。一方面,它要判别信息的类属,辨明它是经济信息、政治信息,还是其他社会信息;是工程技术信息,还是科学理论信息;是有价值信息,还是无价值信息;是语法信息(它忽略信息所表征的内容的意义,只从形式上描述信息的内容及其关系)、语义信息(信源发出的符号序列所表达的意义,即信息所包含的意义),还是语用信息(信宿收到信源发出的信息后所产生的效果和作用,即信息的效用和价值);等等。另一方面,它要对抽象出来的信息的存贮、传递、编码、解码、发射、接收、转换、处理、使用等方式做出判断。

所谓定量研究,就是要运用概率论、数理统计和模糊集合等数学方法,对抽象出来的信息的主观和客观方面、传输和使用情况以及量度和语义等方面做出量的分析,进而运用定量分析的结果加深对信息过程及其本质的认识。由于信息源发出的消息带有随机性、不确定性,而概率正好是描述随机事件发生的可能性大小的一个量,因此,用概率定量地刻画信息量是一种颇为有效的方法。所谓信息量是指信息所能排除的不确定性的大小,如某条消息排除的不确定性多,则该消息的信息量大,信息量的多少取决于消息所论事件发生的可能性的大小。用概率或信息论的语言可将之总结为:某消息出现的概率小时,该消息信息量大;反之,其信息量小。

3. 建立信息模型

建立模型是人们用来揭示原型的形态、特点和本质的重要手段,它的根本特点在于,不直接研究现实世界中的某一现象和过程本身,而是通过设计一个与该现象或过程相类似的模型或模式,间接地研究该现象和过程。在这一关系中,被研究的真实对象叫原型,而对原型的模拟叫模型。建立模型有助于认识事物的复杂关系,有助于认识的科学化和全面化。对于复杂系统特别是社会系统,通过建立模型在较小范围中开展研究,可以预先发现问题,以便及时加以改进和纠正。

建立信息模型,是运用信息方法过程中最重要的环节,也是对现实社会系统进行研究时最困难的一步。在此阶段,需要运用各种手段将此前所取得的成果加以综合整理,构造一个能反映对象本质、便于解决问题的信息模型。由于实际的信息及其变换过程是极为纷繁复杂的,这决定了信息模型可能是也应该是多种多样的。从质上看,有信息输入输出模型、信息存贮变换模型、信息编解码模型、信息加工处理模型、信息发送接收模型以及信息反馈控制模型等;从量上看,有反映信息流动的数学模型、动态曲线图、输入量与输出量对照表等。

4. 依据模型阐明原型

在此阶段,要通过对已建构的模型的研究,阐明被模拟的信息过程(原型)的机制,评价其功能,预测原型的未来发展趋势,并提出改善原型功能的信息途径。

需要指出的是,我们承认在社会科学研究过程或社会认识机制当中包含着复杂的信息加工过程和程序,强调建立和阐明信息模型对于社会科学研究具有非常重要的意义,但这并不是主张把社会科学研究或社会认识完全归结为信息传递和信息变换。社会认识特别是社会科学研究过程不仅包含着通过主客体之间的信息变换在主体的头脑中建构出一个与客体具有同质同构关系的观念物或观念系统的过程,而且还包含着主体通过思维的运作对客体的意义的理解。信息的加工处理、输送、反馈等可以通过建立信息模型来解决,但主体对客体意义的理解却是难以建立模型的。

因此，既应看到社会科学研究过程包含着复杂的、高级的信息加工机制，也要看到，在社会科学研究中，信息在变换的过程中发生了深刻的质变，变成了观念形态的精神产物和能动、自觉的思维内容。

5. 在实践中检验

要通过反复的实践，检验模型得出的结论是否与原型相符，并进而根据检验结果再次修改和完善所构造的信息模型，使之更加适用。在某些情况下，甚至要重建信息模型，直至所建信息模型与实际的信息变换过程基本一致。

三、信息方法的作用

信息方法既是通过信息过程认识世界的重要方法，也是指导和协调人们从事社会活动的重要工具，它在人类的社会认识和社会实践中发挥着愈益重要的作用。就社会科学研究来说，信息方法的作用主要表现在如下方面。

1. 促进研究科学化

在客观世界中存在着结构、运动形态等方面极不相同的众多复杂系统，用传统方法很难发现它们的内在联系和共同属性。而信息方法无须对系统的整体结构、运动形态进行剖析，而是仅仅着眼于对信息流程的分析研究，但可获得对系统性质和功能的某些认识甚至是非常全面、深入的认识。这种信息方法既不割断系统的联系，也不是机械的综合。它直接从整体出发，用联系的、转化的观点综合研究系统的运作过程。信息方法为揭示各种复杂对象的性质及其运动规律提供了崭新的思路，具有崭新的科学方法论意义。在现代科学研究中，信息方法大大地促进了各门具体研究的科学化。

信息方法的这种作用表现在它已日益深入自然科学、技术科学、社会科学各个领域。在现代，数学、物理学、化学、生物学、天文学等，都在收集信息和处理信息的基础上获得了进一步发展。具有普遍适用性的信息方法在生命科学研究领域具有特别重要的作用，用信息方法可对生命活动过程及实现这一过程的机制做出定量的描述。信息方法把生命机体看作一个特殊的信息流通系统，生命机体的正常、健康状态，可看成构成系统的要素以一定的方式达成的稳定状态，生命机体通过要素的相互作用和联系，实现生命过程的调节，以保持机体的稳定。如果机体处于病态，就可认为它的一部分组成要素偏离了稳定态，其有序性、多样性发生了变化。由于有序性的变化可用信息熵函数来表示，信息熵的数量等于信息量，而内容可以刻画出信源（即机体）的不确定性。因而，通过分析生命体的这个信息熵函数，就可以大体了解该机体组织结构的复杂性和有序程度，判明机体是否处于正常稳定的状态。在临床上，应用信息方法研究病因和治疗已经取得了显著成果。例如，人们已经发现，内分泌疾病的病因是缺乏正常信息，传染病是由于信息的干扰引起，遗传疾病是信息码错乱所致等。运用信息方法还能对上述疾患的轻重程度给出定量的描述，从而有助于做出更为科学的诊治。信息方法对于分子生物学的创立起了重大作用，64种遗传密码全部被破译更进一步证明了生物界在遗传机制上的统一性。它向人们强调研究生物体化学变化不仅要考察分子结构和能量方面的变化，还要考察信息的变化，不能忽视信息的调节和控制。而在技术系统中，通信、火箭发射、导弹制导等，也主要是接收、传递、加工和利用信息的过程。在哲学领域，人们已经广泛承认"信息联系"这一重要联系方式，从而使"联系"这个哲学范畴具体化了；现在，越来越多的学者都已承认，把信息以及选择、建构等概念引入认识论具有十分重要的意义。实际上，在认识系统中，主体和客体之间的相互作用是以信息相互作用为基本特征的。

在社会科学研究中，信息方法的运用促使社会研究更加形式化、动态化，通过电子计算机建立社会信息情报网络，大大地促进了社会科学研究者及时、全面、准确地掌握社会事物、社会现象的变化状况，并进而有可能深入地透视人类社会发展变化的客观规律。信息方法在现代管理科学领域获得了广泛的应用，它是实现现代管理科学化、合理化的有效方法。管理的过程，无论是生产管理、经济管理、社会管理（行政管理、政治管理），抑或是其他管理，归根到底都是一个决策的过程。要实现科学管理，就是寻求最佳决策，使系统具有最优功能。一切管理对象都可抽象为信息过程，管理对象都涉及人流（由劳动力组成）、物流（由生产资料组成）和信息流。信息流调节着人流和物流的数量、方向、速度、目标。要使人和物做有目的、有规则的运动，产生最佳的社会效益和经济效益，就必须正确分析和妥善处理信息过程。为此，要建立一个完善的信息管理系统，在精心规划好系统所遵循的各项原则的基础上，安排好信息收集、存贮、处理加工等各个环节。一般说来，建立一个信息管理系统要经历下列环节：①信息收集，要求广辟信源，甚至构造信息网络；②信息存贮，要求有自己的信息库，能方便快速检索出所需信息；③信息加工，要求能及时准确地提供有价值的信息；④信息传输，要求速度快、渠道畅通。当然，要做到这些，人的素质以及先进的设备是重要的因素，一支训练有素的信息工作人员队伍和一套优质的计算机是搞好科学管理的重要条件。总之，信息方法揭示了不同物质运动形态之间的信息联系，有助于发现某些事物运动的新规律。这种方法的运用有助于促进社会科学的健康、快速发展，并进而促进社会决策和社会实践的科学化、合理化。

2. 推动科学整体化

信息论及信息方法体系本身就是科学整体化的产物，如今这一方法已经并正在推动着科学整体化的进程。概而言之，在科学整体化的过程中，信息及信息方法大致有如下方面的影响：①传统的科学研究对象由于得到了另一门科学的新发展信息而产生新的交叉学科。例如传统的天文学，由于从物理学发展中得到了光谱分析、核反应分析和基本粒子运动规律等信息，使这两门学科在宇宙天体这一接触点上结合为天体物理学；又如经济学通过引入控制论的思想、方法发展出了经济控制论等。②多门不同的学科的信息涉及同一研究对象，从而催生综合性的新学科。例如，以经济为研究对象，出现了经济信息论、经济控制论等。在攻克癌症、空间探索、核能应用、海洋、环境等综合性问题上，也出现了类似情形。③用一门科学的方法和手段去研究另一些科学，从而诞生新的学科。例如，用信息论的研究方法和手段去研究生命，就导致生命信息科学的建立。

可见，信息方法把本来不太紧密甚至毫不相关的科学和技术联系起来了，它在推动各种学科之间的渗透、结合、交叉等整体化方面起着重要作用，加速了现代科学的整体化进程。

3. 促进实践合理化

信息方法不仅推进了具体研究的科学化和科学的整体化，而且还大大地促进了社会决策和社会实践的合理化。信息方法的运用，增强了人类对客观世界的控制，它在人类实践中的作用也越来越大，为实现科学技术、生产、经营管理、社会管理等的现代化提供了有力工具。社会主义现代化建设立足于现代化大生产和世界交往的普遍发展。面对着汪洋大海般瞬息万变的信息世界，如果不能对信息做出及时、全面、准确的综合分析，不能以最有效、最方便的形式来处理和利用信息，就不能进行合理、高效的社会控制，从而也就跟不上时代和实践发展的步伐。信息方法的运用直接关系到领导决策的科学化、合理化。领导决策过程就是对信息进行收集、传递、整理、加工和变换的过程，它的科学化、合理化程度直接取决于能否迅速、及时、全面、准确地获得足够的信息。随着现代社会认识和社会实践活动的复杂化，要提高主体的决策能力和实践能力，就必须充分研究和广泛运用信息方法。

第十四章　黑箱方法

　　黑箱是指虽然内部构造不明晰，但可以通过外部输入输出来推断内部构造的系统。黑箱方法实质上是一种控制论方法，是一种重要的社会认识工具，它通过将社会系统置于一定的社会环境之中，从社会系统与社会环境的相互作用、相互影响的功能表现来认识社会系统。这充分体现了社会认识中的整体观念和联系观念，是对传统分析方法的一次突破，为现代社会科学研究复杂的大系统提供了一种有效的工具。运用黑箱方法一般需要经历确认黑箱、考察黑箱、阐明黑箱三个基本步骤。

随着现代控制论的发展及其广泛应用,控制论的基本思想在解决处理各种社会问题中形成了不少行之有效的方法,体现了深刻的方法论意义。黑箱方法(method of black box)就是一种重要的控制论方法,它为人们研究高度复杂、高度组织化的社会有机体及其具体方面,提供了一种重要的社会认识工具。

一、黑箱概念和黑箱方法

1. 黑箱概念

所谓黑箱(black box),简言之,就是指内部构造和机理还不清楚,但可以通过外部观测和试验而考察其输入与输出的情况,进而认识其功能和特性的系统。1945年,维纳(Wiener)在控制论研究中首先提出"闭盒"(closed box)的概念,而后艾什比(Ashby)和维纳又称之为"黑箱",这个名称也从此流行。维纳在研究电网络系统时说:"我把黑箱了解为这样一种装置,它是有两个输入端和输出端的四端网络。它对输入电压的现在和过去实行一定的操作,但是它靠什么结构来执行这种操作,我们并不必须知道任何信息。"[1]如果舍弃维纳研究中的具体内容,我们便不难发现,对于社会生活领域的许多客观事物,人们一时还不可能、不允许或不必要深入了解其内部细节,还不能透视其内部详情,这些事物都可视为黑箱。

黑箱概念具有一定的相对性。一个社会事物能否被作为或者必须被作为黑箱加以考察,既取决于被认识客体的性质、结构等的新颖、复杂程度,也取决于认识主体的知识结构、经验技术等主体性条件。同一客体对于不同的社会认识主体,可能会产生是黑箱或不是黑箱这种相异结果。社会认识客体的黑箱属性,是社会认识过程中社会认识主体与社会认识客体相互关系的一种反映。随着科技的进步和人类社会认识能力的提高,过去的黑箱系统,会逐渐变成灰箱(grey box)乃至白箱(white box)。例如,一台电视机,对于外行人来说,只是看电视节目的工具,人们对其内部构造一无所知,可称之为"黑箱"。但是,对于电视

---

[1] N.维纳.控制论[M].郝季仁,译.北京:科学出版社,1985:序9-10.

专家而言,电视机则是"白箱"。还有些人对电视机略知一二,但又不很清楚,对这些人来说,电视机可称为"灰箱"。

2. 黑箱方法

所谓黑箱方法,就是在不打开黑箱的情况下,只是利用外部观测、试验,通过输入、输出信息及其动态过程来研究黑箱的功能和特征,探索其构造和机理的科学方法。例如,目前,人类还无法同时实现既能保持人的大脑(可视为一种黑箱)的思维功能,又能直接观测其内部结构。因此,医生在研究人的大脑、心脏等复杂系统时,一般都不打开它们,而是通过脑电图和心电图等来研究大脑、心脏的功能情况,从而做出诊断,施以治疗。黑箱方法的根据是结构与功能的内在联系。人们通过研究系统的功能来推测或模拟其结构,进而认识其结构。

黑箱方法的理论体系的建构尽管并不久远,但黑箱方法的应用实际上古已有之。早在2000年前,我国古代中医就很注重"望、闻、问、切",非常重视从整体功能、外观行为以及相互联系、相互作用等方面诊断病情。只是,由于当时社会发展水平还很低,人们的认识能力还很有限,古代"黑箱方法"毕竟是非常原始的。在近代,随着社会的发展和人类认识水平的提高,形而上学思维方式流行一时,分析方法占据了主导地位。人们对于那些一时还难以认识其内在结构的"黑箱",一般采取分解手段,将它们打开,使黑箱白箱化。因而,在近代,黑箱方法依旧未能获得理论上的建构,其实际应用也是非常有限的,因此黑箱方法在近代发展依旧缓慢。时至现代,随着人类生产方式和思维方式的发展,人们更加自觉地从整体上、从事物之间的相互联系上研究问题,从而促使黑箱方法获得迅速发展和广泛应用。现代的黑箱方法,是建立在现代系统论、控制论、信息论基础之上的,它与其他科学方法有机地结合,突破了传统方法的局限,从而成为一种非常重要并获得广泛应用的科学方法。

在社会科学研究中,黑箱方法的特点主要表现在两个方面。一是黑箱方法从社会系统与社会环境之间相互联系中,考察和认识社会现象。控制论系统的输入和输出都离不开环境。因而,社会科学研究中的黑箱方法实际上是将社会系统置于一定的社会环境之中,从社会系统与社会环境的相互作用、相互影响的一系列功能表现中认识社会系统。二是黑箱方法与一般的社会科学方法不同,它并不试图剖析社会系统研究的内在结构,而是以特有的方式考察社会系统的输入和输出,对社会系统做整体上的探讨。

二、黑箱方法在社会科学研究中的运用

在社会科学研究中,运用黑箱方法大体都要经过确认黑箱、考察黑箱、阐明黑箱这三个基本步骤。

1. 确认黑箱

按照唯物辩证法的观点,一切事物和过程都是处于普遍联系和相互作用之中的。而在社会领域,由于人的活动及其作用,这种情形更为复杂,整个人类世界实际上是一个"一切关系在其中同时存在而又相互依存的社会机体"[①]。因而,在社会科学研究中运用黑箱方法,必须把研究对象从社会环境中相对"分离""孤立"出来,也就是根据被研究对象的性质和任务,把握主要矛盾,确定特定的通道。例如,心理学家与医生治病所确定的通道就不一样,心理学家研究人的心理活动,一般通过广泛地考察分析各种环境下的刺激(输入)而做出结论(输出);而医生治病,则是通过实施治疗措施(输入),引起病情的变化(输出)。在具体研究中,选定某一社会事物作为研究对象及其与社会环境构成主要联系的通道,便确立了一组输入与输出,这就意味着黑箱的确立。

2. 考察黑箱

在依据相对孤立、分离的原则确认黑箱之后,为了做更为深入的研究,还需要对黑箱做详细考察,以获得必要的感性材料。在社会科学研究中,考察黑箱主要是通过社会观测和实验来研究社会事物的输入、输出及其动态过程。这种考察有被动考察和主动考察之分。

所谓被动考察黑箱,是指对黑箱不加任何干预而观测其输入和输出,获取输入和输出变化的一组数据,亦即让被考察的社会事物在"纯自然"的条件下发展变化。受考察对象变化速度的影响,这种考察方式的周期往往较长,对象在纯自然状态下输入和输出的信号也可能过弱而不易观测。因此,有时为了使社会系统的特性更为明显地表现出来,有必要主动地考察黑箱。

---

① 马克思恩格斯选集:第 1 卷[M].北京:人民出版社,1995:143.

所谓主动考察黑箱,是指在黑箱的输入处施加某种典型的测试信号,再观测其输出反应,以便从中获取研究对象的大量信息,作为认识黑箱的根据。例如,中国在经济体制改革之初,就"大胆地试、大胆地闯",在广东、福建两省设立深圳、珠海、厦门等经济特区。在此之前,中国从无此类经济特区,人们不可能对经济特区做实地调查研究。因此,在设立经济特区之初,人们对于经济特区的内在结构、性能、作用等是不可能达到全面、准确的认识的。在对经济特区(这里,经济特区可视为特大"黑箱")实行的新经济体制尚难做更为细致、深入的剖析的情况下,通过考察经济特区"输入"和"输出"的变化数据,就能看出经济特区实行的经济政策的效率以及新旧经济体制的性能优劣。

3. 阐明黑箱

这一阶段将利用观测和实验所取得的社会系统的输入、输出的数据,以及原先对社会系统的认识,建立起黑箱模型。由于黑箱的输入与输出经常是不规则的,并且,有的输入与输出只能从性质与行为方面去考察,因而黑箱模型的建构往往非常困难。因此,为了促进研究、阐明各种不同类型的黑箱系统,要采用切实可行的模型,如数学模型、输入与输出表格、动态登记表、框图模型等。

在确立了模型之后,就可以据此探讨黑箱系统的功能特性、行为方式,进而对黑箱的内部结构和机理加以阐明。例如,我国在设立深圳等经济特区之后,尽管经济特区的各个具体运行环节还有待进一步完善,对于特区还有待做更为深入的细致研究。但是,经过几年的发展,通过对经济特区总体的"输入""输出"情况的考察,人们已经可以直观地看出经济特区所取得的成就。1984年,邓小平对这些特区做了实地考察,他对我国经济特区的性能、地位有了更加明确、坚定的认识,他指出:"特区是个窗口,是技术的窗口,管理的窗口,知识的窗口,也是对外政策的窗口。从特区可以引进技术,获得知识,学到管理,管理也是知识。特区成为开放的基地,不仅在经济方面、培养人才方面使我们得到好处,而且会扩大我国的对外影响。"[①]在视察深圳时,邓小平欣然题词:"深圳的发展和经验证明,我们建立经济特区的政策是正确的。"在珠海,他题词道:"珠海经济特区好。"在厦门,他则做了这样的题词:"把经

---

① 邓小平文选:第3卷[M].北京:人民出版社,1993:51-52.

济特区办得更快些更好些。"在对广东、福建两省的经济特区做了实地考察之后,邓小平明确指出:"我们建立经济特区,实行开放政策,有个指导思想要明确,就是不是收,而是放。"①众所周知,自设立经济特区以来,通过经济特区所取得的巨大成就和对经济特区发展变化状况的考察、分析,我国公众对于经济特区这个黑箱的性能、地位、作用,以及新旧经济体制的优劣等都有了全面、正确的认识,并由此获得了深化经济体制改革的大量经验教训,从而有力地促进了我国的全面经济体制改革。当然,对于越来越多的中国人来说,经济特区已经由"黑箱"而转化为"灰箱""白箱",这反映了我国经济体制改革的迅猛发展和国人观念的迅速更新。

在实际的社会科学研究中,可以同时建立数种黑箱模型,进而择其善者而从之;对于已经确立的某一模型,在实际应用中也应注意修改、完善。

三、黑箱方法的作用

现代黑箱方法,把传统黑箱方法与现代一些新的科学方法结合起来,为现代科学研究提供了新方法、新途径,对于丰富马克思主义社会认识论和社会认识方法论都具有重要意义。在运用黑箱方法研究复杂的社会问题时,把社会系统作为整体加以考察,不干扰社会运动过程,而只是从输入与输出的联系中,从外部观测、试验来研究系统的功能、特性,探索其内部结构,这充分体现了黑箱方法的整体观念和联系观念,是对传统分析方法的一次突破;同时,它也充分体现了内因和外因的对立统一的辩证法思想,再现了社会认识从感性到理性、从现象到本质的辩证发展过程。

黑箱方法为现代社会科学研究复杂的大系统提供了一种有效的工具。在现代社会科学研究中,面对结构复杂、功能综合、因素众多、组织严密的社会有机体,有许多问题要做分解分析,而黑箱方法在此可以发挥独特的作用。例如,在对人的思维活动机制、认识结构进行研究时,传统分析方法就遇到了难以逾越的困难。如果将人脑解剖,活脑就变成了死脑,死体是没有生命机制的,人的思维、认识也就消失了。因此,

---

① 邓小平文选:第3卷[M].北京:人民出版社,1993:51.

不干预机体内部结构及生命正常进程的黑箱方法,就成为研究主体的认识结构的很好工具。黑箱方法把人脑思维活动视为整体,通过调节对这个整体的输入,观测其输出情况,就可在相当程度上透视其功能和特性。又如,在研究犯罪行为的原因时,可把犯罪当作一种特殊的"黑箱"来处理。在此,犯罪行为就是"输出",而促使犯罪的原因就是"输入"。通过对大量的犯罪行为(输出)与犯罪原因(输入)的研究,运用统计手段和逻辑规则就能大体确定导致同一犯罪行为的共同原因或主要原因。这种研究既给有关部门的侦破工作提供了重要思路和线索,也为社会的综合治理提供了重要依据。

  黑箱方法在探索性社会科学研究中尤其具有不可或缺的启示作用。一般而言,探索性社会科学研究的对象,都可视为尚待揭开的黑箱。正如维纳所指出的,所有科学问题都是作为"闭盒"(黑箱)问题开始的。因此,黑箱方法几乎可以作为社会科学研究的起点。在某个问题研究之初,人们对认识对象知之甚少,甚至完全不知,研究对象相当于一个黑箱。随着黑箱方法的使用,研究对象的某些性质和特征逐渐被揭示出来,人们的认识便前进了。这时,作为黑箱的研究对象也发生了转化,在研究主体看来,其已是有了部分了解的事物,黑箱转化成了灰箱。随着社会认识过程不断深化,研究对象的本质规律最终被揭示出来,人们对社会事物的特征、功能、结构、作用方式等有了全面的认识,灰箱也就变成了白箱。在社会科学研究中,一次又一次打开黑箱的过程,从黑箱到灰箱再到白箱的不断转化,就是人类社会认识不断深化的过程。

  当然,黑箱方法并不是万能的,它有着自身的局限。这种局限主要表现在如下方面:①在社会科学研究中,由于黑箱方法只从社会系统的外部输入与输出去考察社会问题,因而无法确定和排除来自社会系统内部的干扰,这使它难免具有一定的片面性。②通过单纯黑箱方法得出的结论只具有或然性。众所周知,一种功能可以对应于多种结构甚至无数的结构,而一种结构也可对应多种功能。严格说来,由外部功能到内部结构的认识不具有必然性,它只是一种具有或然性的社会猜测。由于黑箱方法不打开黑箱,因而对于那些具有相同输入与输出的社会系统无法确定其本质的区别。这些具有相同输入与输出的社会系统可以是同质同构同功的,也可以是异质异构同功的,仅仅依据社会系统的功能特性来推测其内部结构是很可能出现错误的。③运用黑箱方法还难免造成对可用信息的忽视、浪费和缺失。因此,在运用黑箱方法进行社会科学研究时,研究人员要注意把它与其他科学方法结合起来使用,以弥补它的不足。如果能够从多方面、多维度来考察黑箱并结合使用其他方法,社会科学研究人员的猜测是有可能在一定程度上逐步逼近对象内部的真实情况的。

就总体而言,我们认为,黑箱方法对于社会科学研究具有重要的意义。不过,人们在社会活动中的自觉性尤其要求掌握社会系统的内部结构,从而实现对其最优功能的自觉调控和追求创造,而不是简单的功能模拟。因此,对社会系统的"开箱研究"显得更为重要。

第十五章　系统方法

系统是一个具有普遍性的范畴,整个世界及其各种事物无不处于系统的联系之中。系统方法,就是从系统的观点出发,着眼于整体与部分、整体与环境的相关联系和相互作用,综合地考察对象,求得整体的最佳功能的科学方法。在社会科学研究中运用系统方法,意在把各种分散、零碎的社会现象看作社会总体运动的有机组成部分,在各种社会要素的有序联系中揭示社会有机体的内在组织结构,在要素、结构与环境的功能联系中把握社会有机整体。具体地说,在社会科学研究中运用系统方法,需要对社会有机体从要素、结构与功能等方面进行全面的科学研究。与传统方法相比较,系统方法具有整体化、最优化、定量化、模型化等显著特点。

系统的观点和方法是现代系统论的核心观点和方法,它同控制论、信息论以及信息、控制、反馈、目的等观点一起,构成了现代认识和思维方式中极其重要的组成部分。系统观点和系统方法的产生和运用是现代实践的必然结果和必然要求,因此,系统观点和系统方法也就成为人们在现代实践中掌握复杂事物的科学认识方法。在社会科学研究中,系统方法的运用具有重要的意义。

一、系统概念和系统方法

1. 系统概念

系统概念,是系统论的核心概念。所谓系统,不是单一晶体或单一细胞,而是两个以上的因素组合而成的具有一定结构的整体。恩格斯曾经指出:"一个伟大的基本思想,即认为世界不是一成不变的事物的集合体,而是过程的集合体……已经如此深入一般人的意识,以致它在这种一般形式中未必会遭到反对了。"[①]我国著名学者钱学森认为恩格斯讲的"集合体"就是系统,"过程"就是系统中各个组成部分的相互作用和整体的发展变化。他认为,可以把极其复杂的研究对象称为系统,即由相互作用和相互依赖的若干组成部分结合成的具有特定功能的有机整体,而且这个系统本身又是它们所从属的更大系统的组成部分。贝塔朗菲则认为,系统是处于一定相互联系中的与环境发生关系的各组成成分的总体。尽管从不同角度可以对系统做出不同的理解和给出不同的定义,但一般说来,系统总是由具有相互联系、相互制约的若干组成部分(要素)结合在一起并具有特定功能的有机整体。

任何事物要构成一个系统,必须具备如下三个条件:①具有两个或两个以上的要素;②要素之间要相互联系;③要素之间的联系必须是相关性联系,即能产生整体功能。系统作为整体尽管不等于要素,也不能还原为要素,但它却不能离开要素,它是由要素构成的。要素作为系统的构件(元件)是依赖于整体而存在的,又对整体的结构、性质和功能发生着作用和影响。这里所谓的功能,是指系统所能发挥的作用或效能,即系统从环境接受物质、能量和信息,经过系统的变换,向环境输出新

---

① 马克思恩格斯选集:第 4 卷[M].北京:人民出版社,1972:239-240.

的物质、能量和信息。系统对其环境的作用称为输出，环境对系统的作用称为输入。可见，系统的功能体现了一个系统与其环境之间的物质、能量、信息的输入与输出的变换关系，系统的结构和环境决定了系统的功能，系统的输入-输出关系体现了系统的结构。

相对于要素的个别性、局部性、多样性和不可分割性，系统具有如下特征：①整体性。系统是在要素及其相关性中产生的整体，因而它既是对周围事物发生作用的整体，又是使内部各个要素从属于自身的整体。②统一性。系统总是作为统一体出现，它与要素之间是一与多的关系。③复合性。系统总是由两个以上要素构成的，它总是具有复合性、可分性。④稳定性。系统都是有序的结合，因而具有相对的稳定性。系统的上述特征都导源于由要素相互作用而产生的"整体质"和"整体功能"。

系统是一个具有普遍性的范畴。整个世界及其各种事物无不处于系统的联系之中。这些系统大致可分为自然系统、人工系统和自然-人工复合系统，物质系统和概念系统，开放系统和封闭系统，宇观系统、宏观系统和微观系统，有机系统和无机系统，等等。系统和系统之间，按其有序性程度的高低，又构成从低级到高级的等级序列，它们在一定条件下可相互过渡。系统范畴的普遍性是整体与部分的关系的普遍性的反映，是对辩证法普遍联系观点的具体深化。

2. 系统方法的提出及发展

所谓系统方法，就是从系统的观点出发，着眼于整体与部分、整体与环境的相关联系和相互作用，综合地考察对象，求得整体的最佳功能的科学方法。它涉及如下基本要素：①目的，指建立系统的根据、要求和目标；②替代方案，指为达到预定的系统目标而提出的各种可供选择的方案；③代价和效益，指建立系统所需付出和承担的代价及系统建成后可获得的收益；④模型，指为了求得和确定系统设计所需要的参数和约束条件而建立的模拟实际系统的仿真模型；⑤评价基准，指确定各种替代方案优先选用顺序的标准，一般依据系统的具体情况而定。如要评价社会系统的代价、效益时，其评价标准有：效益相同时，选择代价最小的方案为最佳方案；代价相同时，选择效益最大的方案为最优方案。系统方法的基本思想是：在明确系统目的的前提下，分析和确定系统所应具备的功能和相应的环境条件，抓住系统的某些需要决策的关键问题,根据性质和要求相应地建立有关模型,再根据需要对有关模型进行仿真实验,在获取反馈信息的基础上,不断充实和完善建立系统所需要的资料和信息,以选择最佳方案。

系统方法是20世纪40年代由美国兰德公司在改善武器装备系统中最先提出并使用的。在第二次世界大战后,这一方法沿着两条不同的路线发展。一条是运用数学的工具和经济学的原理,分析和研究新型防御武器系统。20世纪60年代初,当时的美国国防部长麦克唐马拉把兰德公司的一套系统分析方法"计划—规划—预测系统"带到华盛顿,从五角大楼推广到政府各部门。同时,美国民间企业也开始应用这种方法来改善交通、通信、计算机、公共卫生设施的效率和功能,并在消防、医疗、电网、导航、炼油等领域加以广泛应用。另一条路线是在大学和科研机构,把系统分析的思想和方法在一些领域逐步加以系统化、理论化。开始是在生物学和自动控制的研究领域,后来扩展到社会政治机构、国际关系、管理系统、生态系统、教育系统等领域。20世纪70年代中期,系统分析的这两条路线,逐步互相结合、互相补充,发展成为一种有效的方法体系。

3. 系统方法的特点

系统方法立足于整体,统筹全局,综合考察,相互协调,以整体最佳地分析问题和考察问题。与传统方法相比较,系统方法具有整体化、最优化、定量化、模型化等显著特点。

(1) 整体化。从整体出发是系统方法的基本特点,这种方法"把复杂的情况当作结合在一起的一整块来考虑……观察一定数目的、不相同的、相互作用的事物,看它们在多种多样的影响作用下作为一个整体的行为"[1]。它认为,世界上各种对象、事件、过程都不是杂乱无章的偶然堆积,而是一个合乎规律的、由各要素组成的有机整体。系统在要素与要素的相关性中产生出高于要素的整体性或系统性质,因而整体的功能和性质不能还原为要素的功能和性质。事物的关系越是复杂,这种整体性就变得越重要。系统方法的整体化特点,正是在于它着眼于系统的整体功能,主张从各组成部分之间的相互关系之中把握系统总

---

[1] E.拉兹洛.用系统论的观点看世界[M].闵家胤,译.北京:中国社会科学出版社,1985:4-5.

体。它要求人们从对事物的属性认识进入"组织性""相关性""有机性"层面,从对事物的单向研究进入多向研究,从线性研究进入非线性研究,从而大大地拓展对事物整体性研究的新领域。系统方法要求人们把握如下情形:一是系统整体的综合功能具有新质,这种新质绝不是系统中各个要素的性质的机械加和,而是由于各个要素按照一定规律组织起来的系统所具有的综合整体功能;二是系统整体中每一个要素或子系统的性质与行为影响系统整体的性质与行为,这种影响又是在系统整体内部各要素之间的相互联系、相互制约、相互作用过程中表现出来的;三是由于系统整体性的特点,组成系统的各个要素或子系统不能逐一分解成独立的要素或子系统。从整体出发,并辩证地把握整体与部分的关系,体现了人类思维方式的重要变革。

(2) 最优化。所谓最优化,就是从多种可能的途径中,选择出最优的系统方案,使系统处于最优状态,达到最佳效果。强调从整体出发、把整体优化作为优化的主要目标,这是系统方法处理问题的重要特点,也是系统为目的性所驱使的一种固有的规律性。它可以根据需要和可能为系统定量地确定出最优目标,并运用最新技术手段和处理方法把整个系统逐级分成不同等级和层次,在动态中协调整体与部分的关系,使部分的功能和目标服从系统整体的最佳目标,以便达到整体最佳。而系统为了实现既定目标,必须具有对环境的适应能力、抗干扰能力、竞争能力、协调能力以及自组织能力。这些能力的增强,就表现为系统结构和功能的优化。系统优化既是实现系统目的的手段,又是实现系统目的的结果。系统优化的实质,就是占用最小的空间和时间,以最少的物质、能量消耗,充分利用信息,来最大限度地达到目的。任何系统都要在一定的空间和时间中,与环境交换物质、能量和信息,以发挥其功能,达到预期目的。而物质、能量和信息是有限的,因此,在达到同样目的的前提下,具有最高的空间、时间、物质、能量和信息利用率的系统,显然具有更强的竞争能力和生存能力。解决最优化问题的方法称为最优化方法,或最优化技术。它是一门新的数学分支。这个数学分支常用的方法有线性规划、非线性规划、动态规划、库存论、决策论、对策论、排队论等。运用系统方法追求最优化,具有广泛的应用价值。例如,对于现代人类所面临的环境污染、人口膨胀、资源短缺、精神危机等严重社会问题,就需要把它们作为系统来研究,实现其最优化,这是现代科学技术的重任。又如,在经济活动中,怎样在现有人力、物力、财力条件下,合理安排生产、交换、分配等,提高经济效益和经济效率;物资如何合理调配,使运费最省;产品如何设计,在保证质量的前提下,使产品重量最轻、耗用材料最少,或加工工时最短等,都是各行各业面临的重大课题,最优化方法将是解决这些问题的有力工具。在现代社会里,系统方法可以借助于计算机等现代化手段,既快速又准确地提出涵括设计、施工、生产、管理等环节的最优方案。

(3) 定量化。在一定意义上,系统方法可以被视为认识复杂系统和解决复杂问题的方法。由于复杂系统和复杂问题往往涉及众多因素、纷繁联系,其结果往往有多种可能性。因此,对于复杂系统和复杂问题,要想从总体上获得最优化的结果,就需要把系统各方面的关系数学化,用抽象的数学关系表述真实的系统关系,然后建立模型,进行计算或试验,探讨系统的规律性。系统的量的规定性是多侧面、多视角的,因此,在以数学方法描述系统时,要从考察和研究的目的和要求出发,选择相关的量。系统方法原则上要求在全面地收集相关的各种量的基础上,把握影响全局的那些基本的量的规定性。定量化就是弄清事物的数量关系,找出决定事物的质的数量界限,用数学表达式和数字来描述系统的状态和变化规律。对系统进行分析,既要定性,也要定量。由定性分析到定量分析是人类认识的发展和深化,也是科技进步的要求。我们在肯定定性分析是定量分析的基础的同时,也应注意到:在未对事物进行定量研究、弄清数量关系、找到决定事物的质的数量界限之前,对事物性质的认识只是初步的、粗略的,难以提供十分明确的有效指导。定量化的根本意义在于它处理问题的精确化和评价问题的标准化。由于电子计算机和数学的发展,定量化的工作有了良好的基础,也取得了丰硕的成果。

(4) 模型化。所谓模型,就是对实体的特征和变化规律的一种科学抽象或模仿,它是由描述系统本质或特征的诸因素构成的,集中地表明这些因素之间的关系。运用系统方法时,由于系统比较大或比较复杂,难以直接进行分析和试验,或者直接试验付出代价过大,因而一般需要通过设计出系统模型来代替真实系统,通过对系统模型的研究来掌握真实系统的本质和规律。模型研究的根据是模型与实体在结构、形式、行为等方面存在相似性,诸如此类的相似性体现了实体和模型的特性和变化规律。模型化是实现系统方法定量化和进行系统实验的必经途径。只有根据研究的目的,设计出相应的系统模型,才能确定系统的边界范围,才能鉴定系统的要素及其相互联系、相互作用,才能进行定量的计算;只有建立系统模型,才能进行模拟实验,才能运用电子计算机进行系统仿真,从而不断检验和修正系统方案,逐步实现系统的最优化。例如,军事上由于实地现场可能很广,有的甚至在敌方的控制之下,军事指挥员不可能亲临所有现场,因而广泛使用沙盘来研究地形,制定作战计划。系统方法的模型化,在现代化的大实践系统和复杂的社会管理中具有极其重要的作用。

二、系统方法在社会科学研究中的运用

在社会科学研究中运用系统方法,意在把各种分散、零碎的社会现象看作社会总体运动的有机组成部分,在各种社会要素的有序联系中揭示社会有机体的内在组织结构,在要素、结构与环境的功能联系中把握社会有机整体。

1. 社会有机体的系统性

社会本身就是一个系统,是一个由多种内在要素以一定方式有序结合而成的具有一定功能的有机整体,是一个处于非平衡态从而与外界不断进行物质、能量和信息变换的开放系统。尽管在不同的时空条件下,具体的社会有机体具有不同的内部结构、组织方式和功能水准,但它们作为一个开放系统这一点,却从古至今都是一样的。但是,社会本身是系统是一回事,而系统性认识社会则是另外一回事。可以说,以一种科学的系统观来认识社会,或者说,使对于社会的认识达到科学系统观的水平,是人类社会长期发展的产物,是在现代科学水平上才达到的思想成果。

在人类认识史上,系统思想早已有之。古代的人们把人和人的社会组织等纳入自然界的大系统之中,把自然界的万事万物看作一个普遍联系和运动变化着的统一体,勾画出了一幅普遍联系和运动变化的宇宙图景。在这幅图景中,各种自然物、社会、人,还有各种神与仙,生活在同一个世界,处于同一个系统之中。原始神话,就是人们对于神、自然与人和社会之间普遍联系的一种朦胧意识和初步猜测。当然这种"系统认识"还只是一种不自觉的猜测和朦胧意识,并且采取了一种非

科学的形式,它"用洞察和信念代替了翔实的探求",因而只能得出关于对象的一种细节不清的朦胧的整体图像。

认识的发展,是以对对象的具体细节的深入探寻为标记的,如分门别类,分层探究,把整体分为部分,把过程划为片段,把系统归为要素……但人们往往注意到了事件、史实、要素、片断、部分,却忽视了总体、过程、系统,从而"牺牲了融会贯通以换取条分缕析"。

现代的社会系统观则避系统思想的历史形态之所短,聚其思想成果之所长,是一种"谨严精细而又是整体论的理论"。著名的系统哲学家拉兹洛指出了这一点,他说:"早期的科学思维既是整体的又是思辨的,现代科学的崇高精神是依靠经验的而又是原子论的思维方式达到的。两种思维方式都难免有不足之处:前一种用信念和洞察代替了翔实的探求,后一种牺牲了融会贯通以换取条分缕析。今天,我们正目睹另一种思维方式的转换:转向谨严精细而又是整体论的理论。这就是说,要构成拥有它们自己的性质和关系集成的集合体,按照同整体联系在一起的事实和事件来思考。用这种集成的关系集合体来看世界就形成了系统观点。这是现代的思维方式,也是继原子论、机械论和未经协调的专业化三种思维方式之后的思维方式。"①

现代系统方法既关注细节,探幽入微,又注重整体、高屋建瓴。更重要的在于,它将二者实际地结合起来:在清晰的宏观背景下和复杂的关系网之中去探幽入微,掌握细节,又在全面掌握细节的基础上去把握总体、勾勒全局,从而对局部、要素与全局、系统方面都能有清晰、明白的认识。现代系统和现代系统方法是当代自然科学和社会科学综合化、一体化发展的产物,它对于我们科学地认识社会有着重要的指导作用。

2. 系统方法的运用

在社会科学研究中,运用系统方法主要经历如下具体步骤:社会系统目的的分析和确定→模型化→系统最佳化→系统评价。在进行具体研究时,首先,要分析和确定系统的目的,分析和定义该系统需要的功能,进而做出初步的模型,进行仿真,据此研讨优化系统的可能性,获得

---

① 拉兹洛.用系统论的观点看世界[M].闵家胤,译.北京:中国社会科学出版社,1985:14-15.

模型化所需要的基本技术条件；其次，要通过模型化可行性讨论，为系统建立所需要的各种模型，其中主要是可供分析和计算的图像模型和数学模型；再次，要运用系统最佳化的理论和方法，对各种替换模型进行最佳化选择，求出几个替换解；最后，要做出系统评价，要根据最佳化所得到的替换解，考虑前提条件、假设条件和约束条件，为选择最佳系统方案提供足够的信息。在整个系统分析过程中，必须统筹考虑系统的外部条件和内部条件、局部效益和整体效益、当前利益和长远利益等方面的关系，并把定性分析和定量分析结合起来。

具体说来，在社会科学研究中运用系统方法，需要对社会有机体从要素、结构与功能等方面进行全面的科学研究。

1) 关于社会系统的要素研究

以系统方法研究社会要素，就是以社会总体为背景和基本参照系去分析并考察社会机体的各种内在组成部分，把握社会系统的构成要素。

要素研究在社会科学研究中无疑有着十分重要的地位。社会作为有机体有着不同于一般生物机体的特殊复杂性和聚合性。生物机体（包括人的物质身体）在千百万年的自然进化中形成了精巧的体内自动调节装置。这种装置通过生物性遗传而获得，并在机体的发育过程中"天然地"成熟并发生着作用。它们蕴含在生物机体的肉体组织内部，自动地调节着作为机体组成部分的各种要素及其关系，造成一个适合机体生存和发展的内环境。对于高级的恒温动物来说，尽管周围环境变化着，它们内部的自动调节装置却能像恒温器调控室内温度那样，使机体的体温、血压、血糖水平，以及许多必需的物质含量和基本条件都保持恒定，使生物机体能够在不稳定的外环境中保持动态的稳定性。[①]与生物机体相似，社会机体也需要在与外部环境的物质、能量和信息变换中调节内部的各种要素和结构，以造成和保持一个适合自身生存和发展的内环境，实现自身的功能。但是，与生物机体不同的地方在于，社会机体作为一个多种要素的聚合体，既没有生物机体中先天获得并内在蕴含的自动调节装置，也不会"自动地"实现对于自身内在要素的

---

① 这方面的成果主要归功于美国著名教授 W. B. 坎农的研究，参看他的代表作《躯体的智慧》（商务印书馆 1982 年版）

有效调节。在社会机体中,一切都是通过人的认识和行为来安排和实现的,都是"自觉的"而不是"自动的"。正是由于这种"自觉性",社会机体又具有某些"超有机组织领域"的特征。"在这个领域,所有的生物体共同构成了许多容易发生变化的构型",而为了使这种构型能够自我维持和自我修复,"这里有我们必须遵守的制度、规章、法律,以至纪律。在这类因素中,还要加上风俗以及普通的习惯,连同人们天生地服从他们的文化和社会的倾向"[①]等。它们共同构成了社会机体存在和发展的自我调节和控制机制。由于社会调节和控制机制直接地作用于各种社会要素,因此,它们的有效性取决于它们是否与相关的社会要素相适合,也必然随着社会要素的变化而变化。这样,在不同形式、性质和功能的社会机体中,社会的自我调控机制及其作用方式也有所不同。而社会机体之间的差别,又是与社会要素的差别分不开的。因此,要自觉有效地实现对于社会系统的调节和控制,就必须真实正确地认识和掌握社会机体的各种构成要素。

研究社会要素,首先必须确定社会系统的层次与范围,划定社会系统的边界。

社会要素,是相对于一定的社会机体或社会系统而言的,指构成一定层次和范围的社会机体或社会系统的那些社会组织、社会器官、社会细胞等社会内容,是这一定层次的社会机体或社会系统所包容和统摄的那些方面、层次和领域。从大的方面看,经济、政治和思想文化,可以看作社会大系统在内容方面的三个基本方面或要素,工、农、商、学、兵、政、党等,则可以看作社会系统在组织方面的一些基本形式。社会系统又是分层次的:人类总体、国际社会、国家、民族、省、州、市、区、县、乡、村以至家庭,都可以看作相对独立的系统。它们都以不同的形式包含着上述的各种内容,有着自己的内部要素和组成部分,又与上一层次的社会系统发生联系,并作为其中的组成部分和要素而存在和发生作用。可见,任何社会系统都一身兼有三任:对于它们由以构成的要素和组成部分而言,它们是总体、整体,是总系统;对于比他们更大的系统而言,他们是构成要素、组成部分,是子系统;在与其下的子系统和其上的更

---

① 拉兹洛.用系统论的观点看世界[M].闵家胤,译.北京:中国社会科学出版社,1985:38-39.

大系统的关系中,它们集"总系统"和"子系统"的特征于一身,是相对独立的系统。既然如此,要把握特定的社会系统,就必须把它们纳入与更大的总系统和更小的子系统之间的关系中加以考察。一方面,借助于更加宏观的社会总体和社会系统为背景和参照系,确定其社会地位和社会功能;另一方面,分解其内在组成部分、构成要素,在对其内部的子系统的把握中掌握系统本身。这后一方面的任务,正是社会要素研究所担负的。

不同层次的社会系统的内在要素在内容上和形式上都是有所不同的。要素研究既然以分析特定社会系统中的内在组成部分、构成要素和子系统为任务,它的第一步当然就是确定自己的研究对象及其范围,划定其边界。对特定社会系统的范围和边界的划定,也就是确定研究的任务,是由研究主体的研究目的和意图决定的。对社会的研究应该是多方面、多层次的,但对特定主体的具体研究来说,目标和对象却应该是相对单一的,而且这种目标的选择和对象边界的划定,应该与解决任务所需要的层次与范围相适应。范围太大,则过于空泛,缺乏针对性;范围太小,则过于狭窄,缺乏总体适应性,二者都难以实现研究目的。

观念地分解和离析特定的社会系统,把总体分为部分,把过程分为阶段,把系统分为构件,这是要素研究的重要一步。从要素分析方面来研究社会系统,实质上在于把认识者的眼界由总体引向局部,由特定层次下移到更低层次,由外部深入到内部,在对系统由以构成的要素、构件和子系统特性及相互关系的观念把握中反观系统总体。因此,这实际上是一种视角的转换、层次的推移和认识的深化。

不过这里应该明确的是,把系统分解为要素,只能是一种观念的分解。正如生物机体的各种器官、组织和细胞不能实际地脱离机体本身而独立存在一样,社会系统中的各种要素也不能实际地脱离与社会机体的内在联系而独立存在。社会系统中的某些成分、构件、组织等,尽管在其表面上具有自己的物质实体,从而有着某种相对独立性,但它们之为社会系统中的要素,正在于它们是社会机体中的关系性存在。它们的社会性质,是在它们的社会联系中获得的,并且是由这种联系赋予的。一旦实际地脱离这种联系,它们便丧失了其作为一种社会存在和社会要素的资格,成为一种自然存在。即便是人,他要作为社会存在物并作为社会一员而存在,也必须在活动过程中通过担任某一社会角色来实现。只有承担了角色,人才能进入生产关系体系,成为社会关系的体现者和创造者,成为错综复杂的社会关系的焦点。因此,对于社会系统的要素分析,只能是一种观念的分解,是在思想中对于系统整体的一种分割、分析和研究。

观念地分解和分析社会要素,无疑是人类思维所具有的力量。人类所特有的这种思维力量,是与他们所特有的语言符号系统和概念范畴体系分不开的。一定的语言符号和概念范畴标示和揭示着一定的对象。不同的语言符号和概念范畴由于在意义和抽象程度方面的差异可以标示不同的对象和对象的不同层次,借助于这些不同意义和抽象程度的语言符号和概念范畴,人们可以将一定的社会系统及内部要素和结构以一定结构的语言符号系统和概念范畴体系的形式观念地标示出来,后者将成为前者在人们思想和观念中的代称、符号和观念形式。由于语言符号系统和概念范畴体系与其所标示对象之间所具有的分立性,人们可以在不实际改变客体的实际存在形式和相互关系的条件下,通过思维操作对代表一定客体结构的语言符号系统和概念范畴体系在观念中进行分解与组合,获得对它的观念掌握。这正是人类以观念的和理论的方式掌握对象的具体形式。但是,正是语言符号系统和概念范畴体系与其对象之间所具有的分离性,造成了一种现实的危险:人们把在观念中可以离析出来的社会要素当作在实际中也可以脱离社会系统的独立存在来看待,从而造成分析性认识和阐释的随意性。旧唯物主义者和唯心主义者正是在这里失足,陷入对社会历史的错误理解。以科学的社会系统观来指导社会系统的分析和要素研究,其重要之处,正在于始终牢记这种危险,并且始终把在观念中分解和离析出来的社会要素看作在总体中实际地联系着的内在组成部分,从而始终在与总体的内在联系和关系中来把握要素。这是科学地从事要素分析的重要的方法论规则。

在与总体的内在联系和关系中,全面的、具体的研究分解出来的各种社会要素本身,是要素研究的主要任务。

研究社会要素,当然不能满足于指出一定系统包含着一些什么组成部分或子系统,还必须对这些子系统进行具体的分析和全面的理解。所谓具体的分析,按照我们前面的论说,包含着定性研究、定量研究与定时研究等各个方面。对社会要素进行具体的分析意味着把作为大系统要素的子系统作为一个相对独立的系统而对其进行下一个层次的分析研究,使得认识向着社会要素的深层结构不断地深入。一般说来,对一个特定系统的内在结构要实现较充分的观念掌握,至少要达到其下的第二、第三个层次,即追究到其构成要素的构成要素,或发展动力的动因层次。

研究社会要素,当然绝不仅仅是个分解和分析的过程,同时也是一个综合和整合的过程。对观念地分解和离析出来的各种社会要素、成分,只有借助于总体背景和关系体系将其整合到既有的整体结构中,才能对其存在状态、特殊性质和独特功能做出全面的和合乎实际的说明。正是这种借助于总体背景对于各种要素的具体分析和全面理解,使得要素研究方法从根本上不同于传统的还原主义方法。"传统的还原主义试图找到共同具有的物质实体(譬如物质性的原子),把它作为差异的共同基础"①,并且把整体归结为这种共同的质料属性,这就"相当于把酒吧、住宅和办公大楼看作是用砖和混凝土盖起来的三幢建筑物,而不考虑它们有什么特殊的差别"②。系统性原则中的要素研究则具体地研究各种社会系统中的组成部分及其相互关系,力求在子系统、要素甚至更低的层次上理解和掌握各种社会系统之间的差异性。要素研究对于传统还原主义方法所具有的这种超越性,是与社会认识中的结构研究内在地联系在一起的。

把各种分散、零碎的社会现象看作社会总体运动的有机组成部分,在各种社会要素的有序联系中揭示社会有机体的内在组织结构,在要素、结构与环境的功能联系中把握社会有机整体,这就是社会认识中的整体性或系统性原则。

2) 关于社会系统的结构研究

以系统方法研究社会结构,就是在具体分析和掌握社会系统各种内在构成要素和子系统的基础上,侧重从它们之间的相互关系和组织方式方面来把握社会系统的特殊构型。

---

① 拉兹洛.用系统论的观点看世界[M].闵家胤,译.北京:中国社会科学出版社,1985:15.

② 拉兹洛.用系统论的观点看世界[M].闵家胤,译.北京:中国社会科学出版社,1985:15.

所谓结构,指系统内部各组成要素之间在空间或时间方面的有机联系与相互作用的方式或顺序。系统不能没有要素,但又不能归为要素。仅有要素,还不能说就有了系统。要素仅是组成系统的必要条件,而不是充分条件,系统也不是所有内在要素的简单相加。茹科夫把系统的这种特定性叫作非附加性,他认为:"所谓系统,我们指的只是这样的客体,它的特殊不能完全归结为它的组成部分的特性。它具有非附加性。"① 系统所具有的整体性,是在一定结构基础上的整体性。系统中的要素只有按照一定的次序排列起来形成一种有序的组合方式才具有整体性,要素才能成为系统的要素并获得系统的功能。要素之间的结构愈严密,则系统的有序性、整体性愈强。因此,关注并力求掌握系统的结构,是现代系统方法的重要任务。系统论的创始人贝塔朗菲曾经明确指出:"为了理解一个整体或系统不仅需要了解其部分,而且同样还要了解它们之间的关系。"② 在社会科学研究中,社会结构研究显得尤为重要。诚然,社会系统离不开各种要素,但社会系统中各种要素的特殊性质和功能都是由于它们与其他要素和系统总体的联系和关系才获得的。比如说,人是社会系统中最基本、最重要的要素,但人作为社会要素主要不是就其作为自然物质的生物体存在而言的,而是就其作为有意识的社会性实践存在物而言的。从古至今,人在机体生理结构上并没有太大的变化,但正是由于他们在不同的历史时代处于与他人和社会之间的不同的物质关系、社会关系和思想关系之中,才产生出了具有不同时代特征的人和人的不同方式的活动,并构成了具有不同性质和特征的社会机体和社会系统。马克思在谈到以商品交换为特征的社会总体运动时曾经指出:"这一运动的整体虽然表现为社会过程,这一运动的各个因素虽然产生于个人的自觉意志和特殊目的,然而过程的总体表现为一种自发的客观联系;这种联系尽管来自自觉个人的相互作用,但既不存在于他们的意识之中,作为总体也不受他们支配。"③ 在社会系统中,每一个个体都作为有着相对独立意志的人而按照自己的

---

① 尼·伊·茹科夫.控制论的哲学原理[M].徐世京,译.上海:上海译文出版社,1981:60.
② 路·冯·贝塔朗菲.普通系统论的历史和现状[J].王兴成,译.国外社会科学,1978(2):69-77.
③ 马克思恩格斯全集:第46卷(上)[M].北京:人民出版社,1979:145.

特殊目的并以一定的方式自觉地活动着,但社会总体运动却不是这些目的、方向和方式都各异的活动的简单相加,而是在它们的交互作用中产生出的全新式样和构型,这种总体构型和总体式样作为社会系统的总体结构产生出社会的总体功能。人、人的活动、人的各种活动条件和人的活动产物,都只有在这种总体结构中才能发挥作用,也才能得到说明。因此,认识社会系统,不仅要分析和研究各种社会要素,而且要研究这些要素之间的各种关系。正是这些各种各样的关系,把各种社会要素以一定方式联结起来,使它们具有社会系统的性质和功能。

可见,社会科学研究中的结构研究,主要是对于各种社会要素之间的复杂关系的探索,是一种在相互关系和联系中对各种社会要素的整合。因此,如果说,社会要素研究力求借助于包含着综合但以分析为主的思维方式和研究方法将整体分为部分,将过程分为片断,将系统分为要素,社会结构研究则力求借助于包含着分析但以综合为主的思维方式和研究方法把部分并入整体,把片断归于过程,把要素并为系统,实现对于社会现象的总体性把握。当然,在人们的实际研究过程中,要素研究与结构研究并非界限分明,它们之间实际地交错和渗透在一起,从而得以克服各自的片面性,产生出一种"互补"的作用。对此,一些学者曾经生动地谈道:"科学将现实化整为零,只是为了借助于光束不断相聚和交叉的灯光来观察它。只有当每一台探照灯都开始自以为照到了一切,知识的每一个线都把自己想象成是整个国家的时候,才会产生危险。"[①]社会要素研究,有助于人们掌握系统的内在组成部分和细节,但却容易使人忽视整体。但如果没有要素研究,则人们只能把握一个混沌的整体。只有在充分把握社会要素的基础之上开展结构研究,才有可能在细节上和总体上都获得对于系统的清晰和全面的认识。

社会是多种要素有序结合的复杂整体,整体内部和外部的各种关系也具有近乎无限的多样性,是一个运动变化着的立体网络系统。因此,对于社会的结构研究必须多视角、多渠道、多向度地全方位进行。在最基本的方面,社会系统包含着三个要素:作为主体和客体相统一的人,进入人的活动领域的自然界和自然物质,联系人和自然的社会关系

---

① 参见 M.勃洛克的《历史的辩护》,转引自科兹洛夫编《社会学研究的方法论问题》(南开大学出版社 1986 年版)第 39 页。

与社会组织等。在这些基本要素的基础之上,便有着人与自然之间的关系、人与社会之间的关系和人与人之间的各种物质关系和思想关系,以及在这些关系基础上产生的关系之间的关系。对这些不同内容的关系都可以而且应该从空间上来考察其广度、范围和深度、层次,也可以并且应该从时间上来考察其顺序、节奏和变化、发展,还可以并且应该从性质上来考察其协调、和谐与对抗、冲突,也可以并且应该从数量上来考察其力度、水平和比例及比例之间的关系,等等。只有在从不同角度开展考察的基础上全面综合,才能实现对于特定层次的社会系统的内部结构的全面的整体把握。列宁曾经明确地指出了这一点,他说:"只有客观地考察某个社会中一切阶级的所有相互关系,因而也考察该社会发展的客观阶段,考察该社会和其他社会之间的相互关系,先进阶级才能以此为根据制定出正确的策略。"①与要素研究中对于系统的观念分解一样,在结构研究中对于要素之间关系的系统综合,也是在人们的头脑中通过思维的力量并借助于语言符号系统和概念范畴体系进行的。因此,它也面临着与要素研究相似的危险,这就是脱离社会要素之间本来的联系去臆想甚至虚假地构想现实中根本没有也不可能发生的联系,从而导致认识上的虚幻和谬误。恩格斯说:"思维,如果它不做蠢事的话,只能把这样一种意识的要素综合为一个统一体,在这种意识的要素或它们的现实原型中,这个统一体以前就已经存在了。"②正如社会要素研究必须按照系统内部构成要素之间所实际具有的区别和差异来进行观念分解和离析一样,社会结构研究也必须按照社会要素之间实际具有的联系和关系来进行观念的整合和综合。这是科学地进行社会系统研究所必须坚持的客观性原则。

按照社会系统本身的内在结构来再现它们,就要把社会要素之间的关系看作运动、变化、发展着的东西,看作在人的活动中产生和实现着的东西。列宁曾经指出,唯物主义的社会学者把人与人间一定的社会关系当作自己研究的对象,从而也就是研究真实的个人,因为这些关系是个人的活动组成的。由于社会关系的复杂性,个人在社会中的活动是多种形式、多种性质的。对于考察社会关系和社会联系来说,至为

---

① 列宁全集:第21卷[M].北京:人民出版社,1959:55.
② 马克思恩格斯全集:第20卷[M].北京:人民出版社,1959:46.

重要的是研究人的交往活动和在这种活动中得到表现与实现的交往关系。人与人之间的关系主要是通过人们自觉的交往活动而得以展开、表现和实现的。交往活动是人们在物质生产和精神生产活动基础上产生并逐步分化出来的一种关系性活动,它是人们自觉或不自觉地处理人与人之间、人与社会之间各种复杂关系的活动,是个体社会化的重要渠道,是各种社会要素连为一体的重要的活动"中介"。在任何社会条件下,每一个分散的和彼此对立的个人都同其他个体处于直接或者间接的关系中,他们都"只有在这些个人的交往和相互联系中才能成为真正的力量"①。人们之间的交往关系的性质和交往的方式,表现和实现着人与人之间社会关系的特殊性质和特殊形式,这种交流的规模和范围则表现和实现着人与人之间社会关系的发展水平和实现条件。社会交往的历史发展,表现着社会关系的拓展过程。在人类历史上,不同的社会交往方式造就了不同的社会形式。原始社会中,人们之间直接地、协力同体地进行大规模的共同劳动。商品交换,使人与人之间的关系通过物的媒介而连接并借助于物的交换而得到实现。资本主义大工业,由于开拓了世界市场,使一切国家的生产和消费都成为世界性的了。国际交往的发展,造成了历史向世界历史的转变,也把对交往的研究推向了更加突出和紧迫的地步,以至于我们不能不从历史向世界历史的转变,从各民族之间的相互作用,从世界基本矛盾和各民族内部特殊矛盾的相互制约的观点,来把握历史发展变化的规律性。这正是我们今天科学地把握社会结构的重要方法论原则之一。

3)关于社会系统的功能研究

以系统方法研究社会机体的功能,就是把特定层次的社会系统放到与外部环境的关系之中,考察其与外部环境之间的物质、能量和信息的输入与输出的变换关系。

所谓功能,指一定系统与外部环境相互联系和作用过程中的秩序和能力。系统的功能离不开构成系统的要素和结构。正是由于系统的各要素通过一定的结构组成一个整体,系统才获得某种功能。而且,系统的要素愈优质,结构愈合理,则系统各部分之间的相互作用就愈协调,系统的总体功能也就愈优越。因此,功能是一定结构的功能,结构

---

① 马克思恩格斯全集:第3卷[M].北京:人民出版社,1960:75.

必定表现为某种功能。但是,系统的功能又不同于系统的结构和要素。功能是一切系统所具有的行为特性,它表现在一定系统同周围客体、对象和环境的关系上,是一定系统在外部环境中保持自我、发展自我和更新自我并且改变和创造环境的能力。如果说,要素和结构是从系统的内部描述系统的整体性质,功能则是从系统的外部描述系统的整体性质。相应地,功能研究与结构研究也有所不同。后者侧重从系统的内在要素之间的相互作用方面揭示系统的整体性,前者则侧重从系统与外部环境的相互作用关系中揭示系统的整体性。贝塔朗菲把系统的结构称为"部分的秩序",而把功能称为"过程的秩序",其原因恐怕就在于此。

研究社会系统的功能,追求社会活动与社会控制的功能最优化,这可以说是全部社会认识活动的重要目的,也是社会科学研究的重要实践意义。人与人之间的社会关系和由这种关系决定的各种社会组织,是在人类征服和掌握自然界的斗争中产生的,是人类为了更好地生存和发展自身而作为手段创造出来的。但社会组织一旦产生出来,便作为一种相对独立的力量,有着自己的总体运动规律。有效地认识、利用和控制它们,成为人们活动的一种目的。自觉地寻求并且创造一种具有优越性的系统功能,产组织",以便"在社会关系方面把人从其余动物中提升出来",便成为社会认识活动的重要历史使命。

在要素研究、结构研究的基础上对社会系统进行功能研究,实质上是研究视角的又一次重要转换,它意味着将作为研究对象的一定层次的社会系统置放到与外部环境的相互作用中,以更大的系统为参照系来考察系统的输入与输出、活动与过程、能力及实现、行为与结果。从方法论上看,这无疑是任何特定系统都是更大系统中的子系统这个规律在认识中的具体运用,它对于全面认识社会系统,无疑有着重要的作用。

社会系统的功能既然是在与外部环境的关系中得到表现和实现的,对于社会系统的功能研究也就必须始终以外部环境为基本参照系来进行。任何社会系统与外部环境的关系都是极为复杂多样的,因此,一定社会系统的具体功能也近乎无限多样。具体列出所有这些功能,是不可能也是不必要的。在互为参照的意义上,可以从两个最基本方面进行社会系统功能研究。

其一，考察社会系统如何适应变化发展着的外部环境而自我保持和自我更新。任何层次的社会机体作为一种开放系统都依赖于一定的外部环境而生存，都需要与其进行不断的物质、能量和信息变换来保持自己的存在和发展。外部环境总是不断地变化和发展着的。而人类社会系统的存活能力则主要地取决于它们对变化着的现实的适应能力。由于社会系统所赖以生存的主要是一种文化条件，因此，它被包含在一种更富于变易性的环境之中。这就对它们的适应能力提出了更高的要求。就社会系统对外部环境的适应方式而言，主要有两种基本形式：自我保持和自我更新。相应地，它们也是考察社会系统的适应能力的两个基本尺度。

一是考察社会系统在变化的社会环境中保持自身性质的动态稳定性、同一性的能力，也就是自我维护和自我保持的能力。社会的"每一个这种组织机构都同某些保存性因素联系在一起"①，并且有着各种保护自我的设施和方法。例如，世界各国在经济上的关税政策、政治上的法律制度、军事上的武装防卫体系、思想文化上的价值观念和道德意识，以及各种内在的规章、政策、措施、条令等，对社会机体的内部平衡和动态稳定起着积极的调节作用，"这是跟动物躯体为保持体内稳定状态而进行自我调节机制非常相像的过程"②。

二是考察社会系统随着变化的环境而更新自我的能力。以保持自身不变性来适应外部环境的适用范围是有限的。当外部环境的变化增大到一定程度时，如果社会系统不能相应地变化和更新自身，则没有发生改变的那些部分就将作为过去时代僵硬化的遗物而留给历史了。因此，通过内在的革新和创造而以新的方式和新的水平去适应和跟上发展变化了的环境，是社会系统适应能力的又一重要方面。正是这种自我更新能力，使社会系统对外部环境的适应性表现出一种积极的和主动的性质和特征。仅有自我保持而不能自我更新，则社会系统最终必然僵死、固化而被历史淘汰。只有自我更新而没有自我保持，则社会系统将丧失其自身性质的独立性和功能的自主性。只有在保持自身内在

---

① 拉兹洛.用系统论的观点看世界[M].闵家胤,译.北京:中国社会科学出版社,1985:39.
② 拉兹洛.用系统论的观点看世界[M].闵家胤,译.北京:中国社会科学出版社,1985:40.

同一性的基础上逐步更新,才能更好地保存自我。这正是社会系统适应能力中相辅相成的两个重要方面。而且,这两个方面结合得越好,社会系统的适应能力就越强,就越能在变化发展着的外部环境中更好地保存和发展自身。

其二,考察社会系统如何根据内在的发展着的需要和可能来改变和创造适合自己要求的外部环境。社会系统在与外部环境的关系中并不仅仅是消极的被动的方面,也是积极的主动的方面,它不仅能通过自身的自我保持和自我更新来适应外部环境及其变化,还能够根据自己内部发展了的需要和能力来改变和创造适合自己要求的外部环境。对环境的积极改变和能动创造,是衡量一定社会系统功能大小和优劣的又一重要尺度。社会系统的自我更新,不仅是由于面临着来自外部的压力和挑战,也是由于自身内部的各种要素具有一种自我创造、自我发展的要求和能力。在这里起决定作用的仍然是人,是不断地追求和创造理想世界的人。人的日益丰富着的需要、日益强化着的能力和日益革新着的活动方式,既是变化发展着的外部环境的内化,又是人类自身活动的历史积淀,因此,它既是适应外部环境的能力,又是改变和创造外部环境的动力。社会系统内在的需要结构和能力结构的革新和强化,必然要求一个与之适应的外部环境,从而产生出改变和创造更加理想的外部环境的冲动,并引发人们实际地改变和创造外部环境的实践活动,从而必然在外部环境的改变中外化和表现出来。环境的改变和人的活动的一致,正是在社会对于自身内在世界的创造和对外部世界的变革中统一地实现的。恩格斯一再指出,人的智力是按照人如何学会改变外部世界而发展的。这无疑正是强调人和社会系统所具有的双重创造功能。正是由于人不仅能适应,而且能改变外部环境,社会系统才能在与外部环境的不断更新、丰富和发展着的物质、能量、信息变换(的量度、方式和水平)中不断地发展,从而有了历史的进化与进步。

在与外部环境的关系中研究社会系统的功能,主要是考察系统与外部环境的输入输出变换关系,这实际上是一种"黑箱方法",它对于测量社会系统的功能大小和优劣是重要的、有效的,但对于说明如何实现社会系统的功能最优仍然是不够的。系统的功能,不管是对自我的保持和更新,还是对环境的改变与创造,都是通过内在的要素和结构的变换、更新而实现的。因此,要全面把握社会系统的功能,尤其是通过人的自觉调控而追求和实现功能最优,还必须从功能方面来考察系统的要素、结构的优化问题。

从社会系统的内在方面研究整体功能的最优化问题,首先要考察系统中各种要素的性质或素质的优化问题。系统的功能是在要素的相互作用中产生的。每个要素在整体中作为相对独立的子系统都有着自己特殊的存在位置和功能。要素的作用是整体功能的基础。要素不同,整体的功能往往有所不同。要素的素质,则直接地影响着整体功能的大小和优劣。一个社会系统,小至家庭、企业,大至民族、国家,其功能的大小和优劣都与其中的各种要素的内在素质密切相关。其中,最重要的是人的素质。从活动方面看,人的素质主要是能力素质问题,涉及人的感知-思维方面、知识-技能方面和情感-意志方面等。它们相互结合在一起发挥作用,使社会系统中的各种要素活化、运动和联系起来,显示出系统的整体功能。

从社会系统的内在方面研究系统的功能,还必须仔细考察社会系统的内在结构,研究其优化的途径。要素相同但结构不同,即要素的排列组合方式不同,系统可能有不同的功能。社会结构的优化及其水平与社会结构的有序化及其程度是相互关联的。社会结构的有序化包括各种社会要素所处位置的合理化、秩序的合理化和比例关系的合理化等。它们为特定社会要素发挥其功能提出了要求,也为其创造了条件。现实中常有这种情况,一定的社会要素,比如一个人,在一种结构的组织中无所作为,而在另一种组织结构中则大显其能,反之亦然。这就说明了结构对于要素功能发挥的重要性。现实生活中的社会结构主要是通过社会的组织管理机构及相关的通信渠道来加以调整和控制的。这无疑是管理学、运筹学等蓬勃兴起的重要原因。我国目前的经济改革,在很大程度上是结构性调整和改革,是要从根本上改变原来农业、轻工业、重工业的不合理结构,发展市场经济,丰富流通渠道,使国民经济结构在运动中不断趋于合理化。

4) 社会系统工程

任何社会系统,其本身的要素、结构与功能是内在地和密不可分地联系在一起的。从要素方面、结构方面和功能方面分别对社会系统进行研究,反映了人们研究复杂的社会系统的不同思路和不同方法。由于对象本身的内在统一性和整体性,人们在对社会系统的认识方法方面也应该是统一的。目前日益为人们所关注并发挥着作用的社会系统工程方法,就是人们探索这种统一方法的一种有益尝试。

系统工程,是各类人工系统管理技术的总称。按照日本工业标准(JIS)所给的定义,"系统工程是为了更好地达到系统目标,而对系统的构成要素、组织结构、信息流动和控制机制等进行分析与设计的技术"。作为一种方法,系统工程方法从系统的认识出发,运用定量化的系统方法,设计和实现一个整体以达到我们所希望得到的效果。所以,系统工程方法又可以看作在合理地认识、开发和设计系统时所运用的思想原理、方法、步骤、组织技巧的总称。钱学森则直接把系统工程方法定义为"组织管理系统的规划、研究、设计、制造、试验和使用的科学方法"。

社会系统工程方法是一个系统科学方法群,它包括系统分析、系统模拟、系统设计、系统管理等主要方法。作为过程,它们又是系统认识过程的主要环节。霍尔在 1969 年用时间维、逻辑维和知识维这三维,描述系统工程方法在不同阶段所要采取的步骤以及所要用到的科技知识等,被人们公认为比较通用的系统工程方法。系统工程方法当然不仅指人们对于现实已有社会系统的认识,还包括对于理想的社会系统的设计、模拟和这种社会系统的实施、管理等。这一整个过程,与由监测、反馈与调节、控制等构成的整个认识过程具有相似性和统一性,可以看作对其从另一个角度所做的概括和总结。社会系统工程方法的具体运用需要根据具体对象的不同而有所改变,但它所贯彻和体现的系统思想,却是现代科学的重要思想成果,是科学地认识社会必须切实坚持的系统性原则。

三、系统方法的作用

系统方法突破了机械论方法的禁锢,适应了现代复杂系统多变量、多因素、多方位、多层次的要求,体现了现代思维方法的"综合"的特点。系统方法的建构,为现代科学技术的发展提供了一种行之有效的新思想、新方法。对于社会科学研究来说,系统方法显示了如下独特作用。

1. 一种普遍适用的科学方法

系统方法首先在自然科学、工程技术及经济管理等领域得到应用,并进而迅速扩展到社会科学的各个领域,成为几乎适用于一切领域的科学方法。系统方法在考察和处理问题时,具体地体现了唯物辩证法关于事物普遍联系和变化发展的基本原理。在科学方法发展史上,一种科学方法不断地向其他领域转移是常见的现象,但如系统方法那样迅速发展成为普遍适用的科学方法却是极少的。在传统科学方法中,只有逻辑方法等少数方法的适用范围可以和系统方法相提并论,但系统方法却有别于逻辑方法。逻辑方法只是一种思维方法,而系统方法却不仅是思维方法,而且把逻辑方法与现代科学理论和计算技术等融为一体,形成一种独特的现代方法。

2. 研究社会机体的有效工具

现代社会科学的研究对象规模巨大、数量繁多、结构复杂,在许多情况下,它往往把整个社会结构、社会体制、阶级状况、工农业生产、人口生产、国防、交通运输、经济管理、生态环境保护等作为一个大系统来研究。这不仅突破了社会科学各门学科的传统界限,而且突破了社会科学与自然科学的传统界限。社会系统不是孤立的、静止的,而是复杂多变的,它对于研究方法有着很高的要求,不仅要求研究社会的历史和现状,而且要求预测将会发生的社会事件的影响,社会系统中存在的问题也往往需要做最佳处理等。过去,人们在对社会系统进行研究时,往往采用"分析-还原方法"。分析-还原方法的应用建立在两个假设基础之上:其一,"部分"之间的相互作用是不存在的,是很脆弱的,对于一定的研究目的是可以忽略的;其二,描述部分的行为是线性的,整体是部分的线性叠加。因此,整体的特性可以还原为部分的特性,了解了部分也就认识了社会事物的整体。这条思路在一定的历史条件下,在一定的研究范围内是可行的、有效的,并取得了一定的成功。在整个近代科学发展中,分析-还原方法取得了一系列重要成就。然而,在现代科学技术背景下,社会科学研究日益进入不可逆过程、非平衡状态、开放系统等复杂领域,简单化、理想化的思考方式日显落后,分析-还原方法也相应地暴露出了严重的不足和局限。系统方法认为,社会事物不仅具有属性,而且还具有在属性的基础上形成的更高的"整体质""系统质",这是在社会事物诸要素的整体性、相关性、有序性和动态性中才存在的。系统方法调整了人们研究、认识社会的角度,使人们从"相关性""系统性""结构-功能""整体性""动态性""有序性"等方面去更深刻地认识社会关系,从而相应地提高了人们的思维水平,使之更加适应现代科学和实践的需要。可见,对于庞大而又复杂的社会系统的研究,传统方法往往力不从心,而系统方法却为社会系统的分析、设计、规划、评价、管理的最优化提供了一种有效手段。目前,系统方法已被广泛运用于经济、管理、军事、文教、科研及其他许多具体社会领域,并日益显示出强大的生命力和优越性。

3. 推动科技创新的新途径

科学技术的创新不只是自然科学发展的成果,也是社会科学发展的重要结晶,而系统方法在其中起着无可替代的重要作用。现代科学技术的发展呈现出了许多新特点,以往那种"技术突破"型的科学技术逐渐让位于"系统综合"型的科学技术。过去,在理论研究中,已知的两种或多种理论之间,常常被认为是毫不相干的。而系统方法则将这两种或多种理论作为子系统,在更高的层次上进行综合,构成一个新的理论系统。这一新系统在起初可能会由于不符合既有科学范式而被认为是荒诞不经、不可接受的,但随着旧理论框架被摧毁,新理论范式得到确立,人们便会发现,新理论比原有理论更深刻、更正确地反映了客观对象的性质和规律。系统综合型理论和技术将已有的科学原理及技术加以系统地组合,从而形成了与原有理论、技术完全不同的新理论、新技术。从方法论上看,这就是运用系统方法。一般说来,如果能将被认为毫不相干的两种理论有机地综合起来,就必将引起科学上的突破。

第十六章 过程方法

　　社会的运动、变化、发展过程是一个进化过程。在这个过程中,既有革命的、动荡的一面,也有温和的、平静的一面,因此,社会科学中的过程研究包括动态研究和稳态研究两大方面。它不仅致力于揭示社会运动中的重要变革构成的序列,也关注其中相对静止和稳定的阶段,对其从要素、结构、功能等方面进行全面的考察,以获取一幅幅关于社会发展历程的横截面图画。通过动态研究和稳态研究,可以初步揭示社会进化的完整过程,把握社会在不同时段的时间特征、空间特征和内容特征,从而真正理解进化是社会有机体存在和运动的本质特征。

社会历史的运动、变化和发展是一个过程。从社会过程中相对稳定的方面入手去揭示社会机体的运动与变化,在社会过程中各个阶段之间空间状态的历史比较中揭示社会的进化与发展,从内部矛盾和外部冲突的交互作用中揭示社会运动的活动规律与发展规律,这就是社会科学研究中的过程方法。运用过程方法研究社会现象的进化、发展,是唯物辩证法的一种具体实践。

一、进化是社会机体存在和运动的本质特征之一

列宁曾经指出:"马克思和恩格斯称之为辩证方法(它与形而上学方法相反)的,不是别的,正是社会学中的科学方法,这个方法把社会看做处在经常发展中的活的机体(而不是机械地结合起来因而可以把各种社会要素随便搭配起来的一种什么东西),要研究这个机体就必须客观地分析组成该社会形态的生产关系,必须研究该社会形态的活动规律和发展规律。"①

从方法论上,"把社会看做处在经常发展中的活的机体",在于社会本身是一个活动着和发展着的有机体。如果说,运动是一切物体的存在形式,则具有一定主动性的活动是一般生物机体存在的重要形式,而从事以进化和发展为目标的自觉的创造活动,则是人类社会机体存在和运动的重要形式和基本特征。人的存在及其活动,是社会有机体的基本内容。而追求不断的发展和持续的超越,则是人作为有意识、有理想、能实践、能创造的社会存在物的重要特性和重要功能,也是人类活动的重要目标。人的这种追求作为一种目的和动力在社会活动中实际展开和逐步实现,使得社会的总体运动呈现出一种积极主动的态势,有着一种自觉地趋于更高目标的倾向,并产生出一种在历史的累积与革新过程中不断创造和超越自身的进化结构,以及在这种历史过程中进化结构得到表现与实现的活动规律与发展规律。社会机体这种总体性进化与发展,不是在个别人的活动中,甚至往往也不是在一代人的活动中便能明显地表现出来的,而是在一个持续的和渐进的长时段中实现的。因此,对于每一代从事着自觉的创造活动的人来说,都有一个认识和利用这种发展规律并按照它的要求来支配自己活动的问题。列宁正

---

① 列宁全集:第1卷[M].北京:人民出版社,1955:145.

是在这种意义上，把把握经济进化（社会存在的进化）这个客观逻辑的一切主要之点看作是人类的最高任务。

认识并观念地再现社会历史的进化与发展，从方法论上看，主要是个过程研究和历史比较的问题。以观念的逻辑去表现和再现历史的发展规律，是社会认识中进化研究的主要任务。因此，贯穿在进化研究中的主要矛盾是逻辑与历史的矛盾。这里讲的逻辑，是贯穿在关于社会过程的理论体系中的概念范畴之间的联系和秩序，是观念的逻辑，而历史则是社会本身的进化过程及其发展规律，是实际的社会运动。逻辑的东西和历史的东西的一致，指的则是社会理论体系及其逻辑结构成为社会进化过程及其发展规律的真实的、正确的观念再现。

逻辑的东西再现历史的东西，通常是通过概念范畴之间依次发生的相互联系，由最简单、最基本的概念、范畴向比较复杂、比较具体的概念、范畴过渡的逻辑运动来实现的。马克思指出："简单范畴是这样一些关系的表现，在这些关系中，不发展的具体可以已经实现，而那些通过较具体的范畴在精神上表现出来的较多方面的联系和关系还没有产生；而比较发展的具体则把这个范畴当做一种从属关系保存下来。……因此，从这一方面看来，可以说，比较简单的范畴可以表现一个比较不发展的整体的处于支配地位的关系，或者可以表现一个比较发展的整体的从属关系，后面这些关系，在整体向着以一个比较具体的范畴表现出来的方面发展之前，在历史上已经存在。在这个限度内，从最简单上升到复杂这个抽象思维的进程符合现实的历史过程。"①从过程方法来看，社会历史过程是社会机体由简单到复杂、由片面到全面的进化过程，历史的发展朝着使社会变成更加完整的机体方向前进。相应地，从表现比较简单的社会现象、社会关系和社会机体的概念范畴上升到表现比较复杂的规定、关系的概念范畴这样一种逻辑思维过程，同现实的历史进化过程是一致的，从而也就再现了历史的东西。

社会的运动、变化、发展过程是一个进化过程。在这个过程中，既有着革命、质变、振荡和飞跃等变动不居的方面，也有着和平、量变、稳定和渐进等相对静止的方面，这两个方面在实际中互为条件、相互参照，又相互交错、相互更替，表现和实现着社会进化。进行社会科学研

---

① 马克思恩格斯选集：第2卷[M].北京：人民出版社，1972：105.

究,既要认识社会运动中的革命和变动的方面,也要认识社会运动中的和平与稳定的方面,只有在二者的统一中,才能全面地、观念地把握社会的进化过程。在完整的意义上,运用过程方法研究社会的运动、变化和发展,是一种包含着稳态研究、动态研究和具体过程研究等的综合性研究。

二、关于社会机体的稳态研究及其方法

1. 关于社会机体的稳态研究

社会认识中的静态或稳态研究,指将社会运动过程中一定时间点上的状态(相对静止、稳定的方面)从动态过程中截取下来,在观念中使之凝固或冻结,作为人类历史活动的结果和社会进化的产物,并当作相对静止和稳定的东西,对其要素、结构、功能等从定性、定量等方面进行全面的认识和考察,获取一幅幅关于社会发展历史过程的横切面的总体图画。

"进化"是一个包含着时间因素、空间因素和质量因素的综合性概念,指在一个总过程中后出现的阶段或东西比其前的阶段或东西在性质、数量、形式等空间特征上更好、更优越。社会进化,在人类历史上指后出现的社会形态比其前的社会形态在生产水平和方式、社会关系和制度、社会心理和观念体系等各方面都更高级、更进步。因此,认识社会进化主要是将一定时间和空间的社会形态与其前的社会形态做具体的比较。

2. 社会机体的稳态研究方法

任何具体的社会认识主体都只能直接地从现有的社会形态出发去进行这种比较,而任何现实的社会形态总是作为人类历史活动的结果而产生、存在。因此,主体若要以一定的观念逻辑地再现历史的发展规律,就必须从认识现实的既有的和作为历史活动结果的社会形态出发,掌握其对于历史上社会形态的超越性。因此,当主体的思维逻辑地再现历史进化的时候,往往是沿着与现实的历史过程相反的途径进行的,即从最后的结果开始,从历史的成熟了的高级阶段的社会形式去追溯它的历史,理解成熟了的高级阶段的社会形式的生成、建构和进化过程。马克思说,对人类生活形式的思索,从而对它的科学分析,总是采

取同实际发展相反的道路。这种因素是从事后开始的,就是说,是从发展过程的完成的结果开始的。

"从发展过程的完成的结果开始"去认识社会进化,就是从相对稳定和相对静止的东西入手去认识社会的动态过程。作为历史发展过程的完成结果的一定社会形态,是历史连贯运动总过程中相对静止和相对稳定的东西。它以一定的相对成熟和相对稳态的社会形式,积淀和包含着其前的历史过程中动态演化发展的基本内容,不仅有着自己的特殊的科学技术与生产力、社会关系和社会制度以及上层建筑的各种成分等现象方面的东西,而且有着自己在历史总过程中形成的特殊的本质属性和基本结构等,从而与其他的社会形态相区别,成为社会连贯运动中的非连续性的方面。它们既是其前历史过程的产物,又是未来历史过程的起点。这就好像那连贯乐章中的休止符,既分节划段,把过程分为阶段,又承上启下,给人以反思和回味的余地。作为一种相对稳定和相对静止的东西,它的空间状态和性质特征等在时间过程中具有较长的滞留性和停顿性,这就为人们对它进行比较全面的认识与研究提供了某种方便,并使之成为可能。

同时,作为历史发展过程的结果的一定社会形态,又是包含了丰富的社会进化内容的东西。每一特定发展水平和程度的社会形态,都不仅将人类在以往历史活动中创造的物质的和精神的全部财富作为自己存在的前提包含在自身之内,并在此基础上去从事新的创造,使得原来比较简单、片面的东西在自身中变得比较复杂、比较全面,从而在内容上比以往任何社会机体更加充实、更加丰富,而且以扬弃的方式将历史的生成和进化结构积淀在自身的内在结构之中,并且不断对其加以改革和创造,使得原来只是某种征兆、某种胚胎和萌芽形式的东西在自身中得以展开、生长和成熟,成为充分的和典型的形式,从而在形式和结构上比以往社会机体都更成熟、更完善,在性质上更新颖、更高级。这样,认识了现实的社会形态,就为人们透过它去认识历史上的社会形态,进而真实地了解社会进化过程提供了宝贵的钥匙。马克思曾经多次强调通过对资本主义社会的了解去透视其前历史上的各种社会形态,他说:"资产阶级社会是历史上最发达的和最复杂的生产组织。因此,那些表现它的各种关系的范畴以及对于它的结构的理解,同时也能使我们透视一切已经覆灭的社会形式的结构和生产关系。资产阶级社会借这些社会形式的残片和因素建立起来,其中一部分是还未克服的遗物,继续在这里存留着,一部分原来只是征兆的东西,发展到具有充分意义,等等。人体解剖对于猴体解剖是一把钥匙。低等动物身上表露的高等动物的征兆,反而只有在高等动物本身已被认识之后才能理解。因此,资产阶级经济为古代经济等等提供了钥匙。"①

由对现实的、成熟的和发达的社会形态的认识去透视其前的各种社会形态,并不意味着可以取消或取代对于历史上各种已逝社会形态的认识,而是要求人们始终在与现实社会形态的进化关系中考察历史上的各种社会形态。因此,社会进化认识中的静态研究,包含着对于社会历史动态过程中的各个相关历史时期和相关历史阶段的片段的考察。选择哪些地区的哪些阶段或时期来加以考察,服从于考察的目的。一般说来,这应该具有一定代表性,在区域上应属当时世界或某民族的发展格局的中心地区或核心地带,在时期上应属世界历史发展的必经阶段,从而能够通过对它们的研究去掌握社会历史进化的基本方向、道路、方式、速度、节奏、周期、阶段及进程。马克思说:"发展的道路应该在制度纯粹的那些地区去研究。"②汤因比把迄今为止的世界文明划分为23种类型,在其中又选出主要的15种作为基本的类型来加以考察,并在这不同类型的文明的兴盛与衰亡、更迭与交替、共存与战争中考察其间的相互关系,在笔者看来,这不失为开展社会进化研究的一种可行的方法。

三、关于社会机体的动态研究及其方法

对于社会进化的静态研究之所以是必要的和有效的,从客体方面看在于它适应和体现了社会进化本身所具有的连续性、渐进性,从主体方面看则符合了人类认识由静到动的一般进程。但是,社会的进化本身又包含着突变、间断和非连续性,并且主要是以各种形式的社会革命、飞跃和质变为标志并在其中得到表现和实现的。因此,从相对静止的方面来研究社会进化只具有有限的意义和作用,它只有与对于社会进化中质变、飞跃、间断方面的研究结合起来才具有科学的认识方法论

---

① 马克思恩格斯选集:第2卷[M].北京:人民出版社,1972:108.
② 马克思恩格斯全集:第45卷[M].北京:人民出版社,1972:364.

的意义，才能有益于和有助于真实地说明社会进化。如果将其绝对化，使其脱离或排斥关于社会进化的动态研究，则意味着在实际上只承认和研究了社会运动中相对静止的和稳定的方面，否认和忽视了社会运动中进步、发展、变革的一面，则难免陷入社会历史研究中的主观主义和唯心主义。而且从认识本身的发展来看，正如静止与运动互为参照一样，对社会运动和进化的静止、渐进的方面的认识也是以对社会的运动和进化的质变和飞跃方面的认识为参照系的。因此，在开展对于社会进化的静态研究的同时，还应积极开展社会进化动态研究。由于历史上对社会历史问题的认识中，否认运动、发展、变化的唯心史观占着主导地位，因此，开展动态研究更加具有重要和紧迫的意义。列宁正是在这种意义上强调对于社会历史进化的动力性研究的重要性的。他说："在观察各个阶级和各个国家时，不应当认为它们处于静力学上的状态，而应当认为它们处于动力学上的状态，也就是说，不应当认为它们处在静止的状态，而应当认为它们处于运动的状态（这个运动规律是从每个阶段的经济生活条件中产生出来的）。"[①]

1. 关于社会机体的动态研究

关于社会机体的动态研究，指将相对独立、相对静止的各种社会要素纳入相互联系、相互制约又相互激发的动态关系中，从内部矛盾与外部冲突的交互作用方面来考察社会机体的活动、变化与发展，把握其在这种相互作用中的存在状态、运动属性和活动规律。

研究社会的运动状态实质上是考察社会机体的内部相互作用和外部相互作用及其具体形式。相互作用是社会系统的各种内部关系与外部关系在活动、动态中的存在形式，是社会运动、发展和进化的根本原因。社会机体的各种内部矛盾是在各种社会要素之间的相互作用中产生的，又借助于这种相互作用而得到调解、克服和解决。社会机体与环境之间的各种矛盾、冲突与融合、同化也是在其间的相互作用中产生并在这种相互作用中得到实现的。因此，相互作用既是社会机体的各种内部矛盾的活化状态，也是社会机体与外部环境之间冲突与融合的实现条件和实现形式。正是这种相互作用赋予社会机体以活力和动性，并构成了社会运动发展的动力和动因。"当代的系统论把社会看成一

---

① 列宁全集：第21卷[M].北京：人民出版社，1959：55.

个总体的非聚合系统,它的动性来源于其组成部分的分系统之间的相互作用以及分系统与外部环境之间的相互作用。"①恩格斯则把相互作用看作"事物的真正的终极原因",并且认为,在认识上,"我们不能追溯到比对这个相互作用的认识更远的地方,因为正是在它背后没有什么要认识的了。……只有从这个普遍的相互作用出发,我们才能了解现实的因果关系"。②

2. 社会机体的动态研究方法

作为社会机体活性存在和运动发展的普遍原则,社会运动中的各种内部与外部相互作用在具体的形式上是近乎无限多样的。从认识社会进化这个角度对这种相互作用及其具体形式进行动态考察,主要可以从三个方面或者借助于三对基本范畴来进行。

其一,冲突与融合。冲突与融合,是不同的人类共同体之间相互交往和相互作用的最基本和最普遍的形式。安·拉布里奥拉曾经正确地指出:"整个历史,除非常古老的和我们所不知道的时期的历史以外,是在不同部落和共同体之间,然后是在不同民族和共同国家之间的接触和冲突的基础上发展的。"③因此,对冲突和融合的相关考察是社会动态研究的重要任务和重要方法。

冲突或社会冲突是社会交往中的普遍现象,是不同的人类共同体或文化现象之间的对立、背离、斗争、排斥等关系在活动中的表现形式,它根源于不同人类共同体之间在物质-经济利益上的差异、矛盾,在经济-财产分配活动、政治-权力统治活动和思想-意识论争等多方面全面地表现出来,并形成为具有民族-地域特色的文化冲突。社会冲突有不同的具体形式,如经济冲突、政治冲突、思想冲突、心理冲突等,而军事的和武装的冲突,是社会冲突最尖锐的外化形式。在阶级社会中,阶级矛盾和阶级冲突是社会冲突的最集中表现和最典型形式,它将不同阶级、阶层、集团之间在物质利益方面的冲突,以经济关系、政治关系和思想关系中全面对抗的方式加以强化和突出,并借助于政党的组织和指

---

① 丹尼尔·贝尔.后工业社会的来临——对社会预测的一项探索[M].高铦,王宏周,魏章玲,译.北京:商务印书馆,1984:15.
② 马克思恩格斯选集:第3卷[M].北京:人民出版社,1972:552.
③ 安·拉布里奥拉.关于历史唯物主义[M].杨启潾,孙魁,朱中龙,译.北京:人民出版社,1984:111.

挥而以集团力量相抗衡的方式鲜明地表现出来,成为阶级社会进化发展的主要动力。社会冲突和阶级冲突,是社会机体整体运动中的离散因素和扩展的方面。

对社会冲突的考察,离不开对社会融合的研究。冲突与融合是成对概念,在意义上具有相对性。融合或社会融合,是不同的人类共同体或文化现象之间的统一、趋同、和谐、吸引关系在活动中的表现形式,它根源于不同人类共同体之间在物质-经济利益上的共同性、一致性,尤其是相互之间在经济、政治、思想、文化上所具有的依赖性、互助性。它通常以不同人类共同体之间在物质生产、精神生产和文化思想创造方面的全面的相互影响、渗透、移植、同化、归并、借鉴等形式表现出来,是社会运动中的趋同因素和整合的方面。冲突与融合是任何层次的社会活动中普遍并存的社会现象。人与人之间、集团之间、阶级之间、民族之间、国家之间,无不以一定形式既相互冲突,又相互融合。只有冲突,没有融合,则社会机体趋于瓦解、离散、解体;只有融合,没有冲突,则社会机体丧失动力,趋于死寂、绝对同一。冲突与融合的相互作用与并存,是任何人类共同体都具有的离心力与向心力、扩散力与内聚力在相互关系中的表现和实现形式。任何人类共同体的形成,不管其形式、规模、性质如何,都是该共同体所特有的向心力和离心力、内聚力与扩散力相互斗争的产物,是向心力战胜离心力、内聚力大于扩散力的结果。与此相应的,是该共同体在对外关系中所具有的扩张力和排他性,表现为该社会共同体对于其他社会共同体或文化现象的融合和改造。可是当两种或多种社会共同体或社会文化发生接触和碰撞时,相互排斥、抵制和相互吸收、同化的情况往往同时发生。正是由于这种冲突与融合,对立双方都会在相互作用中发生变形和转化。常常有这种情况:"那些对某个社会内部起决定作用的原因,由于同外部世界的冲突而总是愈来愈复杂。……例如内部困难常常促使某个社会或国家参加外部冲突;有时则相反,外部冲突影响着内部关系的改变。"①正是这种内部矛盾与外部冲突的交互作用,促使社会机体的内部结构与外部关系不断改造、更新和重构,从而推动了社会进化。

---

① 安·拉布里奥拉.关于历史唯物主义[M].杨启潾,孙魁,朱中龙,译.北京:人民出版社,1984:111.

其二,革新与守旧。社会交往与相互作用,归根到底,是不同性质的社会力量之间的矛盾、对立和统一。冲突与融合,则是对这不同性质的社会力量之间对立统一的动态形式和活化特性的描述与概括。如果进一步从对于社会进化的作用或功能方面来考察不同社会力量之间的性质差异及在社会进步过程中的实际作用,则有了革新与守旧、先进与落后、变革与保守的区分。革新与守旧,是社会进化研究中的又一对重要范畴,也是动态地考察社会运动的又一重要方法。

革新与守旧,是以在社会进步中的积极或消极作用作为区分标准的,它包含着对于一定的社会活动形式及结果的价值判断。因此,对于社会活动的革新与保守方面的认识,意味着一种建立在对社会进化深刻理解之上的价值认识和价值评判。革新,总是与批判、变革、改进、创造相联系的,意味着对传统和现实的否定、破坏、扬弃,以及对新的社会生产力、新的生产方式、新的社会生产关系、新的社会制度和新的思想观念的积极探索和能动创造,因此,它是社会进步的实现手段和积极力量,是生产进步、科学发展、文明昌盛、社会进化的重要动力。与革新相反,守旧则总是与自满、停滞、保守、僵死相联系的,意味着对新事物的反动和压制,以及对旧的和落后的生产方式、社会关系、社会制度、思想观念,尤其是传统习惯、落后风俗的积极维护和消极固守,因此,它是社会进步的重要障碍和消极力量。革新与守旧作为社会运动中的两种基本倾向或基本力量,通常是分别由在社会生活中起着不同作用的人、集团、阶层、阶级、政党等社会主体来代表和承担的。因此,对于革新与守旧的动态考察,必须与对社会各阶级的社会作用与功能的具体分析联系起来。一定的社会势力在社会进化中的地位和作用,归根到底是由其所代表的社会生产力的性质决定的,同时也与其所归属的社会经济关系、所采取的社会政治立场和所具有的社会思想观点相联系。任何阶级都有其赖以生存的社会经济条件,随着这种条件的生成、发展与消失,任何阶级都有其发生、发展和消亡的历史过程。相应地,任何阶级在社会进步中的作用也都是变化和发展的。一般说来,一定阶级的产生是一定的新的生产力和生产关系的需要,当这种生产力和生产关系尚属社会的先进、进步的方面时,该阶级用以维护和发展这种生产力与社会生产关系和上层建筑的活动,就必然与旧的落后生产力和社会关系代表者的阶级的活动相冲突、相背离,从而对社会进步起着积极的和促进的作用。而当这种生产力和生产关系成为过时的和保守的方面时,该阶级的存在与活动必然与代表新的生产力和社会关系的阶级的活动相冲突、相背离,从而成为社会进步的阻碍因素和消极力量。人类历史上的奴隶主阶级、地主阶级、资产阶级都曾经历过这样一个由革命的、进步的、先进的、积极的社会力量向反动的、落后的、保守的和消极的社会力量转化的过程,而这些阶级的社会地位和作用的转化、新阶级的产生和不断发展就是社会进化的重要内容。

在人们的实际活动中,革新与守旧既是一种活动的目标模式,又是一种行为方式,还是一种实际效果。因此,从社会进化来考察社会运动中的革新与守旧,意味着要将人们的活动目的、活动方式和活动结果联系起来做一体化的思考。革新作为一种活动的目标模式,意味着对社会现状的不满足和否定性评价,是对未来理想社会的积极追求与观念建构,是对实现目标的途径、手段方式的积极探索与预先排练。以创新为目标,则人们在活动中不仅必然积极、主动,并且在方式上不拘一格、不落俗套,力求创新、力求突破。相应地,在结果上则对社会发展必然有所建树,有所推进,有所创造,成为社会进化中的积极方面。与之相反,如果以守旧作为活动的基本模式和指导思想,则意味着安于现状、抱残守缺、自傲自大、没有追求、反对革新,一切以"旧有"为标准。相应地,在活动中则不仅必然消极被动,而且在方式上墨守成规、不越雷池,力求复古、力图存旧。其活动的结果通常是旧有传统在新形式下的重复、翻版,其社会作用与历史进步成反比,是社会进化中的保守甚至反动的方面。

其三,兴盛与危机。兴盛与危机是社会运动过程中的两种状态,而且是对于认识和理解社会进化有着特殊意义的两种社会状态。兴盛总是与繁荣、兴旺、发达、上升、顺利等相联系,指社会结构稳定有序,社会机体健康强壮,社会生产增长迅速,人民生活繁荣兴旺。而危机则与之相反,总是与萧条、困境、停滞、受挫等相联系,指社会结构紊乱无序,社会机体力弱多病,社会生产徘徊停滞,人民生活萧条贫困。可见,兴盛是社会进步的明显标志和表现形式,而危机则是社会退化的明显征兆和表现形式。既然如此,从兴盛与危机方面来认识和了解社会运动状态,对于揭示社会进步的实现过程及条件,有重要的方法论作用。直观地看,兴盛与危机都只是一种社会现象,是社会机体运行中的两种不同状态,但它们又不是一般的、偶然的和个别的现象,而是真实地和动态地表现着社会机体在特定条件下的内部结构、组织状态和本质规定的社会表象,是社会内部组织结构是否合理和调控机制是否有效的直接的表现形式。社会机体的内部组织结构合理有序,调控机制有效、有力,则社会运行呈兴盛繁荣状态。若社会机体的组织结构紊乱无序,调控机制失效、乏力,则社会运行必然出现动乱和危机。因此,考察社会运行中的兴盛与危机,重要的不是描述这两种社会现象或社会状态,而是揭示隐藏在这两种现象背后并且决定和造成这两种现象的社会内在组织结构和调控机制。正是这种组织结构和调控机制,造成了社会在一定时空中的特定运行状态,决定着社会进化的方式和速度。而追求组织结构的合理性和调控机制的有效性,则是人们自觉促进社会兴盛繁荣、避免危机动乱、加速社会进化的重要条件。从这种意义上看,在揭示社会运行中冲突与融合、革新与守旧的基础上进一步考察社会的兴盛与危机,就使对于社会进化的动态研究进入了内部更深的层次。

社会运行中的兴盛状态,是社会系统与外部环境之间的物质、能量和信息变换以一种有利于社会进步的方式进行的外部表现形式和积极成果。而社会系统之所以具有这种外部表现形式,是与其内部的子系统之间的和谐关系、适当比例、协调动作分不开的。一个社会系统,大体上总是包含着经济、政治和意识形态三个子系统,其中经济系统是最根本、最革命、最活跃也是变化最迅速的方面。"政治、法律、哲学、宗教、文学、艺术等的发展是以经济发展为基础的。但是,它们又都互相影响并对经济基础发生影响。"[①]它们甚至在一定条件下起着某种决定性的反作用。因此,经济因素的变化与发展,要求政治和意识形态发生相应的变化,成为与其发展相适应的社会政治形式和意识形态体系。如果三者相互适应了,则社会系统作为整体能够有力有效地与外界进行物质、能量和信息变换。社会系统内部各子系统之间的关系是由社会内部的调控机制来进行调整和控制的。实施这种调控活动的是作为社会(国家)的统治者,而手段则是各种形式的法律、条令、政策、措施和社会规范等。社会的内在调控机制是否有力和有效,取决于调控者的认识是否正确、政策是否合理以及手段是否有效。调控机制中的任何

---

① 马克思恩格斯选集:第4卷[M].北京:人民出版社,1972:506.

一个环节出了毛病都能阻碍社会机体的正常运行。高明的社会统治者,就是对于社会各子系统内部及其间关系的合理而有效的调控者。"治国平天下",靠的是合理的政策和措施。中国历史上的太平盛世无不是社会内部各种比例关系适当、调控有效的积极的外在表现。因此,研究并健立一整套关于社会系统的有效的调控机制,历来是社会认识的重要课题,也是社会科学研究的重要任务。

社会运行中的危机状态,则是社会系统与外部环境之间的物质、能量和信息变换无法按照原有方式、规模和速度继续进行下去的一种表现形式。其直接表现是社会生产停滞甚至下降,社会生活困难,经济贫困,民不聊生,政局不稳,危机四伏,矛盾激化,动荡加剧,信仰破灭,思想混乱,甚至出现革命、起义、战争。社会危机发生的原因是多方面的,最根本的仍然是社会内部结构不合理。社会内部经济、政治和意识形态这三个子系统之间的不适应,使旧的社会结构出现危机,社会因之要求变革,也就是用革命的形式来调整社会结构。危机是社会内部组织结构不合理的外在表现形式,而造成这种结构不合理的则是社会机体本身丧失了对于自身结构的改革和调控能力。人民不愿意照旧生活下去,统治者也无法按照原样再照旧统治下去,于是需要通过革命来调整社会结构。调整的结果,有两种可能性。一种情况是促成社会形态更迭和历史进步。通过革命,旧结构被破坏瓦解了,新结构取代旧结构。经济、政治、意识形态三个子系统经过调整达到新的互相适应的状态,社会演变成新形态。比如,从原始社会到奴隶社会、封建社会,再到资本主义社会,便是历史学家所熟悉的西欧社会演变过程。另一种情况则是通过改朝换代和周期性崩溃而使旧结构长期延续。社会矛盾引发社会革命,引起了旧结构的崩溃。崩溃的后果是消除了各子系统中互相不适应的因素,也消除了三个子系统中尚未成熟的新结构的萌芽。这样,系统又回到原有的适应状态。这时,社会机体由于存在着不断消除内在不稳定因素的崩溃机制而成为一种超稳态系统,它由于本身所具有的周期性振荡的调节机制而获得一种巨大的稳定性。中国封建社会就是这样一个具有超稳态结构的超稳定系统,它由于周期性动乱和改朝换代而长期停滞,一代代保存下来,形成了中国封建社会中尽管有着频繁的周期性改朝换代但根本的封建社会制度却长期延续的特殊历史过程。很明显,社会革命及其所引起的社会结构调整,在前一种情况下直接促进并实现了社会进步,在后一种情况下则不过是同一社会制度周期性崩溃和长期延续的手段。正是在这里,我们可以看出社会革命尤其是社会结构的整体性更新在社会进化中的积极作用。而危机则是这种革命、更新的前兆和标志。既然如此,认真研究和了解社会危机并分析其深刻的社会根源,对于革命阶级、革命政党自觉进行社会改革无疑具有极为重要的意义。

社会运行的动态特征是多方面的。冲突与融合、革新与守旧和兴盛与危机这几对范畴分别从运动形式、活动内容和内在机制等不同方面表现着这种动态特征。在实际生活中,社会运行的形式、内容和机制等是作为一个统一过程而实际地交织在一起发生作用的。因此,对这些不同方面的考察也必须相互联结、有机综合,唯有这样才能得到关于社会运行动态结构的整体观念。这就是关于社会进化的过程研究。

四、关于社会机体的进化研究及其方法

1. 关于社会机体的进化研究

真实地再现社会进化,只有通过对社会进化的完整过程的分析才是可能的。关于社会过程的静态研究为我们提供了关于历史过程各个主要时间点上的片断图景,动态研究则揭示出社会运动的动态模式和内在机制,在此基础上进行历史过程的比较研究,就可以揭示出人类社会在时间链条中的存在和发展状况。

过程问题,本质上是个时间问题。而进化问题,则除了时间因素外,还包含着空间因素和性质因素。因此,通过对于历史过程的比较研究来掌握社会现象的进化、发展,就意味着要在不同时段的社会状况的比较中把握社会历史进化的时间特征、空间特征和内容特征。

2. 社会机体的进化研究方法

在社会科学研究中,从以下方面展开研究对于把握社会进化有着重要意义。

其一,社会过程的发生、消亡及其条件研究。世间万物,"有始者必有终,有终者必有始"①。一切产生出来的东西,都一定要灭亡。正是由

---

① 王充.论衡[M].上海:上海人民出版社,1974:115.

于任何具体事物都有始有终、有生有灭,其存在才表现为一个运动的过程,是由起点向终点的运动。而进化则是活性事物在其存在的过程中进行的一种上升、发展和前进运动。正是起点和终点,成为事物进化的始基和归属。因此,在时间链条中,确定事物发生和消亡的具体时间,是研究具体的进化过程所必不可少的两个基本参照系。可以说,从生成与消亡的观点来考察社会进化问题,正是辩证思维的本质要求之一。对人类社会进化历史的科学研究,更离不开对其发生和消亡问题的考察。研究社会进化,可以从两个方面来进行:一是考察人类社会总体的进化过程;二是考察具体的社会形态或社会事件的进化和发展史。而这两个方面中的任何一个方面,都离不开对其发生与消亡问题的严肃考察。

  人类社会的历史,是以人的产生和存在为开端的。有了人,就开始有了人的历史。而随着人类生命的存在条件的丧失,人类社会最终也要归于消亡。而社会进化,是人类在其产生至消亡的有限过程中所必然经历的一种前进、上升和发展的运动。正是这种前进、上升和发展的运动,使得人类社会在其存在和活动的不同历史时期和历史阶段中呈现出不同的性质、发展水平和发展程度。具体地掌握这种实际发展阶梯是社会进化研究的重要任务。对这种进化过程的掌握,一方面需要了解进化的起点及相应的起始状态,这就是我们通常所说的人类起源及初始状态问题;另一方面需要了解进化过程的终结和归属,也就是人类社会的灭亡问题。关于人类历史的终结,人们总是把它同宗教的悲观的"末日说"联系起来,而不愿对其加以议论甚至思考,但它本质上是物质运动的必然归宿,只不过由于它实在遥远,而目前我们的科学和认识水平都还远不足以遥测人类未来必将发生的那种转化的具体形式和具体过程,因此人类不仅还没有力量而且没有必要去为之操心。但是,对于人类起源问题的发生学考察,则早已有之。神话中的盘古、女娲、上帝、夏娃、亚当等人格神,以及各种美妙而荒诞不经的"创世说",反映着初民对自身起源的积极探索,同时暴露了当时人们对自身起源的无知,却揭示了一个重要的真理和方法论原则。离开了对于人类起源问题的发生学考察,社会进化的研究难以真正符合历史本身的实际过程。

  对于具体的社会现象、事件以至具体社会形态的进化论研究,更离不开对其发生和消亡时间和状态的考察。黑格尔说:"我们假如把一般世界历史翻开来,我们便看到一幅巨大的图画,充满了变化和行动,以及在永无宁息的推移交替之中的形形色色的民族、国家、个人。"① 如果说,人类发生、发展和消亡的历史在整个生物进化的大过程、宇宙演化的大过程以至物质世界的永恒运动中只是短暂急促的有限阶段的话,则它所包含的各个时期、各个阶段以及各个具体事件的暂时性就更突出了,它们在整个历史的长链条中都只能作为或大或小的发展的环节、联系的环节而存在。即使那些作为一定生产关系总和的古代社会、奴隶社会、封建社会和资产阶级社会,也不过是"一个处于一定历史发展阶段上的社会",并且各自"标示着人类历史发展中的一个特殊阶段"。它们各有其特殊的性质、存在形式和发展水平,从而相互区别,并经历着自己的特殊的发生、发展和消亡的历史过程,从而使前后阶段相互连接,把人类社会运动不断地推向更加高级的形式,并成为社会进化过程中的具体阶梯。既然如此,要把握它们,就必须考察其发生和消亡,掌握其进化的全过程。

可见,从发生与消亡的观点去考察社会运动,是科学地把握社会进化的重要方法论原则。正是由于黑格尔对一切社会科学现象都是从生成的角度,即从这些现象的发生和消灭的观点去观察的,因而其方法和理论都具有一种伟大的历史感,并受到了马克思和恩格斯的热情赞颂和积极改造,被转化为马克思主义历史理论和历史方法的重要内容。

任何具体社会过程的发生与消亡,都既不是纯粹的"无中生有",也不是简单的"有归于无",而是"从有到有",是依据一定的历史前提和外部条件并通过人的活动而发生的一种运动形式的转化。马克思指出:"新的生产力和生产关系不是从无中发展起来的,也不是从空中,又不是从自己产生自己的那种观念的母胎中发展起来的,而是在现有的生产发展过程内部和流传下来的、传统的所有制关系内部,并且与它们相对立而发展起来的。"② 一定社会过程的发生是在一定社会机体中蕴含着的内在矛盾借助于一定的历史前提和外部条件而孕育、萌芽和暴露的结果,是外部条件的内化与内部矛盾的外化。社会过程的进化与发展,则是这种内部矛盾与外部条件之间交互作用的展开和继续,是矛盾

---

① 黑格尔.历史哲学[M].王造时,译.北京:生活·读书·新知三联书店,1956:113.
② 马克思恩格斯全集:第46卷(上册)[M].北京:人民出版社,1979:235.

的逐步调整、克服和解决的过程。而矛盾的最终解决和根本克服所带来的必然后果,则是该社会过程的结束。而这个具体过程所造成的社会后果和社会影响,则以各种方式留存下来,成为下一过程的历史前提和外部条件。因此,对社会过程的发生、发展和消失(结束)过程的考察,离不开对历史前提和活动结果的考察。正是通过进化过程,人类活动的前提与结果才能够相互转化。马克思说:"凡在过程开始时不是作为过程的前提和条件出现的东西,在过程结束时也不可能出现。但是另一方面,一切作为前提和条件的东西,在过程结束时则必然会出现。"①作为一定社会过程产生条件和基础的前提,在过程结束时作为结果重新出现,但作为结果出现的前提已经不是原有前提的简单重复和再现,而是经过人的活动而加以充实、提高和发展了的东西,而原来的前提被包含在结果之中,并且"成为对于不断前进的人群的发展来说过于狭隘的、正在消灭的前提"②。正是在对于前提与结果之间的这种对比研究和定量分析中,人们可以明显地看出特定社会过程在发生与消亡的区间中所发生的变化与进步,这正是发生与消亡研究在认识社会进化中的特殊功能。

其二,社会过程中的延续与变异研究。社会进化是在由起始到终结的流动过程中实现的。在这整个流程中不能有瞬息的暂停或中断,否则就不成其为历史。人类历史是一个前后相承、连绵不断的延续过程。但仅有延续还不能说有历史,如果历史从始至终都是一个样子,那就像一个绝对同一的事物,没有历史。因此,历史的延续性又是包含着变异性的。由于变异,历史在其延续的各个阶段上才有着不同的形式和内容,从而表现出进化和发展。因此,进化正是在延续与变异的统一作用过程中得到实现的。通过对历史过程的比较研究揭示社会进化,就是既要研究历史过程中不同阶段之间的相关性、联系性、共同性,确定其前后相承的基本脉络和基线,又要研究后者相对于前者有所改变、有所丰富、有所发展的地方,确定其变异和发展的方向、方式和程度,揭示其进化过程及阶梯。

事物发展中的延续性,在社会历史过程中主要表现为社会文化的

---

① 马克思恩格斯全集:第46卷(上册)[M].北京:人民出版社,1979:262.
② 马克思恩格斯全集:第46卷(上册)[M].北京:人民出版社,1979:497.

累积性。因此,研究社会历史的延续问题,主要是研究人类历史中的文化遗传和文化继承问题。人类的历史是人类自身力量积累和发展的过程。在这个过程中,一方面,各代的创获不断内化、积淀到人类的机体结构中并通过生理性遗传而留给后人;另一方面,各代的经验、知识、技能作为一种社会文化遗产通过后天的获得性遗传而传授给后人。黑格尔说:"我们在现世界所具有的自觉的理性,并不是一下子得来的,也不只是从现在的基础上生长起来的,而是本质上原来就具有的一种遗产,确切点说,乃是一种工作的成果——人类所有过去各时代工作的成果。"历史的文化、文明作为一种传统,"通过一切变化的因而过去了的东西,结成一条神圣的链子,把前代的创获给我们保存下来,并传给我们"。① 马克思则更加透彻地从各代人们从事社会历史活动都无可选择地面对着前人留下的生产力这个根本点上揭示了人类社会的延续性。在马克思看来,对于各代人们来说,任何生产力都是一种"既得的力量",都是"以往的活动的产物",而"单是由于后来的每一代人所得到的生产力都是前一代人已经取得而被他们当做原料来为新生产服务这一事实,就形成人们的历史中的联系,就形成人类的历史"。② 而人类正是由于这种前代与后代之间的遗传与继承而保持着自身的延续性和内在的同一性,从而自始至终保持着人类文明的基本特征,推动着社会由低级到高级持续发展。

事物发展中的变异性,在社会历史过程中是通过各代人在生产和生活中的创造、革新而表现和实现的。因此,研究社会历史的变异问题,主要是研究历史过程中的变革与创新问题。变异并不等于创新,变化的东西并非都是新的东西。只有当变异性在一定因素刺激和作用下促使事物向着前进和上升的方向运动时,才有事物的新陈代谢和进化发展。社会运动是由人的活动实现的。不断地追求和创造更加丰富、更加美好、更加完善的社会,是人类活动的本质特征,也是引起社会进化发展的积极力量。因此,新陈代谢、进化发展、螺旋式上升是历史过程中变异性发生作用的总趋势和总方向。马克思在批评直观唯物主义者费尔巴哈在社会问题研究中的"非历史"倾向时明确指出:"他没有看

---

① 黑格尔.哲学史讲演录:第1卷[M].北京:商务印书馆,1959:8.
② 马克思恩格斯选集:第4卷[M].北京:人民出版社,1972:321.

到,他周围的感性世界决不是某种开天辟地以来就已存在的、始终如一的东西,而是工业和社会状况的产物,是历史的产物,是世世代代活动的结果,其中每一代都在前一代所达到的基础上继续发展前一代的工业和交往方式,并随着需要的改变而改变它的社会制度。"①

延续与变异在人类历史过程中的实际统一,是通过人们的具体的实践和理论活动而实现的。人类实践活动,是继承与创新的统一。历史上遗留下来的生产力、社会关系和思想观念等社会环境,"预先规定新的一代的生活条件,使它得到一定的发展和具有特殊的性质",决定了人们必须而且能够在新的条件下从事与前人相似的活动。后人通过继承、接受这种生产力、社会关系和思想观念,使其在自己的活动中并通过活动的结果得到保存、宣传和发挥作用,使自己保持着与前人活动的联系。而同时,人们又在自己所获得的历史前提和社会基础上根据发展着的需要而发展自己的能力,并凭借它们去从事具有新质新量和新方式的活动,去改变现有的条件,创造新的生产力,建构与之相适应的生产关系、社会制度和思想观念,建构起新的社会。这一种新的社会,由于是以历史的前提为基础建立起来的,因而包含着以前历史的部分内容和形式,但作为一代人创造活动的结果,又具有新的内容和新的形式,显现出对以前世代的超越和优异性,并且为新一代的人们从事新的活动提供了更坚实的基础,促使社会沿着一条渐进的然而又是持续的发展道路前进。

其三,社会过程中的曲折与上升研究。社会进化是有规律的。社会的进化规律是作为社会运动的必然趋势而在社会进化的过程中实现,并作为进化发展的轨迹而存在的。因此,认识社会现象的进化及其规律,就必须考察社会运动的基本趋向和发展轨迹。

关于人类社会的历史变迁是否有着某种客观必然趋势可寻,至今仍有人持怀疑和否定态度。即使在那些承认历史变迁有规律的人们之中,对社会发展规律的看法也相去甚远。复古主义者所持的实际上是一种历史发展的"倒退论"。倒退论者把人类历史看作每况愈下的衰败过程,把人类的理想社会定位在历史的某个远古时期,于是有了崇古非今、厚古薄今的各种社会政治主张。"郁郁夫文哉,吾从周。"孔子的心

---

① 马克思恩格斯全集:第3卷[M].北京:人民出版社,1960:48-49.

声,从一定侧面反映了倒退论者的主张。而"祖述尧舜,宪章文武",则几乎成了历史上儒家的座右铭。于是反对革新、进步,主张开倒车、倒退,成为复古主义者必然的社会政治倾向。

"循环论"的产生,实际上是人们努力认识历史变异轨迹而做出的一种不成熟、不准确的模拟。在对历史上古往今来的岁月流逝、时事变迁、世代推移的长期观察中,人们注意到了治与乱、战与和、合与分、荣与衰、兴与盛等交相更迭,周而复始,于是试图对其做出图解式的描述,这是人类认识的一大进步。但是,循环论者看不到历史发展中的上升性、前进性,把历史看作周期性的重复,这就否认了历史的进化。孟子主张"五百年必有王者兴",董仲舒则鼓吹"三统""三正",司马迁认为"三王之道若循环,周而复始",王充则认为"古今天下相同"等,都是属于这种循环史观。

认为历史是直线式上升的,也大有人在。他们否认历史发展的曲折性,把世界历史设想成一帆风顺地向前发展的过程,因而在行动中往往急躁冒进、轻率盲动。中国和世界革命中的"左"倾盲动主义,实际上就持的这种发展观。列宁批评这种观点是不辩证的、不科学的,在理论上是不正确的。

黑格尔提出了"螺旋式上升"的社会历史观,这是人类社会历史变异和进化规律认识史上的划时代创举。但他把历史的主体和动因归结为"世界精神",自然不能对历史进化做出合乎实际的说明。马克思则强调根据社会历史发展的实际过程,从前进性、上升性与曲折性、反复性的统一中认识社会的进化规律,从而对社会发展的螺旋上升趋势做出了科学的分析和说明。在马克思看来,"一切发展,不管其内容如何,都可以看做一系列不同的发展阶段,它们以一个否定另一个的方式彼此联系着"[①]。因此,认识社会发展和社会进化,就要具体地认识这个发展、进化过程中的各个具体的发展阶段,正是在各个阶段之间的连接、联系和区别、间断中,可以看出社会进化的轨迹和规律。社会进化的规律,就是"这些现象变化的规律,这些现象发展的规律,即它们由一种形式过渡到另一种形式,由一种联系秩序过渡到另一种联系秩序的规律"[②]。

---

① 马克思恩格斯选集:第1卷[M].北京:人民出版社,1972:169.
② 马克思恩格斯全集:第23卷[M].北京:人民出版社,1972:20.

其四,社会过程中的停滞与增长研究。社会进化作为一个过程,有其时间方面的规定性。这种规定性不仅表现在前面说过的产生与消亡方面,还表现在变化和发展的周期、速度、节奏、频率以及加速度等方面。对变化发展过程的时间方面进行定量的研究,是考察社会进化的重要内容。

增长与停滞是一对包含着时间因素的概念。增长,不仅有个数量问题,而且有一个增长的速度和周期问题。因此,它不仅是一个数量概念,也是一个时间概念。它既可以是单位时间内的生产数量增加,也可以是单位数量所需要的生产时间缩短。我们知道,在同样的商品生产条件下,劳动生产率的增长与单位产品所需劳动时间成反比,与单位时间所生产的产品数量成正比。因此,增长既包含着社会进化中的数量和质量方面,也包含着速度和速率方面。它既可以表示社会进化的内容方面,也可以表示社会进化的速度和方向。

社会进化中的"停滞",当然不是社会运动绝对的停止,而是社会在一定时期中的零增长、徘徊或原地踏步。从社会生产方面看,它表现为社会生产以原有的规模、方式、速度、节奏、周期、频率重复地进行,维持简单再生产。在这种停滞的生产基础上,社会制度、社会思想观念方面也保持原有的性质、水平,没有大的突破与创新。前面谈到,中国封建社会由于超稳态结构经过周期性振荡而不断地回复到原有社会结构,从而呈现出明显的停滞性。如果在一定时期内社会运动呈现"负增长"状态,则意味着社会出现倒退、复辟。当社会处于严重的战争、动乱时期,这种情况就会出现。当然,社会运动中的停滞与倒退方面总是暂时的、局部的,任何巨大的社会灾难都是以社会的更大进步作为补充的。因此,增长和进化加速是社会运动的基本倾向。

对于增长和停滞的时间方面的考察,可以借助周期、速度、节奏、频率等概念进行。周期指一定社会过程所需要的时间,速度则指完成一定社会事件所需要时间的长短,节奏指一定行为重复出现的间隔,频率则与运动的周期相联系,指一定周期重复出现的速度。增长与停滞、兴盛与危机都是可以用周期、速度、节奏、频率等概念来加以度量的。社会增长的周期越短、节奏越快、频率越高,则社会进化速度越快;周期越长、节奏越慢、频率越低,则社会进化速度越慢。现代资本主义社会的周期性经济危机,就是增长与停滞的周期的最明显表现。繁荣→萧条

→危机→复苏→繁荣这几个阶段,构成了一个增长的周期,而危机→复苏→繁荣→萧条→危机,则构成了停滞或倒退的周期。每一次危机都不可能回到原有的低谷,每一次繁荣都将超过上次的水平,从而表现出社会的逐步进化。而这种增长—繁荣、危机—停滞的周期不断缩短,节奏不断加快,频率不断提高,构成了社会运动加速发展的实际过程。

第十七章　评价方法

社会事实不同于自然事实,它总是与价值相关联,具有鲜明的价值附着性。社会事实中事实与价值的交织,决定了社会科学中认知与评价的交融。在社会科学研究中,人们一方面要不断发现新的经验事实,构建新的理论;另一方面要不断地对事实和理论进行比较、选择和评价,两者内在交织、不可偏废。值得注意的是,人对社会的评价其实是人自我评价的实现方式。对社会的评价有三种可能的途径:一是直接面对社会的"文本",二是面对使用社会的语言、文化符号系统,三是面对使用社会语言、文化符号系统的人及其对社会的理想性要求。与之相应,就有实证性的社会评价方法、解释性的评价方法和批判性的评价方法之分。客观、合理地评价社会,需要确立合适的社会评价标准,这既是一个理论问题,也是一个实践问题,因为人们在宣称自己的社会评价遵循了公允的、客观的标准时,也必须承认这一标准并不能适用于一切时代。只有确立了合适的社会评价标准,人们才能实现社会评价的客观性和合理性。

社会科学研究不仅对社会现象进行认知,而且还对社会现象及社会科学研究成果进行评价。能否运用恰当的评价方法直接关系到社会评价是否合理,并进而直接影响到人们的社会决策和实践。本章将对社会科学研究中的评价方法(本文简称"社会评价方法")的本质、特点、过程进行探讨,并进而对社会评价的标准及其客观性、合理性进行分析。

一、社会评价及其本质、特点

1. 社会评价的界定

1) 社会科学研究过程中认知与评价的相互交织

社会科学研究作为一种高层次的社会认识,是以"社会事实"为根本对象的。社会事实是一种特殊的事实,与一般事实一样,它也具有可靠性、客观性、理论附着性等特征。社会事实区别于一般事实的最显著的特征在于它具有价值附着性。社会事实总是与价值相关联,只要我们在社会生活中稍加留意就会发现,通常用来描述社会现象的概念、判断都有价值附着其上,有时附着的还是多义、多层次的价值,甚至连社会信息的传播过程也承载着传播者的价值观。因此,社会事实就是社会价值所附着的事实,或者说负载着社会价值的事实。正因为社会事实中"事实"与价值的交织,才有社会科学研究过程中认知与评价的交织;反过来讲,社会科学研究过程也在不断地产生新的"事实"与价值的交织——新的社会事实。

一般地讲,在社会科学研究中,人们一方面要不断发现新的经验事实,构建新的理论,这就是社会认知;另一方面还要不断地对事实和理论进行比较、选择和评价,这就是社会评价。二者是相互交织的,这主要表现在以下方面。

社会认知是社会评价的基础。每一种、每一次社会评价都是出于某种动机、根据某种观点、理论做出的,而且只有根据该动机、观点和理论才是有意义的、合理的评价。社会认知在一定程度上制约着社会评价能评价什么,不能评价什么,社会认知的水平制约着社会评价的水平。既然每一社会评价都是以社会认知所提供的观点、理论为前提进行的,那么,人们也要根据这些前提性观点、理论对社会评价提出质询、批评。换言之，人们对社会评价的再评价首先是根据社会评价所凭由的前提性观点、理论来进行的，亦即社会认知为进行社会评价所提供的前提性观点、理论也在一定程度上决定着对社会评价的评价。

社会评价是社会认知的动力源，社会评价对社会认知也产生着某种作用。社会评价首先对社会认知具有规范和选择作用，这种作用不能用实践检验来代替，因为实践只能检验认识的结果，社会评价却可以规范头脑里的理论建构过程。就社会认知的结果而论，人们总是先在思想中对它们做出评价，而后才投入实践；如果不进行评价，也就毋须开展实践检验。从社会认知的发展趋势看，由于理论的基本概念和基本规律离开可直接观察的东西愈来愈远，用事实来验证的困难便越来越大，这时社会评价对社会认知成果的选择作用就越加突出。

社会认知与社会评价是内在交织的。具体地讲，社会认识过程是一个观测、发现问题，确定目标，拟定、建构各种理论，评价、验证各种方案，做出最终决策的过程。这一过程包含着社会观测活动、社会发现活动、社会预测活动、社会理解活动、社会评价活动和社会决策活动等。在这一系列的活动过程中，都渗透着社会评价的成分和影响。社会观测活动、社会发现活动和社会预测活动大体可以看作是社会认识活动的初始形式或初级阶段，因为它们还仅仅触及社会对象的表层。观测社会，发现和研究社会领域中存在的实际问题，明确地确定和提出问题，是科学地认识社会的逻辑起点，此时社会评价已先在地潜入其中，它通过社会价值取向的渠道，虽不抛头露面却实实在在地制约、导引着从哪里观测社会、发现社会的什么问题、提出什么样的问题等。所谓预测，无非是根据社会运动、发展的规律，从关于事物已有的信息出发，对社会的未来发展做出某种估计和推测。社会预测是否科学、准确，一方面取决于据以预测的社会事实、信息的真实可靠性，另一方面也取决于对这些社会事实、信息所附着的价值及其对社会事实、信息传播的影响、变化所做的准确判断和评估。当我们再进一步来考察社会理解活动时，实际上已经进入社会认识活动的深层。在社会理解活动中，社会评价已不再是背后潜在的问题，而是变成了一个显在的问题。

社会理解也有一个理解社会评价本身的问题，而在社会决策活动中，社会评价的成果则对社会决策的合理性产生直接影响。在决策中，社会评价标准直接参与其中。社会决策无非是对根据社会认知理论而形成各种解决社会问题的方案进行验证和评估。这需要两个标准。首先需要的是事实标准,这是一个最基本的标准,是对各种方案的真实性进行验证的依据。其次需要价值标准,它是在各种方案中进行多中取好、好中择优的依据。前者用以估量决策方案与客观事实之间的符合程度,后者用以估量决策方案与价值事实的符合程度。一个决策如果不符合事实标准,就根本谈不上是科学的决策;但是,如果仅符合事实标准,而不符合价值标准,则它是对人、对社会没有意义的决策,因而是不值得付诸实践活动的。

2)社会评价的含义

关于社会评价,国内学界有不同的理解和看法。我们将其归纳为三种。其一,社会性评价。这种理解强调评价区别于生理、心理反应的社会性,认为真正的评价是在意识水平上发生的,由于意识具有社会性,因而把在意识层面上展开的社会性评价叫作社会评价。其二,社会主体的评价。这种理解强调评价主体的层次差异,把以社会为主体的评价叫作社会评价。其三,对社会的评价。这种理解强调的是评价的对象——社会与非社会客体的差异,认为社会评价是以社会现象为客体的评价。

以上三种理解在各自的角度反映了社会评价活动的复杂性,而且三者之间互相交叉、补充,各具特色。但是,如果从社会认识论角度、从社会评价历史演变发展的角度来看,相比之下,第三种理解更为妥当、可取。理由如下:社会性评价强调社会评价在意识层面上的展开固然不错,但是,现实的社会评价活动是在几个层面同时运作的,意识、观念层面的运作固然最为高级、典型,但这种高级、典型的社会评价的长期反复运作,就会沉淀、内化到人的心理、潜意识的层面;因此,心理、潜意识层面的评价只不过是潜伏起来的社会评价而已。社会主体的评价之论的缺陷在于排除了个体主体对社会的评价,虽然我们在理论上区分出一个社会主体,然而,社会并不具备像个体那样完整的自我意识和人格特征,我们能够直接感受到的、活生生的、有生命价值的主体只能是个体,个体社会评价是上升为社会主体评价的起点,而且社会主体的社会评价最终要落实到个体上。对社会的评价,即第三种理解既突出了评价的对象——社会,又在一定程度上包容了第一、第二种理解的优长,同时还避免了它们的某些缺陷。

如果追溯社会评价的演变历史，以上对社会评价的理解与其说表征着社会评价研究的不同思路，毋宁说表征着社会评价演变历史的三个自然阶段。社会评价最原始的形式当是原始社会的评价。原始人类的思维特征是充满了受"互渗律支配的集体表象"（列维-布留尔语），原始人类对事物、对世界的看法、认知主要表现为情感主导下的评价，在这个意义上，我们说原始人的认知是评价性的，原始人类的评价既是社会性的（表现为把包括自然现象在内的事物、现象、事件人性化、人格化、集体表象化和社会化），又是以社会（原始群体）为主体的，原始人类绝少有个体意识。因此，我们说原始人类的社会评价是社会性评价，社会评价的初始形式是社会性评价，这是社会评价的第一个阶段。原始社会解体，私有制产生，阶级分化，人类历史进入国家社会阶段。在国家社会里，社会是由国家来表征的，而国家只能是体现占统治地位的阶级意志的国家。在国家社会里，固然有了社会主体的评价，但严格地说，社会主体的评价实际上是以社会为名义的，或者说是代表社会的评价。此外，有了国家社会，就有了国际社会，也就有了国际社会的社会评价。国际社会的社会评价实际上是以国家社会为主体的评价。基于此，我们大体可以把国家社会的社会评价看作是社会主体（尽管是不充分的）的评价，看作是社会评价的第二个阶段。社会评价发展的第三个阶段是对社会的评价。以社会为对象的评价作为社会评价发展的一个高级阶段是与人类社会发展进入现代社会紧密相关的。现代社会在现阶段仍然是国家社会，但它已不是传统意义上的国家社会，其主要标志是：阶级矛盾已不是社会主要矛盾；国家的主要职能向管理职能转变，国家在很大程度上代表着社会，至少代表着绝大多数公民的利益、愿望和意志；现代国家社会的目标是建立民主、法治、自由、富强的社会。与此同时，国际社会也不同于传统的国际社会。在现代国际社会中，性质不同的社会制度能够和平共处、竞争和对话，国际社会间的联系具有了使国际社会成为真正的国际社会的意义。此外，当代社会问题日趋复杂，所谓人与自然的问题、全球性问题实质都是社会问题，这一切都不仅要求把对社会的认识、评价突现出来，而且也使对社会的评价成为可能。在当代社会里，对任何一个国家的公民个人来讲，他（她）实际上已不仅仅生活在和属于某一个特定的社会，而且生活在并属于国际社会。因此，现代社会的社会评价，亦即以社会为客体的评价实际上已经内含着社会性评价和社会主体的评价。这样讲并不意味着要用对社会的评价取代其他意义上的社会评价,更不意味着从对社会的评价来理解社会评价完美无缺。从对社会的评价来理解社会评价尽管有较充分的合理性,但它也存在需要完善的地方,因为"社会评价"并不完全等同于"对社会的评价",其道理正如"社会意识"不完全与"对社会的意识"对等一样。用对社会的评价来界定社会评价固然不错,但它只回答了什么是社会评价的问题,作为一种完善的界定,它还要回答社会评价是什么的问题。

鉴于此,我们认为,社会评价是一种对社会的价值探索,它侧重于对社会价值的反思、批判、提升和规范,其目的在于为人的价值实现和社会历史的进步建构一个合理的价值体系。简而言之,社会评价就是关于社会对象化、个性化程度及其本质的价值批判。这既是我们对社会评价第三种理解的补充,也是我们进行社会评价研究的一个工作定义。

2. 社会评价的本质

人是社会的人,社会是人的社会。人只有在社会中才能生活,才能获得生活的意义。这就是说,人必须依赖社会,社会制约着人。同时,人是带着对社会的希望、要求而进入社会生活的,人在社会生活中总是自觉、主动、努力地去改造社会以实现自己的希望和要求。这就是说,人在社会中生活应当是自觉、主动的,人应当明确意识到自己是在社会中生活,而且知道该怎样过社会生活。这样一来,社会就成了人生活于其间、思索于其间、得失于其间、喜怒哀乐于其间的一种客观存在。人置身于其中也必然对社会有所感受、有所感想、有所反思、有所褒贬。一旦人们把这些东西反映到意识中来,社会评价就已蕴含其中了。社会评价作为一种活动只能产生于人与社会的互相适应、互相补充、互相促动的关系之中。正是在这种意义上,我们认为社会评价的本质是人类社会总体自我评价的实现形式。所谓"人类社会总体自我评价"里的"自我"实际上是社会自身的反射,"自我"的实质在于它自身的反射。由于社会总体不具有像个体那样完整的自我意识和人格特征,因此,社会自身的"反射"只能是"反射"到社会中的人,通过人对社会的评价实现社会的自我评价;同样,人对社会的评价也是人自我评价的实现形式。

（1）社会评价活动的展开是对人作为社会的人、类存在物的一种确证和表征。按照马克思的说法，人是为自身而存在着的存在物，因而是类存在物。为自身而存在体现的是人所独有的自我意识，唯有人才能意识到自己存在的价值和意义。人赋予社会以价值和意义，实际上是人以人的价值、意义反观社会的结果。唯有人能自觉地选择有价值、有意义的人生目标与追求，并积极地、不断地对其价值与意义进行评价。人正因为具有选择价值、评价价值、创造价值的自觉意识和活动，才成为生于自然又超越于自然的特殊的社会存在物。同时，也正由于人结成社会、改造社会，在社会中发现、创造社会的价值，才有了类的存在。作为社会的人，作为类的存在物，人有一种不断追求自身价值实现的意识，总是希望通过向更高水平的发展来展示人的价值，展示人生的价值，于是，人便在不断发掘自身潜质的同时改造社会、创造价值。事实上，人在实现目的的活动中所做的各种调整、变更、改革，说到底是人对价值、对价值评价的反省形式。因此，社会评价活动可以看作是人的本质的集中反映。

（2）社会评价活动反映的是作为社会主体的人所处的境况。社会评价反映的是主体对他人、对群体、对社会总体的认识和要求。一般来讲，人对他人、对社会的认识达到什么程度，社会评价就能达到什么水平。反过来讲，怎样评价社会，社会评价达到什么样的水平，也能折射出作为评价对象的社会的面貌和评价主体在社会历史中所处的地位、状况。在原始社会，其社会评价是具有集体表象形式的社会评价，是在各种具体社会评价混沌不分的水平上的评价，与此相应的便是原始社会人类既依赖于自然又依赖于社会的"双重依赖"的处境。传统国家社会的社会评价之所以是以社会为名义的评价，是因为传统国家社会是一个充满阶级压迫的社会，社会评价对于绝大多数受压迫的、处于被统治地位的社会成员来讲，只能是名义上的评价。对于少数占统治地位的人来讲，社会评价实际上是自我评价。现代社会，人在很大程度上成了自然的主人、社会的主人，也在一定程度上是自己的主人，它要求社会评价是对社会的评价，是真正以社会为主体的评价，也是真正的社会性评价。这种社会评价本身就是对现代人的地位、现代社会的状况的一种"反射"。

（3）社会评价活动中评价主体、客体相互转换反映人和社会存在的

"对象性本质"。所谓"对象性本质"是指人与社会都是一种特殊的存在物,人、社会对自身的认识、评价在很大程度上是从他人、他物(即他所面对的对象)那里取得的。个人自己并不能直接"看"到自己的面貌,他只有借助"镜子"间接地"看"到自己。对于任何个人来讲,他人都是自己的一面"镜子"。作为个体,我的言论、行为是善是恶、是好是坏,只有通过他人对我的言论、行为的反应才能做出评价。因此,人之为人,一个很重要的标志就是很注意他人对自己的看法和评价。人如果一点不在乎别人对他的看法、议论、评价,通俗地讲就是"不知耻"。舍勒就是从这个意义来研究"羞感"在人的道德价值中的作用的。人很乐意评价别人,细究其故,实是人通过对他人的评价来做自我评价。人对自己的评价往往要通过对他人的评价的迂回才能真正达到。在社会评价活动中,如果是人对社会的评价,那么,社会就是人的"评价之镜";如果是社会对人的评价,那么,人则是社会的"评价之镜"。由于社会本身无非是人组成的各种关系的总和,因此,社会就在人之中。这样,不管是人对社会的评价,还是社会对人的评价,无非都是"评价之镜"的转换而已。需要指出的是,在现实的评价活动中,没有固定的主体、客体,每一评价主体都是双重角色,即每一评价主体的"我"被分成两个"我":一个"主我",一个"宾我"。当一个人是"主我"时,他是评价的主体;当一个人是"宾我"时,他是被评价者,即作为他人评价的客体。当一个人在评价别人的时候,他也被别人评价,所以,作为"我"的"主我"与"宾我"既是一个无限长的"链条",又是一个无限扩展的"链圈",其间的转换、交织、缠绕十分复杂。但是,有一点却是十分肯定的,即无论是个人还是群体,在同他人、其他群体形成价值评价关系时,也同时与自我形成价值评价关系。

3. 社会评价的特点

关于社会评价的基本特点,可以从不同视角去概括。李德顺教授在社会评价区别于个人评价、群体评价和人类历史评价的意义上,结合社会评价标准对社会评价的特点做了三点概括:一是具体的、历史的社会主体,主要强调社会评价的主体是一定的社会形态和作为这一社会形态主体的人们;二是现实的、共同的社会实践,主要是指价值与评价所特有的同实践直接联系的性质,在社会评价上表现得最为充分;三是尽可能充分的社会理性化,主要强调理性化是社会评价的一种本质形式,也是社会评价走向科学理性的内在条件。① 我们认为,社会客体由于其价值特点,不仅作为对象性前提而规定和制约着社会评价,也作为社会评价主体赖以生存和活动的文化背景而影响社会评价活动。社会评价具有强烈的相对性特点,这主要表现在:评价主体与价值事实自我相关;社会评价标准本身蕴含着较大的个体差异和歧义性;社会评价中存在合理度的差异。② 以上分析无疑是中肯的、重要的。这里拟从社会评价的特点直接地体现社会评价的本质的角度再做一点分析。

由于人在社会中,社会也在人中,人与社会互相拥有,因此,无论是人作为评价主体还是社会作为评价主体,人与社会都在规范对方中受到规范,在评价对象中被评价,这是一个永无了结、矛盾交织的历史过程。但是,唯其如此,社会评价才能在活动中对象化、个性化,并随着对象化、个性化的进程而演变、进化,不断获得新的内涵。从这个角度看,规范与被规范、评价与被评价的矛盾交织、缠绕、转化当是社会评价活动最显著的特点,它具体表现在三个方面。

其一,社会评价的个体性与社会性的交织、缠绕。一方面,任何社会评价都必须是一种群体、社会行为,因为任何个人都是社会的人,每个人的价值追求都有源于社会属性的一面,从而任何一种价值行为都是涉他的,而不是排他的。而且主体进行社会评价的行为必然是以他人、群体、社会为对象的,只要个人的行为遵循自然法则和社会机制,那么任何个体的社会评价就自然而然地进入群体、社会行为的范畴。但是,从另一方面看,即从主体的价值评价和价值追求来看,没有任何主体的价值评价及其实现可以把主体排斥于价值评价行为之外,任何社会评价的实现都要靠一个个的个体评价来落实。而且当主体超越于社会生活之上时,社会评价的实现无非是单个主体的自我意识的满足。因此,社会评价的个体性必须以社会性为前提,同时,社会评价的社会性也以个体性为前提,从而造成社会评价活动中个体性与社会性交织、缠绕的现象。

其二,社会评价中理想与现实的交织、缠绕。一方面,社会评价是一种现实选择,社会价值本身是现实的结果,而不是一种理想。社会价

---

① 李德顺.价值论[M].北京:中国人民大学出版社,1987:322-323.
② 欧阳康.论社会评价[J].人文杂志,1994(5):1-6.

值的实现不可能在纯粹的思辨中进行,必须付诸实践。如果脱离实践,社会评价甚至不能单独地进行价值选择,也不能证明它自身选择了什么。社会评价的实现只能是一种现实的选择。问题的另一面在于,社会评价活动中,如果没有价值理想的选择,也就没有了产生价值评价的原因,也就无从言及价值实现的结果。而且如果脱离了价值理想,就无法判断价值实现与否,何况价值主体在社会历史进程中的活动从来都是在价值体系的支配下进行的。

其三,社会评价中功利性与非功利性的交织、缠绕。一切评价追求首先是对功利的追求。作为评价主体的人,他的价值追求不能不与主体的物质、精神需求相关。没有物质与精神的愉悦,人类就只能生活在纯理性之中。问题是如果人人都把功利作为评价活动中的唯一追求的话,人类对社会价值的追求就过分浅薄了。而实际上构成人类社会主要框架的,大都是非功利的结晶。这就要求人在进行社会评价时,不仅要关注和选择功利的方面,也要重视和选择非功利的方面,这才是理性的选择。因此,在现实的社会评价活动中,功利性的评价与非功利性的评价是交织、缠绕在一起的。

二、社会评价的主要方法

社会评价方法同社会评价活动之间有一种互生关系,一定的评价方法实则是一定的社会评价观点体系在具体操作上的落实,并通过这种落实反过来促进社会评价理论的充实和完善,同时,不同的评价方法扫描出的社会评价可能显示出不同的价值和意义。

社会评价方法在理论上是可以不受数量限制的,同时,社会评价方法也可以具有多种多样的性质。假如一种方法说明了实现某一社会价值的有效途径和方式,那么,也完全可以有另一种方法来证明这一方法和途径的局限性。

社会作为评价活动的对象,并非可以通过评价来直接捕捉,这种对象既明确又难以捕捉的根源,就在于评价并不是直接面对着社会的价值和意义。因此,评价方法的途径选择十分重要。对于社会评价活动来说,评价方法有三种可能的途径:一是直接面对社会的"文本";二是面对社会的语言、文化符号系统;三是面对使用社会语言、文化符号系统的人及其对社会的理想性要求。与此相应,便有以下三种类型的社会评价方法。

1. 实证性的社会评价方法

这一类方法致力于这样一种观点,即社会认识论可类比为一门像自然科学一样的科学,它强调或暗示社会对于个人的强制是必需的,从而人基本上被看作是社会秩序的产物。虽然它也看到了社会的人可以依凭理性使用必要手段以获取他们所期望的目标,但无论是这些目标还是实现目标的手段,都是社会秩序中所固有的。实证性的社会评价方法实际上是一种他律的评价方法,它关注的是评价受外在事物制约、决定的关系。这类方法有其合理性的一面,因为社会评价活动中虽然有不少难以明辨和把握的非理性因素,但同时也有很多理性成分,所以社会评价在总体上是理性的、有规律的,从而可以在一定条件下用实证性的方法,而且这种方法反映了人们对社会评价的普遍性的要求。问题在于这种方法虽然在社会处于相对平衡的时期行得通,但在社会处于大动荡、大转折时则显得相当乏力。

2. 解释性的社会评价方法

这类方法的理论基础在于社会现实总是处于一种被建造的过程中,不仅社会而且连同社会的人都是处在不断生成的过程中,人既是社会中的自由行动者,也是由已经存在着的社会所形成的。解释性的社会评价方法可视为自律的评价方法。这类方法主要是从对社会的感受出发,结合一定的理论来评价社会。它的合理性在于:评价活动在本质上成了一种创造性活动,它使人对社会保持着一种新鲜感受,可以发掘社会的某些潜在意义。然而,解释性的评价方法也有局限性,这就是它可能以感觉代替理性分析,以个人主观好恶取代对社会的客观评价。

3. 批判性的社会评价方法

如果说实证性评价方法致力于实现评价活动的"价值中立"、解释性评价方法允许"非价值中立"的话,那么批判性的评价方法则致力于对以上两类方法构造批判、超越,它强调事实与价值的统一,认为在价值上真正的中立不仅不可能,而且并非为所有人所接受,同时强调对社会的认知、评价要预估其可能带来的政治上、道德上的后果,要看到评价背后的潜在的价值。批判性评价方法实际上是一种互律性的方法。这类方法看到了前两类方法的缺陷,又试图综合它们的优点,而且突出了对社会、对社会评价、对社会评价方法的批判,这是其合理性之所在。

它的缺陷在于对评价活动中的实际操作,还缺少具体的说明、论证。

任何一种具体方法都是有局限的,重要的是对其要有清醒的认识;同时,各种方法之间又是相互补充的,在现实的社会评价活动中,往往只有综合运用各种方法,才能保证社会评价的客观性、合理性。

三、评价方法在社会科学研究中的运用

在社会科学研究中运用评价方法的过程,就是参与社会评价的主体、客体、中介等要素有机组合和相互作用的过程。对此,我们可以从心理运作、观念运作和社会运作三个层面加以考察。

1. 社会评价的心理运作过程

从社会评价的心理运作来考察,主要侧重于对评价活动程序的分析,这是人们考察评价活动过程常有的视角。从这个视角来看,一个完整的社会评价活动的过程简要地讲就是一个确立评价目的与评价参照系,获取评价信息,使用评价方法,形成价值判断,检验、修正评价的过程。

所谓评价的目的就是评价的理由,就是解决一个为什么评价的问题。人的一切活动都是有目的的,评价也是一样,因此,确立评价的目的必然是评价活动的第一步。确立评价参照系,首先是确立评价主体,解决是谁在评价的问题;其次是确立评价向度,包括评价的视角和评价的范围。评价参照系还包括评价标准。评价标准是评价主体用来衡量对象有无价值、价值大小的最重要的尺度。评价标准不同,将直接导致评价结果的不同。在评价参照系的确立过程中,评价标准的确立尤为重要。社会评价活动过程的第三步程序是获取评价信息。评价信息是指符合评价目的、与评价参照系关系密切的知识、经验、体验、信号、符号等。这些信息负载着来自信息源的某些内容,反映着价值主体、价值客体及其中介的某些情状。所获取的这些信息的数量多少、准确与否、及时与否都会影响到价值判断的质量,它们主要是来自客体的信息、来自主体的信息和来自中介的信息。有了这些信息之后,还不能进行价值判断,因为如何分析、处理这些信息还需要一定的方法。因此,确立评价方法就成了评价活动的第四个程序。以上程序完成之后,就是社会评价活动最关键的第五个程序,即形成价值判断。价值判断本身又是价值主体对已获得的评价信息,依据一定的评价标准,

使用一定的方法与评价目的相对照,进行判断、推理的过程。这个推理过程就是价值判断的形成过程。价值判断的形成,一般来说,标志着评价过程的基本完成。

但是,由于评价过程是一个十分复杂的过程,而且容易受到外在因素的影响,因而需要有一个对价值判断进行检验的程序,尤其对一些事关重大的价值判断来讲,对之进行检验是必要的。因此,严格的社会评价活动的最后一个步骤即价值判断检验完成之后,一个完整的社会评价活动的过程才算结束。

2. 社会评价的观念运作过程

社会评价的观念运作过程是对社会评价进行深层的抽象分析,这种分析虽然远离了具体过程,但却达到了对社会评价过程的本质性把握。

社会评价活动是在主客体价值关系的运动过程中实现的。这一运动过程包括评价理念形成、价值承诺形成和外化价值承诺三个阶段。这个过程是从社会历史发展的视角来审视社会评价活动过程所做的概括。

评价理念的形成是第一阶段。评价理念的形成,从社会历史的发展角度看有三条途径。其一,对前代人的社会评价在传承延续中做出重新评价。社会评价作为前代人积累起来的思想文化总是给后人以影响,并在不同程度上以某种改造过的形式继续流传下去。这里的"改造"就包括重新解释、评价,在改造之中会诞生新的价值观念,这一价值观念可能作为新的评价理念。其二,对当下社会思潮做"浪潮前锋"(阿尔温·托夫勒语)分析、批判,提炼新的价值理念。其三,从国际社会中不同的、异质的文化、观念冲撞中,提取新的价值理念。这三条途径是同时进行的,因此,其形成的新的价值理念是三位一体的。新的价值理念(一般由少数专家、权威完成)形成之后,就要促成价值承诺,即进入第二阶段。所谓价值承诺就是把新的价值理念变成社会大多数人的社会价值,亦即把新的价值理念灌输给社会的大多数人,使之成为社会大多数人(开始是少数人)的个人价值取向和行为规范。这是一个倡导与强制的艰难过程。这期间始终贯穿着对新价值理念的倡导和对旧的传统价值理念的批判。当这种价值倡导和批判反复进行,形成一定规模的社会评价场后,就会逐渐得到越来越多的社会成员的认同,成为一种新的时尚,自觉或不自觉地对人的行为产生规范,至此价值承诺就基本完成了。第三阶段即外化价值承诺。所谓外化价值承诺,就是把原本停留在部分人言行中的新的价值观念通过社会制度、经济制度和法律制度体现出来。制度化了的价值理念又反过来成为一种强制力,使新的价值理想向全社会进一步扩散。当然,从历史发展的角度看,新的价值理念一旦被制度化,就意味着其可能遇到其他价值理念的挑战,这是符合社会历史发展规律的。以上只是理论上抽象的分析,现实的社会评价过程是与社会历史发展过程交织在一起的。

3. 社会评价的社会运作过程

社会运作过程是对社会评价过程的社会学分析和抽象。一个比较完整的社会评价过程从社会学层面看大体包括个体评价、群体评价、权威评价和社会评价几个阶段。

个体评价是由个人主体对社会所做的评价。由于个人具有相对的独立性、完整性,又是社会的一分子,处于一定的社会关系之中,因而常常对社会做出评价。事实上,现实社会中的每一个体都会对社会做出各自的评价,尽管这些评价彼此各不相同,但或是由于相同的职业,或是由于相近的爱好,或是由于相同的血缘,或是由于相同的信仰等,个体评价之间也会部分趋同,逐步成为某一个小团体、小群体的群体性评价。由于个体都处于一定群体中,因此,群体评价会因个体评价而活跃,个体评价通过群体评价向社会扩散,慢慢地会形成某种社会思潮,对社会产生各种影响。于是,便引来了权威评价。所谓权威评价是指权威机构的评价和权威人士的评价。权威机构的评价就是一定群体的最高机构的评价。权威机构所进行的评价被认为是代表所属群体的利益的。权威机构的评价包括权威机构的领袖人物的评价。一个个体评价如果经过群体评价、权威评价的"认可",就成了社会评价,一个社会评价过程就基本完成了。当然,这个过程是可逆的,因为真正的社会评价只有得到社会个体成员的普遍认同才算实现。但一般说来,得到权威机构评价的认可,就意味着一个社会评价过程的完成。

四、社会评价的客观性和合理性

1. 社会评价的标准

社会评价标准的设定是应人们在一定的社会建构过程中对社会现

象加以理性认识和价值判定的需要而形成的。社会评价标准可以是某种功利标准、审美标准、伦理标准、政治标准等,但它们都必须被纳入"社会认识"的范畴,成为社会的标准。设定标准时总有一个"我"在场,由于不同的"我"相互冲突,社会标准事实上只能是在折衷立场上求同存异的结果;有较大话语权的专家、权威、权力人士和社会的文化氛围对于社会评价标准的设定有重要影响。

社会评价标准是应用于社会评价活动的尺度。评价标准既是社会评价的尺度,也是一种社会解释的尺度。一方面,在具体的评价活动中,人们可以有各自的评价,从而评价标准作为解释社会的尺度就有一个"度"的问题;另一方面,社会与人本来是一个有机体,人在解释社会时不可能站在社会之外而是在社会之中,因此,任何一种社会解释都不可能全面地观照社会,从而社会解释也要有一定的适度性,社会解释的度也就是评价阐释的度。所谓客观地、合理地评价社会,在一定意义上就是恰当地把握这个"度"。

社会评价标准既是一个理论问题,也是一个实践问题。现实、实践总是变动不居的。当人们制定了一系列评价标准后,由于时间的推移,先前制定标准的那种现实可能发生变化或已不复存在,新的社会潮流已要求以新的标准来衡量它,而待到新的或经过修改的标准出现时,社会现实状况也许又有了变化。因此,评价标准同社会发展上的这种时差,常常使二者之间发生矛盾,在现实的社会评价活动中,必须对此予以充分的关注。

人们可以宣称并不存在一个统一的社会评价标准,但人们在每次具体的评价活动中却不能不依据某一标准。人们当然可以宣称社会评价必须遵循一个公允的、客观的标准,但也必须清醒地认识到,这一标准是有范围的,并不能适用于一切时代的社会现象和活动。否则,就无法解释社会的演变、不同社会制度的差异和对立、不同的社会思潮的区别与纷争。

社会评价标准的存在是以多样性和历史嬗变的方式展示出来的。我们当然要肯定评价标准与产生这些标准的时代相关联,但是也不能将其简单地理解为时代的标记。就是说,不仅要在总体上把握评价标准同时代发展的某种因果关系,还要看到评价标准在现象上更多地体现为滞后或超前于社会的发展。一般来讲,能获得当下社会现实认可的评价标准,其中因循旧制的成分比较多一些,一些创新的甚至惊世骇俗的社会评价往往要后代人的"追认",这就从一个方面体现了评价标准的"滞后"的一面;当然,这种事后"追认"同时也更多地体现了评价标准的超前性。在社会评价中,掌握社会评价标准与社会现实运动的这种多样的嬗变关系至关重要。否则,就会导致社会评价的"失准""无效",甚至对社会进步产生负面的效果。

2. 社会评价的客观性

1) 何谓"客观性"

黑格尔说:"客观性一词实具有三个意义。第一为外在事物的意义,以示有别于只是主观的、意谓的、或梦想的东西。第二为康德所确认的意义,指普遍性与必然性,以示有别于属于我们感觉的偶然、特殊和主观的东西。第三为刚才所提出的意义,客观性是指思想所把握的事物自身,以示有别于只是我们的思想,与事物的实质或事物的自身有区别的主观思想。"[1]黑格尔认为,尽管康德称有普遍性和必然性的思想内容为客观的这个观点是对的,但由于康德不是从思维范畴本身去考察思维范畴,而只是从"它们是主观的还是客观的"这样一种观点去考察它的,因此,进一步看,康德所谓思维的客观性仍是主观的。我们这里不去评说黑格尔对康德关于客观性的理解的评论,我们感兴趣的是黑格尔关于客观性三种含义的概括所具有的历史深度。黑格尔讲的第一种客观性是古典的用法,是与"主观性"相对应的,大概相当于我们经常讲的"纯客观性";黑格尔讲的第二种客观性是近代的用法,即主体理性的、普遍的客观性;按照黑格尔一贯的"正、反、合"三位一体的辩证法,第三种客观性"即思想把握的事物自身"是对第一、二种用法的"扬弃"、综合。黑格尔关于客观性三种用法的分析,正好暗合了我们关于社会评价客观性的三种可能的建构思路。

第一种建构思路是沿着旧唯物主义的路子追求社会评价的纯客观性、绝对客观性。这种思路的哲学基础是传统认识论,亦即主客体符合、一致论。依这种观点,主体面对的客体是不以人的意志为转移的独立存在,这是因为客体的本质、特征、内在规律不依主体而存在,主体的认识就是对客体的规律、本质的反映,因而主体的认识也是客观的。这

---

[1] 黑格尔.小逻辑[M].贺麟,译.北京:商务印书馆,1980:120.

种思路用在价值论、评价论上,就是把价值看作是客体的属性对人之需要的满足,价值之源就是客体属性。由于客体及其属性是客观的,因此,主体对客体的价值评价也是客观的。

第二种建构思路是沿着主体性哲学的某些思路进行的。这种思路强调在价值评价中包含着主体需要,而且主体需要是评价的核心,因为主体需要是客观的,所以评价也就具有了客观性。简言之,评价的客观性是用主体需要的客观性来保证的。问题在于主体的需要是多方面的,不同主体间的需要也各不相同,如果面对两个或者更多的客观性的评价,我们又该如何处理呢?为了解决这个问题,人们提出了所谓的主体间性。主体间性至少是建立在主体间的共同性远远超过其差异性这个假定之上的,从而评价的客观性便交给主体间性来保证。不难看出,这一思路实际上就是黑格尔所说的第二种客观性。

对以上两种思路不能简单地给以否定,它们在一定范围内的使用还是可信的。譬如,第一种建构思路,即强调客体的客观性的思路,用在自然科学研究中,还是有合理性的;第二种建构思路,尤其是关于主体间性的观念,也有一定的启发意义。但是直接按以上两种思路来讨论社会评价的客观性又是不适合的,那种追求对象的客观性的观点即使在当代的科学研究中也被认为是有异议的;用主体间性来保证客观性,在某种意义上,难免有像恩格斯所批评的为了计数又无端地增加数字那样的嫌疑,没有充分的理由。

于是,我们试图借助黑格尔关于客观性的第三种理解,立足于事实与价值在实践活动、评价活动中相统一的基础之上,寻求关于社会评价客观性的第三条建构思路。

2)何种客观性

对于社会评价,我们也许应该像黑格尔指出的那样,不应该只是简单地问它们是主观的还是客观的,因为社会评价不归为科学认知但又不与科学认知相对立并且以之为基础,因此社会评价不可能有科学意义上的那种客观性,但也绝不是无标准的客观性。如果要讨论社会评价的客观性,首先应该提出问题:社会评价的客观性是何种客观性?回答只能是相对的客观性。

在社会评价中有一种主观成分在起作用,这一因素限制了主体所希望获得的客观性,或者在一定程度上改变了它的性质,这一点并不是评价本身必然要加以否定的。如果硬要在社会评价中追求并达到像自然科学中的那种非个人、非主体、非人性的客观性，就会产生出某种根本不是社会评价的东西了。任何一种社会评价都是两种因素的产物，即评价者所贡献的主观因素（他的观点、意志、情感等）和他由以出发的社会事实，后者是他无论喜欢与否都必须或者说应该接受的。任一评价者对社会的某种评价都是通过他的观点而显示出来的。评价者必须以自己的观点去观察社会、评价社会，但并不因此切断对社会事实的理解。这似乎从理论上不允许我们提出有关不同观点的社会评价哪一种更真实、更客观的问题，于是，我们提出"相对客观性"的概念。分析、理解"相对客观性"问题，才是确认社会评价的客观性的关键之所在。

其实承认相对客观性，并不否认真实性，客观性在社会评价中仍然保持着对于评价者的重要意义，也不必然导致对社会评价客观性的否定。因为既然每一社会评价都是以它自己的前提在进行，那么在任何给定的一组前提之内，仍然有好一些、差一些、客观一些、主观一些的区分。有的社会评价之所以不够客观，并非因为它有"偏见"（任何评价都有"偏见"），而是因为它是以一种错误的方式而有偏见的，它是以忽视某些比较公认的评价规则（诸如尽可能多地获取评价信息、保持思想的诚实性、遵守逻辑规则等）为代价而进行评价的。相反，如果在评价中坚持这些规则，则在评价中可以达到一种客观性。从这个意义上说，社会评价的客观性是一种弱化了的客观性，至少与科学的客观性相比是如此。科学的结果在从同一组证据出发的不同观察者眼中都是一致的，在此意义上它被认为是客观的，而社会评价则不是。

但是，社会评价并不满足于，也不可能停留在承认不同评价不可比较的层面上，它仍然可以在使某些评价比另一些评价更健全、更真实、更客观上有所作为，因为任何一种社会评价如果能不把在它之外的社会评价看成仅仅是对社会的感情宣泄甚至谩骂的话，如果能够对别的评价采取宽容、开放的态度，吸取其优长，并从其错误中记取教训的话，那么，它完全应该而且可能做到使自己的评价更客观。这样讲，并不意味着客观性仅仅只是社会评价活动所追求的理想目标，因为社会评价活动不管有多少主观情感充塞其间，也不管有多少相互冲突和对立的评价相伴而生，都终究无法逃脱如下客观事实的评判，即在社会历史中是进步的、不发展的还是倒退的、落后的。任何一种社会评价有无客观性、有多大程度的客观性都会在这一客观事实面前受到检验。换言之，社会评价活动之所以只有相对的客观性，是因为这种客观性只能在置身于社会实践的社会评价活动中才能得到保证。只有在社会实践活动之后，或者在某一历史过程较充分展开之后，人们通过对已经历的过程与已形成的结果进行反思才能最终把握社会评价的客观性。这与自然活动可随时探索、随时认识是极不相同的。从这种意义上讲，社会评价的客观性带有明显的事后思维的特征，借用黑格尔的话说，社会评价的客观性是"在黄昏之后才起飞的猫头鹰"。

社会评价客观性的事后思维特征并不意味着社会评价客观性的相对性在社会评价活动中没有任何保证。社会评价的客观性不是一个外在于社会评价活动之外的东西，而是内在于社会评价活动之中的东西，因此，社会评价的客观性又是一个不断生成的客观性。我们并不否认任一主体的社会评价都有某种客观性，由此我们当然也承认社会评价客观性并存的某种合理性。问题在于如何看待客观性并存，如果把这种并存看作是静止的、僵硬的，那就必然导致否定社会评价的客观性。事实是社会评价的客观性并存是动态的、变化的。各种不同评价的客观性事实上是相互作用、相互影响的。这种相互作用表现为此一评价在考虑自己评价的客观性时不能不考虑彼一评价的客观性，甚至此一评价只有充分考虑到彼一评价的客观性才能决定自己评价的客观性；反之亦然。客观性在不同评价主体意识上的相互映照、影响的结果不外乎两种情况：一是各自修改自己的评价，使之更加客观，但各自仍是独立的评价；二是不同评价之间相互接近甚至融合。但是，不管结果是哪一种，有一点是肯定的，即各自的社会评价的客观性每经历一次相互映照，便是一次新的生成。客观性的一次新的生成，同时也意味着评价主体的视野、立场有了新的变化，意味着主体也在不断的生成之中。这种循环往复的生成过程，便是社会评价客观性不断得到保证的过程。就此而言，适度的客观性并存是必要的，适度的"相对性"也是必要的。这种客观性并存、这种"相对性"附着非但不是对客观性的必然否定，而且从一定意义上讲，只有通过它才能保证社会评价的客观性。与此相反，追求绝对的、统一的客观性反而可能彻底地葬送社会评价的客观性。

3. 社会评价的合理性

认知与评价的内在交织是社会科学研究最显著的特点之一,而社会评价中"公说公有理、婆说婆有理"的普遍性则妨碍着对社会评价合理性的理解。在对自然现象的认识和评价中,由于自然客体的价值中立性,不同的人们可以对它做出相对客观的认识和比较一致的评价,认识的真理性与评价的公正性比较容易获得承认。社会事件总是一定主体为了满足自身需要而设计、发动和推进的,其过程和结果必然带有明显的价值指向性,它可以满足一定主体的需要却往往难以满足一切人的需要。在社会存在不同甚至背反的利益集团的情况下,一定社会事件及其结果对一定主体的价值满足有时甚至要以牺牲或损害他人的利益为条件,在阶级社会中这种价值的冲突更为明显和尖锐。因此,社会事件的价值往往是不中立的、有指向的、多元的。不同的价值主体与同一社会事件可能处于完全不同甚至根本背反的价值关系中。这种情况必然影响甚至支配着他们对该社会事件的认识和评价,不仅会得出不同甚至相反的观念印象,直至产生偏见,而且会产生不同甚至根本对立的评价,使社会评价产生出明显的多义性。那么,这是否意味着社会评价中不可能有公正合理性呢?当然不是。那么,又怎样来理解和实现社会评价的公正合理性呢?这无疑是社会认识论研究的一个重要难题。

"合理性"问题是"20世纪哲学最棘手的问题之一"[①],一个突出表现是对"合理性"概念的理解颇多歧义。合理性,在语言学上指概念清楚、明确、无歧义,使模糊性和不确定性最小化;在逻辑学上指命题或陈述内在连贯、一致、自洽、无矛盾;在认识论上,指一种知识得到经验的支持并与已证明为真的理论相一致;在方法论上指方法的有效性和可操作性;在本体论上指一定世界观符合现代科学的最新成就;在价值论上指目标的必要性和可行性;在实践论上指方案的可操作性和功效性;在评价论上指对人评价的公正性等。简而言之,所谓合理性,就是合理智而被认为是正常的,合规范而被认为是正当的,有根据而被认为是应当的,有理由而被认为是可理解的,有价值而被认为是可接受的,有证据而被认为是可相信的,有目标而被认为是自觉的,有效用而被认为是

---

① 劳丹.进步及其问题[M].刘新民,译.北京:华夏出版社,1990:116.

可以采纳的,等等。

在国外,韦伯从社会行动的角度,把"合理性"作为与"非理性"相对的概念来使用。美国的普特南认为事实(或真理)与合理性是相互依赖的概念①,前提是每一个事实都负载着价值,每一个价值也负载着事实。哈贝马斯则认为"合理性很少知识的内容,而主要是涉及具有语言能力和行动能力的主体如何获得和运用知识"②。哈贝马斯的合理性主要是交往的合理性。普特南认为,以往有两种合理性的构想。一种是逻辑实证主义的合理性构想,即标准的合理性构想,它用语言规则确定什么是理性的,什么不是理性的,亦即"任何一种构想,只要承认有一些习俗化规范定义了什么是理性上可接受的,什么不是理性上可接受的,我就称之为标准的合理性"③。普特南认为这种合理性构想"把合理性与被文化习俗规范确定为合理性实例的东西"混同了,因此是不可取的。另一种合理性构想是"无范式合理性""无标准合理性"的构想(以库恩、费耶尔阿本德为代表),普特南认为这是一种相对主义的构想,同样是不足取的。普特南不赞成一提合理性就总是指科学合理性,他说:"波普认为有一些合理性概念比科学的合理性更为宽泛,并且确实适用于作出伦理决定。"④普特南自己从事实与价值相互渗透的前提下,提出任何合理性都是人们客观上应当具有的构想,"是合乎理性的,不仅包含着理性上可接受性标准的意思,还包含着具备贴切性标准的意思,我们所有价值都涉及到贴切性的标准"⑤。我们无意于探究普特南关于合理性构想的具体细节,而看重他从事实与价值相统一上构想合理性这个大方向,普特南关于"韦伯主张,'价值判断'不能从理性上被肯定。这就是现代事实/价值二分法的渊源"⑥的见解也是很中肯的。在国内,关于"合理性"的理解和使用,事实上也有差别:一是强调合乎理性,二是说具有理性特征,后者对合乎理性的要求并没有前者的要求那样严格。

---

① 普特南.理性、真理与历史[M].李小兵,杨莘,译.沈阳:辽宁教育出版社,1988:248.
② 哈贝马斯.交往行动理论:第一卷——行动的合理性与社会的合理化[M].洪佩郁,蔺青,译.重庆:重庆出版社,1994:22.
③ 普特南.理性、真理与历史[M].李小兵,杨莘,译.沈阳:辽宁教育出版社,1988:201.
④ 普特南.理性、真理与历史[M].李小兵,杨莘,译.沈阳:辽宁教育出版社,1988:242.
⑤ 普特南.理性、真理与历史[M].李小兵,杨莘,译.沈阳:辽宁教育出版社,1988:201.
⑥ 普特南.理性、真理与历史[M].李小兵,杨莘,译.沈阳:辽宁教育出版社,1988:254.

我们认为，"合理性"是一个建立在事实与价值相互渗透的基础上的、与理性相关联的、与非理性相对应而与反理性相对立的评价性概念，它不是考察对象是如何，而是评价对象怎么样，并表明评价者对它的取舍态度。正因为它是个评价概念，与一定主体的评价标准相关联，所以它又具有较大相对性。评价的合理性是个相对概念，是相对合理性。如果说所有的评价都具有相对性，则对社会客体的评价的合理性具有更强的相对性。但社会科学的评价的相对性特征并不能成为否定社会科学的合理性和科学性的根据。这里问题的关键点在于能否正确概括出社会科学评价的特点并且找到促使社会评价科学化的正确途径。

（1）从评价论角度看社会客体的价值特点。社会客体具有价值非中立性和价值多元性，这是社会事实区别于自然事实的最重要的价值特点。自然事实的价值是自然物质运动变化及其对人类的影响和意义，这种影响和意义不以社会中人们之间的利益差别、阶级分化和价值冲突为转移，对所有人一视同仁，同等呈现，同样发生作用，具有价值中立性和价值一元性。而在社会历史过程中，尤其在利益分化的阶级社会中，任何社会事件或活动都是人们出于一定价值需要而在一定目的的支配下发动和展开的，服从于并体现着人们对活动结果及其功用的追求。因此，这种活动及其结果的正价值往往只是对于活动的发起者而言的，而对于其他社会成员来说也许是正价值，也许是负价值，也许是零价值，这取决于他们的实际利益和价值取向与该事件及其结果的实际价值关系。不仅如此，人们活动中还经常存在着"价值目标的预期性和价值结果的非预期性"的矛盾。从价值论角度看，人的任何自觉能动活动都是一种创价活动，这种活动都有预期的价值目标和创价程序。然而，由于各种力量的相互牵制和各种创价行为的相互冲突等，这种创价活动常常很难按预期目标和预期方案展开，也很难完全取得预期的结果，且有可能造成非预期的结果，带来社会事件在直接价值与间接价值、表层价值与深层价值、局部价值与全局价值、暂时价值与长远价值、个体价值与群体价值等之间的背离与冲突，这些情况都使社会评价变得更加复杂、更加困难。

（2）从评价论角度看评价主体与评价标准的特点。其一，评价主体与价值事实自我相关。在对自然的认识和评价中，由于自然客体本身具有价值中立性,相应地评价主体在从事自然研究和自然评价时,比较容易达到客观性、公正性。而在对社会事实的评价中,一方面是社会价值事实的非中立性和价值多元性,另一方面是价值主体的利益分化和价值取向的冲突,评价主体的利益、愿望、兴趣等难免与价值事实之间内在相关,影响到他们对客体的评价,而不同评价主体之间的价值追求也难免影响到他们的评价结果。其二,社会评价标准本身蕴含较大的个体差异性。价值评价标准是评价活动的基本依据,它以一定的价值观念为指导,以一定的评价指标体系的方式存在,受主体的情感、愿望、兴趣等影响,体现着人的价值追求。与社会事件的价值多元性相关连,主体的社会评价标准也是多样的、具体的,具有很强的个体差异性、历史性和时代性。从内容上看,各种评价标准都以一定方式和比例包含着真、利、善、美等具体内容,体现着人们多方面的价值追求。但实际上不同时代、不同民族、不同个体之间对什么是真、利、善、美等却完全可能有不同的理解。因此,人们不仅会运用不同的评价标准来评价客体,而且有可能在名义上同一的标准下对客体做出非常不同甚至根本相反的评价。

(3) 关于社会评价中出现的"合理性并存"的问题。所谓合理性并存,指对于同一社会事件产生出不同甚至根本相反以至尖锐冲突的社会评价,而在某种意义上它们各自都是合理的或都具有合理性。应该说,合理性并存正是阶级社会中价值关系具体性和评价标准具体性的客观要求,也是社会科学研究中评价合理性的重要内涵。

(4) 加速社会评价的合理化进程。当代人文社会科学学科的科学化发展,是在不断提升社会认识的真理度和社会评价的合理度这两个方面的统一中得到展开和实现的。合理度即合理性的程度。在社会评价中,对同一个人或同一社会事件的不同评价之间的差别,常常不是绝对合理与绝对不合理的差别,而是合理度的差别:各有一定的合理性,又都有一定的不合理性;有的在这方面合理度高一些,有的在那方面合理度高一些,有的合理性多一些,有的不合理性多一些。在合理与不合理之间有着巨大的合理性空间,经历着由合理到不合理的渐进过渡,有着合理度的各种量级。加速社会评价的合理化进程,就是要尽量消除和克服社会评价的不合理性,提升社会评价的合理度。

第十八章　理解方法

　　理解是对事物本质、规律的领会和对价值、意义的领悟。理解社会,意味着把社会作为一个动态的活动过程,去展现人在社会中生活的状态、意义和可能性。社会之为社会,关键在于它是人的一种活动或生存样式。社会历史活动作为人的生命活动的一种样式,最突出的特征在于它的目的性和意识性。然而社会历史活动又不是一个纯主观的过程,它有着能同自然物质运动相比拟的客观性特征,其从根本上制约着人对社会的理解活动。这种对社会的理解,其实也是人的自我理解。从认知的角度看,理解社会的方法具体包括注重情境因素的具体整体性方法、注重直觉体验的理解方法、注重时间因素的历史性方法。

社会科学研究中的理解（本文简称"社会理解"），是对社会客体所具有的本质、规律的深层把握和对其价值、意义的自觉领悟，是对人文社会现象的一种特殊的、高级的把握方式，也是人与人之间、人与社会之间相互沟通的重要渠道。我们知道，人的实践活动的一个极为重要的特征，是这种活动自始至终都有人的目的和意图参与其中。改造自然的实践是如此，改造社会的实践更是如此。进而言之，由于社会历史运动是基于生产力和经济运动的客观的、有规律的"自然历史过程"、人们追求和实现自己目的的自觉的能动的活动过程以及人认识社会并通过它进而认识人自身的自觉意识过程三个过程的统一，客观的自然历史过程在人的自主创造过程和自觉意识过程中形成和展开，因而在理想的情形下，社会历史的客观规律也就不再对人具有外在强制性的特点（像自然规律那样），而是更大程度上体现为人的自律法则。理解社会，意味着把社会作为一个动态的活动过程，去揭示、展现人在社会中生活、活动的意义或可能性。这里恰恰体现着社会理解与社会历史活动的内在相关性。可以认为，人对社会如何理解，正是人们如何从事社会历史活动的内源机制和内控机制；反过来，人们如何从事社会活动，也内在地包含了人们对社会的一定理解。鉴于我国学术界过去对社会科学研究中的理解方法较为忽视，本章对此稍做详细分析。

一、运用理解方法进行社会科学研究的根据

运用理解方法所进行的社会理解，既是对社会的理解，也是社会的自我理解。它是在社会历史过程中得以展开和实现的，又作为其中的内在组成部分而发挥着自己的作用。运用理解方法进行社会科学研究有着深刻的主体和客体方面的根据。

1. 透视对社会理解的不同理解

理解系统中理解主体、理解客体、理解中介、理解目标等要素如何组合起来，取决于人们对理解和理解方式的认知和运用。如果人们把理解视为类似于自然科学的说明过程，把理解方式视为与说明方式同义，则理解系统各要素的组合方式就与知识论中认知系统各要素的组合方式相同。如果人们把理解视为与说明过程不同的心理体验过程，理解方式与说明方式不同义而与人的心理接受方式相同，则理解系统各要素的组合方式服从于心理学模式。现当代哲学解释学则另辟蹊

径,把理解活动根植于人的生存发展过程之中,把"本文"的范围扩大到人的整个活动领域,把"本文"理解中的符号学模式看作解释学的普遍模式。我们认为,现当代解释学哲学所提出的符号学模式,具有相当大的合理性,它不但扬弃了实证主义和心理主义各自的片面性和弊端,吸收了它们各自的合理因素,同时还以其对理解的辩证理解超越了二者。后面我们将指出,这些合理因素恰恰与马克思主义哲学有某种暗合之处。

在实证主义者看来,理解就是说明,理解活动就是把个别可经验到的事件、现象归入一个普遍的类,通过建立各种普遍法则加以说明。如在社会历史领域,实证主义者通过寻求普遍有效的因果法则、规律,将各个社会历史事件和现象的内在联系揭示出来。亨普耳认为,社会历史领域的情形近似于自然现象过程,因而历史科学不过是自然科学粗糙近似的复制品。在社会历史领域中,人们完全可以采用自然科学的方法论模式去加以归纳、概括和解释。他的著名的"覆盖律"模式就是据此提出来的历史科学的方法论范式。

实证主义的理解模式把理解目标确立为对客体终极意义的发现,因而理解过程实际上是理解主体通过对经验事实的把握来确立说明这些经验事实的普遍法则的过程。客体在这个过程中,只是一种理解的被动因素。理解中介则只是主体借以通达客体的方法论工具、手段,并不体现为客体客观的存在关系,从而整个理解过程就呈现为一个客体主体化或主体向客体趋同、接近的过程。客体的现成特性及自在规律成为理解的阈限。理解与人的生存发展的相关性被忽略了,理解活动的时间因素或历史性被舍弃了。理解由此被曲解为非人、非历史的活动,令人难以把握。不少批评家认为,实证主义理解模式抹煞了人文社会科学与自然科学的差别,以说明自然现象的方法来说明人的活动,从而导致人文社会科学研究中人文价值和意义的失落,远离了实际发生着的社会历史活动,无助于促进人的生存发展。

心理主义认为,社会历史既然是人的活动,社会历史现象既然是人的作品,那么把握凝聚在社会历史活动和社会历史现象中的人的因素,是人文社会理解得以可能的基本条件,也是把人文社会理解与自然科学说明区别开来的方法论依据。但是,心理主义者并不是从社会的人与人的社会的互动关系来了解人,而只是强调人在活动中的精神因素。

在他们看来，社会历史事件和现象不过是人在社会历史中活动的结果，而人的社会历史活动的真实意义，就在于它是人的思想动机的外化。全部历史不过是思想史。

理解和解释社会历史事件和现象，就是要把握在社会历史中活动着的人们曾经经历过的那些独特的思想历程。因此，准确复原社会历史活动者的心理过程，是通达社会历史活动及其结果的唯一途径。而要做到准确复原社会历史活动者的心理过程，理解者只有通过移情的途径，即在自己的心中去体验原活动者曾经有过的心理历程才有可能。只要把握原活动者的心理活动，我们就能把握社会活动者为什么要这样做，他本可能做什么，他还打算做什么等，从而正确理解那些在社会历史中所发生的事件和现象，或正确揭示出包含在它们之中的意义。由于处在现在时刻的理解者同行为者不在同一时间，因而又可以说，历史就是当代史。

心理主义的理解模式把理解目标确立为对包含在客体之中的精神因素的发现和恢复，因而理解过程实际上是理解主体对行为主体意图的精神体验过程，理解客体或社会事件、现象只是行为者的个性心理特征的标志、符号或象征物，因而理解客体同时也是理解中介。应该说，心理主义触及了社会理解的某些独特特征，即由于理解对象不是纯粹自在存在的现成物，而是人的自为活动及其结果，因而对它的意义阐释决不能像自然解释那样，仅仅停留于对对象的外部特性的描述和归纳，而必须进一步深入其内部，发掘这些事件和现象与人的内在关联。但是，心理主义在寻找社会历史事件和现象与人的联系时，仅仅把这一联系归结为与原行为者的联系，并且对这一联系的性质也仅仅注意了其心理的方面，而忽略了社会历史事件和现象与全部人的生存发展活动的更为广泛的活生生的联系，忽略了这一联系的客观的物质的方面，从而将社会解释应有的客观性、历史性、相对性和开放性一笔勾销。按照对社会理解模式的这种认知，社会历史活动就成了在社会历史中生活的人们的一种主观随意行为。我们曾在前面指出，这种以人们的思想动机来说明社会历史活动的理解模式，是早已为马克思主义所痛斥的历史唯心主义观点。我们今天讨论社会解释，不应再倡导这样的理解模式。

实证主义和心理主义曾作为社会理解模式产生过重大影响，至今仍余波未平。但人们已清楚地认识到,除上述缺陷外,二者共同的也是致命的弱点就在于,它们都忽略了社会理解同社会历史活动的内在联系。脱离人的社会历史活动孤立地考察对社会历史事件、现象的理解与解释,就会把社会历史事件、现象当作现成的自在存在物,要么从表面的现象之间的因果关系去做考察而陷入绝对主义、客观主义,要么仅从人的思想动机去说明人的社会行为及其结果而陷入主观主义。社会生活在本质上是实践的。离开社会实践去解释、说明社会,就会或陷入空洞的说教,或步入迷茫的歧途。实证主义与心理主义的这一根本性缺陷,导致了它们在当代社会理解理论中的式微。

现当代哲学解释学从海德格尔把理解活动视为人的生存活动的一种样式的生存论解释学中生发。伽达默尔正式创立哲学解释学,确立了解释学的普遍有效性,利科尔将其用于人文社会科学方法的重新阐释,开辟了继实证主义和心理主义之后的第三种解释模式。哲学解释学模式把"本文"作为理解对象,并把"本文"泛化而推广到人的一切行为领域,探索了"本文"理解的一系列理论问题,从而在广度和深度上远远超过了实证主义和心理主义的理解模式。哲学解释学模式由于吸取了以往理解模式的合理因素,而避免或摆脱了它们的缺陷和不足之处,并在总结当代人类社会实践和人文研究的基础上,力图在自己确立的解释学理论中反映出我们时代所呈现出来的问题,还对问题的解决做出了富有启迪性的探索,因而在二战以来的影响愈来愈大,被人们广泛运用于人文社会科学的各个方面,成为主导性的社会理解理论。

哲学解释学把社会理解目标规定为对人的生存意义的探索,要求通过理解来揭示人的生存的可能性。在它看来,理解者当然不一定是被理解事件或现象的直接行为者。在这个意义上,理解者同行为者是有区别的。但理解活动本身就是人的一种生存活动,人的生存活动也内在地包含着人的理解。因此,可以说理解者又是社会活动的主体。理解活动并不是对被理解对象的固定意义的发现过程,也不是对原行为者意图的恢复,而是通过对作为具有自主性特征的社会客体的释义,在社会客体面前实现理解者的自我理解或揭示出人的生存可能性。理解活动当然不是理解者主观意向的投射,而是把理解者的主观意向置于客体的本来意义之中。这个过程用伽达默尔的术语来表达,就是实现"本文"视界与读者视界的"视界融合"。它既不是主体向客体趋同的纯客观主义的过程,也不是客体向主体趋同的纯主观主义的过程,而是一个主体、客体相互作用的辩证的客观过程。因此,在这种理解模式中,社会理解主体和社会理解客体互为规定而存在,又相互作用而发展,理解过程和意义不断保持着开放性,而不会停滞于某个时刻和某个水平上。毋庸赘述,这种理解模式之所以成立,就在于它根植于和交织于人的生存发展的社会实践之中,从而构成了人的存在的具体样式。

哲学解释学对社会理解的构成方式的说明,其基础和性质与马克思的实践唯物主义思想有某些相近之处。马克思曾批评旧唯物主义对"事物""现实""感性"只是从客体的或直观的形式去理解,而忽略了人的主体能动性,从而不能正确说明人的认识过程。与之相反,唯心主义则抽象地发挥人的主观能动性,仅仅从人的主观思想的角度去规定认识对象,同样不能正确说明人的认识。马克思认为,只有从人的感性活动、人的实践出发,才能找到揭示人的认识的正确道路。在马克思看来,人的认识是一个内在于人的生命活动之中并构成人的生命活动的一种具体活动样式。考察认识,也只能把它放到人的实践活动之中并通过它与实践的相互交织、互为规定的关系来进行。否则,认识论就会远离人的生活,成为非人的异化的理论。"工业的历史和工业的已经产生的对象性的存在,是一本打开了的关于人的本质力量的书,是感性地摆在我们面前的人的心理学。"①马克思认为,对于人的认识不能仅仅从其对人的表面的有用性去理解,即仅当作一种外在于人的本质活动的手段去理解,而必须联系人的本质及其发展,将其视为揭示人通过自己的实践活动来确证和发展自己的可能性的途径,它本身就是人的生命活动的一个内在组成部分。因此,马克思指出,至于说生活有它的一种基础,科学有它的另一种基础——这根本就是谎言。循着马克思思想的内在逻辑,我们可以这样认为,社会理解决不是可以脱离人的现实社会历史活动进行的,它只能根植于人的改造社会的现实活动之中,并在这一活动中得以实现。因而作为内在于人的社会历史活动中的一个组成部分或内源内控机制,社会理解只能在揭示人的生存的可能性、促进人的自我理解和自我超越的意义上才是可能的,正如自然科学通过工业日益在实践上进入人的生活,改造人的生活,并为人的解放做准备一

---

① 马克思恩格斯全集:第42卷[M].北京:人民出版社,1979:127.

样,社会理解的这种性质从根本上决定和制约着社会理解的各要素的内容、关系以及由此产生的社会理解的构成方式。

2. 社会历史活动是社会理解活动的本体论基础

社会是人的社会。这里的社会不仅指现成性的社会事件和社会现象的集合体,而且强调其活动的历史性和生成性的方面。也就是说,社会之为社会,关键在于它是人的一种活动或生存样式。正像人改造自然的活动也是人的一种生存样式一样,人的社会历史活动把人这种存在物同动物及其他自然存在物从根本上区别开来。而且人改造自然的活动,或与自然打交道的活动,本来也只能在人的社会历史活动中展开,或属于广义的社会历史活动。从另一方面看,社会当然也可以指各种现成性的社会历史事件和现象,如社会关系、社会组织、社会制度、社会文化及社会中的其他物质性和精神性的文明成果,等等。但是,这些事实性的存在物在社会中并不是给定的,而是社会的人通过人的社会活动建构和发展起来的。它们并不是社会生活的本源性存在,也要随着人的社会历史活动而发生性质、形态、要素、结构、规模等多方面的变化。所以,考察人的社会历史活动,即考察人与人如何打交道、人与社会如何打交道,相对于考察人的其他活动更具有优先性和根本性。

社会历史活动作为人的生命活动的一种样式,最突出的特征在于它的目的性和意识性。社会历史活动是在一定目的、意图指导下展开的,全部社会历史活动是一个合目的的过程。与自然界那种"落花无意,流水无情"的自在景观相对照,社会历史活动处处渗透着人的目的,处处被打上了人的意志的烙印。没有人的目的和意欲,就没有人的社会历史活动。人"在世"的处境,决定了他的生命活动必然包含着创造的内在冲动。通过创造,改变既有的存在物,来满足自身的生命欲求,这是人无法摆脱的生存形式。从哲学人类学的立场来看,人是一种有缺陷的存在物,他不能像别的生物那样天然地适应他所面对的环境。改变环境,创造能满足自己需求的新形态的存在物,是人这种生命存在物的基本生存方式。同时,人又是一种未完成的不确定的存在物。他没有前定的本质和固定的形象。他是什么,只能在他的活动中产生和展现。所以,自由是人的不能选择的选择。人,因其一无所有,才有了自由;又因其有了自由,才能在选择、改变、创造的社会历史活动中展露和确证自己。而人的社会历史活动的自由性,最明显的表征就在于,这个活动是由他设计、发动和施控的。一言以蔽之,是纳入他的目的和意识之中的。设计活动,意味着活动开始以前,活动的目的、过程、步骤、手段乃至结果已先行在活动主体——人的头脑中形成,而现实展开的活动不过是观念中已有的活动计划、方案的对象化或外化而已;发动活动,意味着活动主体根据已有的活动计划,调动自身拥有的脑力和体力,运用必要的精神手段和物质手段,展开具体的活动过程;施控活动,意味着作为活动主体的人根据自己的目的和需要,对具体展开的社会历史活动中相对于原有计划方案的偏差,及时进行调整、控制,以保证既定目标的顺利实现(当然,也包括对原计划方案中不合实际的或无法实现的部分的调整、改变)。总之,在人的社会历史活动中,每一个环节都内在地包含人的目的、动机和意图。

然而,社会历史活动又不是一个纯主观的过程,它有着能同自然物质运动相比拟的客观性特征。首先,人在社会历史中的行为尽管渗透着目的、意识的因素,但该行为一旦做出,便具有某种自主性。人的行为与行为之间存在着不以人的意志和兴趣为转移的内在联系。这种情形既发生在一个人的行为同他人的行为之间,也存在于同一个人的不同行为之间。在不同人的行为之间,这种联系是由社会生活中个人与个人之间相互协调、配合的需要建构起来的。而在个人的不同行为之间,这种联系则主要是由作出行为的情境因素决定的。其次,人的行为的意义具有独立的客观性特征,而不仅仅是行为者主观动机或意图的外部表现。行为一旦做出,其实际意义不仅表现在行为发生的特定时空中,即对与该行为处于大致相同或相近的时空范围内的其他人、其他行为及其他社会现象有影响,而且对以后乃至整个社会历史活动都有或大或小的影响。这个效应和意义是通过某一社会行为和社会现象与其他社会行为和现象、与整个社会历史活动的关联来确定的。当社会历史活动自身发生变化的时候,行为的实际意义就会体现出不同的含义来。因而人的行为的意义具有多重含义,并非固定不变。人的行为的意义的开放性特征,集中地反映出人的行为的客观性。它告诉人们,行为的意义既不是行为者的主观意向,亦不是解释行为的解释者的主观意向,它实现于不同社会历史环境下的理解过程之中,是包含在行为自身意义之中扩大了的理解者的"视界"。最后,由于人的行为意义的开放性,人的行为的指谓范围已越出表面指谓的限制,即越出原初发生时的特定环境中所指向的目标物，而具有了新的指谓范围。它指向人的未来。在这一新的指谓范围中，蕴含着人的行为对人的生存可能性的刻画和敞现。

人的社会历史活动的以上客观特征，从根本上制约着人对社会的理解活动。一方面，理解社会，决不是对社会中活动的人的主观意图、动机的恢复。企图通过诉诸行为者的主观思想动机，来寻求对行为及其结果的因果说明，这既不可靠又不可能。说它不可靠，是指社会行动自身作为具有自主性特征的过程，其意义已经超越行为者原有的主观意向，借助行为者的主观动机或意图无法正确说明行为自身独立的客观意义。说它不可能，是指在实际操作过程中，人们无法在本意上恢复行为者原有的主观意图、思想动机。行为者原有的主观意图、思想动机并不是一个已得到澄清的事实。它是什么只有通过理解过程才能说明。如果我们求助于行为者自己的叙述或传记，首先需要加以辨析的是，这些叙述或传记是否包含着对事实的歪曲。这里就存在一个理解问题。如果我们采用"移情法"，重现原行为者的思想历程，那么首先需要保证这个思想重演过程的各种主客观条件、情境因素等参量应大致相同或相近。而时间的不可逆性所导致的社会生活的不可重复的特征，使这一切几乎不可能。我们认为，马克思的唯物史观在这里给我们指明了走出迷津的正确道路：不能仅从人们的思想动机去说明社会生活，相反地，从根本上讲，应从人们的社会生活去说明人们的思想动机。不是社会意识决定社会存在，而是社会存在决定社会意识。从社会生活去说明思想动机，从社会存在去说明社会意识，就是要从人的现实需要出发，把实际发生着的社会历史活动作为基本前提，着重考察人们实际生产和生活的具体样式（生产方式和交往形式），从而从横向上展现社会现实活动的基本结构形式——生产力和生产关系、经济基础和上层建筑及其矛盾运动，从纵向上揭示社会历史的实际演进过程——历史向世界史的生成、进化以及人类社会由人性异化、片面发展到人性的全面自由实现。

与那种远离社会历史生活的"神创论"、抽象的"人类理性观"及其他形形色色的唯心史观不同，马克思在社会历史观上最伟大的发现之一，就是指出全部人类社会历史活动源于一个基本的客观事实：人必须要满足衣食住行的物质生活需要，才能从事其他社会活动。全部社会历史活动发生于此，并始终以它为根本性基础。正是在这里，马克思规定了对社会正确解释的基本向度:从人的现实需要及满足这些需要的活动出发,去显现、展示人性在其中得以丰富、发展的具体社会历史进程。社会是人的社会,人是社会中的人。人在自己的活动中改变、建构着自身活动于其中的社会,社会又通过自己有规律的自主的客观历程塑造着人。人创造环境,同样环境也创造人。在这个人与社会的双向互动的结构中,全部社会历史活动发生着、进化着、完善着。社会理解的关键不在于摆脱、克服这一结构,去寻求一种还原论模式的因果说明,而是要以恰当方式切入这一结构,从而揭示人性的全面自由实现的可能性和实现途径。正是在这种意义上,可以认为,社会理解作为人的一种生存样式,根植于人的社会历史活动中,社会历史活动是社会理解活动的本体论基础。

3. 社会理解活动是社会历史活动的内在组成部分

前面我们为了更方便地分析问题,把社会理解从社会历史活动中剥离出来,指出了人的社会历史活动作为人的现实生命活动对于社会理解这一人的精神生命活动的优先性和基础性。其实,社会理解并不是外在于社会历史活动的另一种活动,它作为人的精神生命活动的具体样式,是人的现实生命活动即人的社会历史活动的内在组成部分。

社会理解活动贯穿于社会历史活动的全过程和发生于社会历史活动的每一时刻。就社会历史的全过程而言,社会理解内蕴于其中并自始至终发挥着作用,直接影响着社会历史活动开展的时机、范围、向度、力度、深度和速度。人们如何理解他生存于其中的社会,直接决定着他对这个社会的观点、态度以及相应的行为。如果在他对社会的解释中,这个社会是合理的或基本合理的,那么他对这个社会的态度就会是积极的,相应地在行动中他将努力去维护这个社会。反之,如果他认为这个社会是不合理的或基本不合理的,那么他对这个社会的态度就会是消极的,相应地在行动中他会以他认为合理的方式去抵制甚至反对这个社会。正是在社会理解与社会历史活动内在相关这个意义上,马克思这样写道:"历史的全部运动,既是这种共产主义的现实的产生活动即它的经验存在的诞生活动,同时,对它的能思维的意识说来,又是它的被理解到和被认识到的生成运动。"① 就社会历史的每一个具体时刻

---

① 马克思恩格斯全集:第 42 卷[M].北京:人民出版社,1979:120.

而言,社会理解也渗透其中。社会历史活动是人的活动,而人的活动总是为特定的目的、意图所引导,并在内含着知、情、意诸因素的人的本质力量的对象化过程中得以实现和展开。这里,特定的目的、意图本身就体现着活动者对社会历史活动及人的本性需要的一定程度的了悟和领会。而在具体展开的社会历史活动中,人的每一个行为以及人的行为之间所凝聚的人的知、情、意的因素,又都体现出或实现着人对社会历史活动及人自身的理解。因此,我们认为,社会理解和社会历史活动本来就是一个过程的两个方面:真正的社会理解和解释必然伴随相应的社会行为,而任何社会行为又总是凝聚着或折射出人对社会的一定的理解和解释。

  指出社会理解贯穿于社会历史活动的全过程和每一个时刻,还只是从现象上描述了二者的相关性。只有具体阐明了社会理解在社会历史活动中的地位和作用,才能真正触及二者内在相关的实质。深入社会历史活动的深层结构之中,不难看出,社会理解实际上是作为社会历史活动的内源机制和内控机制发挥作用的。没有革命的理论,就不会有革命的运动。革命的理论对于革命的运动的重要性在于,它是宣传、发动、组织革命者的思想武器。理论通过宣传群众,使群众获得对于社会历史运动及其规律、自身历史使命的认识,唤醒群众的革命意识,从而使运动获得一个理性的基础;通过发动群众,激发群众的革命要求和热情,使群众积极投身于革命运动之中,从而使革命运动获得一种内在动力;通过组织群众,使群众围绕确定目标,在相互协调、密切配合的共同体中活动,从而使运动获得内在的控制力量。革命理论对于革命运动的重要性,在战争年代如此,在和平建设时期亦如此。那场具有深远历史意义的思想解放运动及在此基础上提出的建设有中国特色的社会主义理论,对于我国改革开放取得的伟大成就所起的巨大作用,足可引为佐证。革命的理论正是群众中的优秀代表人物,对社会历史活动进行理解和解释的基本前提或基本框架。而在解释和运用这一理论的过程中,社会历史活动获得新的向度和意义,理论自身也不断得到补充、修正、完善和发展,使社会历史活动成为一个被理解的过程。在这里,十分清楚,整个社会历史活动之所以伴随有社会理解活动,是因为社会理解活动本身就是社会历史活动的内在组成部分,是作为后者的内源机制和内控机制来发挥作用的。

所谓内源机制，是指社会历史活动内在地包含着人的目的和意图，体现着人的知、情、意的过程，其发生发展的源泉和动力，在直接的意义上，是通过人对社会的理解来实现的。没有人对社会的理解，没有对社会历史运动的本质及人的目的需要的理解和把握，就不可能发生社会历史活动。即使发生了，也难以为继。我们固然坚持社会历史活动有自身的客观规律，社会历史活动有其客观的外部制约条件，社会历史活动是一个自然的历史过程，然而社会历史活动的属人性质决定了社会历史活动的自然历史过程只有借助人自身的活动（包括人对社会的理解）才能实现。在人的活动的意义上，社会历史的客观规律是人的自律法则，而不是非人的具有外在强制性的自在规律。它要通过人的理解活动并通过这一理解的具体运用——现实的社会历史活动，才能得以体现和发挥作用。离开人，离开人的理解和人的活动，空谈社会历史规律的存在和作用，既没有事实根据，又对实际发生的社会历史活动无济于事。同样，社会历史活动的客观制约条件也只有发生在社会历史活动及社会理解活动之中才有可能。总之，社会历史活动及其结果当然不是人的主观意向的投射或对象化，而是一个有着客观规律和客观条件制约的客观过程。但是，社会历史活动的客观制约性是通过社会理解过程来说明和体现的。通过社会理解，社会规律在社会历史活动中才成为一种人的自律法则，社会客观条件才成为人的活动的有机条件。道理很简单，如果没有通过解释而达到的对人和人的活动的一定程度的理解，人的活动就是盲目的。这种盲目的活动只能接受外在规律和客观条件的强制性制约，从而它也就不再成为人的活动，而只是一种类似于自然存在物存在方式的自在运动。

所谓内控机制，是指社会中的人通过对人的社会的理解和解释而达到的对人的自我理解，其作为社会历史活动的意义指向和价值指向，始终监测、调节、控制着社会历史活动的向度、规模和实际进程。这是社会历史活动合理化的基本保证。人，是人的全部活动的最终目的和归宿。人的社会历史活动只有在能造就使人性更为丰富、更为自由的人际关系、社会制度、社会规范、社会组织等社会环境的情况下才是合理的。然而，我们知道，在人与人、人与自己的环境打交道的社会历史活动中，或者由于活动的原有目标、计划或方案本身制订得不够合理，或者由于执行目标、计划、方案时情况发生了变化，社会历史活动的具体展开及产生的结果可能不尽如人意,甚至与原有目标相反。这就有一个如何调节、控制人的社会历史活动的问题。调节、控制人的社会历史活动,就是要求从人的现实需要及实现、满足这些需要的可能途径和条件出发,根据活动的预定目标以及达到目标所必需的活动步骤,通过对活动的时机、速度、强度以及各阶段的效果适时调整,使对象、手段、工具、活动方式以最优化的组合形式达到最为理想的结果。人对社会历史活动的调控,是按预定目标进行的,调控所要达到的结果是克服活动中对预定目标及步骤的"偏离""错位",以保证预定目标的实现,因而预定目标是社会历史活动调控的依据和结果,实现预定目标的步骤及工具、手段、方式是调控的主要对象,而预定目标为管理者和执行者所理解,则是顺利实现调控的关键因素。毋庸赘述,完成这一任务,正是由人们的社会理解及在这一前提下展开的社会解释来承担的。人对社会历史活动的调控,实质上是人对自身行为的自我调节、自我控制。人的自我调节、自我控制,必须以人对自身及活动的理解为前提,并以贯彻、运用这一理解为途径。因此,人对社会的理解,实际上是人对自己的社会历史活动的内在调控机制,而不是控制或约束人自身及其活动的外部力量。

4. 社会理解是人自我理解和自我超越的途径

社会理解决不是人对在自己之外的一种什么对象的冷静直观或沉思,而是人对自己生存活动的意义的阐释、把握。由于人是一个未定的存在物,"人是什么"并没有前定的或早已安排好了的命运和模式,也没有在人之外的外在力量来决定人的形象。人只能在自己的生命活动中表现自己、确证自己。因而人是什么,只有通过他的自由自觉的生命活动来刻画。但是,人又不与他的生命活动直接同一,而是使自己的生命活动本身变成自己的意志和意识的对象。人的生命活动是有意识的。这不是人与之直接融为一体的那种规定性。有意识的生命活动把人同动物的生命活动直接区别开来。动物与它的生命活动直接同一,它与它的生命活动之间没有任何中介,它就是它的生命活动,它的生命活动就是它自身。而人则不同。人虽然通过自己的生命活动来表现、确证自己,但这一切都是通过意志和意识的中介来实现的。也就是说,人必须通过对自身生命活动的理解过程,才能展开他那不同于动物本能活动的独特的生命历程。这里不仅仅指理解发生于活动之先,也指理解贯穿于活动之中,还指理解本身就是人的生命活动的一个重要组成部分。通过理解,活动过程成为被人所理解或意识到的过程。从而,人的活动才成为真正具有人的意义的自由自觉的过程。

那么,人对社会的理解究竟是什么?理解的目的究竟何在?我们前面已经说到,社会理解是对人自身生命活动的意义的阐释、澄明,而这种阐释、澄明最终指向刻画人自身。因此,社会理解是人的自我理解过程。由于人没有先定的本质,人的本质只能在社会历史活动中创造、形成、显现,而这个创造、形成、显现的过程又不是一次性完成的,它要通过社会中的人与人的社会的不断相互作用,在时间的无限推移中展开;又由于时间的不可逆和历史不可重复的特征,人与社会的相互作用总是具体的独特的,不可能在原有水平、规模、条件中重复,从而人的本质的创造、形成和显现就具有了新的特征和意义。人通过自己的活动对自身本质的不断塑造、展露,实际上是一个不断进行自我超越的过程。而这个过程得以实现的基本前提,就是有意志、有意识能力的人对社会的不断理解。所以,我们认为,社会理解又是社会中的人自我超越的途径。只有当人对社会不断选择,从而不断获得对人和社会的新的理解时,社会历史活动才会以不同于过去的向度、速度、规模来展开,从而人的本质的塑造和显现才有了新的可能性和实现途径。

社会理解是人自我理解的途径。"人是什么",历来就是一个对智者学人们来说既有无限兴味又艰涩玄奥的斯芬克斯之谜。几千年来,人们曾从不同角度,运用各种方法力图解开这一千古之谜,但最终都未涉入其门。究其原因,是因为他们的历史观和方法论从根本上讲是唯心主义的。马克思主义的唯物史观的创立,标志着人们对社会的认识开始走上科学的道路,从而为揭开这一千古之谜提供了科学的原则和正确的方法。马克思认为,人的本质,既不能从外部自然界来说明,也不能从单个人所固有的抽象特性的总和来把握,在其现实性上,它是一切社会关系的总和。在马克思看来,"人是什么",不能简单地从现成存在物的角度去归类,这样就会仅仅只抓住个人与个人所共有的一些抽象特性。人是社会存在物,也就是说,人只在社会历史中生活,因而人也只能在社会历史中得到规定,只有从人的社会历史活动出发才能真正找到"人是什么"的答案。从根本上讲,社会对人说来并不是异己的存在物,它是人的实际的生存活动及其结果,因而对社会的认识或理解,意味着把社会视为人的历史性生存活动的具体方式和结果,从人的活动的角度去理解与解释社会事件或社会现象,从而获得关于"人是什么"的理解。因此,人对社会的理解和解释,就是人对自己的活动方式及其结果的理解和解释,最终获得的是人对自己的认识或理解。

社会理解也是人自我超越的途径。人通过社会解释而实现的人对自己的理解,不是指人把自己的活动方式和结果当作绝对的、固定的对象来把握,这只会得出"人只是什么"的封闭性结论或认识。事实上,人的未确定性和未完成性从根本上决定了,人在通过活动塑造、确证自己的过程中,永远不会停留在某个特定的时刻和水平上,而是不断投入新的创造活动。社会理解,作为社会历史活动的内源机制和内控机制,其根本任务就是揭示、阐明人的社会历史活动的创造性、开放性特征,从而展现出人的生存的新的可能性。理解是一种释义活动。社会理解所释之"义",就是人的生命活动之意义。而人的生命活动的意义,恰恰在于他的自由自觉的创造性和在历史过程中的开放性。这是以恰当、合理方式进行社会理解的必备条件。正如马克思所言,"整个所谓世界历史不外是人通过人的劳动而诞生的过程"[1],"人的类特性恰恰就是自由的自觉的活动"[2],"正因为人是类存在物,他才是有意识的存在物,也就是说,他自己的生活对他是对象。仅仅由于这一点,他的活动才是自由的活动"[3]。

社会解释之所以能促进人的自我理解、自我超越,就在于社会解释具有不同于自然解释的特征。自然解释的对象是在人之外的自在活动及存在物。这种解释活动尽管包含着解释者的主观意图,贯彻着解释者的概念图式,运用发挥着解释者的意志、情感力量,但是,自然解释的目标却是力图在解释的过程中把对客体的描述与评价分开,在认识结果中尽可能排除主体因素,达到对外界对象的客观把握,即做到"有物无我"。自然解释认知与评价的二分法,使人对自然的认识只能是一个主体尽可能趋于客体的过程,客体的自在特性和规律成为人对自然解释的阈限,主体自身却在这种视野之外。因而,自然解释仅就其未加反思的原始状态而言,并不能直接促进人的自我理解,更谈不上实现人的

---

[1] 马克思恩格斯全集:第42卷[M].北京:人民出版社,1979:131.
[2] 马克思恩格斯全集:第42卷[M].北京:人民出版社,1979:96.
[3] 马克思恩格斯全集:第42卷[M].北京:人民出版社,1979:96.

自我超越。与之相反,社会理解的对象是包括理解者乃至理解与解释活动自身在内的社会历史活动及其结果,其目标不在于排除理解者的主观意图和意志、情感的力量,而恰恰在于揭示其中不可取代、不可重复的人的意义。因此,认知与评价的相互交织和内在统一是社会理解的独特形式。这种认知与评价相互交织和内在统一的认知形式,其独特之处在于,在社会理解中,人对社会的认知必须包含着人对社会的评价,反过来,人对社会的评价同时也包含着人对社会的认知,因为人的社会历史活动与自然界那种盲目的自在运动不同,它是人追求自己的目的和意图的能动的过程,从而社会历史活动及其结果必然包含着两重性质:一是作为事实存在的性质,这种事实存在从前提、生存处境的方面构成了对人及其可能的存在的客观制约;二是属人性质,这种属人性质最突出地表现为,它是人的"能在",是实际地体现人的丰富性、多样性的途径。社会活动及其结果的现成性质或事实性质,并不是本原性的东西,它们只能源于其属人性质,或从人的"能在"即人的活动的创造性出发予以说明。当然,处于现实的人际关系和社会历史条件之中的人不能脱离现实的人际关系和社会历史条件进行创造。但是,人"在世"的处境本身,即他的现实的社会历史条件本身就包含着人的新的生存方式的可能性,或者说内蕴着新的社会历史活动的因素和意义。解释对象的这种二重性决定了对社会的认知(描述社会事实)和对社会的评价(阐释社会的价值意义)这两种认识形式的相互交织。由于社会对象的属人性之于社会对象的事实性具有优先地位,因而对社会的评价或意义阐释就成为社会认识或社会理解的主导性形式。又由于社会评价者同时也是社会活动者或社会创价主体,因而这一评价或理解能促进人的自我理解和自我超越。

二、社会理解方法及其功能

1. 社会理解的主要方法

社会理解的方法深蕴在社会理解过程和特征之中。方法,在一般意义上,是主体用于克服自己和客体间距并与客体保持一致的概念性工具和手段。然而,在社会理解活动中,理解目标不是达到对社会客体固定的现成规定的把握,而是主体在社会历史"本文"面前实现自我理解或把自我理解置于"本文"已得到发展的意义之中。社会理解达到这一目标的途径是主体与客体、理解与解释之间的辩证作用。因此,社会理解的方法就有着自己的特征和功能:它是社会理解主体力图克服自己与社会理解客体间距的方法,既挖掘社会历史"本文"在初次理解时不曾出现的意义,又在创造性阐释社会历史"本文"的过程中揭示人的生存的可能性,实现人的自我理解和自我超越。从这个意义上讲,社会理解方法就是社会理解者既能揭示社会客体的可能语境又实现着主体自我理解的方法。

对社会理解方法的性质、特征和功能有了以上认识,我们便可转换思路,从不同于一般认知方法的角度去揭示社会理解的方法的具体形式和内容。

1) 注重情境因素的具体整体性方法

作为理解对象的社会历史现象与其知识对象的不同之处在于,它不是简单地舍弃这些事件和现象的独特、不可替代的特征,将其置于一种普遍的因果联系之中,去揭示其共性和一般性,而是在揭示其独特性的基础上,探寻这些事件和现象在整个人的生命历程中的意义。这是人文社会科学得以可能的重要基础和前提。我们甚至可以这样认为,对社会事件和社会现象做实证性研究的社会知识学科,莫不奠基于此。否则,便会失去人文社会研究特有的"人文"价值和功能,而不能达到服务于社会实践、促进人的生存发展的目的。在理解活动中所显现出来的社会事件和现象的不可替代的独特特征,直接制约着社会理解主体通达社会理解客体的方法。具体整体性方法,要求主体在理解活动中必须去注意"这一个"社会事件或社会现象,而不是考虑"这一类"社会事件和社会现象。注意"这一个",意味着把它当作独一无二的事件和现象或作为一个具体的整体,在特定情境中,从多角度、多侧面、多方位尽力揭示其全部内涵,使其在人的理解中不是被看作被肢解了的集合体,而是活生生的完整的形象,从而达到对象在人的认叫中的真实。从另一方面看,具体整体性方法,也是作为社会历史"本文"的理解客体,在理解活动中客观地展现自己意义的方法。社会历史事件和现象作为人的活动的产物和作品,凝结着活动主体独一无二的本性需要和本质力量。这些本性需要和本质力量是什么,却只能在人的理解过程之中予以澄明。而且,它们在人的社会历史活动中意味着什么,也并不是简单地在它们原初发生时的情形中就可以确定的。事实上,这些需要和力量及其现实表现——人的活动产品是在人的自觉意识、自主创造活动和社会的客观自然历史过程之中存在并发生着影响的,它们在现实社会历史活动过程中有着自己的效应和作用,这些效应和作用就构成了它们作为社会理解客体的具体含义。而社会历史活动,作为有目的、有意识的活动,本来就是一种被理解了的现实活动,是在人的理解过程中展开的活动,因而作为社会理解客体的社会事件或社会现象,也就在人的理解活动中客观地展现自己的意义。这一展现过程,恰恰就是以自身独一无二的具体整体性来实现的。也就是说,它在社会历史活动中不是以与其他事件和现象的共同性来发挥作用,而是以它不同于其他事件和现象的性质、功能来确证自己的存在。它就是"这一个"事件或现象,而不是别的什么。这就是它的含义之所在。它的"这一个"性质,正是由它作为具体整体的存在来呈现的。而这个具体整体的存在,只有在特定情境中才是可能的。因此,研究具体整体性,就是要求把对象置于特定情境之中进行考察,从而使情境因素得到彰显和突现,通过对社会历史事件或现象的情境因素的揭示和阐释映射出这些事件或现象的独特性。

具体整体性方法,既是主体把握社会历史客体的方法,又是社会历史客体展示、实现自己的途径和方法。这一事实说明了方法不是对象的外在的形式,而是其内容和灵魂。我们切不可把具体整体性方法作为外在于社会理解客体的主观把握方式。实际上,社会理解之所以能运用具体整体性方法去理解社会客体,恰恰在于社会客体的含义也是通过具体整体性方法来实现的;反之亦然。客体之所以以具体整体性来实现自己的含义,也恰恰在于社会理解主体已将其纳入理解活动之中,从而使客体的含义只能以具体整体性的途径来展现。这种主客体互为规定、互相作用的方式之所以可能,就在于它植根于人的基本的生命活动,是人的存在不同于其他自在存在物的存在的关键因素。

2) 注重直觉体验的理解方法

与强调实证分析的社会知识不同,社会理解作为社会中的人通过对社会的理解而达到对人的自我理解的过程,更注重"直觉体验"的方法。直觉体验是贯穿社会理解全过程的主导性方法。

首先,社会理解是在直觉体验基础上建立起来的。人解释社会历史客体的第一个前提就是对解释客体具有一定程度的领会和了悟,即使这种领会和了悟不那么自觉、明确,但这一初步理解作为社会解释活动的前理解、先见、前见,始终存在于解释活动之中,并制约着解释活动。这种初步理解正是人在自己的社会历史活动中对人和社会的直觉体验。说它是直觉体验,就是指它源于人在社会历史活动中未加反省的原始经验,是对自己生命活动限界和社会历史客体意义的直接感受和体悟。作为人原初的生命经验,它总还带着混沌、模糊和不明确的特征和未加反思的感性形态,这使后续对其进行释义变得十分必要。但也不能说它不包含任何知识的或理性的成分。传统积淀下来的理性因素和人们过去的经验知识等在形成这种直觉体验时起着重要作用。事实上,我们也知道,人的感觉之所以不同于动物的感觉,就在于这种感受的丰富性和其中蕴含的理性因素。这些凝聚在前理解中的传统、理性、知识等因素又为进一步释义提供了可能。社会理解暂不明确,不等于不能明确;未加反思,不等于不能反思。在社会理解中,人对于社会的初步领悟,已先行包含着使自身变得明确和得到反思的可能性。这一切充分说明直觉体验在人对社会的整个理解过程中的根本重要性。

其次,社会解释作为使社会理解明确化的活动,必然要经过严密的反思,而反思则要借助于实证分析的方法,因此体现为类似于科学说明的过程。但是,对社会的反思不是脱离社会理解而进行的另一种活动,前者必须与后者结合才能显示出应有的价值和功能。我们在前面已经说过,社会解释活动可以由"猜测—证实"模式来说明。从猜测到证实只需由逻辑链来连接,但证实还需要证据。合于证据,此猜测就会被确证为有根据的或合理的猜测。但是,一方面,猜测自身并不存在任何严密的逻辑。猜测什么,如何猜测,与其说是科学,毋宁说是艺术。它正是基于人的现实社会历史活动,通过人的直觉体验来完成的。另一方面,证据之于解释的普遍有效性确乎有着基础性意义。但什么可以作为证据,如何把握证据的含义,这些并不是不证自明的,它同样需要理解,因而从根本上讲,这也是与人对整个社会历史活动的意义的一定体悟、了解密切相关的。所以,社会理解活动同样突出了直觉体验方法的根本性。

最后,社会运用作为社会理解过程的第三个阶段以及实现社会理解的具体形态,更加凸显了直觉体验方法对于社会理解的重要性。社会运用,刻画着社会理解的具体情境特征。这种社会运用发生于其中的具体情境,具有不可还原性和不可重复性。对于这些独特性质,试图运用某种理论法则或形式逻辑方法去把握是不会成功的。它只服从于"实践逻辑"和"情境逻辑"。这种"实践逻辑"和"情境逻辑"并没有可以传授的程序,它是人处理具体问题的具体方法技巧,是一种在社会实践活动中日积月累而形成的实用智慧。而这种方法技巧或实用智慧正是人在独特生命活动中对社会对人生的直觉体验的结晶。

提出直觉体验是社会理解过程的主导性方法,并不是为社会理解的神秘主义张目。由于社会理解活动的复杂性,那种舍弃其具体特征和把社会理解客体与主体对峙为两极去研究社会理解方法的做法,反而不能真实地再现社会理解的实际过程。其实,在现实的社会理解过程中,主客体互为规定、相互作用,理解活动与理解情境内在交织,这从根本上决定了要达到社会理解这一目标,只有不断对社会进行释义。而社会历史"本文"的意义不是固定的,它通过不断的社会理解活动保持着开放性,只能揭示出在社会历史中活动的人的生存可能性或生存的经验限界。而人的生存可能性或经验限界的揭示、阐明,虽要借助于实证分析来作为理解社会历史"本文"的中介,却并不归结于它。从根本上讲,通过人的社会理解而达到对人的自我理解、自我超越,内在地要求使用直觉体验方法。所以,人对社会的理解,在方法上是别无选择的。运用直觉体验来理解和洞悉人自身的生命意义,作为人生命活动本身的内源机制和内控机制,是人的社会本能或生存样式。即使人们采用了实证分析的模式或心理主义的模式(如移情说)去说明人的社会历史事件或现象,人们在这些方法的基本前提和要达到的目标等方面也不得不借助直觉体验方法来做出理解和解释。此外,说直觉体验方法并不神秘,还因为这种理解社会的方法,尽管没有固定不变的规则,没有可教可学的程序,但并非完全不可捉摸。它的每一次具体运用都是一个经验事实,可以表达在语言中,为他人所共享。而他人结合自己的知识经验亦能领会、体悟蕴含于其中的直觉体验的意义,并能结合具体的情境而运用之。

3) 注重时间因素的历史性方法

社会理解既然是一个过程,既然是内在于人的社会历史活动的组成部分,就必然要随着社会历史的发展而发展。因而,社会理解只能存在于时间之中,社会理解客体的意义也只能在时间之中实现,从而"时间因素"就成为社会理解活动不可或缺的重要因素。而注重"时间因素"的社会理解方法就是一种历史性方法。

所谓历史性方法,一方面是指社会理解活动本身就是一个历史性过程,它不能终结于某一个具体时刻。只要人还要生存,还要从事社会实践,人就必须对社会进行解释,达到对社会的理解,甚至人的生存活动必然内蕴了这种理解。把社会理解活动作为一种在时间过程中展开的历史活动,体现了社会理解的历史性方法论特征。另一方面,它也指社会理解自身内在的历史性向度。也就是说,在社会理解过程中,主体对社会理解客体意义的把握或理解必须体现出历史性因素,或把社会历史客体自身当作一个存在于历史过程之中并只能在时间的流逝中产生自己的效应并体现出特定含义的过程。而人对它的理解,即要从客体的这一特点出发,运用内蕴着时间因素的历史性方法来阐释对象的意义。历史性的这两层含义内在相关:社会理解要释义出包含在对象自身之中的时间因素和历史效应,就必须把自身也置于时间之中,将指向对象的历史性方法同时指向自身;反之亦然,要理解社会理解包含着时间因素,是一个与社会历史活动内在交织的过程,也必须把社会历史客体自身意义的展示、实现过程视为一个在时间之中持续进行的过程。正如海德格尔所言:"我们必须把时间摆明为对存在的一切领悟及对存在的每一解释的境域。"[①]这二者的内在相关,揭示出历史性方法之于社会理解的普遍有效性:它不仅适用于主体对理解对象的解释,也适用于作为理解对象的主体理解活动自身。这就从另一个角度印证了历史性方法不仅是主体用于通达对象的方法,同时也是对象实现自己含义的途径。

注重"时间因素"的历史性方法,作为社会理解得以可能的一种方法论条件,要求理解者将发生于理解活动中的社会情境所具有的时间因素或历史因素,引入对社会理解客体的历史效应的阐释之中,并把这种仅在时间中展示自己含义的社会历史客体转入理解者观念之中的共时态形式,以空间性结构分析的观点去阐释社会历史客体的意义。由于人总是不断地从事着社会实践活动,并通过这种实践活动来塑造、确

---

① 海德格尔.存在与时间[M].陈嘉映,王庆节,译.北京:生活·读书·新知三联书店,1987:23.

证自己,因而人只能是一种时间性的存在物。他的社会活动只能在历史长河中展开,他的形象也只能通过历史过程来不断确立。这一方面说明时间对于作为人的活动及其结果的社会历史客体的内在性。对象的这一特点,从根本上规定了人对其做出理解的基本方法:从历史的观点出发,在时间中展示对象及其意义。另一方面,社会历史活动及其结果被纳入理解过程、成为社会理解对象,从根本上讲是由人的生命活动的内在需要促成的,从而它亦构成了人的生命活动的内在要素。因此,人自身存在的时间性势必对理解活动及其结果发生影响,而通过社会理解活动产生的社会历史客体的意义也必然体现出对现实社会历史活动的效应,从而拓展着人对自身生存可能性的认识。在此意义上,根植于人的生存活动的社会理解的历史性,从根本上制约着理解主体用以考察社会历史客体的历史性方法。也就是说,当人们用历史性方法去理解社会历史客体并获得了对这一客体意义的把握的同时,又要从这一把握的历史条件或情境因素出发,立足于人的存在的时间性,去领悟、把握自身的局限性和未定性,从而引导出新的意义阐释的可能。不难看出,社会理解的历史性方法,正是马克思主义辩证法的生动体现,它要求把真理视为一个过程,而不终止于某一个具体时刻;在探寻社会历史客体的意义的过程中,某种特定的达到社会理解的具体方法只有相对于特定情境中的具体释义活动的有效性,是社会理解过程中人的实用智慧的内在部分,而不具有超时间超历史的绝对有效性和惟一性。

以上我们对社会理解方法的讨论,侧重于分析其含义及在社会理解过程中的运用,从而标明了社会理解方法的一般特征。与社会认知过程不同,我们没有描述运用这些方法的具体程式。这是由社会理解自身的性质和特征决定的。社会理解基于人的生存活动,要求将对象置于开放的语境之中,从主体与客体、理解与解释、历史与现实和未来的辩证联系和相互作用来说明社会理解过程,并在人的自我理解与社会历史客体对象含义的实现、揭示相统一的意义上来刻画社会理解的结果。这样一来,社会理解的任一变量(社会理解主体、社会理解客体、社会理解目标、社会理解情境等)发生变化,都会直接影响到社会理解主体在特定情境中通达社会理解客体意义的具体方法,因而没有一种具体方法适用于任何情境,也没有一种具体方法可作为理解一切社会客体的普遍方法。然而,人们却可以通过剖析运用这些具体理解方法的基础性条件和一般特征,揭示社会理解的普遍有效性,从而说明人文社会科学的可能性。具体整体性方法、直觉体验方法、历史性方法构成了各种不同的具体方法的基础性条件和一般特征。因此,社会理解的方法之于各种具体的社会认知方法,更具有方法论特色。

2. 社会理解的功能

一个系统的结构决定着它的功能。有什么样的结构,便会产生什么样的功能;结构发生变化,功能也会相应发生改变。前面,我们已经简要地分析了恰当的社会理解所必需的基本构成方式,可以逻辑地从中引申出这种社会解释模式的功能及其特征。社会理解的功能,是社会理解的作用表现。我们讨论社会理解系统的结构,是将其置入社会理解主体与客体相互作用的模式中进行的,因而社会理解的功能也就与一般主客体相互作用的形式具有大致相同的功能表现。又由于社会理解与人的社会历史活动内在相关,社会理解的功能便主要呈现出为人性的特征。我们认为,社会理解就是对社会的释义,目的是达到对社会的理解,因而研究社会理解,就是要阐明通达对社会的理解的可能条件和途径,进而达到对人的自我理解和自我超越,或在社会历史"本文"面前展示出人的生存的可能性。社会理解的功能,就是这一自我理解过程中的作用表现。

社会理解,通过对社会理解可能性的探讨,即在理解者自身所处的社会历史环境中揭示理解社会的一般条件和特征,从而引出社会"应是什么"的描述,并在已揭示出来的社会历史"本文"面前达到人的自我理解。从解释学的立场来看,理解社会与对社会的知识并不在同一个层次上。对社会的理解有比对社会的知识更多的意义。这些更多的意义包括对社会的总体性把握,包括联想因素以及理解者所处环境对于社会理解的重要性。没有它们,社会知识就会失去力量。霍埃认为,懂得一首诗,意味着能背诵它甚至能说出有关它的一系列事实,但这不等于理解了这首诗。他说:"知识往往归于对事实的断定,而理解所指的'更多'。虽然这种'更多'与前者的断定这一明确的认识比较起来似乎是含糊的,然而它却包含了经验的非常真实的方面。"[①]因此,社会理解的功能只有在与社会知识相区别的意义上才能得以说明。

---

① D.C.霍埃.批评的循环[M].兰金仁,译.沈阳:辽宁人民出版社,1987:60.

（1）社会理解有揭示或阐释功能。揭示或阐释，意味着对社会历史活动及其结果进行意义分析，而不仅仅是对社会历史现象进行表面刻画。由于时间具有绵延的特性，人的社会历史活动从过去到现在以至到未来都保持着连续性，过去的事件不可能不对现在发生影响，现在的事件也不可能不在将来发生影响。对象的这个特点，制造了一个如何辨识和阐释包含在社会历史活动及其结果之中的传统因素的问题，因为传统因素并不是像它们发生时那样存在于现在，它们已远离最初发生时的那种特定情境，同当前乃至以后的各种主客观因素纠缠组合在一起，共同发挥着作用，在一个新的情境中实现着自己的意义。"释义包含了过去和现在的不断协调。"①因此，理解者就不能也没有必要通过诉诸原行为者的主观意图或恢复原行为发生的特定情境来理解它们，也不能直接从它们的现成存在状况中发现它们的意义，而是要从人的生成发展的需要出发，在历史和现实的联系中揭示、阐明它们的意义。从另一方面看，社会理解作为一种主体性活动，必然贯穿和渗透着主体性因素。社会理解，是人对社会的理解。而人在理解社会时，必然先行包含着对社会历史和现状的一定理解或了悟。这就是海德格尔和伽达默尔所说的"前理解""先见""偏见"等。在这些构成理解活动的基本前提的"前理解""先见""偏见"中，既积淀着人在自己的生存活动中所获得的传统因素，又体现着理解主体自己的主观意欲和要求。社会理解就是人对自己这种理解的揭示和阐释。"它自己不停地推敲某一个理解中所把握的含义，也不断地推敲该理解的含义。"②只有通过对自己原初理解中的社会历史事件进行释义，人才能真正实现自我理解和自我超越。

（2）社会解释有解喻和指引功能。理解总是发生于语言符号之中的释义活动，或者说，理解者是运用一种语言对意义凝聚于其中的另一种语言符号进行揭示。语言总有其指称。在社会知识形式中，语言的指称是社会历史事件或现象发生的原初处境或现实条件。我们把这样的语言指称称作"表面指称"，因为它只说明了社会历史事件现成的自在的方面，而没有深入其内部。恰当的社会理解，应把社会事件或现象

---

① D.C.霍埃.批评的循环[M].兰金仁,译.沈阳:辽宁人民出版社,1987:65.
② D.C.霍埃.批评的循环[M].兰金仁,译.沈阳:辽宁人民出版社,1987:65.

看作"历史性的本文",其意义在历史过程中始终保持着开放性,其语言符号的指称指向一个不断变换的而非固定的语境,因为人的社会历史活动是一个人的理解、传统始终在其中发生影响的"效果历史",情境因素始终制约着人对社会的理解及现实的社会历史活动。"效果历史"说明了社会历史"本文"在不同情境中的效应是它的含义的重要成分,从而在社会理解中,指称成为非表面指称。"它意味着本文的意义不在本文之后,而是在本文之前。意义不是某种掩盖的东西,而是某种被揭示出来的东西。"[①]理解就是对那种由"本文"的非表面指称来展现的那个可能语境的把握。很显然,要通达"本文"所映现的可能语境,就意味着,在对"本文"的理解过程中,理解者必须超出具体的作为现成状态的处境,并通过"本文"的非表面指称,为自己提出"本文"向自己展现和揭示的可能。这个过程从语言释义的角度来看,就是一个对具有隐喻性的社会历史"本文"进行解喻的过程。借解喻之助,"理解是服从作品的原动力,从它所说的运动到它说的那个对象"[②]。而社会理解的解喻功能又是通过语言的指引机制来实现的。海德格尔说:"指引与指引的整体性在某种意义上对世界之为世界能具有组建作用。"[③]指引分为标志、象征、表达、含义等方面。而标志,在海德格尔看来,其本身首先是一种用具,它特有的用具性在于显示,"我们可以把标志的这种显示把握为'指引'"[④]。正是这样的指引功能,揭示了作为"本文"的世界的可能的存在样式。"标志转向烦忙交往的寻视,就是说,在这样的与标志同行之际,寻视追随着标志的显示,把当下围绕着周围世界的东西带进了明确的概观。"[⑤]通过对标志特有的显示功能的揭示,理解也就把隐喻包含的象征、表达、含义等方面凸显出来。在社会理解中所蕴含的指引功能,是联结被理解对象——社会历史"本文"与人的生存发展可能性的内在机制,是实现既理解社会又理解人自身的关键环节。

---

① 保罗·利科尔.解释学与人文科学[M].陶远华,袁耀东,冯俊,译.石家庄:河北人民出版社,1987:183.

② 保罗·利科尔.解释学与人文科学[M].陶远华,袁耀东,冯俊,译.石家庄:河北人民出版社,1987:183.

③ 海德格尔.存在与时间[M].陈嘉映,王庆节,译.北京:生活·读书·新知三联书店,1987:95.

④ 海德格尔.存在与时间[M].陈嘉映,王庆节,译.北京:生活·读书·新知三联书店,1987:97.

⑤ 海德格尔.存在与时间[M].陈嘉映,王庆节,译.北京:生活·读书·新知三联书店,1987:98.

（3）社会理解有启发功能。社会理解的启发功能，实际上是通过社会理解的揭示、阐释和隐喻、指引功能所显示出来的。这种情形，从根本上讲，源于社会历史"本文"的开放性特征。社会历史"本文"的意义只能通过理解来揭示、阐明。在揭示、阐明过程中，并不是理解者把自己的主观意向强加于"本文"，而是理解者在"本文"面前获得了对自己的新的理解，或理解者把自我理解实现在"本文"所展现的意义之中。这样，经过理解的"本文"的意义，始终有着开放的特征，或者说，社会理解总是实现着社会历史"本文"的新的意义，从而敞现着人的生存的可能性。这些新的意义、可能性的揭示、阐释，反映出社会理解的启发功能。社会理解的启发功能，把社会理解同一般的社会知识区别开来，并保证了它相对于社会知识的优越性，即具有对社会现实的批判性和创造性。社会理解不是对作为现成存在物的社会历史对象的简单认同，而是在揭示、阐释社会历史"本文"的意义过程中，通过对社会历史"本文"的可能语境的说明，展示人的存在的可能样式。这种可能样式既是对社会理解者已活动于其中的现实社会的不合理性所做的批判，同时也意味着建构具有合理性的新社会的需要和可能。

上述社会理解的三大基本功能，体现出社会理解的为人性特征。一般而言，社会理解作为人对社会的意义阐释活动，是人的生存活动的具体样式和现实的社会活动的内源机制和内控机制，因而总要服务于人的根本需要和最高目的。哈贝马斯提出"科学研究"（包括社会认识活动）受着人的三种兴趣的支配——技术的兴趣、实践的兴趣、自由的兴趣，并认为兴趣为人的认识活动的意义域建立了"成见""前见"的参照系。当他把自由的兴趣作为进行意识形态（成见）批判和倡导非强制性交往理想的最高尺度时，其与马克思关于科学认活动要为人的解放做准备的思想有着一致之处。具体到社会理解这种认识形式，也相应地要有社会理解为人性的要求。作为恰当的、合理的社会理解的基本功能，对社会历史"本文"的阐释、指引和启发，均指向人的自我理解和自我超越，指向人的生存的可能方式，具体地实现着社会理解为人性的特征。

三、理解方法在社会科学研究中的运用

在社会科学研究中运用理解方法，不可回避地要涉及"社会理解究

竟如何进行"这一实质性问题。这实际上就是要求探寻社会理解的实现途径及方法。社会理解的实现途径,是指其实现的具体机制和具体过程。它包括社会理解的语言性与社会理解活动的具体环节和步骤。社会理解方法不是外在于被理解对象的主观手段、工具,而是内在于理解活动之中的"灵魂""内容"。它既是主体把握客体的手段、工具,又是客体实现自身意义的途径。

1. 社会理解的语言性

社会理解之所以必要,很重要的原因在于,社会历史活动及其结果在语言表达中的意义需要澄清。因此,社会理解不过是用一种清楚的语言对另一种意义不够明确的语言进行翻译、传达,使意义释放出来或明确起来。释义的文字是释义者的文字,而不是被释义的"本文"的语言或语汇。研究社会理解,也就是探寻这种翻译、传达的基本特征及一般条件。由于社会理解在语言之中实现,因而我们在分析社会理解的实现途径时,必须首先分析其语言学模型和特征。

任何语言现象均具有三元关系:符号、意义、指称。作为符号,语言或言语将其意义与指称连结起来,所以符号之于语言具有关键性作用。语言是一种符号系统,语言的运用、特征服从符号学的规律,从而具有不依赖于语言使用者和理解者的客观性和自主性。同时,语言又总是被使用者使用着。被使用的语言称为言语或话语,它是语言的现实表现形式。语言的一系列特性正是在话语之中实现的。话语分为口头话语和书面话语两大类。口头话语发生于对话的特定处境。它指称这种对话的特定情景,它的意义也是由这种特定情景来规定的。书面话语则不同。它是一种固定了的话语,亦称"本文"。作为固定下来的话语,"本文"脱离了话语发生时的特定情景而重新面向一种只有在阅读它时才形成的新的语境。这是一种可能语境,也是一种开放的语境。因为"本文"要被不断阅读,它的对话者或读者不是固定的,而是一切能够读它的人,所以"本文"的指称与口头话语相比,不具有固定性,不能简单地从其表面所指来做出断定,而是要放在阅读的过程中,通过阅读的具体语境来确定。也就是说,"本文"的意义要通过阅读或理解"本文"语境来得到规定。所谓"本文"的意义实现在阅读过程或理解过程之中,正是这个意思。"本文"语境、意义的开放性,充分说明"本文"理解过程中主客体互为规定、互相作用这一事实。一方面,"本文"的理解者或阅读者是由"本文"来规定的。"本文"作为脱离了原对话情景和作者主观意图,并具有自主性特征的书面话语,规定了一切有阅读能力的人均可作为其读者,并规定了其理解的基本向度、过程、特征和方式。另一方面,"本文"的理解者或阅读者又不是理解或阅读过程中的被动因素,他在理解活动中直接参与着对"本文"语境、意义的实现。他当然没有把自己的主观意向强加于"本文",他只是通过参与"本文"语境的组建,通过对"本文"意义的揭示,把自我理解置于"本文"本有的意义之中。然而,就是在这个过程中,他又规定着"本文",实现着"本文",体现出理解活动的主体性。发生于语言中的理解主体与客体的相互联系和相互作用,实际上规定了理解活动所必需的语言形式,即理解者与"本文"是一种对话的关系。"理解总是一种对话的形式:它是个其中发生交流的语言事件。"[①]作为一种对话,理解者对"本文"的理解受对话主题的支配,而不是受解释者武断性的主观意向支配,理解者由此与"本文"达成一致或实现"视界融合"。理解者在"本文"面前实现自我理解,"本文"意义通过理解而得以实现。在实现自我理解及"本文"的意义过程中,语境是理解中的重要因素。理解,从某种意义上讲,只发生于一定的语境之中或只是相对于理解者之历史文化情境而成立。由于"本文"语境的可变换性或开放性,因而没有任何一种对于"本文"的理解,可以看作是唯一客观正确的。它只能在特定的时间里针对某个特定的目的才是有效的,由此可以说理解具有历史性。

理解的语言性同样适用于"社会历史本文"。作为理解对象或对话一方的社会历史本文,不仅仅是指社会历史活动及其结果能被表达在语言之中,更是指它作为人的行为及结果与书写本文有着基本相同的特征。因此,解释学的语言学模式同样存在于社会理解活动之中。也就是说,社会理解主体与社会理解客体之间的关系也可以被视为一种对话关系。在这个对话关系中,社会历史活动及其结果的意义既不取决于社会理解主体的未加澄清的主观武断的意见,也不是社会理解客体的现成自在规定,而是对话主题——理解者与被理解者的视界之融合——的一致性。在社会理解过程中,社会理解主体以其生存于其中的社会历史环境所派生出来的前理解、先见,始终制约着理解活动。释

[①] D.C.霍埃.批评的循环[M].兰金仁,译.沈阳:辽宁人民出版社,1987:80.

义便是通过语言对发生于理解过程中的这种前理解、前见进行具体阐释,而这种阐释由于实现在特定的社会环境当中,因而又表现为社会理解之运用。理解、解释、运用,正如在一般释义活动中那样,恰当地构成了社会理解过程的三个基本时刻。

已有的社会观念作为社会理解活动的"前见""先见"等,是对社会历史本文的意义的先行领悟和了解。这种先行领悟和了解,植根于理解者所处的特定的社会历史环境中。人总是处于一定的社会历史条件之中,林林总总的社会现实和历史传统先行进入他的视野,构成了他的生存活动的基本制约因素。但是,人的存在方式不同于动物和其他自然存在物的存在方式之处,就在于他的自为的特性。他不是被规定的存在物。作为一种有意识、能创造的存在物,他要以筹划自身、改变环境来展开自己独特的生命历程。如何理解他的环境,对于他筹划自身、改变环境就显得十分必要和关键了。所以,不论自觉与否,在社会历史中生活的人总先行对其环境尤其是社会环境有一定的体悟和了解:他所处于其中的社会是什么?其意义如何?对这些问题的初步了悟对于他来说必不可少,因为它构成了他开展现实的社会活动的基本依据。在这个初步的不甚明确的社会理解中,人有着自己的意图和目的,它使社会理解成为社会历史活动的预期结构或目标。因此,我们也可以把社会理解作为社会历史活动的第一个环节。在它的指引下,人才在社会中展开自己的现实社会活动。

社会解释是对社会理解的进一步阐释,即把社会理解中不明确的明确起来,把隐在的突现出来。它是社会理解的内在延伸,而不是离开社会理解之外的一种活动。"一切理解都包含着释义。"①社会解释在使社会理解明确、突出的过程中,是通过对社会理解的条件和特征的描述来达到自己的目的的。解释意味着过去和现在、理解者与理解对象的不断协调。在这个协调过程中,对理解的社会历史条件、理解的主客体因素和关系、社会理解的历史效果等的阐明,使社会理解的历史性、具体性、开放性得以凸显。而且社会解释将社会的过去与现在、社会理解中的主体期望因素与社会历史本文加以协调,这也就从根本上规定了社会理解与社会历史活动的内在联系以及社会理解在社会实践中的运

---

① D.C.霍埃.批评的循环[M].兰金仁,译.沈阳:辽宁人民出版社,1987:65.

用性。

　　社会运用并不是把已获得的社会理解毫无思索地投入运用过程之中。在伽达默尔对运用的说明中,运用本来就属于理解。"理解总已然是运用(Anwendung)了。"①社会运用之所以必要,在于社会历史本文尽管先前已有了释义,但由于当前情境同以前的释义情境不同,因而当前的理解决不能重复前例,它只是在具体的历史情境中展开。所以,"社会运用"这一术语并不是说明社会理解怎样被恰当运用,而是说明社会理解到底是怎样发生的,其意图在于凸显社会理解过程中的情境因素和社会理解的具体性、实用性。社会运用,指发生于某个特定情景的社会行为,以及对适合于该情景的必要行为的直接把握或感觉。正是在此意义上,我们才说社会运用包含于社会理解之中。运用包含了一种不只是纯说理的而是与行为分割不开的实际理解。这是指社会运用就是对社会的实际理解,它意味着社会理解存在于社会实际的活动之中,是对社会认识活动与社会历史运动内在交织的机制的具体说明。维特根斯坦指出,理解一个规则,同时也就是理解如何去运用这个规则。就社会理解的情形而言,理解社会历史本文,也就是理解如何从事社会历史活动。那么,社会运用如何进行？亚里士多德认为,实用智慧将原则反思的普遍性和感觉的特殊性结合在一个给定的情境之中。它与理论认知不同,它所照应的不是普遍的和外在相同的东西,而是特殊的、不定的东西。它需要经验,也需要知识。依循这一思路,我们认为,社会运用包含着三个因素:第一是对社会历史本文的原则反思,即对社会的总体性了悟和把握,或称社会知识;第二是对社会历史本文的特殊感觉,社会历史活动的具体性、不可重复性的独特特征,只有通过对它的独特感觉才能通达,而不能诉诸于外在的普遍原则;第三是具体的社会情境,这是社会历史事件、现象发生于其中的特殊环境,是历史传统与现实、社会理解者与社会理解客体、个人与他人会聚的场所。社会运用,作为对社会历史活动的具体理解,把这三个要素组建在一起,通过证实与否定来把握、拥有社会历史事件和现象的真理,即在给定的社会环境中感觉那种至关重要的东西——人的社会活动的意义。通过社会运用而获得的实用智慧,既非纯理论的社会知识,又非类似于工匠技术

---

① D.C.霍埃.批评的循环[M].兰金仁,译.沈阳:辽宁人民出版社,1987:67.

的艺术,因为它既不是一种纯推理的状态,又不能直接通过语言来传授。如此一来,解释学意义上的"社会经验"概念得以突现出来。这就是说,社会历史事件、现象,不仅作为一种过去了的、断裂了的东西被经验到,而且还作为在现在仍很重要的东西被经验到。这说明过去和现在、社会活动和人之间有一种基本的"亲和关系"。其根本原因在于,通过社会运用,人在自己的社会经验中,能洞悉人生之意义、可能性及界限,由此使人对社会生活和处于实际情境中的社会现象保持更为开放的态度。有必要强调指出,由社会运用而导致的社会经验,并不意味着社会知识的直线式增加,或对拥有绝对固定意义的社会历史本文的不断接近,而只是意味着更多社会经验的开放,这样就同那种对社会认识活动的绝对主义的见解划清了界限。

社会理解的这三个时刻——社会理解、社会解释、社会运用,都是在语言中并通过语言完成的。在解释学经验中,需加分析的是人在社会中的交流行为。理解者已经处于某个特定的社会环境,存在于先前已被分享含义的社会理解之中。社会的含义总是表达在人的语言中。理解者与他人共享着一种语言。所以,当伽达默尔说解释学的理解"不是一种神秘的灵魂共享,而是对一种分享含义的加入"[1]时,他实际上强调的是理解的语言学特征:在通过语言同他人的交往中,应保持对他人所说的话的开放态度。这当然不是指对他人有关社会历史的言语不加批判地完全相信,而是对他人表达在语言中的社会理解持一种宽容和尊重的态度,即尽可能完全地照他人所说的去思考。此外,在社会释义过程中,由于把理解者同社会历史的关系当作一种对话关系,其中,社会历史传统(主要是文化传统)主要地以"语言"的形式或书面本文的形式存在,而释义者也使用一种文字语言去对"本文"进行释义,因而在语言交往中所实现的社会理解指明了一种不同于社会认知的新特征:"过去与现在,本文与解释者,是发展中的语言过程的部分。含义发展并形成了一种效果历史,当前的释义便处于这效果历史之中,并为它作出贡献。"[2]也就是说,理解者与社会历史本文并非处于认知过程中的两极,社会历史本文的含义也并不是固定的现成规定,而是在语言中不断处

---

[1] D.C.霍埃.批评的循环[M].兰金仁,译.沈阳:辽宁人民出版社,1987:78.
[2] D.C.霍埃.批评的循环[M].兰金仁,译.沈阳:辽宁人民出版社,1987:80.

于开放之中,随着理解情境或语境的变化而变化。一言以蔽之,社会历史本文在语言的语境中的效应就是它的含义。它通过理解活动而在语言中得到实现。最后,社会运用或社会实践智慧也是通过语言来实现的。社会运用或社会实践作为理解过程的一个特定时刻,内在地包含人的理解,它并不是与理解过程其他两个时刻相分离的另一种活动。既然社会理解活动是一种语言发展过程,那么社会运用也必然实现于这一语言发展过程之中,是一种语言活动。不过,社会运用体现为一种实践智慧,揭示了理解活动的另一个重要的语言学特征,即语言之于特定语境的具体性和私人性。所谓具体性,是指社会运用所体现的理解,是在特定情境中对社会历史本文的阐释和领悟,它标明了社会历史本文含义相对于具体语境的开放性。社会历史本文的含义不是固定的、唯一的,而是人通过理解活动揭示出来的。而不同理解者的理解活动又由于所处环境和时间不同,从而使得社会历史本文含义有了相对于具体语境的具体性特征。所谓私人性,是指社会运用作为理解者在具体情境中展开的理解社会历史本文的活动,其智慧类型具有他人不可重复的特点,从而它的意蕴不可直接通过语言为他人共享。但是,这样的智慧还得由语言来表达,只不过表达在语言中的实践智慧不大可能为他人直接接纳。他人只有通过结合自己经验的理解过程才能对此有所体悟。

2. 从对人的自我理解到对社会的理解

关于社会理解问题的全部讨论,归根到底是探究社会认识的具体实现机制及方法论基础。社会理解究竟是如何发生的?社会理解何以可能?采用一定的把握社会历史现象的方法的根据何在?这些根据是永恒不变的还是人的特定社会实践的体现?我们前面在对社会理解与社会活动的关系、社会理解的构成方式和功能以及社会理解的语言学模式和特征的讨论中,已从多种角度对以上问题做了回答。结论十分清楚,社会理解在本质上是通过对社会的释义而达到的对人的自我理解。社会历史本文没有固定的、一成不变的意义,它的含义只能在社会中的人对社会的不断的理解活动之中实现。人没有固定不变的本质,他的本质在社会活动中形成和体现,因而社会历史事件、现象作为人的作品,作为体现了人的本性需要和本质力量的对象化的产物,在人的理解活动中成为实现人的自我理解和自我超越的中介。因此,人的自我理解和社会理解二者的关系是揭开社会认识之谜的关键环节,是运用解释学方法研究社会认识的重要课题。

对人的社会历史活动及其结果之所以能从语言学模式去加以探讨,一方面是由于它们可以被表达在语言中,另一方面是因为书面本文的解释学特征同样适用于人的行为及结果:所说的意思对所说事件的超越、书面"本文"的意思与原作者意图的分离、"本文"的意思与原读者的分离、"本文"的意思与其表面指谓的分离。这四个特征构成了社会历史本文的"解释学间距"。它表明社会理解客体具有不同于自然客体的客观性。这种客观性使人们对社会的理解得以必要和可能。由于间距的存在,理解活动决不是理解主体主观意向的投射,而是一个受客观环境和客观因素制约的过程;社会理解的结果也直接地是客观的社会历史本文意义的实现,而不单纯是主体原有意图的明确化和验证。正是由间距而导致的理解的必要性和可能性,标明了整个理解活动的语言符号学性质。理解只是"在同样的符号领域内,它是客观化过程取代并且导致解释过程。并且在相同的符号领域内,解释和理解都被正视"①。因此,揭示人的自我理解与社会理解相互联系与相互作用的辩证法,是阐明社会理解实现途径的题中之义。

如果"本文"的意义和目的不是客观的,不能归属于作者的主观意图,那么人们便可以使用不同的方法对它进行理解。这里所谓"使用不同的方法"去理解,预设了一个前提,即人们在解释"本文"之初便有了一个猜测或理解。使用不同方法去理解,也就是从不同角度对这一猜测进行证实。所以,利科尔说"这种猜测和证实之间的辩证法构成我们的理解和解释的辩证法形态"②。猜测没有可教可学的程序规则,这是一种艺术,其特性内在于语言的资质之中。语言自身具有解喻功能,借助于语言的解喻功能来进行社会理解,可以展示出社会历史本文的多种意义。此外,作为"本文"类似物的社会历史事件和现象,不仅仅是个别事件和现象特性的总和。在社会理解活动中,社会历史应作为一种总体被把握和了解。"本文"本身就是全体,其意义表现为主题系统。

---

① 保罗·利科尔.解释学与人文科学[M].陶远华,袁耀东,冯俊,译.石家庄:河北人民出版社,1987:220.

② 保罗·利科尔.解释学与人文科学[M].陶远华,袁耀东,冯俊,译.石家庄:河北人民出版社,1987:220.

对这一总体性的主题的把握和认识有赖于对组成"本文"整体的各个部分的认识和了解；然而反过来看，对各个部分、细节的了解、认识又依赖于对全体的认识和了解。这一解释学循环规定了人们不可以不加批判地断言何种东西对于理解活动来说是根本的或重要的。对于根本的或重要的东西的主张只能是一种猜测。既然是一种猜测，社会历史活动的真实意义就只有通过不同的方法从不同角度来实现，而不是在某一次具体的理解活动中实现。那么，如何确证我们对社会历史本文总体的猜测呢？可以诉诸于类似法律解释程序的辩论性过程。它依赖于证据，但引用证据不是为了证实猜测，而是提供确证。因此，其验证的逻辑类型属于概率逻辑。它是非确定性逻辑、或然性逻辑。借助于猜测和确证的辩证关系的内在机制，我们认为，从理解到解释的辩证运动能够为我们提供关于社会历史的科学知识。然而，值得注意的是，猜测与证实的循环关联，并不等于说"本文"理解是"自我证实的"。按后一种观点，理解活动就不是开放的，而只是猜测与证实的恶性循环。实际上，在各种理解之间，寻求一种更有可能的理解是必要的也是可能的。依据证据的确证逻辑保证了理解活动具有客观的检验标准。在人类社会历史活动领域，人的行为目的与行为动力之间的关系直接地与人类行为的多重含义相联系。在社会认识活动中，当我们能理解人为什么采取如此这般的行动时，同时也就知道人们究竟打算做什么。问题在于，我们对人们为什么如此这般行动的理解是否合理呢？这里的判断标准便在于它与这一行为及其结果的主题是否相关。具体地说，就是要从行为者根植于其生存环境的内在需要和目的去寻求他行为的动力源泉，从而找到对这个问题的合理解答。

人的需要和目的在现实社会活动中直接具体化为行动的动机，而行动者的真实动机究竟是什么？我们所了解的行动者的动机与其生存需要是何种关系？这两个问题预示着对人的社会行为及其后果的不同解释和辨析，社会理解的程序由此得以开展。在这种社会理解程序中，理解者对人的社会行为的解释，总是针对每一个独立的行为事件，通过把行为归因于行动者，在各种解释性讨论中，以一种类似于确证的程序，使行为的多义性在各种有差异甚至矛盾的解释形式中显示出来，从而表现出社会理解的开放性，即作为理解的猜测的可修正性和作为"证实"的解释的可变更性。

3. 从对社会的解释到对人的自我理解

这是理解活动的另一种向度，也是理解与解释的辩证法的第二个方面。由于"本文"已超越了对话条件下的特定语境而面向一种具有开放性的可能语境，因而作为"本文"的理解者就只能或者继续保持"本文"的未定状态，或者在一个个特定语境实现"本文"的意义。前者主要是文学"本文"的结构模式，后者则适用于人文学科的所有领域，具有更大的普遍有效性。

按照列维-斯特劳斯的结构主义人类学，句子是为语言学重视的最后单元。而与句子有相同范围且构成了叙述的神话的大单元，可以按照已知语言学处理最小单元的方法或模型来进行。这样，所谓结构分析，就是阐明"本文"的逻辑结构，叙述它们之间关系的界限，这就是"神话研究的结构法则"。它表明神话的力量实现在阅读和解释的情形中，而不是存在于早期创作神话的过程中。这指明了作为"本文"的语言之于口头语言的自主性特征和意义的未定性特征。但是，这种结构分析方法如列维-斯特劳斯使用的那样，仅限于对神话概念的分析，仅限于单元结构的代数学形式的叙述，那还只是一种表层词义学，还必须从中引出深邃词义学，即揭示出构成神话主要指称的范围，结构分析应该使人们对神话"本文"的表面解释进入深邃解释。所以，利科尔说："如果我们把结构分析作为一个层次——而且是必要的层次——来考虑，在朴素的解释和严格的解释之间，肤浅的解释和深邃的解释之间来考虑，那么，它就可能在唯一解释学弧线的两个不同线段上设置解释和理解。它就是这种深邃的构成真正理解对象的、获得读者与本文涉及的事物之间的特别姻亲关系的词义学。"①深邃的解释学，不是研究作者所打算说的或作者的主观意图，而是研究"本文"的非表面指称物——"本文"的主题，这就是在理解过程中"本文"所展现的可能世界。这就有一个从"本文"所说的表面指称向可能语境过渡的运动。而结构分析在此过渡过程中起着中介和桥梁的作用。

这种导致深邃解释学的"本文"结构分析模式可以引入社会历史现象的分析之中，因为社会现象作为一种类似于语言符号的现象，同样符

---

① 保罗·利科尔.解释学与人文科学[M].陶远华,袁耀东,冯俊,译.石家庄:河北人民出版社,1987:228.

合符号学的有关法则。在这个意义上,结构分析,其本身就是从符号与符号的关系中抽取出的分析方法,同样适用于社会现象领域,即从代号和信息间的一般关系、代号的各具体单元间的关系、记号与记号域之间的关系、社会信息的内部及其之间的典型关系等方面去把握社会历史现象。符号的象征功能,即以符号代替事物的作用以及由符号的意义表述事物的作用,可以成为社会理解的基本范例。由此,在社会理解活动中,人们可以不再采用传统的因果模式来说明社会历史现象。

需要强调指出,社会结构的建立、发展以及发挥作用,根源于人们克服自己所面临的生存困境的需求,这些生存困境构成了社会结构的表面指称。对此进行深邃解释学分析的目的在于,通过这些表面指称展现出一种新的可能世界。它促使理解者在社会历史本文面前实现自我理解,因而这是一个对社会历史全过程赋予意义的活动。但是,我们决不能从中引申出这样一种结论:理解者通过深邃解释,只是制造了一个他自己的主观世界或把作为对象的社会历史同化于他的主观意识之中。理解固然包含着个人承诺的作用,但它又会随着整个客观的解释过程而有所调整,并通过解释来展示出揭示社会意义的力量。理解与解释的辩证关联,就构成了人文社会科学的知识基础和结构。所以,社会科学研究,在深邃解释学的情形中,有着可与自然科学相媲美的客观性。

四、社会理解的客观性和合理性

1. 社会理解的客观性

关于客观性概念,可以从自在客观性、主体间性和自为客观性三个方面加以把握。社会理解的客观性,既不能仅仅从解释对象方面去寻求,而将其归结为一种科学主义的自在客观性;也不能仅仅从理解主体方面去寻求,而将其归结为一种主体间性,而应主要从人的实际社会生活或人的生存实践方面去寻求,即把社会理解主体看作社会实践者或社会历史活动的实际参与者,把社会理解活动视为社会历史实践的一个组成部分或内源机制,从而从人的社会历史实践的客观性的高度去认识、把握人的社会理解与解释的客观性的原初内涵。

人在自为的社会历史实践活动中所遵循的不是外在的盲目力量的

制约作用,而是出自自身理性要求的内在律令或规范。在这里,人的社会历史实践活动的自为性直接地成为人的社会历史生活的客观性,即与人的丰富个性和自由实现相联系的目的性。这样一种蕴含着人的价值要求和目的性特征的自为的客观性,揭示出人的生存的真正奥秘,融合并超越了自在客观性和主体间性,是社会中的人及人的社会历史实践必受其制约的最高意义上的客观性。自在客观性、主体间性都只有在与这种自为的客观性相一致、相协调的情况下,才能获得自身独特的价值和理性意义;否则,二者的片面追求不但不能保证社会历史生活的客观性和真实性,反而还可能在实践中与落后甚至反动的意识形态相结合,导致扭曲社会真实生活、阻碍人的自由和全面发展的恶果。

社会理解的客观性与社会历史实践的客观性一而二、二而一,是同一个东西的两种表述。就实际发生过程而言,它体现为社会历史实践的客观性;就人们对这一发生过程的认识、理解与把握而言,它又体现为社会理解的客观性。首先,社会理解与解释本来就是社会历史实践的一个组成部分或内源机制。离开了社会理解与解释,社会历史实践就是不可想象的。因此,社会历史实践的自为客观性特征必然成为人的社会理解的客观性的主要特征。其次,社会理解与解释作为人对社会历史事件或现象的意义阐释活动,其客观性只能是一种意义的客观性,意义的客观性或社会理解的客观性,归根到底仍是社会历史实践的客观性。最后,社会理解的价值指向与社会历史实践的价值指向的重合、统一,从内容上揭示了社会理解与解释的客观性与社会历史实践的客观性相统一的根据。人对社会的理解与解释,其实质是对人已做什么、应做什么和能做什么的观念把握,最终落脚于对人能做什么的理解和揭示,即开拓人的生存空间、实现人的自由,其自为的客观性也在这一价值取向中得以规定。它说明了一切社会理解要获得真正的客观性,就必须以揭示人的生命的意义或拓展人的生存可能性为己任,这样才能"在实践上进入人的生活,改造人的生活,并为人的解放作准备"[①]。

由此可见,社会理解的客观性实质上是一种自为的客观性。它以人的社会实践为基础,是蕴含着人的目的性、价值性和自为性等要求的一种内在制约性。承认社会理解是社会历史实践的一个内在组成部

[①] 马克思恩格斯全集:第42卷[M].北京:人民出版社,1979:128.

分,因而是一个客观的过程,承认社会理解与解释所阐释、揭示的社会历史事件与现象的意义应以自为的客观性为准绳,在张扬人性、崇尚自由的价值追求中保持其内在的自为客观性,这就是在社会理解与解释问题上坚持、发展了实践唯物主义立场,而不致陷入主观随意的理解与解释的唯心主义窠臼之中。

2. 社会理解的合理性

作为一种对社会历史对象的意义阐释与把握,社会理解指向人的自我理解与自我超越。社会理解的合理性内涵体现为社会理解的合规律性与合目的性的统一。社会理解的合规律性是指"合于"释义活动自身的"规律"或"法则",其合目的性则指"合于"人的自我理解与自我超越的内在需要或目的。

以意义阐释、把握、传播为指向的社会理解,是人类认识社会的具体实现机制,它必然遵循人类认识发展的总过程和基本规律。不过,由于认识对象不同,社会理解的规律或法则在阐释活动中体现出不同于自然解释的活动规律的特征。这些区别主要表现在如下方面。

其一,规律的存在方式不同。自然认识或自然解释是相对独立于人利用自然、改造自然的实践活动的一种活动过程,其活动规律也相对不受实践活动规律的影响。而人对社会历史对象的理解不同,它本身就是一种重要的社会实践活动或人在社会实践中的基本生存方式,它不但可以通过技术、工具、实践的中介进入社会历史之中,使社会历史对象发生形态和实质的变化,而且能够以自己的活动过程和结果直接参与社会历史生活,构成人的整个社会生活不可分割的部分或重要领域。因此,社会理解的规律也就是一种社会历史活动的规律,或一种人类存在的规律,它与人的社会历史活动的其他规律交织在一起,相互影响、协调发挥作用,共同促进着社会历史的发展变化。

其二,规律的作用机制不同。人类认识的基本规律表现为实践基础上"从实践到认识,又从认识回到实践"的过程,实践与认识交互作用、互动互进而促进认识发生发展。这一基本规律在自然解释中,是通过促进认识由感性经验走向理论知识的途径来实现的。有无逻辑联系和推进严密的抽象理论形式,成为自然认识与自然解释是否"合于"规律的一个重要标尺。而在社会理解中,这一基本规律则有着不同的作用机制:实践与理解的循环关联与辩证运动导致的理解的实现和发展,不是社会理解越来越抽象化、理论化,而恰恰是社会理解越来越具体化、经验化,即更贴近社会实际生活,更能增多人在社会中的生存经验或妥当处理不同事件的实践智慧。尽管在实现社会理解的一定阶段上,人们也要借助社会理论这一中介,但从实质上看,社会理解仍要落脚于经验型的实践智慧或实践能力,因而社会理论只有返回具体的社会经验,才能完成理解社会的使命。

其三,规律的目的指向不同。在自然认识与自然解释的实际运行过程中,其规律导向和制约着关于自然对象的自在性知识的形成过程。而社会理解不同,其规律导向和制约的不是或主要不是关于社会历史对象的知识的形成过程,而是或主要是社会历史对象的意义的揭示或展现过程,从而开拓人的生存的可能性。因此,合于社会理解活动的规律或法则,要求社会理解遵循社会实践规律,增进人的生存经验或实践智慧,开拓人的生存可能性。这是社会理解得以实现的基本条件,也是社会理解具有合理性的重要前提。

要实现或达到社会理解的合规律性,必须注意社会理解在实际运行中始终保持着开放性和可变性。对社会的理解总是在一定境遇中进行的。当人们在具体境遇中理解社会历史对象时,"前理解""先见""偏见"等理解者的存在经验必然介入其中。而作为一种对话性参与的理解过程,其理解者之间、理解者与被理解者之间的互动互变因素也会卷入其中,理解的结果表现为具有主体际一致性的理解者与被理解者两种"视界的融合"。在特定境遇中形成的社会理解结果,并不能简单地归于主体视界中理性预期的作用,因为结果既可能与原有预期一致,也可能不一致。当出现不一致时,就意味着结果对原有预期的调整、修正乃至否定,从而也意味着结果对作为预期基础的理解规律或法则进行变更、重建的可能性。这就要求一个自觉的、遵循规律或法则去进行社会理解的人,必须要有一种对规律或法则的开放心态,实事求是地根据社会理解的实际开展情况,调整自己对规律的认识和具体的社会理解活动,使社会理解在一种开放的、可变化的具体境遇中实现合规律性的运行。

此外,必须明确社会理解的目的意蕴。目的总是人的目的,是人对自身现实需要和可能需要的观念反映。人的需要就其性质可以分为真实需要和虚假需要两大类别。从根本上看,一切有利于人的生存发展、促进人性丰富完善和自由解放的需要就是真实的需要;否则就是虚假的需要。与此相应,人的目的也可分为两类:把握了人的真正需要的目的和体现着人的虚假需要的目的。我们在此所论社会理解的合目的性,所"合"之"目的"当是前者而非后者。概而言之,社会理解的合目的性,是指在根本上和整体上服从于开拓人的生存可能性、实现人性丰富完善和自由解放这一最高的目的。这种合目的性,是社会理解得以可能的根本条件,也是社会理解合理性的核心或实质性内容。

要达到社会理解的合目的性,除了要正确把握目的意蕴,还必须具备两个条件:第一,自觉地以开拓人的生存可能性、实现人性丰富和自由解放这一最高的目的来引导、调控一切社会认识和社会理解活动,使社会认识及社会理解向着这一最高的目的生成,并促进社会实践和人的行动、人的生活走向合理化;第二,自觉地探寻和把握社会实践(包括社会理解)的规律或法则,并循此展开社会理解活动。社会理解所"合"之目的,作为人的需要的观念反映,当然有其主观的形式。但目的的主观形式并不使它同毫无客观性的胡思乱想混为一体,它有自己的客观依据和客观属性。"人们提出实践的目的,不仅反映自己的需要,还必须以客观世界的事物及其规律的实际存在为前提,为根据。"[①]这里尽管讲的是实践的目的,但同样适用于社会理解的目的。因此,当我们欲使社会理解及其结果合于人的目的时,就必须遵循目的所据为前提的社会历史实践的活动规律,其中也包括从属于实践活动规律体系的社会理解活动规律。

上文对社会理解的合规律性与合目的性及其实现条件的分析,已经基本揭示出二者内在相关或统一的可能性:将社会理解的合规律性的要求贯彻到底,就要求社会理解合于人的目的;反之亦然,将合目的性的要求贯彻到底,必然要把社会理解合规律性的要求作为自身的基本前提。而二者在具体的社会理解过程中具体的、历史的统一,也就是社会理解的合理性。这种统一在社会历史实践基础上得以实现,并指向人性丰富完善和人的自由解放。

---

① 夏甄陶.认识论引论[M].北京:人民出版社,1986:133.

第十九章　预测方法

　　人类的特别之处,就在于能够面向未来筹划自己的人生。人类如果不提高预见的自觉性,克服盲目性、被动性,就会在极其复杂、瞬息万变和加剧发展的现代社会面前束手无策,丧失发展的主动性。面向未来,做出自己的预见,这之所以可能,是因为任何事物都有其固有的规律,以规律为纽带的一系列因果链条构成了对象的运动、变化和发展,从而对象在其现实中就已经包含着未来。社会预测方法主要有趋势外推法和时间法等,其预测的结果是一种幻想性的存在,是一种模态性的存在,且只能适度超越现实。对未来社会的科学预测一般要经历三个基本阶段:搜寻社会现实中的"浪潮前锋",解析历史进程中的新兴因素,做出社会发展的预测报告。

预测,是人们依据一定理论对其研究对象的未来发展图景和可能状态,事先做出的有根据的推测和判断。一切成熟的理论,无不包含着预测。经验描述、理论阐释、科学预测,既构成科学理论产生和发展的三个必经阶段,又是一切科学理论必须具备的三个彼此密切相关的组成部分。社会科学研究中的预测(本文简称"社会预测"),是社会认识的一种高级形式,它是研究者在一定社会科学理论的指导下,依据对社会发展规律的把握而对未来可能发生的社会现象、事件和过程的预见;它主要研究与社会发展有关的未来问题,目的在于帮助人们设置社会发展目标,选择、创造和控制达到未来理想目标的途径和手段,从政治、经济、科学、文化、教育等方面提供改进措施,为决策者做出科学决策、制定未来社会远景规划提供切实可靠的依据。因此,在社会观测等的基础上积极地展开科学、有效的社会预测活动,是社会科学研究的一个重要环节和重要目的。

一、运用预测方法进行社会科学研究的理由

人类对社会未来的预测活动由来已久,源远流长。如果说在缓慢发展的古代社会,预测或预见还不那么重要的话,到了现代社会,没有预测和预见则处处寸步难行。人类通过世世代代的社会生活和实践,深深领悟到这样一个道理:科学的预见是人的正确行动的向导;如果缺乏科学的预见,人们就会做出错误的举动,甚至酿成严重的后果。常言道,"人无远虑,必有近忧","凡事预则立,不预则废",正是对预测的重要性和必要性所做的经验总结。

1. 运用社会预测方法的必要性和可能性

1)运用社会预测方法的必要性

纵观人类社会的发展历史,应该承认,处在不同发展阶段和水平上的社会,人们对未来预见的渴求是不同的。但从总体上看,这种渴望与需求只存在方式、程度、范围以及时间长短的不同,并不存在有无之别。因而可以说,对未来的关注,是人类自产生以来便有的认识现象,具有普遍性和广泛性。不过,在现代社会里,人们对未来的关注和展望的确比历史上任何时期都要强烈、迫切得多,以至于在短短几十年以研究"未来"为专门任务的未来学、预测学等也作为相对独立的学科像雨后春笋般出现。托夫勒认为,造成这一事实的原因是:"生活在正在变革

的社会和文化之中,特别是处在今天那种革命性变革时期,用过去来指导现在的决策和将来可能发生的事情,已经越来越不可靠了。面临这种情况,必须对未来可能发生的事情有明确的概念,还要想出新办法来对付它们;要想做人,非如此不可。"[①]然而归根到底,这是由社会实践和科技发展的速度决定的。人们对未来的密切关注,从现实表现或直接性来看,一是来自现实对未来的影响,二是来自未来对现实的冲击。

从认识论角度分析现实对未来的影响可知,人们对未来的关注根源于人们对在处理社会与自然的矛盾关系实践中所产生的"正负双重效应"的自觉反思。就人类社会的整个生存与发展来说,它对自然界的依赖是永恒的,但这种依赖又是以人对自然的深刻掌握为前提的。然而,我们往往看到的是,人们一方面利用长期积聚起来的几乎是无限的建设力量,观念地和实践地掌握外部物质世界,创造着能够满足自己不同形式需要的对象物,并通过享用、消化,把它们变成人的社会的"无机的身体",这就是人类活动的"正效应"或"主体性效应"。另一方面,人们又往往陶醉于对大自然的胜利而忘乎所以。他们没有认识到,人们的某些活动及其结果从短期来看可能是积极的、有利的,但从长远来看却可能是消极的、不利的;或者说,从现实考虑有利于人们的实际生活,从未来着眼却可能妨碍着人类继续生存与发展。它们就是人类活动的"负效应"或"反主体性效应"。当前我们面临的全部自然-社会问题,正是人们掠夺自然、享受自然而很少规范社会和人自身的行为以及协调社会与自然之间关系所酿下的苦果。面对这种事实,人们不得不冷静回首,从根本上反省人类自身的现实的思维方式和活动方式,并探究这种方式对未来可能造成何种影响以及影响的程度和大小。既然现实是由历史上的人们的思想意识以及在这种思想意识支配和调控下的实际活动所造成的,那么同样的道理,现实活动中的一切也会或多或少、或长或短地对未来产生这样或那样的影响。其实人们并不是没有意识到这一点,只是没有充分地自觉地意识到其严重性,没有对其予以密切关注和足够重视。只是到了今天,严峻的现实问题迫使人们不得不立足现实去面向未来,从现实出发去策划和设计未来。相应地,如何对未来社会进行预测,就成为人们认识社会所不得不面临和解决的重大课题,

---

① 阿尔温·托夫勒.预测与前提[M].北京:国际文化出版公司,1984:187.

其重要性和必要性日益突现出来。

反过来,未来对现实也有重要影响。有人用"冲击"一词来形容这种影响,这不仅因为现实与未来之间本身就存在着互为因果的关系,更重要的是,未来对现实的影响在今天带有鲜明的时代特点。

未来问题本质上是个时间问题。托夫勒认为:"未来的冲击是一种时间现象,是社会变化速度急剧加快后的产物。"①事实上,现代社会的发展呈现出周期缩短、速率加快、方向增多、变化莫测等复杂特点,而现代通信、计算机技术以及现代交通运输手段又极大地改变着人们的占有时间和活动空间。现实的空间在单位容量方面扩大了,而相对于人们不断扩大着的活动范围而言却显得愈加狭窄和拥挤;现实的单位时间中容纳的事件多了,而人们在每次具体的活动中却更加感到时间的紧迫和短促。现代人呼喊出的"时间就是生命""时间就是效益"等口号在一定程度上正是对社会变化的加速性与人们心理感受的短暂性之间关系的反映。社会变化速度的加快使得预期在未来某段时期发生的事件突如其来地来到人们面前,使得习惯于传统思维和生活节奏的人们常常不知所措,但它的存在又不得不被承认,并对人的现实生活产生重大影响。表面上看,这是人们对于现实世界的变化缺乏心理和行动上的准备,深层地看,则在于人们缺乏对于未来的积极预测和掌握。

人类如果不提高预见的自觉性,克服实践盲目性、被动性,就会在极其复杂、瞬息万变和加剧发展的现代社会面前束手无策,丧失其主动性,造成不应有的消极后果。因此,人们在改造自然和社会的过程中,每走一步,都必须"瞻前顾后""左顾右盼",不断监测、调控、协调社会与自然的各种联系和关系。也正是在这一时代背景下,当代社会科学研究把预测方法作为一个重要内容予以关注与探讨,其要旨就是在新的历史条件下探寻人与社会之间的合理性关系,通过强化对社会自我认识的自觉以合理地规范社会实践,力求在自然与社会之间构建更高层次的和谐统一关系。

2)运用社会预测方法的可能性

运用预测方法进行社会科学研究,既是因为有建立在社会需要基础上的必要性,也是由于有从事这种活动的可能性。没有必要性,即使

---

① 阿尔温·托夫勒.未来的冲击[M].贵阳:贵州人民出版社,1985:14.

有更大的可能性,预测活动也不会进行;只有必要性而没有可能性,预测者虽有预测的愿望,但预测活动既无法进行,也没有成功的希望。预测活动的必要性和可能性,是相辅相成的、缺一不可的。

社会预测是否可能?在人类认识史上,以波普为代表的一些西方哲学家、思想家曾力图通过否定社会规律的客观性来从根本上否定社会预测的可能性。波普认为,科学的预测只有依据规律才能做出,但社会历史不存在具有普适性和重复性的规律,只有根据统计规律算出的趋势,而"规律和趋势是根本不同的两回事"①。因此,"由于纯粹的逻辑理由,我们不可能预测历史的未来进程"②。而在新康德主义者李凯尔特、施塔姆列尔等人的著作中,"趋势"概念被描绘成完全不肯定的、模糊的、主要与偶然因素相联系的发展过程。他们认为,马克思关于趋势是不可移易地必然要实现的意见,是经不起批评的。③

我们认为,波普等人断然否认社会历史规律的存在是没有根据的。这里问题的关键在于根据社会不同于自然的性质和特点,概括、形成符合社会历史实际的规律观。实际上,波普是以自然科学意义上的绝对重复性和普遍有效性作为标尺来否定社会历史规律的,这不仅从方法论上看是不合理的,而且也暴露出他的思维方式的形而上学性,因为即使在自然科学领域,规律的重复性、普遍性和有效性也不是绝对的、无条件的,而是相对的、有条件的,是绝对与相对、无条件与有条件的统一。因此可以说,不是社会历史运动没有规律,而是波普等人由于其历史的局限而缺乏把握社会历史规律的理论、原则和方法。

马克思主义认为,社会发展不仅有规律可循,而且还能依据规律对社会的未来发展做出科学的预测和预见。就社会预测的可能性而言,马克思主义的哲学世界观为社会预测的可能性奠定了坚实可靠的理论基础,而现代科学技术的发展为这种可能性向现实性的转化提供了强有力的技术手段和规范方法上的保障。

自从马克思、恩格斯创立关于社会发展规律的科学之后,科学的预测在社会生活方面便有了现实的可能。尽管世界上从未出现完全相同

---

① 卡尔·波普.历史决定论的贫困[M].北京:华夏出版社,1987:91.
② 卡尔·波普.历史决定论的贫困[M].北京:华夏出版社,1987:1.
③ Ю.A.瓦西利耶夫.列宁和社会预见[M].北京:商务印书馆,1981:61.

的事物,但就其本质而言,它们除了特殊性、个性之外,均存在着共性即规律性,都带有常驻性和永恒性的一面。任何事物总是在其固有规律的作用下向着未来有节律地发展。因此,只要掌握了事物的发展规律,我们就可以大致推断或预见它的未来。恩格斯指出:"历史事件似乎总的说来同样是由偶然性支配着的。但是,在表面上是偶然性在起作用的地方,这种偶然性始终是受内部的隐藏着的规律支配的,而问题只是在于发现这些规律。"[1]事实上,马克思主义作为一门科学的理论,本身就具有为人们提供科学预测指南的内在功能。如前所述,任何科学的理论,就其本质而言,必定已经摆脱了直观,因而对对象不可能只是现象的把握和静态的把握,相反是本质的、规律的把握,从而也是动态的把握。理论对对象的这种规律的把握与动态的把握,在对象的现实中就已经向人们理论地展现了它的未来,这种展示就是理论的预见。当然,理论之所以能做出这种规律的把握和动态的把握,能在对象的现实中向人们展示它的未来,是因为对象本身是有规律的、动态的。以规律为纽带的一系列的因果链条构成了对象的运动、变化和发展,从而对象本身在现实中就已经包含着未来。如果否认对象的这种规律性,否认理论之于对象的这种规律、动态性的把握,也就否认了任何预测的可能。

当代社会的发展趋势并不是朝着一个方向和遵循某种固定模式演进的,有加速,有减速,也有逆转。这种复杂多变的情况,使现代人渴望加强科学预测和预见。的确,虽然社会生活领域中的预见在许多情况下带有质的性质,但人们依据社会发展趋势做出的预测在准确性和明确性方面并不比其他科学预测弱。正因为这样,开展未来研究,已成为当今世界的一股潮流。长期以来,由于社会现象的复杂性、偶然性和不可重复性,无论是就社会生活的各领域、各层面而言,还是就社会生活总体而论,预测的形式主要采取的是定性的描述和分析,除了经济学等个别领域及个别问题之外,很难做精细的定量分析。与自然预测相比较,社会预测中最困难的是建立社会预测的模型。这是因为社会现象和事件牵涉大量的因素,这些因素相互之间的影响错综复杂。即使在有数据的场合,由于数据的数量巨大,往往不可能对这些数据进行充分

---

[1] 马克思恩格斯选集:第4卷[M].北京:人民出版社,1972:243.

的处理,从中提取有用的信息。20世纪以后,计算机科学和计算机技术的发展,为人们从事定性基础上的复杂的定量预测提供了高效和可靠的技术工具和手段。而信息论、系统论和控制论等横断学科的出现,又为社会预测和决策的研究提供了一种新的基础和思考方法,给出了建立模型的思路、规范和程序,增强了社会预测研究的科学性、精确性和可重复性,为社会预测研究采用定量化、模型化和程序化的规范化方法提供了有效的手段。美国社会学专家丹尼尔·贝尔认为,在定量方面的进展,是社会科学在1940年以后获得新的威望和影响,成为公众最注意和最寄予希望的科学的一个重要原因;而定量方面的这种进展,又是和社会科学研究引进尖端新技术,尤其是计算机技术紧密联系在一起的。社会科学正在成为像自然科学一样的"硬"科学。

2. 社会预测方法与自然预测方法比较

毋庸置疑,社会预测和自然预测之所以可能,都是以承认规律的存在和人们对社会或自然的事实性认识为前提条件的。这种本体论上的承诺不仅使得社会预测和自然预测成为可能,而且在方法论上亦保证了社会预测方法和自然预测方法具有共通性、一致性。

然而,在自然领域里和社会领域里,人类的认识活动有着显著的差别。这首先表现在各自的认识对象中所蕴含的主客体关系的特殊性上。自然的认识对象是自然的存在,客体中一般不包含主体的活动;社会的认识对象却是社会的存在,客体中必然包含着主体的活动。社会即人的社会,社会规律也就有着不同于自然规律的特殊性。自然规律可以离开人和人的活动而自发地起作用,社会规律则离不开人和人的活动。社会规律就是人的活动的规律。因此,社会认识的对象是"人构的自然"。相应地,人们认识社会,就是直接地认识人的活动,认识人自身。社会认识的这种特殊性质,无疑决定了社会预测较之自然预测具有差异性。

社会预测与自然预测不同,首先表现为社会预测的极端复杂性。这种复杂性的最突出的表现就是社会预测对预测对象的影响。社会预测的主体是人,而社会预测的客体是由人所控制、参与的社会事件;在某些情况下,预测者甚至要预测自身的社会活动状态,这就呈现出相当复杂的情形:①预测可以引起预测事件的发生,这些事件本来是可能不发生的;②预测可以阻止某些事件的发生,这些事件本来是应该发生的;③预测可以使预测事件发生量的变化,而在没有预测的情况下,这些变化本来是不会发生的。而在自然预测中,预测通常不会影响被预测对象的实际运动。如预测某一天体在某一时刻的运行位置,这项预测对天体的运行不会有什么影响。正因为如此,自然预测往往被人们视为可信的、客观的,而社会预测因其特有的"俄狄浦斯效应"而在可信度和客观性上受到不少人的怀疑和诘难。

社会预测不同于自然预测,在很大程度上也表现为预测方法的差异。在自然预测中,人们在一定理论指导下,通过实验、观察等手段尤其是形式化、数学的方法,来提高和保证预测的准确性、清晰性。对自然现象,预测的结构与对结构的正确演绎是同一的。如牛顿的经典力学,不仅能解释涨潮的原因和天体的位置等,还能预见诸如1000年之后的日蚀或月蚀,准确度可以到秒。这种情况下秩序是被严格规定的。对社会的预测则有所不同。社会认识活动既表现为主客体自我相关,又表现为社会认识活动与社会历史运动的内在交织。这一特点决定了对于同一预测对象,不同的预测主体由于其动机、需要、目的等的不同而可能得出截然不同的结论,而且社会现象或事件在严格的意义上不具有像自然现象或事件那样的重复性,很难通过形式化、数学的语言来加以精确的描述,因而社会的发展,既包括被严格决定的过程,又包括偶然发生的过程。绝大多数的社会规律是统计规律,即趋势规律。虽然自然预测的方法也能运用到社会领域中,但这种运用是有限度的,即自然预测的方法在社会预测活动应用的广度,取决于其适用对象与社会预测研究对象的相似程度。

社会预测不同于自然预测,还突出地表现为社会预测与人的目的性、规范性紧密相连。诚然,我们不赞同波普等人借社会认识的复杂性、特殊性来否认社会规律的客观性,进而否认社会预测的可能性的极端观点,但他们强调人的活动的主体性、人文价值性等的一面,却有其不可忽视的合理性。事实上,社会预测不仅不能排除人的主观因素,而且本身就包含着人的需要和价值取向。虽然从最终意义上说,自然预测脱离不了它的为人性,但直接地看,自然预测主要是描述性或探索性的,即描述或探索自然界的事物或现象的未来情景及其合规律性的发展。而社会预测主要表现为规范性的,并把描述性或探索性活动作为必要环节包含于其中,它不仅要探寻自然或社会的事物和现象如何合规律性地向前发展,而且要探寻这种发展如何按照人的意图和意愿而合目的性地发展,即如何根据人类自身需要和主体能力来发展,在此基础上探索人们所希望的未来将如何到来,理想目标如何获得最优的实现。有学者在谈到社会预测与自然预测的不同时说,前者必须预测不能进行控制的客体的未来情况,为的是将来使人们的活动去适应这种情况,后者则要预测能进行社会控制的事物的发展,这种事物是可以通过预测或不通过预测的作用加以改变的。① 由此看来,人的活动没有预测不行,但有了预测并不一定导向成功。这一矛盾无疑表明社会预测的极端复杂性,也打破了一些人以为通过社会预测就能保证和推进社会历史沿着既定的方向发展的形而上学之梦。然而,这决不意味着预测在推进社会进程中可有可无或无关紧要,亦不意味着社会预测是纯主观的和不可能的。问题在于,我们应如何在社会发展的客观性与人的自觉能动性之间保持必要的张力。在人的活动中,合乎规律的自觉预测无疑比自发的盲目的预测要有更大的作用。这不仅因为在正确地认识历史的必然性和积极加强社会预测的情况下,人们能够更充分地发挥自己的积极性和创造性,而且因为只有正确地把握了历史走向,才能确立合理的历史前行目标,才能够避免更多的历史曲折,减少不必要的历史代价。同时,由于社会预测活动中的主客体关系的特殊性,人类社会的未来究竟会以什么样的具体样态出现,这是不能完全预料到的。认清这一点很重要,它不仅提醒人们随时注意在现实生活中修正和摒弃思想上那些不切实际的虚幻成分,而且告诫人们对社会未来的预测和预见应是全面的、总体性的,但不可能也不应是详尽的、具体的。如果硬要用自然科学来类比社会科学,用自然预测的客观可能性尺度来评判、衡定社会预测的客观可能性,不仅不能说明社会预测的科学性合理性,反而会因其混淆了二者之间的差异性,使其丧失应有的科学性、合理性。

二、社会预测方法的主要方面及其特点

1. 社会预测方法的主要方面

社会预测与自然预测的对象都具有事实性和规律性,因而存在着

---

① 未来预测学译文集[M].北京:科学出版社,1979:88.

共通性、相似性,但又因主客体关系的不同等而表现出特殊性、相异性。与此相关,在研究方法上,社会预测要趋向科学化、合理化,不仅要注意接纳、借鉴、移植一般科学方法和各门具体科学方法,而且还必须拥有同自然预测相区分的、适合于社会现象和事件特点的研究方法(当然,这种区分是相对的)。这里,我们仅从社会认识论的角度择其主要方法来加以分析。

(1)趋势外推法。趋势外推是社会预测的主要方法。根据事物发展的特有规律,把预测对象从过去到现在的发展趋势外推到未来,这就是趋势外推的方法。趋势外推的具体形式很多,大致可以分为几种类型,如线性外推、曲线外推和时间序列外推等。无论是哪一种外推方法,都以一个共同的认识论原理,即预测对象发展的连续性原理为根据。

自然界、社会和人类思维中的一切过程都是有节律的,常常表现出它的延续性,其惯性的大小取决于本身的动力和外界因素制约的程度。社会变化的节律虽然有别于自然变化的节律,但亦存在着共同点。社会的节律过程可用统计上的动态(时间)序列来描述。在各个社会节律中,可划分出发展的趋势,这种趋势以某个用时间函数表示的轨迹集的形式出现。节律范围内的平均时间函数就是趋势,将所观察到的在过去和现在起作用的趋势延长到未来,这就是用外推法实施的社会预测。

由于社会过程无比复杂,其发展很少是线性的,而是具有复杂的多分支的因果网,因此,在社会预测中,除趋势外推法之外,还广泛使用专家评估法(如著名的德尔菲预测方法)、模型法等。为了反映社会存在和状态的复杂性,还须使用综合性预测方法或将多种方法结合起来运用,以揭示社会运动的趋势、方向和各种可能状态,并根据社会的特定需要将其中的某些趋势和方向特别明晰地超前描绘和再现出来,为人们进行目标设计和方案决策提供信息材料,使人类的社会活动真正奠定于社会运动的客观规律之上。

(2)时间方法。社会预测是在社会观察尤其是社会发现的基础上,力图超越现实社会的实际运动,观念地走在社会进化过程的前面去预测其可能具有的方向、节律及预期后果的活动。因此,它特别关注的主要不是已逝的过去和当下的现实,而是社会的未来;而未来本质上是个"时间"问题。

应该说,任何领域的科学预测都要考虑到时间因素。但是,在不同的研究领域,时间往往表现出不同的功能特性;即便在同一领域,亦会因对象本身节律的改变而显示出异乎平常的效应。对于社会预测来说,时间因素显得格外重要。这不仅因为在通常情况下,预测的时间跨度越大,其预测的精确性愈小且偏差愈大,更重要的是,随着当代社会实践和科技的迅猛发展,时间因素、时间的变化特性对社会生活的节奏、节律、组织秩序等的影响作用愈来愈明显和突出,那种按照传统的和习惯的时间观念所预期的应在未来一定时期发生的事件,往往出乎意料地提早来到了人们面前。时间的三个维度即过去、现在和未来不仅呈单向流动,而且呈双向互动。就现实与未来的关系而言,现实不仅制约和影响着未来,未来也反过来影响和冲击着现实,并且这种影响和冲击呈现出"由远而近,由小到大,由浅入深"的时代特点。

由此看来,人们现有的思维模式和行为方式已不能应付已经发生和将要发生的一切。而改变这一状况的重要途径就是重新认识和审视时间。相应地,在社会预测活动中,引入和考虑时间因素,把时间看作是常量与变量、均匀性与变动性的统一,在对未来的持续性预期与非持续性预期的张力关系中洞见社会的未来发展,把握其变化的"时间差",确定其变化的实际速率及其对现实影响的强度与力度,从而提高预测和预见的有效性和准确性,为人们的科学决策提供切实可靠的依据,就成为科学的社会预测活动不可或缺的基本思路和方法。

自觉地运用时间观念和时间方法,还应把时间的三个向度统一起来,关注未来又必须返回把握现实,关注现实又必须回溯了解由此而来的过去,在过去—现在—未来的相互联系、相互影响和相互制衡中预测和把握未来。因此,对未来的关注和积极预测,决不仅仅是单向的、一维性的,而是一个以现实为基点既包括"前瞻"又包括"回溯"的完整过程;亦不单单是为了预测未来发展的情况,而是根据对社会未来状态的预测和预见来规范现实中人们的活动目的和方式,以更好地控制和改变未来。

2. 社会预测方法的基本特点

(1)适度超越性。社会预测是对未来社会的某种前瞻,它必然要对社会现实做出某种超越。不过,社会的未来总是扎根于现实之中,是社会现实的延续和发展。因此,运用预测方法对未来的预测,只能和必须以现实为出发点进行合理的推断,即它的超越性只能是适度的,否则就脱离了实际。原联邦德国未来学家哈根·拜因豪尔说:"未来不是处于真空之中,而是在我们时代存在的现实基础之上的。"①马克思主义认为,预测社会的未来之所以要以现实为依据,是因为在现实中隐藏着必然性、规律性,"现实性在其展开过程中表明为必然性"②。应该看到,现实中虽然蕴含着未来发展的萌芽,但这种发展往往有多种趋向和可能性。究竟哪一种趋向或可能性能够变成现实,不仅取决于人的自觉活动和主观努力,还有赖于社会预测的科学性、精确性。

当前,席卷全球的新技术革命使我们面临前所未有的严峻挑战。这一现实向我们显露了两种可能的发展前景:一是不失时机地利用新技术革命的成果加快社会主义的现代化进程;二是坐失良机,对新技术革命采取漠然视之的态度,扩大中国同发达国家在先进技术水平上的差距。显然我们应争取第一种前途,避免第二种前途。在这里,最重要的是从中国的现实出发,将中国的未来发展放到世界未来发展的整体链条中加以考察,认真研究新技术革命的新形势、新动向,加强预测,制定相应的对策,从而争取到有希望的前景。

(2)幻想性。幻想是人类探索未来或未知的一种重要的思维方式。从人类社会的预测活动史来看,其大致经历了神话预言、经验预见和科学预测这三个阶段,而幻想在其中起着不可忽视的作用。可以说,没有幻想就没有现代科学的建立和发展,人类所从事的认识活动和实践活动也就失去了赖以进行的精神支柱和动力。幻想是人类试图改变现状、憧憬美好未来的特殊心理表现。马克思把"想象力,这个十分强烈地促进人类发展的伟大天赋"③作为人的重要能力之一。恩斯特·卡西尔在评价莫尔的《乌托邦》时指出:"一个乌托邦,并不是真实世界即现实的政治社会秩序的写照,它并不存在于时间的一瞬或空间的一点上,而是一个'非在'(nowhere)。但是恰恰是这样的一个非在概念,在近代世界的发展中经受了考验并且证实了自己的力量。它表明,伦理思想的本性和特性绝不是谦卑地接受'给予'。伦理世界绝不是被给予的,

---

① 张学礼.预见未来的方法论[M].西安:陕西人民出版社,1987:173.
② 马克思恩格斯选集:第4卷[M].北京:人民出版社,1972:211.
③ 马克思恩格斯论艺术:第2卷[M].北京:人民出版社,1963:5.

而是永远在制造之中。歌德说过:'生活在理想世界,也就是要把不可能的东西当作仿佛是可能的东西来对待。'"①

当然,并不是任何幻想都是天然合理的。历史发展到今天,有的幻想虽然美妙动人,但却不能付诸行动而成为空想或妄想;有的幻想虽然朴实无华却能催人奋进,成为科学的幻想或理想。这里,幻想因其是否与现实性、必然性相关以及相关的程度而有不同的表现形式,具有不同的性质与功能。幻想,作为人类探索未来或未知的一种思维方式,绝对地要求它"必须符合客观规律"是不合理的。正因为未来对人类来说有许多"未知",才需要幻想这一天赋形式去揭秘、"解蔽"或"去蔽",否则它既无必要又无动力。实际上,强调发挥想象力对认识规律的作用,比强调发挥想象力要"符合"客观规律更有意义。人们并不是在充分认识规律之后去发挥想象力,而是用想象力去探索自然和社会的奥秘,并以此做出科学的预测和预见。这一点正是幻想在前瞻性认识活动或社会预测活动中的重要意义。

(3) 模态性。未来是从来也不可能完全被预见到的,这是因为未来不仅取决于现实的条件,还取决于将来形成和变化了的条件。这一点在社会运动中表现得更为明显。社会预测的任务,是从社会的现实状况出发分析社会发展的一般趋势,提出社会未来的可能变化的图景。因此,"构成预测的论断是模态的"②。一般说来,社会预见以估计或预测的方式反映发展中的社会,它只能大体上推断出社会事件发展的基本进程,推知未来的大致情形,而不可能周全地预知它的具体细节。恩格斯指出,对未来社会的设想"愈是制定得详尽周密,就愈是要陷入纯粹的幻想"③。马克思主义对未来共产主义社会的描述,是基于对社会发展规律的动态把握而做出的既反映现实又超越现实的一种宏观建构和总体设想。关于共产主义社会到来之后的具体情况如何,事先不可能知道得那么详细,因为共产主义不仅是一种理想、社会制度,而且还是一种运动。作为一种运动,它实现于人的自觉活动与积极推进之中。如果强行做那种不切实际的预言,势必陷入空想。

---

① 恩斯特·卡西尔.人论[M].上海:上海译文出版社,1985:77.
② B.B.科索拉波夫.社会预测的方法论[M].天津:南开大学出版社,1991:28.
③ 马克思恩格斯选集:第3卷[M].北京:人民出版社,1972:409.

（4）矛盾性。社会预测的对象不是社会的历史和现状，而是它的未来。而未来乃是指那些迄今为止尚未出现、尚未发生或尚未存在的东西。人们又总是立足于现实去展望未来，因此现实与未来的矛盾，就构成社会预测方法所包含的基本矛盾。

社会预测活动是由特定时间、空间和条件下的人们从事的现实的认识活动，但它力求预测的却是未来才会产生和存在的社会事件或社会状态。这种社会状态虽然有其现实性根据并显露出一定的征兆或端倪，但就其总体而言却还没有现成的社会原型。社会的未来到底以什么样态出现，这是不可能完全预见到的，因为未来不仅取决于现实的各方面的条件，受到多种因素的制约和影响，还取决于将来形成的条件因素，即预测对象在其时空的拓展中所呈现的各种复杂情形和特点。从这个意义上说，社会预测具有随机的性质，它只能大致确定社会未来变化的主要或可能的趋向。这就是说，社会现实中存在面向未来的多种趋向与可能，要全面地对这些趋向与可能做出预报，尤其是在定性、定量、定时的统一中把握它们，需要主体有由小见大、由微见著、由近及远的深刻洞察力，有超越现实的预见能力。但这种超越又必须以深刻全面地把握现实为出发点和前提。

由此可见，现实与未来的矛盾本质上是一个"时空差"问题。在现代科学技术高速发展和生活节奏加快的社会里，对社会的昨天与今天的时空特性的测量就有很大的差异。同过去相比，人们在今天相同的时间和空间范围内所做的事情要多得多。这不是假设，而是事实。这表明，社会发展越快，人们改变目标的时间越短，空间的变化也越大。相应地，要克服这一矛盾，其思想进程要求人们以现实为基点，既观照过去又展望未来，在过去—现在—未来的相互联系、相互影响和相互制约中去把握社会发展的趋向，并超越现实的运动速度，走在社会进化的实际过程的前面去预先地构想其可能的发展方向、结果、途径和方式，为人们进一步做出决策提供条件。

从内容上说，现实与未来的矛盾表现为现实与理想的矛盾。正如未来对现实一样，理想对现实也是有间距的。人类自觉地去追求未来，但这种未来决非空洞无物的东西，它要通过一定的社会理想表征出它的实实在在的内容。理想不是别的，而是基于人类的需要在观念中预先建构的一种超越现实的未来社会图景。因此，一方面，理想与需要相关联,内含着人对现实的超越性。人的需要的永恒性和无限性与现实的暂时性和滞后性,决定着人永远不会安于现状,而会以对现实的不断批判、扬弃和否定姿态,以理想作为重要驱动力,去把思想和行动的触角指向他所期盼的未来。另一方面,理想又与未来相联系,内含着人对未来的预见性。理想是人们在观念中构想的当下不存在而只在未来一定时期内存在的社会应然状态。而对理想社会的观念建构,既包含着对于社会发展的趋向性认识,又包含着人们的价值选择,它是对于一种社会趋势的肯定、追求与积极推进,同时是对社会发展中的别的趋向的一种否定、舍弃与阻碍。在这一点上,它与我们前面在"社会决策"中所说的目标设计和目标决策既有联系又有区别。目标设计是在社会预测所揭示的社会发展的多种趋向与可能性的基础上进行选择、比较、抉择和决断,肯定和强化一种趋向或可能,否定或削弱别的趋向或可能,并据此而规划人们的现实的活动方式、步骤与进程,从而进行方案决策。它主要侧重于人的活动的现实性方面与客观效应。理想的建构则有所不同。虽然它要以现实性为前提,但"并不是根据纯粹的现实性来思考。如果不扩大甚至超越现实世界的界限,他们的思想就不能前进哪怕一步"。它"的使命就在于,它为可能性开拓了地盘以反对对当前现实事态的消极默认"[①],把对社会发展的多种可能与趋势的把握纳入人类的生存与发展中来加以考察、分析、评价与整合,进而在头脑中观念地建构起以人的生存和发展为主旨的既合规律性又合目的性的社会未来图景。这就是说,在人对未来的理想建构中既以扬弃的形式包容着人与外部对象世界的必然性关系,也以扬弃的形式包容着人与外部对象世界的应然关系。因此,对理想社会的建构,侧重于人的活动的主观性方面和主观效应。当然,它们之间的区别是相对的。无论是理想的观念建构还是从事目标设计和决策,都要以社会预测为基础,并以其活动的成果作为自己的重要依据,因而社会预测活动本身就已成为其中不可缺少的环节。正是在这里,可以看出社会预测方法所具有的独特任务和功能,而这种任务则制导着社会预测活动的发展进程。

[①] 恩斯特·卡西尔.人论[M].上海:上海译文出版社,1985:78.

三、预测方法在社会科学研究中的运用

运用预测方法进行社会科学研究的过程,是社会预测系统的动态展开,是一定的社会预测者借助于一定的中介而以一定的方式预报社会未来发展状态的自觉活动过程。

作为一个具体的认识过程,社会预测是由确定预测课题开始的。预测课题的提出,总是具有一定的社会背景的,总是为了解决某些令人感到不满意的现实问题,或是为了满足某些新的需要而设置的。预测课题的设置应符合预测的目的和任务,可大可小,可以是单项的,也可以是综合性的,既可以是宏观的总体性展望,也可以在不同领域、层次和范围上进行。但无论怎样,一个完整的预测课题,应满足三种基本要求:①定性,社会或其中某一方面未来发展变化的可能方向、性质和特点;②定量,各种性质与方向的社会前景出现的可能性大小、规模、社会影响后果;③定时,各种性质与方向的社会前景出现的先后秩序,时间长短及影响大小等。这种要求也就是我们通常所说的定性预测、定量预测和定时预测。通过课题设置,把特定的预测主体与预测客体之间的认识关系建立起来,使得前瞻性认识能够通过主体-客体之间的交互作用在逐步解决现实与未来的矛盾的过程中展开和发展。科学地预测社会的未来大致说来要经历三个基本阶段。

1. 搜寻社会现实中的"浪潮前锋"

解决现实与未来的矛盾,只能从身边做起,从掌握现实出发,在现实中去发现社会发展的未来趋向。如何做到这一点?托夫勒在谈到他对于社会趋势的见解时说,识别和分析面临的变革,需要"一种有力的新方法,可称为社会'浪潮前锋'的分析。它认为历史是滔滔不绝的变革的浪潮,并且探索哪儿是带动我们前进的每次浪潮的前锋。它并不把我们注意的焦点,过多地放在历史的连续性方面(这当然是主要的),而是对准在历史的中断——革新与破裂的时期。这是当变革的前景出现时识别它的关键"①。

所谓"浪潮前锋",在我们看来,首先是指现实社会中存在着的未来社会的征兆、因素、萌芽。从社会发展的连续性来看,社会的现实是由

---

① 阿尔温·托夫勒.第三次浪潮[M].北京:生活·读书·新知三联书店,1984:60.

历史发展而来的,而现实又孕育着社会的未来发展因素。历史、现实和未来三者,既在时间走向上保持着前后相继、继往开来的连续性,又在内容上存在一定的历史联系和继承关系。事实上,任何新事物、新社会的出现都不是偶然的,而是以潜在或萌芽的形式存留于先前的事物和社会之中。反过来说也一样,只要具备敏锐的目光和正确的方法,在任何社会条件下,总可以找到一定的新社会的萌芽。马克思在谈到家庭形式的发展时就曾指出:"现代家庭在萌芽时,不仅包含着奴隶制,而且也包含着农奴制,因为它从一开始就是同田间耕作的劳役有关的。它以缩影的形式包含了一切后来在社会及其国家中广泛发展起来的对立。"[①]社会的发展是这样,人类的思想发展也莫不如此。对此恩格斯指出,在希腊哲学的多种多样的形式中,差不多可以找到以后各种观点的胚胎、萌芽。这说明,对于新的社会因素及其萌芽的收集是有迹可察、有兆可寻的,否则,社会的演进就具有非常神秘的性质。然而,现实社会孕育着的新的因素或萌芽,在其发展的初期往往比较弱小,极易夭折;同时同一社会里的新旧因素又往往混杂在一起,并常常以现象甚至假象的形式出现而将真实的本质隐含于内,使人不易察觉、难于分辨。因此,对于新社会的因素或萌芽的发现和判别,不仅需要对现实社会的深切了解和全面把握,而且还需要正确的世界观和方法论为指导,需要敏锐的观察力和深邃的洞察力,否则就会对事物的新因素、新萌芽视而不见。

着眼于未来必须立足于现实,而要把握现实,关键在于发现现实中的新兴因素。这是由于从深一层的意义上说,未来是现实中包含的新兴因素的成长壮大所造成的。而新事物、新兴因素之所以代表着未来,具有远大的发展前途,既由于它在旧社会的"母胎"中成熟、成长,有其存在的合理性、必然性,又由于它以扬弃的形式实现着对现实的超越。不然的话,未来只能是历史和现实在新的时间和空间中的重复与循环。所谓"预测未来最可靠的方法就是了解现在",其深刻道理恐怕就在于此。

2. 解析历史进程中的新兴因素

掌握社会发展中的新兴因素固然重要,但现实中的新兴因素并不

---

① 马克思恩格斯选集:第4卷[M].北京:人民出版社,1972:53.

是单一的,而是多种多样的,它们代表着社会变化发展的多种方向或多种可能性。托夫勒认为:"在任何一个稳定的社会中,任何一个占优势的变革浪潮,它的未来发展的图景是比较容易看得清的。""相反,当一个社会被两个或更多的巨大变革浪潮所冲击,而又没有一个显示优势时,就没有人还能把握得住,对未来的信念就弄得支离破碎。"①这是说,在社会面临重大变革或转折时期,往往是多种新兴因素涌现出来,多种可能性同时并存。就社会发展的实际来看,一般说来只有一种新的因素或可能性能够成为未来的现实。在这种情况下,捕捉"浪潮前锋",仅仅停留在现实社会并努力去发现其新兴因素是远远不够的,还必须认清谁是新兴因素中占主导地位的因素,哪一种可能性具有向现实性转化的历史必然性。按照托夫勒的思路与方法,只有把它们同社会发展的"历史潮流"联系起来加以剖析、鉴别才是可能的。他指出,社会的发展与变革犹如"浪潮冲突卷起的怒涛,形成一个咆哮喧腾的大海,充满着冲突的急流、漩涡、大漩涡,其中深深地隐藏着伟大的历史潮流"②。这一见地是深刻的。而"历史潮流",无疑是指社会发展中所固有的本质联系和必然趋势。但是,自然世界与社会世界之间存在着一个重大的区别:在自然领域活动的全都是一些盲目的、不自觉的力量,自然界的规律性是通过这些盲目的、不自觉的力量的相互作用表现出来的;而在社会历史领域活动的全都是有意识、经过思虑或凭借激情行动、追求某种目的的人,人的活动本身就是客观必然性的链条中不可缺少的参与者,社会发展的规律性其实是通过人的有意识、有目的的实践活动表现出来的。按照马克思、恩格斯的思路,历史是实现了的现存,但现存的东西并不都是合理的。只有那些在历史中符合历史发展必然性的东西才是真正现实和合理的。在社会历史发展中既有必然性因素,也有偶然性因素;社会历史的联系是复杂多样的,既有本质的方面,也有非本质的方面。历史发展的总趋势虽然是螺旋式上升的,但有时也难免出现暂时的倒退。而社会的发展规律虽然离不开人及其历史活动,但它体现的却是人的历史活动过程中的必然趋势和历史的本质联系。

但问题是,什么是社会发展的必然性和本质联系?这是一个常被

---

① 阿尔温·托夫勒.第三次浪潮[M].北京:生活·读书·新知三联书店,1984:62-63.
② 阿尔温·托夫勒.第三次浪潮[M].北京:生活·读书·新知三联书店,1984:63.

人们忽视了的环节。实际上,在社会历史发展过程中,并不是任何联系都可以称得上是本质的联系,只有那些对人的种族的生存和发展具有肯定意义的联系,才是本质的联系,才具有发展的必然性。对此我们不应停留在抽象的层面上,因为是否有利于人类整体的生存和发展,是通过不同时代、不同社会的不同阶级、集团的利益追求表现出来的。我们在考察它与社会发展必然性的关系时,应从社会历史发展的全过程的角度做具体的历史性分析。也正是在社会预测问题上,不同的阶级、集团、政党之间显示出不同的党性原则。这就要求我们,在具体解析各种新兴因素及其发展的可能性过程中必须进行双重分析与双重判断。一是客观趋势分析,考察其与社会历史潮流的本质联系,并对这种联系做真实性判断,以确证其内在必然性;二是主观需要分析,考察其与社会未来需要的功用、利害关系,并对这种联系做价值性判断,以决定其取舍或褒贬。在它们的关系中,价值判断是服从于真实性判断的;而对于不同的个人、阶级、集团、政党和国家来说,它们之间可以一致,也可以部分吻合,甚至相互对立。

正是在对于多种新兴因素与社会发展的历史潮流之间的真实联系的认识和掌握中,显示出不同的预测者的价值取向、认知水平差异和科学预测方法的重要性。在这里,重要的是正确认识并尤其关注那些决定社会存在和发展的根本因素,确立正确的参照系。一般说来,只有那些符合历史潮流,即与人类的生存和发展方向相一致的阶级和个人才能认清形势、抓住主流、因势利导,科学地预测社会的未来,并通过有意识、有目的的自觉活动使其变为真正的现实。

3. 做出社会发展的预测报告

洞见到"浪潮前锋",并掌握了各种新兴因素及其发展可能性与历史潮流之间的本质联系,还必须采用适当的方法和手段才能对社会的未来进行实际的预测。这是因为方法是客观规律的主观应用,是人们实现特定目的的手段或途径,是主体接近、把握以及改变客体的工具或桥梁。对未来社会的预测准确性如何,不仅取决于预测对象本身的性质和复杂程度,受制于客体的发展模式和运动规律,而且取决于主体的需要与实际能力,尤其是预测者所使用的方法是否正确、合理。

社会预测,主要是趋势预测。社会规律的作用过程具有趋向性质。社会规律的趋向性,是指规律以一定的形式发生作用仅仅适用于全部被研究现象的总和,而不是其中的每一个个别现象;为了发现规律的作用方式,必须仔细研究事实的全部总和,尽可能多地开展观察,个别偏离规律的情况会在大量的现象中互相抵消,而规律则在整体的结果中十分明确地表现出来。马克思在总结资本主义经济规律的作用时指出,总的说来,在整个资本主义生产中,一般规律作为一种占统治地位的趋势,始终只是以一种极其错综复杂和近似的方式,作为从不断波动中得出的但永远不能确定的平均情况来发生作用。在这里,马克思给我们的方法论启示是,从大量社会现象和事件的相互冲突、相互抵消的过程中产生的总的结果或"合力",就是社会发展的主要趋势。根据这一趋势去预测下一阶段历史过程的方向和大体状态,就是社会未来的预测报告。

四、社会预测的信度和效度

信度和效度是判断社会预测科学、合理、有效与否的重要尺度。如果对社会预测活动和方法的信度、效度缺乏了解,就不可能对所做预测的可信性和有效程度做出判断。在社会科学研究中,要认真检验所使用的预测方法和所进行的预测活动的信度与效度,唯其如此,才有可能做出具有可靠性、可信性和有效性的社会预测。

1. 社会预测的信度

所谓社会预测的信度,是指社会预测的数据(资料)与结论的可靠性程度,主要强调社会预测的稳定性与一致性,即在一定条件下,社会预测主体运用社会预测工具对社会预测客体未来状况做出预测的稳定性的程度。

在结构化、标准化程度较高的社会预测活动中,社会预测的信度主要受随机误差的影响,随机误差越大,则信度越低。概而言之,在这种情况下,影响社会预测的随机误差主要源于下列因素:①社会预测主体状况,即社会预测者能否按照规定程序和标准进行预测,是否有意或无意地对社会预测客体施加影响,观察、统计、分析材料是否足够认真等。②社会预测客体状况,即社会预测客体是否受到大的干扰,其情绪是否产生波动等。社会认识活动中,主体和客体之间必然地具有一种相关作用。但是,如果预测者对被预测者有较大的干扰,或者预测的信息对被预测者产生较大的影响,都会影响社会预测的效度。③社会预测的目标、手段和内容,如预测的目的不明确,预测方法不易理解或不易操作,预测方法体系内部逻辑不自洽等。④社会预测的环境和时间,如他人在场施加额外影响,两次预测的时间间隔太长等。

而在非结构化和非标准化的社会预测中,除偶然因素外,社会预测的信度还受社会预测者的主观因素的影响,如个人偏见、观测视角、认知定式、世界观、价值观、文化程度、性别、宗教信仰、民族文化传统等。

2. 社会预测的效度

预测的效度,主要强调"预测未来事件的测量能力"[①]。所谓社会预测效度,是指社会预测的正确性、准确性、合理性的程度,即在一定条件下,社会预测主体运用社会预测工具对社会预测客体未来状况所做预测的正确性、准确性、合理性的程度。这里所说的具有正确性、准确性、合理性和有效性的社会预测,不是指偶然的、碰巧做出的社会预测,而是在给定条件下,运用某种社会预测方法必然会做出的社会预测。

社会预测效度是科学的预测方法必须具备的基本条件和品质,它决定着所做社会预测的成败得失。社会预测的效度越高,则这种社会预测越能预示出社会预测客体未来的真实状况。人们在驳斥某种社会预测理论、社会预测方法和社会预测活动时,通常也是指出它对某一社会事物和现象的预测是无效的。

社会预测效度是一个多层面的概念,它是相对于特定的研究目的和研究层面而言的。检验效度必须针对其特定的目的、功能及适用范围,从不同角度收集各方面的资料来进行。对社会预测效度做出检验可以保证不同的社会科学研究人员对某一研究变量的意义与内涵有一致的理解。尽管预测方法的运用要因人、因时、因地、因事而异,不能千篇一律,但是一种有效的社会预测方法应当可以被不同的研究人员用来对同一社会现象做出预测,这样才能保证他们所做预测的内容是一致的和可比较的。

3. 社会预测的信度与效度的关系

在社会科学研究中,信度和效度都是科学的社会预测必须具备的基本条件或基本品质。不过,二者的具体关系是较为复杂的,需要具体分析。

---

① 肯尼思·D.贝利.现代社会研究方法[M].上海:上海译文出版社,1986:95.

美国学者贝利在谈到信度与效度的关系时,曾经正确地指出二者之间是"不对称的"。他认为:"一种测量手段可以是可信而不有效的,但反过来说就不对了。按定义,如果一种测量是有效的,则它将在任何时候都是正确的,从而也必定是可信的。因此我们可以说,有效度和可信度之间的关系是不对称的,因有效度意味着可信度,但却不能反过来说可信度意味着有效度。"[1]对于社会预测的信度与效度的关系,我们还可以做出进一步分析。简言之,我们可以将社会预测的信度与效度的关系概括为四种情况:①信度高,效度未必高,甚至很低。例如,即使可靠地测出了某一单位各个人员的能力状况,也未必就能预见该单位解决某一问题的前景。②信度低,效度不可能高。在一般情况下,如果收集的资料不可信、不可靠,那么它肯定不能被据以有效地预言所研究的对象。③效度低,信度有可能很高。例如,一项研究即使未能有效地预见 1997 年爆发的亚洲金融危机,但它却有可能可靠地预见某些时期世界性的金融活动前景。④效度高,信度必然高。如果有效地预言了某种社会现象,那么它的资料和结论都必然是可信的。由上述关系可以看出,社会预测的信度是效度的必要条件,但不是充分条件,无信度则必然无效度,但有信度却未必有效度。反之,效度是信度的充分条件但不是必要条件,有效度必然会有信度,但无效度却未必无信度。在实际生活中,人们一般总是企求做出高信度和高效度的社会预测。而为了提高社会预测的准确性、可靠性和有效性,就必须努力建构、选择、运用先进的社会预测理论和社会预测方法,并大力提高社会预测者的综合素质。

---

[1] 肯尼思·D.贝利.现代社会研究方法[M].上海:上海译文出版社,1986:92.

主要参考文献

1. 欧阳康.社会认识论导论[M].北京:中国社会科学出版社,1990.
2. 欧阳康.哲学研究方法论[M].武汉:武汉大学出版社,1998.
3. 欧阳康.欧阳康自选集[M].武汉:华中理工大学出版社,1999.
4. 欧阳康.社会认识方法论[M].武汉:武汉大学出版社,1998.
5. 欧阳康.人文社会科学哲学[M].武汉:武汉大学出版社,2001.
6. 郑文先.社会理解论[M].武汉:武汉大学出版社,1998.
7. 叶泽雄.社会理想论[M].武汉:武汉大学出版社,1998.
8. 刘远传.社会本体论[M].武汉:武汉大学出版社,1999.
9. 张理海.社会评价论[M].武汉:武汉大学出版社,1999.
10. 朱志方.社会决策论[M].武汉:武汉大学出版社,1998.
11. 李勇.社会认识进化论[M].武汉:武汉大学出版社,2000.
12. 景天魁.社会认识的结构和悖论[M].北京:中国社会科学出版社,1990.
13. 景天魁.现代社会科学基础(定性与定量)[M].北京:中国社会科学出版社,1994.
14. 景天魁,杨音莱.社会学方法论与马克思:第一册[M].北京:人民出版社,1993.
15. 赵泳.社会自我意识研究[M].西安:陕西人民出版社,1998.
16. 吴维民.大汇流:论社会科学和自然科学的结合[M].成都:四川大学出版社,1992.

17. 夏禹龙,刘吉,冯之浚,等.科学学基础[M].北京:科学出版社,1983.

18. 夏禹龙.社会科学学[M].武汉:湖北人民出版社,1989.

19. 许志峰,李德深,马万里.社会科学史[M].北京:中国展望出版社,1989.

20. 秦宗熙,穆怀中,谢圣明,等.人类社会研究法[M].武汉:武汉大学出版社,1987.

21. 张巨青.辩证逻辑与科学方法论研究[M].武汉:湖北人民出版社,1984.

22. 张巨青.科学研究的艺术:科学方法导论[M].武汉:湖北人民出版社,1988.

23. 徐长山,王德胜.科学研究艺术[M].北京:解放军出版社,1994.

24. 袁方.社会研究方法教程[M].北京:北京大学出版社,1997.

25. 吕锡生.历史认识的理论与方法[M].南京:南京出版社,1990.

26. 赵玉林.困惑与出路:现代科学方法导引[M].武汉:湖北教育人民出版社,1989.

27. 苏国勋.理性化及其限制:韦伯思想引论[M].上海:上海人民出版社,1988.

28. 陶渝苏.知识与方法:一个科学哲学的研究纲领[M].贵州:贵州人民出版社,1998.

29. 陈健.科学划界:论科学与非科学及伪科学的区分[M].北京:东方出版社,1997.

30. 周昌忠.西方科学方法论史[M].上海:上海人民出版社,1986.

31. 林定夷.科学的进步与科学目标[M].杭州:浙江人民出版社,1990.

32. 殷正坤,邱仁宗.科学哲学导论[M].武汉:华中理工大学出版社,1996.

33. 俞吾金.寻找新的价值坐标:世纪之交的哲学文化反思[M].上海:复旦大学出版社,1995.

34. 赵汀阳.走出哲学的危机[M].北京:中国社会科学出版社,1993.

35. 宋健.社会科学研究的定量方法[J].中国社会科学,1982(6):97-105.

36. 彭漪涟.事实论[M].上海:上海社会科学院出版社,1996.

37. 陈其荣.自然辩证法导论:自然论、科学论和方法论的新综合[M].上海:复旦大学出版社,1995.

38. 水延凯,等.社会调查教程[M].北京:中国人民大学出版社,1988.

39. 余炳辉,等.社会研究的方法[M].杭州:浙江人民出版社,1986.

40. 张学礼.预见未来的方法论[M].西安:陕西人民出版社,1987.

41. 丹尼尔·贝尔.当代西方社会科学[M].范岱年,等译.北京:社会科学文献出版社,1988.

42. 马克斯·韦伯.社会科学方法论[M].韩水法,译.北京:华夏出版社,1999.

43. 肯尼思·D.贝利.现代社会研究方法[M].许真,译.上海:上海译文出版社,1986.

44. 艾尔·巴比.社会研究方法[M].李银河,编译.成都:四川人民出版社,1987.

45. 李约瑟.中国科学技术史:第1卷[M].《中国科学技术史》翻译小组,译.北京,科学出版社.1975.

46. 华勒斯坦,等.开放社会科学[M].北京:生活·读书·新知三联书店,1997.

47. 埃米尔·迪尔凯姆.社会学方法的规则[M].胡伟,译.北京:华夏出版社,1999.

48. 卡尔·波普.历史决定论的贫困[M].杜汝楫,邱仁宗,译.北京:华夏出版社,1987.

49. D.C.菲立普.社会科学中的整体论思想[M].吴忠,陈昕,刘源,译.银川:宁夏人民出版社,1988.

50. 北京大学哲学系外国哲学教研室.古希腊罗马哲学[M].北京:商务印书馆,1961.

51. 北京大学哲学系外国哲学教研室.西方哲学原著选读:上卷[M].北京:商务印书馆,1981.

52. 罗素.西方哲学史:下卷[M].北京:商务印书馆,1976.

53. 黑格尔.哲学史演讲录:第2卷[M].贺麟,王太庆,译.北京:商务印书馆,1960.

54. 黑格尔.哲学史讲演录:第3卷[M].贺麟,王太庆,译.北京:商务印书馆,1959.

55. 亚里士多德.工具论[M].李匡武,译.广州:广东人民出版社,1984.

56. 圣西门.圣西门选集[M].何清新,译.北京:商务印书馆,1962.

57. H.P.里克曼.狄尔泰[M].殷晓蓉,吴晓明,译.北京:中国社会科学出版社,1989.

58. 休谟.人性论[M].关文运,译.北京:商务印书馆,1980.

59. 罗素.宗教与科学[M].徐奕春,林国夫,译.北京:商务印书馆,1982.

60. 托马斯·S.库恩.必要的张力[M].纪树立,范岱年,罗慧生,等译.福州:福建人民出版社,1981.

61. 希拉里·普特南.理性、真理与历史[M].童世骏,李光程,译.上海:上海译文出版社,1997.

62. 尤尔根·哈贝马斯.作为"意识形态"的技术与科学[M].李黎,郭官义,译.上海:学林出版社,1999.

63. M.W.瓦托夫斯基.科学思想的概念基础:科学哲学导论[M].范岱年,译.求实出版社,1982.

64. L.劳丹.科学与价值[M].殷正坤,张丽萍,译.福州:福建人民出版社,1989.

65. 贝尔纳.历史上的科学[M].伍况甫,等译.北京:科学出版社,1959.

66. R.S.鲁德纳.社会科学哲学[M].曲跃厚,林金诚,译.北京:生活·读书·新知三联书店,1989.

67. 霍根.科学的终结[M].孙拥军,等译.北京:远方出版社,1997.

68. 格里芬.后现代科学[M].马季方,译.北京:中央编译出版社,1996.

69. 赖·莫泽克.论科学[M].孟祥林,单玉泉,朱章才,译.武汉:武汉大学出版社,1997.

70. 波林·罗斯诺.后现代主义与社会科学[M].张国清,译.上海:上海译文出版社,1998.

71. 约翰·沃特金斯.科学与怀疑论[M].岳仁宗,范瑞平,译.上海:上海译文出版社,1991.

72. K. 波普尔. 猜想与反驳[M]. 傅季重,纪树立,周昌忠,译. 上海:上海译文出版社,1986.

73. G. G. 亨普尔. 自然科学的哲学[M]. 陈维杭,译. 上海:上海科学技术出版社,1986.

74. 波普尔. 科学知识进化论[M]. 纪树立,编译. 北京:生活·读书·新知三联书店,1987.

75. 卡尔霍恩. 变革时代的社会科学[M]. 李述一,等译. 北京:社会科学文献出版社,1989.

76. 贡布里希. 艺术与人文科学:贡布里希文选[M]. 范景中,编选. 杭州:浙江摄影出版社,1989.

77. 席勒. 人本主义研究[M]. 麻乔志,等译. 上海:上海人民出版社,1966.

78. 伯纳德·巴伯. 科学与社会秩序[M]. 顾昕,郏斌祥,赵雷进,译. 北京:生活·新书·新知三联书店,1991.

79. 乔治·萨顿. 科学史和新人文主义[M]. 陈恒六,刘兵,仲维光,译. 北京:华夏出版社,1989.

80. 伊利切夫. 哲学和科学进步[M]. 潘培新,汲自信,潘德礼,译. 北京:中国人民大学出版社,1982.

81. 拉普拉斯. 宇宙体系论[M]. 李珩,译. 上海:上海译文出版社,1978.

82. 罗洛·梅. 罗洛·梅文集[M]. 冯川,陈刚,译. 北京:中国言实出版社,1996.

83. L. J. 宾克莱. 理想的冲突[M]. 马元德,陈白澄,王太庆,等译. 北京:商务印书馆,1983.

84. 车尔尼雪夫斯基. 哲学中的人本主义原理[M]. 周新,译. 北京:生活·读书·新知三联书店,1958.

85. 保尔·拉法格. 回忆马克思恩格斯[M]. 马集,译. 北京:人民出版社,1973.

86. 曼内斯库. 经济控制论[M]. 何维凌,邓英淘,等译. 北京:新时代出版社,1985.

87. 威廉·配第. 政治算术[M]. 陈冬野,译. 北京:商务印书馆,

1960.

88. N.维纳.控制论[M].郝季仁,译.北京:科学出版社,1985.

89. E.拉兹洛.用系统论的观点看世界[M].闵家胤,译.北京:中国社会科学出版社,1985.

90. 茹科夫.控制论的哲学原理[M].徐世京,译.上海:上海译文出版社,1981.

91. 安·拉布里奥拉.关于历史唯物主义[M].杨启潾,孙魁,朱中龙,译.北京:人民出版社,1984.

92. 劳丹.进步及其问题[M].刘新民,译.北京:华夏出版社,1990.

93. 哈贝马斯.交往行动理论:行动的合理性与社会的合理化[M].洪佩郁,蔺青,译.重庆:重庆出版社,1994.

94. 海德格尔.存在与时间[M].陈嘉映,王庆节,译.北京:生活·读书·新知三联书店,1987.

95. 霍埃.批评的循环[M].兰金仁,译.沈阳:辽宁人民出版社,1987.

96. 阿尔温·托夫勒.预测与前提[M].粟旺,胜德,徐复,译.北京:国际文化出版公司,1984.

97. 阿尔温·托夫勒.未来的冲击[M].北京:中国对外翻译出版公司,1985.

98. K.A.瓦西利耶夫.列宁和社会预见[M].汤正方,译.北京:商务印书馆,1981.

99. 恩斯特·卡西尔.人论[M].甘阳,译.上海:上海译文出版社,1985.

100. Popper K. Realism and the Aim of Science[M]. London: Hutchinson,1983.

101. Popper K. The Logic of Scientific Discovery[M]. NY: Harper Torchbooks,Harper and Row,1968.

102. Propper K. Objective Knowledge: An Evolutionary Approach[M]. Oxford: Clarendon,1975.

103. Polanyi M. Problem Solving[J]. British Journal for the Philsophy of Science,1957(30):89-103.

104. Toulmin S. Human Understanding[M]. Oxford: Oxford

University press,1972.

105. Tillich P. The Courage to Be[M]. New Haven:Yale University Press,1960.

106. Flew A. Thinking About Social Thinking [M]. Oxford: Blackwell Press,1985.

107. Fuller S. Social Epistemology [M]. Bloomignton: Indiana University Press,1988.

108. Martin M, McIntyre L C. Readings in the Philosophy of Social Science[M]. Cambridge:Massachusetts Institute of Technology Press,1994.

109. Winch P. The Idea of a Social Science and Its Relation to Philosophy[M]. Oxfordshire:Routledge,1990.

110. Bhargava R. Individualism in Social Science[M]. Oxford: Clarendon Press,1992.

111. Taylor C. Philosophy and the Human Sciences [M]. Cambridge:Cambridge University Press,1985.

112. Hollis M. The Philosophy of Social Science[M]. Cambridge: Cambridge University Press,1994.